教養のドイツ現代史

田野大輔／柳原伸洋
［編著］

ミネルヴァ書房

　　　　　　　はしがき

　ドイツの首都ベルリンの街角を歩いていると，あちこちの交差点でかわいらしい信号機のマークを見かける。この帽子をかぶった3頭身のキャラクターは東ドイツで使われていた信号機のマークで，その名を「アンペルマン（信号男）」と言う。だがそれにしてもなぜ，東ドイツが消滅した今日でもこのマークが使われているのだろうか。実は1990年のドイツ再統一後，東ドイツの信号機は西ドイツのものに置き換えられ，消え去る運命にあったのだが，その親しみやすいデザインに惹かれた人々がメディアに働きかけ，存続をもとめる運動を展開した結果，このキャラクターが信号機のマークとして残ることになったのである。現在ではアンペルマンのステッカーやマグカップなどのグッズも数多く販売され，ベルリンを代表する土産物として人気を博している。そこには消滅した東ドイツへの郷愁や性急な西ドイツ化への反発，東西の経済格差への失望など，「オスタルギー（東への郷愁）」と呼ばれる複雑な感情があると言われている。
　交差点で目にするアンペルマンの姿から，ドイツ統一に翻弄された人々の思いや東ドイツへの懐古の情を読み取る。身近な対象のなかに問いを見出し，その答えをもとめて歴史をひもとく。こうした探求の積み重ねによって得られるものこそ，いわゆる「教養」にほかならない。ドイツの歴史を学ぶ上では，アンペルマンの由来や東ドイツ消滅の経緯を知ることも大切だが，それ以上に重要なのは，このマークがいまなお使われているのはなぜか，そこにどんな思いが込められているのかを問い，追及しようとする姿勢である。この探求の姿勢がなければ，歴史の学習は単なる知識の羅列に終わってしまう。自分自身の問題関心から出発してさまざまな歴史的知識を吸収するとともに，それらの知識を体系化して日々を生きる知恵にまで高めていくこと，その絶えざる研鑽のプロセスにこそ「教養」の核心的な意義があると言えよう。
　『教養のドイツ現代史』と銘打った本書がめざしているのも，そのような「問い」に導かれた歴史の叙述である。歴史上の出来事や人物についての知識を提供することよりも，なぜそういう事件が起こったのか，誰が何のためにそれを行ったのかという問いから説き起こし，読者にとって身近な話題を交えながら，この問いへの回答を提示することに重きを置いている。しかもその際，読者の問題関

アンペルマン
左が進め，右が止まれの表示。

心を喚起するための教材として，映画・マンガ・アニメ・小説・音楽などのエンターテインメント作品やポップカルチャーを数多く取り上げている。アンペルマンからフォルクスワーゲンまで，『西部戦線異状なし』から『グッバイ，レーニン！』まで，『アルプスの少女ハイジ』から『MASTER キートン』まで，さまざまな作品を糸口にしてドイツの歩みをたどっていくことで，現代を生きる読者にとってアクチュアルな歴史像を提示することができないか。本書はそうした狙いのもとで執筆されたドイツ現代史の入門書である。

　本書は序章を除くと14章・64節の構成になっている。執筆者は若手を中心とした15名の気鋭の研究者たちである。それぞれが映画・マンガ・音楽などの作品を紹介しつつ，これを糸口に歴史への問いかけを行い，基本的な史実や近年の研究動向にも目配りをしながら，斬新な歴史像の提示を試みている。各章・各節は独立した内容になっているから，個別に読んでも理解できるし，各々がおおむね時系列順に並べられているので，通読すれば大きな流れをつかむこともできる。これによって1871年のドイツ帝国成立から２度の世界大戦を挟んで1990年のドイツ再統一にいたるまで，何度も統合と分断をくり返したドイツの劇的な歴史が読者のなかで像を結ぶことになるだろう。しかもそこにはビスマルク，ヒトラー，アデナウアー，ブラント，ホーネッカーといった個性あふれる人物たちも登場する。彼らが織りなす歴史ドラマのエッセンスを凝縮し，ドイツ現代史への導入として一冊にまとめたものが本書である。

　さて，本書を手にとって下さった方々は，各章・各節で扱われている作品のすべてをご存知というわけではないだろう。そこで紹介された作品を少しでも観たく，読みたく，聴きたくなったら，書店や図書館，映画館，レンタルショップ，そしてマンガ喫茶に足を向けてほしい。それこそが「教養」への最初の一歩になるのだから……。

　　　2016年３月

　　　　　　　　　　　　　　　　　　　　　　　田野大輔・柳原伸洋

教養のドイツ現代史
目　次

はしがき
本書で言及する作品

序　章　教養のドイツ現代史を学ぶ……………………………………… 1
　　1　教養，現代史，そしてドイツとは？………………………… 2
　　2　統合と分断のドイツ…………………………………………… 3
　　3　歴史とフィクション…………………………………………… 7

第Ⅰ部　ビスマルクの帝国

第1章　ドイツ帝国の成立…………………………………………… 11
　　1　ドイツ帝国の誕生……………………………………………… 11
　　2　ビスマルクという政治家……………………………………… 16
　　3　ビスマルク時代の政治と外交………………………………… 21
　　4　ビスマルクなきドイツ帝国…………………………………… 26
　　5　帝政期の社会…………………………………………………… 31

第2章　ナショナリズムから戦争へ………………………………… 37
　　1　階級対立の激化………………………………………………… 37
　　2　セクシュアリティと女性……………………………………… 41
　　3　植民地主義……………………………………………………… 46
　　4　帝国主義とナショナリズムの高揚…………………………… 50

第3章　第一次世界大戦……………………………………………… 57
　　1　第一次世界大戦の勃発………………………………………… 57
　　2　総力戦の衝撃…………………………………………………… 61
　　3　ヨーロッパ大戦から世界大戦へ……………………………… 66
　　4　戦時下の食糧事情……………………………………………… 70

第Ⅱ部　混乱する共和国

第4章　民主制の成立 …………………………………………… 79
1. ドイツ革命とヴァイマール憲法 ……………………………… 79
2. 守勢に立つ共和国 ……………………………………………… 84
3. 大戦の記憶 ……………………………………………………… 88
4. 合理化と社会国家 ……………………………………………… 92
5. 相対的安定期の政治状況 ……………………………………… 96

第5章　民主制の危機 …………………………………………… 103
1. 黄金の20年代 …………………………………………………… 103
2. ヴァイマールの実験 …………………………………………… 108
3. 束の間の解放 …………………………………………………… 113
4. 世界恐慌の到来 ………………………………………………… 119
5. 攪拌される共和国 ……………………………………………… 123

第Ⅲ部　ヒトラーの独裁

第6章　第三帝国の成立 ………………………………………… 133
1. ヒトラーの台頭 ………………………………………………… 133
2. 独裁体制の確立 ………………………………………………… 138
3. プロパガンダと動員 …………………………………………… 142
4. 奇跡の経済 ……………………………………………………… 146
5. 消費社会の幕開け ……………………………………………… 151

第7章　人種主義国家 …………………………………………… 157
1. 親衛隊国家とナチスの弾圧装置 ……………………………… 157
2. ナチス独裁下の人種主義と迫害政策 ………………………… 161
3. ナチス独裁下の性とジェンダー ……………………………… 166
4. 戦争への序曲 …………………………………………………… 170

第8章　第二次世界大戦 ……………………………………… 177
1　ヒトラーの戦争 …………………………………………… 177
2　前線と銃後，男性と女性 ………………………………… 181
3　ホロコースト ……………………………………………… 185
4　社会の急進化 ……………………………………………… 190

第Ⅳ部　消費社会・西ドイツ

第9章　占領から復興へ ……………………………………… 199
1　ドイツの零年 ……………………………………………… 199
2　戦後復興と国際協調 ……………………………………… 203
3　米ソ冷戦とベルリン封鎖 ………………………………… 207
4　奇跡の経済復興 …………………………………………… 211
5　福祉国家ドイツ …………………………………………… 215

第10章　第二の建国 …………………………………………… 223
1　1968年の学生運動 ………………………………………… 223
2　ブラントの時代 …………………………………………… 229
3　豊かな社会と自動車 ……………………………………… 233
4　新しい社会運動 …………………………………………… 237
5　過去の克服 ………………………………………………… 242

第Ⅴ部　監視社会・東ドイツ

第11章　社会主義の建設 ……………………………………… 249
1　東ドイツ建国の建前と実情 ……………………………… 249
2　1953年の民衆蜂起 ………………………………………… 253
3　米ソ冷戦とベルリンの壁 ………………………………… 257
4　新経済システムと奇跡の経済 …………………………… 262
5　社会主義の夢と子どもたち ……………………………… 266

第12章　社会主義の動揺 …………………………………… 273
1　東西ドイツの接近と遮断 ……………………………… 273
2　ホーネッカーの福祉国家 ……………………………… 277
3　監視下の社会 …………………………………………… 281
4　スポーツ大国 …………………………………………… 286
5　ベルリンの壁崩壊 ……………………………………… 290

第Ⅵ部　再統一されたドイツ

第13章　東西ドイツの再統一 …………………………………… 299
1　ドイツ統一過程 ………………………………………… 299
2　ドイツ再軍備 …………………………………………… 304
3　政党文化 ………………………………………………… 308
4　ホロコーストの記憶 …………………………………… 312

第14章　統一後のドイツ ………………………………………… 317
1　過去への憧憬 …………………………………………… 317
2　移民問題と極右勢力 …………………………………… 321
3　教育制度の変容 ………………………………………… 324
4　脱原発と地球温暖化対策 ……………………………… 328

人名・事項索引……335

本書で言及する作品

（登場順，章内での重複は削除）

◆第1章　ドイツ帝国の成立
映画『ベルリン・天使の詩』，映画『会議は踊る』，映画『ルートヴィヒ』，映画『ビスマルク』，映画『解任』，アニメ『ファンタジア』，アニメ『星銃士ビスマルク』，小説『伯林一八八八年』，マンガ『ルパン三世』，小説『813』，映画『ビスマルク号を撃沈せよ』，映画『眼下の敵』，ゲーム『艦隊これくしょん～艦これ～』，マンガ『トーマの心臓』，小説『飛ぶ教室』，映画『コッホ先生と僕らの革命』，映画『臣民』

◆第2章　ナショナリズムから戦争へ
小説『アルプスの少女ハイジ』，映画『白いリボン』，小説『居酒屋』，映画『ローザ・ルクセンブルク』，小説『人形の家』，小説『濹東綺譚』，小説『女優ナナ』，小説『脂肪のかたまり』，小説『罪と罰』，映画『ガンジー』，映画『マンデラ』，映画『バルトの楽園』，映画『ホテル・ルワンダ』，映画『大統領の執事の涙』，アニメ『ハウルの動く城』，映画『コッホ先生と僕らの革命』，映画『アフリカの女王』，マンガ『軍靴のバルツァー』，映画『西部戦線異状なし』

◆第3章　第一次世界大戦
映画『素晴らしき世界』，ドキュメンタリー『映像の世紀』，アニメ『機動戦士ガンダム』，映画『西部戦線異状なし』，映画『戦場のアリア』，映画『公債』，アニメ『ガールズ＆パンツァー』，映画『U-20』，映画『レッド・バロン』，映画『担え銃』，映画『武器よさらば』，映画『007』，映画『塹壕』，映画『誓い』，映画『レッズ』，映画『アラビアのロレンス』，映画『アフリカの女王』，映画『バルトの楽園』

◆第4章　民主制の成立
映画『ローザ・ルクセンブルク』，マンガ『靴れざる人々1　ローザ・ルクセンブルク』，絵画「社会の柱」，アニメ『鋼の錬金術師　シャンバラを征く者』，映画『嘆きの天使』，映画『ドクトル・マブゼ』，ゲーム『艦隊これくしょん～艦これ～』，小説『永遠の0』，映画『風立ちぬ』，マンガ『ジョジョの奇妙な冒険』，小説『鋼鉄の嵐のなかで』，小説『金閣寺』，映画『メトロポリス』，小説『西部戦線異状なし』，ゲーム『バリアント・ハート　ザ・グ

レイト・ウォー』，映画『華麗なるギャツビー』，映画『モダンタイムス』，映画『戦艦ポチョムキン』，映画『喜びなき街』

◆第5章　民主制の危機
映画『嘆きの天使』，映画『ココ・アヴァン・シャネル』，絵画「大都市」，小説『ファビアン』，映画『ベルリン・アレクサンダー広場』，映画『青い棘』，映画『他人と違う』，映画『カリガリ博士』，映画『パンドラの箱』，映画『制服の処女』，戯曲『地雷・パンドラの箱』，映画『大学は出たけれど』，映画『俺たちに明日はない』，映画『M』，映画『ウェイヴ』，映画『最後の人』，映画『会議は踊る』

◆第6章　第三帝国の成立
マンガ『劇画ヒットラー』，映画『独裁者』，映画『ウェイヴ』，映画『キャバレー』，アニメ『宇宙戦艦ヤマト』，映画『グラディエーター』，映画『地獄に堕ちた勇者ども』，戯曲『わが友ヒットラー』，映画『ヒトラー～最期の12日間～』，ドキュメンタリー『映像の世紀』，映画『意志の勝利』，マンガ『HELLSING』，映画『ほら男爵の冒険』，映画『わが教え子，ヒトラー』，映画『ブリキの太鼓』，映画『民族の祭典』，映画『スウィング・キッズ』，映画『メフィスト』，映画『シップ・オブ・ノーリターン～グストロフ号の悲劇～』

◆第7章　人種主義国家
映画『シンドラーのリスト』，マンガ『アドルフに告ぐ』，映画『愛を読むひと』，映画『ベント　堕ちた饗宴』，映画『縞模様のパジャマの少年』，映画『夜と霧』，マンガ『MASTERキートン』，映画『コーヒーをめぐる冒険』，映画『地獄に堕ちた勇者ども』，小説『死の泉』，映画『ブラジルから来た少年』，映画『愛の嵐』，映画『ヒトラー暗殺，13分の誤算』，映画『英国王のスピーチ』，絵画「ゲルニカ」，映画『サウンド・オブ・ミュージック』，映画『カティンの森』

◆第8章　第二次世界大戦
映画『ひまわり』，映画『スターリングラード』（独），映画『スターリングラード』（米ほか），映画『史上最大の作戦』，映画『バルジ大作戦』，映画『ジェネレーション・ウォー』，映画『リリー・マルレーン』，映画『愛を読むひと』，映画『ベルリン陥落1945』，映画『あの日　あの時　愛の記憶』，映画『ライフ・イズ・ビューティフル』，映画『炎628』，映画『シンドラーのリスト』，映画『謀議』，マンガ『石の花』，映画『ヒトラー～最期の12日間～』，映画『プライベート・ライアン』，映画『ドレスデン，運命の日』，映画『さよなら，アドルフ』，映画『ワルキューレ』

◆第9章　占領から復興へ
映画『ドイツ零年』，映画『ベルリン陥落1945』，映画『さよなら，アドルフ』，映画『ベルリン・天使の詩』，映画『緑の原野』，映画『エアリフト』，映画『トンネル』，映画『ニュールンベルク軍事裁判』，ドキュメンタリー『映像の世紀』，映画『シャトーブリアンからの手紙』，映画『マリア・ブラウンの結婚』，歌「ちょっと一緒にイタリアに行こうよ」，映画『ローマの休日』，映画『ベルンの奇蹟』，映画『おじいちゃんの里帰り』，映画『ケバブ・コネクション』

◆第10章　第二の建国
映画『男性・女性』，映画『いちご白書』，ドキュメンタリー『The '60s』，映画『存在の耐えられない軽さ』，映画『バーダー・マインホフ　理想の果てに』，映画『実録・連合赤軍あさま山荘への道程』，映画『革命の子どもたち』，映画『ベルリン，僕らの革命』，映画『ミュンヘン』，映画『カタリーナ・ブルームの失われた名誉』，映画『秋のドイツ』，演劇『戯曲・デモクラシー』，小説『ブリキの太鼓』，歌「ブラントが首相だった頃」，マンガ『ルパン三世』，アニメ『Fate/Zero』，アニメ『千と千尋の神隠し』，ドラマ『奥さまは魔女』，ドラマ『かわいい魔女ジニー』，歌「ロックバルーンは99」，歌「少しだけ平和」，映画『鉛の時代』，小説・映画『見えない雲（みえない雲）』，資料集『黄色い星』，ドラマ『ホロコースト　戦争と家族』

◆第11章　社会主義の建設
アニメ『雲のむこう，約束の場所』，映画『殺人者はわれわれの中にいる』，マンガ『ドラえもん』，映画『ベルリン・シェーンハウゼン通りの街角』，映画『ベルリン・天使の詩』，映画『イエローケーキ～クリーンなエネルギーという嘘』，マンガ『MASTER キートン』，映画『トンネル』，映画『ALWAYS 三丁目の夕日'64』，映画『グッバイ，レーニン！』，マンガ『MONSTER』，テレビ『おやすみなさい』，映画『東ベルリンから来た女』，映画『ゾンネンアレー』

◆第12章　社会主義の動揺
マンガ『パイナップルARMY』，小説『ベルリンの秋』，映画『ゴー・トラビ・ゴー』，映画『善き人のためのソナタ』，マンガ『Z─ツェットー』，映画『東ベルリンから来た女』，マンガ『MASTER キートン』，映画『ロッキー４／炎の友情』，映画『ヘドウィグ・アンド・アングリーインチ』，歌「ボーン・イン・ザ・U.S.A.」，映画『ゾンネンアレー』，映画『パウルとパウラの伝説』，映画『ベルリン・クラッシュ』，映画『ビハインド・ザ・ウォール』，映画『ニコライ教会』

本書で言及する作品

◆第13章　東西ドイツの再統一
歌「ウインド・オブ・チェンジ」，歌「ルッキング・フォー・フリーダム」，コンサート『ザ・ウォール』，映画『グッバイ，レーニン！』，映画『ゴー・トラビ・ゴー』，ドラマ『リーガル・ハイ！』，ドラマ『ホロコースト　戦争と家族』，映画『アンネの日記』，映画『シンドラーのリスト』，映画『ライフ・イズ・ビューティフル』，映画『聖なる嘘つき／その名はジェイコブ』，映画『戦場のピアニスト』，映画『縞模様のパジャマの少年』，映画『黄色い星の子供たち』，映画『サラの鍵』，映画『ブリキの太鼓』，映画『九日目』，映画『ヒトラーの贋札』，映画『スターリングラード』（独），映画『秋のミルク』，映画『アウシュビッツ行き最終列車』，映画『ドレスデン，運命の日』，映画『避難』

◆第14章　統一後のドイツ
テレビ『オスタルギー・ショー』，映画『ヒトラー　ある経歴』，小説・映画『帰ってきたヒトラー』，映画『ヒトラー～最期の12日間～』，マンガ『11月のギムナジウム』，マンガ『トーマの心臓』，小説『デミアン』，小説『飛ぶ教室』，アニメ『機動戦士ガンダム』，映画『少女カリーナに捧ぐ』，映画『カリーナの林檎～チェルノブイリの森～』，アニメ『ガンダム　Gのレコンギスタ』

xi

序章
教養のドイツ現代史を学ぶ

人間はどんなところでも学ぶことができる。知りたいという心さえあれば……

　浦沢直樹のマンガ『MASTERキートン』(1988~1994)には，主人公キートンの師である考古学者ユーリー・スコットの上記のセリフが出てくる。本書は，この「知りたいという心」にこだわった入門書である。読者対象は，そのような心をもった方々すべてだ。たとえば，ドイツに関わる学問を学び始めた大学生が挙げられるだろう。「教養」としてのドイツ現代史の基本事項を押さえ，それを深めたい方，そして世界史の教科書レベルの知識から，さらにもう一歩足を踏み出そうとする高校生までが含まれる。加えて，本書で紹介する数々の映画・小説・マンガ作品等を，ドイツ現代史の視点から理解したいと考える方々にも読んでいただきたい。

　では，人はどうして知りたくなるのだろうか。何の情報もなしに，いきなりドイツ現代史に関心をもつことはありえない。この本を手にとっていただいた現代の日本人にとって，ドイツ現代史への入り口は何なのであろうか。昨今，若い世代がドイツ現代史に触れるきっかけは，世界史の教科書やテレビをはじめ，映画やアニメ，マンガや小説，そして音楽にいたるまで，実に多様化している。このように関心の入り口は人それぞれであり，それは多様であってよいだろう。

　本書は，こうしたさまざまな関心に応え，さらにもう一歩，歩みを進めてもらうための入門書である。従来の入門書とは異なり，さまざまな作品を入り口にして，そこからドイツ現代史の学習へと導いていく点が，本書の特徴だと言える。扱われる作品のほとんどは，日本でも入手可能だ。それらをきっかけにして，本書を読み進めることで「知りたいという心」を少しでも膨らませてもらえれば，編者としてはこの上ない喜びだ。

　そして何を隠そう，編者の1人も中学生時代に浦沢直樹のマンガ『MASTERキートン』を読み，最初は考古学者，次に歴史研究者を志して，紆余曲折はあったものの現在にいたっている。

1　教養，現代史，そしてドイツとは？

　本書のタイトルには，やや大げさな「教養」という文字が踊っている。ドイツにおける「教養」の歴史的位置づけについては，第1章5節「帝政期の社会」を参照していただきたいが，本書にとっての「教養」の意味は，以下の通りである。つまり，「知りたいという心」を胸に抱いて探究をつづけ，「知ったこと（知）」をほかの知と関わらせる思考法，またその知と自分の経験を関連づけて人生をより豊かなものにしていく生き方，そのような読者自身の絶えざる研鑽によって得られるものを「教養」と呼びたい。

　世代にもよると思うが，「マンガやロックが教養？」といぶかしがる読者もおられるに違いない。もちろん，紹介作品そのものを「教養」として扱うわけではない。本書は，読者それぞれの「教養」へとつながるドイツ現代史の学習をめざし，ドイツ現代史を新たな方法で描き出そうとするものである。

　それでは，本書が扱う「現代史」とは何だろうか。簡単に言えば，現在をともに生きる人々の関心と理解に開かれた歴史ということになろう。具体的には，私たちの生きる現代の社会をよりよく理解するために，今日にいたる過去100年あまりをたどる歴史と言えよう。だがそれにしても，なぜ「ドイツ」なのだろうか。日本と9,000キロも離れたドイツの歴史をたどることに，いったいどんな意味があるというのか。

　ここで問題になってくるのが，日本とドイツとの歴史的な結びつきである。両国はともに近代化の後発国として，たがいを意識しながら歴史を歩んできた。帝政期ドイツは，明治憲法をはじめ日本の近代化に大きな影響を与え，第一次世界大戦時には，日本の敵国として対峙することになった。その後，ドイツはヴァイマール共和国の混乱をへて，ナチズムの独裁体制へといたるが，日本はその過程でもドイツから大きな影響を受け，同盟国としてともに第二次世界大戦を戦った。そして，敗戦によって両国は焦土と化し，連合国の占領を受けることになる。ドイツは米ソ両陣営の影響を強く受ける東西ドイツに分断され，日本は西ドイツと同じ陣営に組み入れられた。その後，西ドイツと日本は戦争の過去を背負いながら民主主義国として復興をはかり，高度成長をへて経済大国の地位を確立することになった。

　この共通点ゆえだろうか，日本には事あるごとにドイツを引き合いに出す傾向が見られる。戦後に出版されたドイツ関連書籍のタイトルを眺めるだけでも，そ

れはよく分かる。『西ドイツに学ぶもの』(1953)、『西ドイツを見よ！』(1978)、『素晴しいドイツ人』(1984)など、日本で出版されたドイツ本には、ドイツをお手本として賛美する特徴がある。だがこの反動だろうか、逆にドイツを「思ったより素晴らしくない」と見なす書籍もある。本書は、このように「つい、比べたくなる国ドイツ」について、ドイツ現代史の観点から新たな視点を提示することをめざしている。

ドイツの歴史はさまざまな作品で取り上げられ、日本のサブカルチャーにも浸透しているが、そうした作品を「現代を映す鏡」として紹介し、そこからドイツの現代史を説き起こすことはできないか。このような発想に立って、日独両国の今日にいたる歴史を関連づける「読み」を、本書は提示している。

本書の執筆者はいずれも、ドイツ現代史を研究する専門家だが、それぞれの所属する大学で講義を担当するなかで、いまを生きる大学生と日々向き合っている。とくに初学者向けの講義では、映画やマンガ、音楽などの作品を紹介しながら、これを糸口にドイツ現代史の学習へと導いていく工夫もしている。そうした導入教育から専門教育までの橋渡しの努力を、一冊の書籍にまとめたのが本書である。その意味で、本書の内容は初学者向けの講義で用いるのに適した形式になっているはずである。「教養」と題したもう１つの理由は、まさにそこにある。一時期の大学改革で消え去りつつあったが、昨今復活の兆しを見せ始めている教養教育にふさわしいテキスト、それが本書『教養のドイツ現代史』のめざすところである。

2　統合と分断のドイツ

ドイツ現代史を理解し、「教養」を深めてもらうための本書の内容を、「統合と分断のドイツ」という観点からごく手短に概説しておこう。ドイツは過去100年あまりの間に何度も統合と分断をくり返してきた。ドイツ帝国の成立とその後の急速な近代化、第一次世界大戦の敗戦とヴァイマール共和国の混乱、ナチズムの独裁体制の成立と対外膨張、第二次世界大戦の敗戦とその後の東西分断、そして1990年の再統一へといたるドイツの歴史には、複数の「断絶」が刻まれている。本書の全14章は、基本的にこの「断絶」にそって配置されている。

帝政期ドイツ（1871〜1918）
第１章から第３章では、帝政期のドイツが扱われている。
ドイツ帝国の成立は、北ドイツを広く領有するプロイセンによる「統合」であ

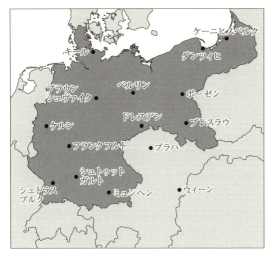

図序-1　帝政期ドイツ（1871～1918）

った。そして，ビスマルクとヴィルヘルム2世の時代に，ドイツは軍事大国・産業大国として発展を遂げた［第1章］。

帝国の発展とともに，ドイツの社会はさまざまな社会問題を抱え込むことになる。とくに新たな社会勢力として台頭したのは，労働者と女性であった。他方，ドイツは対外進出にも乗り出し，海外に植民地を獲得するが，ナショナリズムの高揚のなかで列強と対立を深め，戦争への道を進んでいく［第2章］。

第一次世界大戦はいわゆる「総力戦」となり，地球規模で戦われた「世界戦争」でもあった。そこでは国力を総動員した物量戦が展開され，食糧を含む物資の供給が勝敗の鍵を握ったが，海外の植民地でも戦闘が行われるなど，複雑な国際関係の動向にも左右された［第3章］。

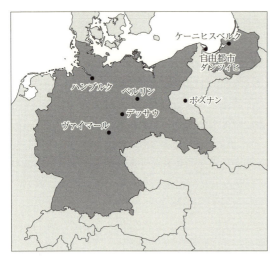

図序-2　ヴァイマール期ドイツ（1919～1933）

ヴァイマール期ドイツ（1919～1933）

第4章・第5章では，第一次世界大戦後に成立したヴァイマール共和国が扱われる。

この短命に終わった共和国は，当時世界で最も民主的な憲法をもっていたが，政治的・経済的にはきわめて不安定であった。敗戦の影響も深刻で，戦争の記憶が戦争文学などを通して広

く浸透し，共和国の打倒をはかる勢力の台頭を許した。だが他方で，ヴァイマール期はさまざまな「近代」的な潮流を育んだ時代でもあった。1920年代半ばの相対的安定期には，産業合理化や社会国家化が進むなど，現代につながるさまざまな取り組みが開始された［第4章］。

　文化的な面でも，「近代」的な消費文化や建築・デザイン，性解放運動などが花開き，「黄金の20年代」と呼ばれる文化の爛熟を迎えた。だがこうした発展は長つづきしなかった。ヴァイマール共和国は世界恐慌を契機に政治的な混乱に陥り，ナチズムの台頭によって崩壊するのである［第5章］。

ナチス期ドイツ（1933〜1945）

　第6章から第8章では，ヴァイマール共和国を打倒して独裁体制を築いたナチズムが扱われる。

　ヒトラー率いるナチ党は，集会や行進といった示威行動を通じて国民の結束を訴え，広範な支持を獲得したが，権力を握ったヒトラーが築き上げたのは，そうした統一的なイメージとは裏腹の，無秩序な体制であった。国民の支持をつなぎとめるため，ナチスはラジオや自動車，団体旅行などの提供によって「正常」な消費社会の実現につとめたが，それはあくまでも「異質」な人々を排除した上でのみ成り立つ社会であった［第6章］。

　この排除を担ったのが，親衛隊と警察である。人種主義イデオロギーにもとづいて進められたこの排除は，最終的にユダヤ人の大量虐殺，いわゆる「ホロコースト」に帰結することになるが，「民族の健全化」という優生学的な生殖管理をめざす側面もあった［第7章］。第二次世界大戦の勃発後，ドイツは一時ヨーロッパの大半を支配下におさめるものの，対ソ戦の失敗を契機に後退，荒れ狂う暴力のなかで自滅することになった［第8章］。

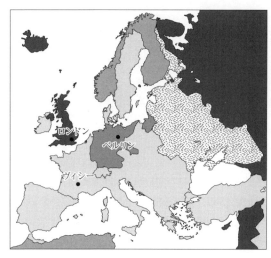

図序-3　ナチス期ドイツ（1933〜1945）

西ドイツと東ドイツ（1949～1990）

第9章から第12章では，第二次世界大戦後に成立した西ドイツと東ドイツが扱われる。ドイツの2度目の敗戦は，2つの国家を生んだ。1949年に成立したドイツ連邦共和国（西ドイツ）とドイツ民主共和国（東ドイツ）である。

ここから歴史は分岐する。西ドイツはアメリカの経済支援を受け，アデナウアーのもとで急速に復興を遂げるが，その後，外国人労働

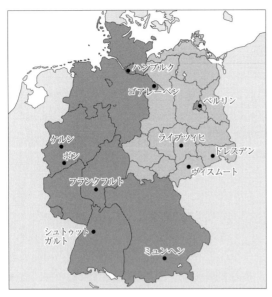

図序-4　西ドイツと東ドイツ（1949～1990）

者の大量受け入れなど，今日にいたる課題も生まれた［第9章］。1968年の学生運動を契機として，西ドイツの社会は大きな転機を迎える。ブラントが東方外交を進め，ウーマンリブや緑の党などの社会運動が生まれたのもこの時期である。経済大国として歩み始めた西ドイツでは，アメリカの消費文化が浸透する一方，「過去の克服」の取り組みも進んだ［第10章］。

他方，東ドイツはソ連の支援のもとで建国されたが，西ドイツに比べると復興が遅れ，ベルリンの壁の建設によって孤立を深めた［第11章］。1970年代以降，国民生活の一部で自由化が進められるものの，シュタージ（秘密警察）による監視はつづき，最終的には経済停滞への不満からベルリンの壁の崩壊へといたるのである［第12章］。

再統一後のドイツ（1990～）

第13章・第14章では，1990年の再統一後のドイツ社会の諸問題が扱われる。

再統一後のドイツでも，東西地域の格差や米軍基地の問題は依然として残っているし，ナチズムや東ドイツ時代の「負の過去」との取り組みもつづいている［第13章］。また，エコロジー運動・脱原発の取り組みが進むなど，環境先進国として成熟を見せる一方，東ドイツ時代への憧憬である「オスタルギー」や移民排

序章　教養のドイツ現代史を学ぶ

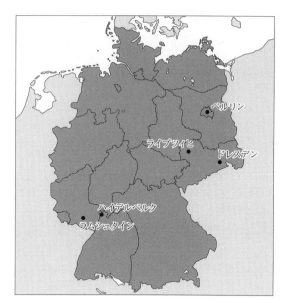

図序-5　再統一後のドイツ（1990〜）

斥を掲げるネオナチの問題も生じており，課題は山積している［第14章］。

ところで，本書は「断絶」にそった構成だと書いた。だが14の各章はそれぞれ，「政治」「戦争」「ジェンダー」「文化」などの共通テーマでたがいに関連し合っている。それらをつなげて読むことで，ドイツ現代史の連続面も理解できる構成となっていることを付言しておきたい。

3　歴史とフィクション

本書で紹介されている映画・マンガ・音楽などの作品は，当然ながらフィクション（虚構・創作）であり，事実の集積である「歴史」とは異なる。フィクションと歴史を区別することは，もちろん重要である。しかしフィクションを入り口にして歴史に近づく方法はあってもいいし，場合によっては有益でもある。フィクションは，それが適切に歴史と関連づけられた場合，物語やイメージの力によって私たちの想像力を膨らませ，歴史事象の理解を促す推進力になるだろう。本書の執筆者はいずれも，読者の想像力を喚起するべくフィクションから抽出できることを歴史と関連づけ，それぞれ専門家の立場から歴史研究の最先端にまで読者の理解を導こうと試みている。そこではフィクションと歴史の「敵対」ではなく，「共存」から生み出される新たな知見，あるいは歴史像の提示が模索されている。

さて，本書の冒頭には各章で扱われる作品のリストが掲載されている。それらの作品はいずれも，ドイツ現代史をより深く理解する上では格好の教材である。この本を読み進めていくうちにピンとくる作品があったら，ぜひ自分の目と耳で

たしかめてほしい。それによって歴史を学ぶ喜びを実感していただき，少しでも「教養」を深めることに寄与できれば，本書の目的は達成されたことになるだろう。

参考文献

ハインリヒ・アウグスト・ヴィンクラー『自由と統一への長い道　Ⅰ──ドイツ現代史1789-1933年』（後藤俊明・奥田隆男・中谷毅・野田昌吾訳）昭和堂，2008年。

ハインリヒ・アウグスト・ヴィンクラー『自由と統一への長い道　Ⅱ──ドイツ現代史1933-1990年』（後藤俊明・奥田隆男・中谷毅・野田昌吾訳）昭和堂，2008年。

ヴォルフガング・シヴェルブシュ『敗北の文化──敗戦トラウマ・回復・再生』（福本義憲・高本教之・白木和美訳）法政大学出版局，2007年。

日独交流史編集委員会編『日独交流150年の軌跡』雄松堂書店，2013年。

（田野大輔・柳原伸洋）

第Ⅰ部
ビスマルクの帝国

ヴィルヘルム2世（左）とビスマルク（右）（1888年）
（ドイツ連邦文書館）

第1章
ドイツ帝国の成立

1 ドイツ帝国の誕生

　1871年は，ドイツの歴史において画期となる年であった。この年の1月18日，パリ郊外のヴェルサイユ宮殿「鏡の間」にて，プロイセン王ヴィルヘルム1世をドイツ皇帝とする宣言式が独仏戦争の最中に行われた。ここにドイツ帝国が誕生した。

　ヨーロッパの中央部に位置するドイツは，それまでは統一された1つの国家ではなく，約40の国家に分断された状態であった。そのなかの1つであるプロイセン王国が，戦争という軍事的手段によってドイツの統一と帝国の創建を主導したのである。

　ドイツの首都ベルリンを飾る著名な観光スポットのなかに「戦勝記念塔(ジーゲスゾイレ)」がある。翼を広げた勝利の女神ヴィクトリアを頂くこの塔は，しばしば映画にも登場する。なかでも有名なのが，ヴィム・ヴェンダース監督の映画『ベルリン・天使の詩』（西独・仏：1987）であろう。主人公の天使がある人間の女性と恋におち，葛藤の末に人間になってその女性と結ばれるという内容である。天使が女神の肩に腰かけて何か思いに耽るシーンが印象的に描かれているが，この映画を観ていなくても，ここを訪れる人は金色に輝く女神の姿に目を奪われるだろう。

　この塔の台座に目を移すと，3つのレリーフがあることに気づく。それらは「ドイツ統一戦争」と総称される3つの戦争，すなわちデンマーク戦争（1864），普墺戦争（1866），独仏戦争（1870〜1871）をモチーフにしている。プロイセンがこれらの戦争を勝ち抜いた結果，ドイツ帝国が成立したのである。「戦勝記念塔」という名の通り，この塔はそれを記念して建立されたものであった。

　なぜドイツはこのときまで分断された状態にあったのか。なぜプロイセンがドイツ統一に際して中心的な役割を演じることができたのか。プロイセン以外のドイツ諸邦はこれをどのように見ていたのか。ここでは，これらの問題を見ていくことにしたい。

第Ⅰ部　ビスマルクの帝国

図1-1　映画『ベルリン・天使の詩』より「戦勝記念塔」に腰かける天使ダミエル。

図1-2　映画『会議は踊る』よりアレクサンドル1世（左）と手袋屋の娘（右）。

ウィーン体制下のドイツ

　エリック・シャレル監督の映画『会議は踊る』（独：1931）は，フランス革命とナポレオン戦争後の国際秩序を再建するために開催されたウィーン会議（1814〜1815）の様子を描いたオペレッタ映画である。会議の主催者であるオーストリア外相クレメンス・フォン・メッテルニヒは，ロシア皇帝アレクサンドル1世によって会議が邪魔されるのを恐れ，皇帝に想いを寄せる手袋屋の娘の恋路を助け，さらには伯爵令嬢を差し向けるなど，皇帝が会議に参加しないよういろいろと画策する。映画の終盤，まさに「会議は踊る」状態となり，出席者が舞踏会に興じているすきにメッテルニヒが空席だらけの議場で，わが物顔で議事を進行させるシーンが印象的である。だがナポレオンのエルバ島脱出で一気に興が覚め，現実に引き戻されるところでこの映画は幕を下ろす。

　ウィーン会議と言えば，この映画やリーニュ侯の言葉「会議は踊る，されど進まず」が示すように，舞踏会の連続で議事が進行しなかったというイメージがつきものである。だが実態はそれとは多少異なる。ナポレオン戦争後のヨーロッパにおいてどのように国境線を引き直すかをめぐって各国の主張はかみ合わず，調整に時間がかかった。その間メッテルニヒは会議が頓挫するのを防ぐべく，各国首脳を舞踏会をはじめ，さまざまな催しでもてなし，その裏で地道な交渉を粘り強くつづけていたのである（高坂 1978；坂井 2012）。その結果「ウィーン体制」と呼ばれる新たな国際秩序が誕生した。

第1章　ドイツ帝国の成立

　ウィーン体制の特徴は，フランス革命前の支配関係を復活させる復古的な「正統主義」でもって，ナショナリズムやその担い手の自由主義勢力を抑圧する一方，5大国（イギリス・フランス・ロシア・オーストリア・プロイセン）を中心に，大国間の会議で利害を調整しながら「勢力均衡」を維持するというものであった。その結果，ドイツの地には国民国家ドイツではなく，「ドイツ連邦」が設けられた。これは今日「連邦」という語から想起される統一国家とは程遠いもので，オーストリアとプロイセンを含む約40の君主国と自由都市から成る国家連合組織であった（そのため「ドイツ同盟」という訳語があてられるときもある）。

　ところが，この措置は時代の流れに逆行するようなものであった。フランス革命とナポレオン戦争によってドイツの各地では国民意識が覚醒され，ナポレオンの支配からの解放とあわせて国民国家を望む声が高まっていた。19世紀がナショナリズムの時代と呼ばれる所以である。そのような時代状況となったにもかかわらず，ドイツの地には「ドイツ連邦」が設けられ，国民国家としてのドイツ統一は実現せず，ドイツ・ナショナリズム運動は容赦なく弾圧されていったのである。

　しかしながら，ウィーン体制下にあってもドイツ統一をもとめる動きは弾圧に屈することなく，しだいに活発化していくのであった。

プロイセンの台頭

　ナチス時代に制作されたヴォルフガング・リーベナイナー監督の映画『ビスマルク』（独：1940）は，プロイセン首相就任から普墺戦争でプロイセンが勝利をおさめるまでのオットー・フォン・ビスマルクの奮闘ぶりを描いた作品である。この映画でも描かれているように，プロイセンはビスマルクの巧みな政治外交手腕のもとでデンマーク戦争，さらには普墺戦争で勝利をおさめる。そして，最終的にはフランスを破って，冒頭で紹介したように1871年にドイツ帝国を成立させるにいたったのである。

　では，なぜプロイセンにドイツ統一が可能だったのか。ビスマルクの手腕があったことはもちろんだが，それだけでは彼の力を過大評価することになろう。ここでは，ビスマルク登場以前のプロイセンに注目し，この点について見ていきたい。

　注目すべきは，やはりその国力である。ドイツ連邦にあってプロイセンはオーストリアに次ぐ勢力であり，ヨーロッパ国際政治においてもフリードリヒ大王の時代に5大国の仲間入りを果たしていた。ウィーン会議での領土交渉の際，メッ

テルニヒはプロイセンのさらなる勢力拡大を恐れて、プロイセンには飛び地となるラインラントを提供した。ところが、このときプロイセンが獲得したところは後にドイツ最大の炭鉱・工業地域へと変貌するルール地方や、やはり石炭資源が豊富なザールラントが含まれており、1850年代以降プロイセンの大規模な工業化（産業革命）を支えていく重要な場所となった。しかもここには軍需企業として名を馳せるクルップ社があり、プロイセン軍に新式の銃や大砲を提供していくのである。ちなみにその武器の威力と性能は、とくにデンマーク戦争や普墺戦争で遺憾なく発揮される。

　プロイセンの経済力も無視できないものがあった。1834年にドイツ関税同盟が発足すると、プロイセンはそれを主導する役割を担った。この関税同盟はしだいに加盟邦を増やしていき、ビスマルク登場前夜にはオーストリアを除くほぼすべてのドイツ諸邦が加わり、一大関税圏を築いていたのである。

　そのようなプロイセンが中心となってドイツ統一が実現しかけたことが、ウィーン体制下で2度あった。1度目は1848年革命の折、フランクフルトで開催されたドイツ国民議会が憲法を制定し、プロイセン王フリードリヒ・ヴィルヘルム4世をドイツ皇帝に選出したときである。このときは革命によって生み出された帝冠を嫌って国王が拒絶したため、実現にはいたらなかった。2度目は1849年からその翌年にかけて、プロイセンが中心となってオーストリアを除く形でドイツ統一を実現させようと「連合（ウニオン）」政策を展開したときである。このときはオーストリアが強硬に反対し、プロイセンの動きが列強、とくにロシアから支持されなかったこともあってご破算に終わった。オーストリアはドイツ系のみならずマジャール系やスラブ系住民を抱える多民族帝国であるがゆえに、ドイツ統一事業には否定的であった。そのため、ナショナリズム勢力がプロイセンに期待をかけるのは当然だったのである。

　こうした経緯から、19世紀半ばにドイツ連邦を支える2大国プロイセンとオーストリアの勢力バランスが崩れ、両国の対立がさらに激しくなり、国際情勢の変動やナショナリズム運動の高揚もあって、ドイツ連邦の存在自体が大きく動揺していた。そのようなときに、ビスマルクがあらわれたのであった。

バイエルンから見たドイツ統一

　プロイセンが主導するドイツ統一事業をほかのドイツ諸邦はどのように見ていたのだろうか、最後にこの点について見ていきたい。ここではプロイセン王国に力では及ばないが、それでも南ドイツで最大の勢力を誇ったバイエルン王国に注

第1章　ドイツ帝国の成立

目したい。当時の王は，南ドイツに白くそびえ立つノイシュヴァンシュタイン城を築いたことでも有名なルートヴィヒ2世である。

彼の生涯は映画やミュージカルでたびたび再現されているが，なかでも白眉なのがルキノ・ヴィスコンティ監督の大作『ルートヴィヒ』（伊・仏・西独：1972）

図1-3　映画『ルートヴィヒ』より

ではなかろうか。この作品ではドイツが統一に向かって激動の時代を歩むなかで，ルートヴィヒが1864年にバイエルン王に即位してから謎の死を迎えるまで，その生涯が貴族的趣味に彩られながら描かれている。

この映画にもあるように，ドイツ統一戦争ではバイエルンは激動の歴史をたどることになる。ドイツを二分する普墺戦争では，戦争を望まないルートヴィヒの心情はさておき，プロイセンかオーストリアのいずれかにつくしか選択肢がなかった。バイエルンはその地理的位置もあって，ほかの有力諸邦とともにオーストリア側に立って参戦した（関1987）。だがこの戦争で勝利をおさめたのはプロイセンであった。その結果ドイツ連邦は解体され，敗れたバイエルンはプロイセンと軍事同盟を結ぶにいたった。

独仏戦争が勃発すると，バイエルンは上記の軍事同盟のゆえに，プロイセン側に立って参戦する。その最中にビスマルクはバイエルンに対して，来たるべきドイツ帝国への自発的な参加をもとめると同時に，プロイセン王ヴィルヘルム1世がドイツ皇帝の称号を名乗るようルートヴィヒの方から提唱して欲しいと注文をつけてきたのである。

これほどルートヴィヒにとって屈辱的なことがあろうか。彼の出身ヴィッテルスバッハ家は12世紀にその起源をもとめることができるヨーロッパ屈指の名門であり，北ドイツの片田舎のプロイセンにドイツ問題の主導権を奪われ，しかもドイツ統一の名のもとに伝統あるバイエルンの主権が脅かされようとしていたからである。だがこれを拒絶するだけの力を彼は有していなかった。最終的にはビスマルクの要求をのむ代わりに，年額30万マルクに及ぶ資金援助とドイツ帝国における軍事・外交・税制・郵便・鉄道・電信に関する一定の留保権を得ることで交渉はまとまった（関1987；末川1996）。とはいえ，彼は後日自分の心境を次のよ

うに漏らしている。「余はあの不幸な取り決めが成立して以来まれにしかうれしい時間がもてず，悲しくて不機嫌である」。ちなみに，このとき獲得した資金はノイシュヴァンシュタイン城の建築などにあてられている。

　こうしてバイエルンはプロイセン主導下のドイツ帝国に参加することになったのである。

ドイツ帝国の成立

　このような経緯をへて，1871年1月18日を迎えた。ヴェルサイユ宮殿「鏡の間」にてプロイセン王ヴィルヘルム1世のドイツ皇帝即位宣言式が行われ，ドイツ帝国が成立した。ここにウィーン体制下で抑圧されてきたドイツ・ナショナリズムの悲願が達成されたのだが，それはプロイセンの力による「上から」の統一であった。ドイツ各邦の君主がヴェルサイユに参集してこの式典を見守っていたが，その場にルートヴィヒ2世の姿はなかった。健康上の理由からであったが，彼なりの意地もそこにあったのではなかろうか。

（飯田洋介）

2　ビスマルクという政治家

　ドイツ帝国が成立した1871年は，ドイツ史のみならず世界史においても画期となる年であった。それまで分断状態にあったドイツが統一され，ナポレオン戦争以来盛り上がりを見せていたドイツ・ナショナリズムの悲願が達成されたからである。だがそれはプロイセンがデンマーク・オーストリア・フランスを破ってもたらしたものであるため，既存の国際秩序が大きく塗り替えられたことを意味した。

　このドイツ帝国の創建に最も貢献したのが，プロイセンの首相にしてドイツ帝国の初代宰相となったオットー・フォン・ビスマルクであった。はたして彼はどのような人物だったのであろうか。ここではその人物像に迫っていきたい。

帝国創建者として

　ナチス時代に制作されたヴォルフガング・リーベナイナー監督の『ビスマルク』（独：1940）は，1862年にプロイセン首相に就任したビスマルクが国内外の敵と渡り合いながら，普墺戦争でプロイセンが勝利をおさめるまでの奮闘ぶりを，彼にまつわるさまざまなエピソードを交えつつ描いた映画である。独仏戦争とド

第1章　ドイツ帝国の成立

イツ帝国成立の瞬間も描かれているが、ここでは付け足し程度にしか扱われていない。

　この映画では、ビスマルクは孤立してもなお強固な意志でもって自己の主張を貫徹し、その天才的な才能でもって難局を乗り切ってドイツ帝国を創建した偉大な指導者として描かれている。ドイツ問題を解決できるのは「鉄と血」だけだと発言して議会と衝突しても、彼は一切譲歩する姿勢を示さない。議会解散を受けて国王がメディアの反応を気にすれば、「新聞は国民ではありません」とたしなめる。国家理性を力説し、デンマークとの戦争の際には対立関係にあったオーストリアを味方につけるのだが、国王がそれにとまどいを示すと、「これが政治というものです」と眉一つ動かさず言ってのける。ときには彼の考えが周囲に受け入れられず、感情を爆

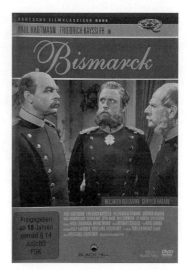

図1-4　映画『ビスマルク』
左からビスマルク、フリードリヒ・ヴィルヘルム、ヴィルヘルム1世。
（DVDパッケージ）

発させて妻に慰められるシーンもあるが、最後には自己の主張を貫徹してプロイセンをドイツ帝国成立へと導いていく。まさに建国の英雄であり偉大な政治家としてのビスマルクが見て取れるのである。

　では、実際のビスマルクはどうだったのだろうか。この映画に描かれているように、たしかに彼は強烈な個性と強力なリーダーシップをもった政治家であった。議会と衝突して予算が成立しなくても、彼はそんなことはお構いなしに強引に政治を推し進め、主義や原則に拘泥せず、あらゆる手段を用いて自己の主張を貫徹させる。後日ヴィルヘルム1世に「このような宰相のもとで皇帝であるのはたやすいことではない」と言わしめるほどであり、周囲との対立も日常茶飯事だ。そして、「鉄血宰相」と呼ばれるように、3度の戦争でもってドイツ問題を解決し、プロイセンを中心としたドイツ帝国を築き上げたのである。

　だが彼は最初からナショナリズムに共感し、ドイツ統一をめざして邁進する政治家であったわけではない。エルベ川以東の地主貴族（ユンカー）出身の彼は、自身が受け継いできた前近代的・伝統的な権益を維持するためにも、プロイセン君主主義を擁護しようとした、きわめて保守的な人物であった。北ドイツにおけるプロイセンの勢力拡大は望むものの、ドイツ統一をもとめるナショナリズムの

17

第Ⅰ部　ビスマルクの帝国

図1-5　映画『解任』より
ビスマルク（左）とヴィルヘルム2世（右）。

動きには当初否定的ですらあったのである。

では，なぜ彼はドイツ統一事業に着手したのか。ここで注意したいのは，彼がそれを最初から企図して計画的に推進したわけではないということである。デンマーク戦争であれ普墺戦争であれ，彼は北ドイツにおけるプロイセンの覇権を確立すべく，状況の変化を巧みに利用したにすぎなかった。このとき彼はあくまで受身の立場でしかなく，彼の方から仕掛けたわけではなかったのである。しかしながら，状況の変化を自分に都合よく利用するその巧みさは，まさに天才的であった。そして彼は，ドイツ人同士の「兄弟戦争」ということで，国内で評判の悪い普墺戦争に踏み切る際，自己の立場を強化するために，ドイツ統一をもとめる国内外の世論を味方につけるべく，ドイツ統一のプログラムを掲げたのである。彼はプロイセンの覇権確立のためにナショナリズムを利用したことになる。

普墺戦争の結果，彼はナショナリズムの後押しを受ける形で北ドイツにプロイセンの覇権を確立できた（北ドイツ連邦）。ところが，盛り上がるナショナリズムの動きを御しきれず，もともと意中になかったドイツ統一をめざすようになった。このような経緯から彼は路線を変更し，独仏戦争をへてドイツ帝国を築き上げたのである。

帝国宰相として

『ビスマルク』を手掛けたリーベナイナー監督は，その2年後に『解任』（独：1942）という映画を制作している。この映画は，ビスマルクが1888年に即位した皇帝ヴィルヘルム2世と衝突して，辞任に追い込まれるまでの模様を描いたものである。

この映画では，ビスマルクは皇帝の前に立ちはだかる強大な政治家として描かれている。政治はすべて帝国宰相ビスマルクを中心に動いており，皇帝として政治に積極的に関わろうとするヴィルヘルム2世を前にしても，宰相は自分の統治スタイルを一切変えようとはしない。自分の前に立ちはだかる強大な老宰相に対する皇帝の不満と怒りは頂点に達し，2人の対立は決定的となり，最後にはビス

マルクが辞任に追い込まれるのであった。

　では，実際はどうであったのだろうか。ドイツ帝国の基本的な制度を構築する際，ビスマルクは自身が就任する帝国宰相を中心とする統治スタイルを築いた。ドイツ帝国では責任内閣制がとられることはなく，皇帝が任命する帝国宰相が唯一の大臣として行政を取り仕切った。帝国レベルの業務が増加するのにともなって宰相の職務が各官庁に枝分かれしていくのだが，それでも各官庁のトップには「大臣」ではなく，宰相直属の部下である「長官」が当てられたのである。

　しかもビスマルクは，高齢と健康問題からハンブルク郊外にある自身の所領フリードリヒスルーに引きこもることが多くなり，そこから頻繁に具体的な指示をベルリンに送って政治をコントロールしたのである。部下の独断専行はけっして許さず，宰相の指示に刃向かおうものなら訴追された。実際に訴追された外交官の名を冠した「アルニム条項」が刑法典に追加されたほどである。部下たちは忠実に宰相の指示に従うしかなかった。

　「ビスマルク体制」と言えば彼の外交システムを指すことが一般的なのだが，以上の点を踏まえると彼の統治システムにも当てはめて総合的に用いるべきであろう（飯田 2015）。老練な巨魁が帝国宰相として主導する「ビスマルク体制」のもとでは，たとえ皇帝であっても我意を通すことは非常に困難な状況だったのである。政治に積極的に関わりたいヴィルヘルム2世にとっては，我慢ならないシステムであったと言えよう。

「魔法使いの弟子」という一面

　これまで歴史家たちによってビスマルクはさまざまに評価されてきたが，そのなかに「魔法使いの弟子」というものがある（ガル 1988）。

　「魔法使いの弟子」といえば，ディズニー長編アニメ映画『ファンタジア』（米：1940）の1シーンを思い浮かべる人もいるだろう。フランスの作曲家ポール・デュカスが1897年に書き上げた同名の管弦楽曲にあわせて，魔法使いの弟子に扮するミッキーマウスが原作であるドイツの文豪ヨハン・ヴォルフガング・フォン・ゲーテのバラードの世界を表現する。水汲みの仕事に飽きた弟子のミッキーマウスは，師匠の言いつけを破ってほうきに魔法をかけて自分の仕事を代行させる。ところが彼は魔法の解き方を知らないために，ほうきを止めることができず，床一面水浸しにしてしまう。ほうきを斧でばらばらにして事をおさめようとするのだが，今度はばらばらになったほうきがそれでも水汲みをやめようとせず，洪水状態になってしまう。万事休すかと思った瞬間，師匠が戻ってきて魔法を解

き，弟子を叱りつけて一件落着するという物語である。

　いったいこの話がビスマルクとどのように結びつくのであろうか。ビスマルクを「魔法使いの弟子」に見立てた場合，「魔法」に該当するものが2つある。その1つはナショナリズムである。先述したように，彼はドイツ帝国成立以前，オーストリアに対抗するために，あるいは国内外で自己の立場を強化するために，ドイツ・ナショナリズムを利用しようとした。その結果，彼は北ドイツにおけるプロイセンの覇権を確立するという自身の政治目標を達成することができた。ところが，普墺戦争前に自身が煽ったナショナリズムの高揚を前に，当初は考えていなかったドイツ統一へと路線を変更し，フランスとの対決路線を選択せざるをえなくなったのである。また彼はドイツ帝国成立後，フランスやバルカン諸国のスラブ・ナショナリズムを利用して，自身の外交政策を有利な形で展開しようとした。だがあげくの果てには，ドイツの東西で煽ったナショナリズムによって自身の外交政策の柔軟性が奪われ，「急場しのぎ」的な対応を余儀なくされてしまうのである。

　2つ目は列強が抱く植民地獲得欲，言い換えれば帝国主義的野心である。19世紀後半からヨーロッパ列強はアジア・アフリカ世界に積極的に進出し，自国の植民地・勢力圏を拡大しようと動き出す。そのような列強の動きをビスマルクは焚きつけ，しかも「誠実なる仲買人」として列強の利害を調整することで，各国がドイツとの友好関係を必要とするような外交状況を築き上げようとした。だが彼の動きは列強の植民地獲得競争を刺激し，本格的な帝国主義の時代をもたらすことになる。それがドイツに影響を及ぼさないわけがない。一時期を除き，彼は植民地獲得には自制的であったが，彼が引退した後，ドイツも「世界政策」の名のもとでこの競争に積極的に参加していくことで，ドイツは逆に外交的に窮地に陥ることになるのであった。

　こうして見ると，ビスマルクは自身の政策を推し進めるべくナショナリズムや列強の帝国主義的野心を巧みに利用したかのように見えて，実際はそれに振り回される結果になったと言える。19世紀になって登場したこれらの新しい時代の要素は，前近代的なユンカー出身の政治家の手に負える代物ではなかったのである。

ビスマルクの評価をめぐって

　ビスマルクの評価をめぐっては，1890年代に生じた「ビスマルク神話」の影響もあって，彼を国民的「英雄」あるいは「ドイツの守護聖人」として実像以上に称揚するものもあれば，その反動であるかのように「ヒトラーの先駆者」「悪霊」

とまで酷評するものまである。ほかにも彼を形容する表現は数多くあり，彼の評価をそのいずれか1つに集約することはおそらくできない。ビスマルクをとらえるために多面的に見ていく際，「魔法使いの弟子」という側面は見落とせないものとなるだろう。

(飯田洋介)

3　ビスマルク時代の政治と外交

オットー・フォン・ビスマルクの最大の功績と言えば，やはりドイツ帝国の創建である。ヴェルサイユ宮殿「鏡の間」でのドイツ皇帝即位宣言式では，彼は「皇帝」の称号をめぐるヴィルヘルム1世との口論のゆえに著しく不機嫌ではあったものの，やはりこの瞬間は彼の政治的人生のクライマックスと言ってよいだろう。

だが彼の政治的人生はこれで終わったわけではない。ドイツ帝国の歴史はまさにここから始まるのであり，彼はドイツ帝国宰相として20年近くにわたってその辣腕を振るうことになる。では，彼はいったいどのような政治を行ったのであろうか。

ゆるやかな帝国

ビスマルクと言えば，ドイツ帝国を築いた英雄，つねに軍服を着た武断的な「鉄血宰相」，たとえ皇帝であっても他者の意見に耳を傾けない独断的で圧倒的な存在感のある政治家というイメージがあろう。ナチス時代に制作されたヴォルフガング・リーベナイナー監督の映画『ビスマルク』(独：1940) や『解任』(独：1942) では，たしかにそのように描かれている。こうしたイメージは，たとえばハンブルクにある中世騎士を模した巨大なビスマルク像 (1906) やナチス時代に建造されたドイツ最大級の戦艦ビスマルク (1939) に如実に反映されていよう。あるいはわが国ではテレビアニメ『星銃士ビスマルク』(1984～1985) において，異星人から地球と太陽系を守るために造られた巨大変形ロボットに彼の名が冠されるあたりに，このイメージを読み取ることができるのではなかろうか。

では，ビスマルクは実際にこのイメージの通りにドイツ帝国を統治したのであろうか。

帝国の基本的枠組みを構築する際，彼はこうしたイメージには似つかわしくない繊細さと配慮をプロイセン以外の諸邦 (とくに南ドイツ諸邦) に示した。彼はド

第Ⅰ部　ビスマルクの帝国

図1-6　ハンブルクのビスマルク像

イツの地にあった君主国をすべて解体して，プロイセンによる強力な中央集権体制に強引に改編するようなことはしなかった。それどころか，ドイツ帝国を構成する25の君主国や都市国家はそのまま温存し，それらの上に帝国政府を設けることで，ゆるやかにドイツを統合する連邦制を採用したのである。

そのため経済・交通・軍事・外交といった問題に関しては，基本的に帝国レベルで対応することになったが，それ以外の行政は帝国を構成する各邦に任された。とくにバイエルンをはじめ，いくつかのドイツ諸邦に対しては，上記の帝国レベルでの問題に対しても例外的な対応が認められた。また，帝国議会と並ぶドイツ帝国の立法機関である連邦参議院はこれら各邦の代表から構成され，そのなかではプロイセンが最多議席数を有して優勢を確保するものの，有力諸邦が団結すれば一方的な憲法改正を阻止することができるように各邦の票数が配分された（望田 1996）。

このように，とりわけ南ドイツ諸邦に細やかに配慮するビスマルクの姿は，一般に流布するビスマルク像とはかけ離れたものであったと言えよう。

強権的な内政

ところが約20年に及ぶビスマルクの内政の特徴は，先述したイメージを地で行くかのようなきわめて強権的なものであった。

わが国のミステリー小説のなかに，海渡英祐の『伯林　一八八八年』(1967) がある。この作品は，ドイツ留学中の森鷗外が思わぬ形でビスマルクもからんだある密室殺人事件に巻き込まれ，それを解決するという内容である。ベルリン散策中の森が，社会主義者が警官に取り押さえられる場面に遭遇するところからこの小説は始まるのだが，社会主義者が取り締まりの対象であったことが，この作品における重要な伏線の1つとなっている。

実際にビスマルクは，1878年に「社会主義者鎮圧法」を制定してこれを弾圧した。19世紀半ば以降進展していた大規模な工業化を背景に，工業労働者の数は飛

躍的に増加し、それにともなって労働問題も顕在化し、社会主義勢力が大きく伸張していた。彼は社会主義勢力を「帝国の敵」として糾弾することで、国内をまとめ上げようとしたのである。ちなみに彼は、国際競争力が低下するのではないかとの恐れから、労働条件の規制に見られる労働者保護には消極的であったが、労働者を社会主義勢力から切り離すべく、社会保険政策（疾病保険・労災保険・老齢廃疾保険）を導入して労働者の懐柔を図ろうとした。社会主義者鎮圧法と並んで「アメとムチ」と称されるのだが、ビスマルクが思うような成果を上げるにはいたらなかった。

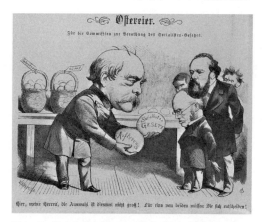

図1-7　社会主義者鎮圧法延長をめぐる帝国議会での駆け引きを描いた『クラデラダッチュ』紙の風刺画

　ビスマルクによって「帝国の敵」として糾弾されたのは、社会主義勢力だけではなかった。「文化闘争」を通じて彼はカトリック勢力を弾圧する一方で、民事婚や教育の脱宗教化といった近代化政策を推進した。ほかにも、ポーランド系住民や自由主義左派も標的としている。このようにドイツ帝国の国家体制に順応しようとしない勢力を「帝国の敵」として糾弾し、それでもって相対的に多数の国民を統合しようとするビスマルクの国民統合政策は、しばしば「負の統合」と呼ばれている（ヴェーラー 1983）。

　だがこうした「負の統合」は完全に失敗した。ビスマルクの一連の弾圧政策によって、弾圧される側は自分たちの身を守るために、より強固に結集していったのである。具体的には、カトリック勢力は「中央党」に、社会主義勢力は「ドイツ社会主義労働者党」（後の「ドイツ社会民主党」）にといった具合にである。しかもこれらの政党は、ビスマルクの抑圧にもかかわらず議席数を伸ばすことで、抵抗しつづけたのである。皮肉なことに、ビスマルクによる弾圧が彼らの統合を強化する結果になってしまった。最終的には1880年代にカトリック勢力はビスマルクから譲歩を勝ち取ることに成功し、社会主義勢力に関してはビスマルクがその弾圧政策に固執するあまり、足元をすくわれて辞任に追い込まれる要因の1つになってしまった。

ビスマルク外交

内政の分野では思うように事を運べなかったビスマルクだが，外交面ではその本領を発揮した。

わが国ではその「孫」が活躍するモンキー・パンチ原作のマンガ『ルパン三世』(1967〜)が人気を博しているが，怪盗アルセーヌ・ルパンを生み出したフランスの作家モーリス・ルブランの作品のなかに『813』

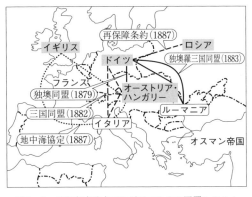

図1-8　1887年末時点でのビスマルクの同盟システム

(1910) がある。この作品は戦争の足音が迫りつつある20世紀初頭のヨーロッパを舞台に，これが公になるとヨーロッパ中が混乱の渦にたたき込まれるという謎の機密文書をめぐってさまざまな陰謀が企まれ，ルパン，そしてヴィルヘルム2世までもが巻き込まれるという内容である。ここで作品の鍵となる謎の文書の正体とは，ビスマルクの書簡であった。

もちろんこの作品はフィクションだが，その前提となる部分は事実である。2度にわたってベルリンで国際会議を主催するなど，ビスマルクのもとでドイツは国際政治の中心的存在となった。そして彼の影響力は在職中はおろか，退陣した後も健在であった。なぜ彼はそれほどの影響力をもつことができたのだろうか。

ビスマルク外交と言えば，ドイツを中心とした複雑な同盟網にその特徴がある。「ビスマルク体制」と呼ばれるこの同盟網には，1887年末の時点でロシア，オーストリア・ハンガリーやイタリア，さらにはルーマニアが加わり，ヨーロッパのほかの列強と同盟を結びたがらないイギリスまでもがそこに組み込まれているのである。そして，独仏戦争の敗戦で対独復讐心を抱くフランスを見事なまでに外交的に孤立させるのに成功している（図1-8参照）。

ヨーロッパの主要各国と同盟や協定を次々に結んだと言えば簡単に聞こえるかもしれないが，これらの国々は領土問題や植民地問題をめぐってヨーロッパの内外で激しく対立していたのだから，事が容易に運ぶはずがない。ビスマルクは巧みな外交手腕でもってこれらの対立関係を調停し，ときにはそれらを巧みに利用する形で同盟網を築いたのである。

そのため，この同盟網は非常に複雑な様相を呈することになった。同盟網を構成する諸条約を仔細に見ていくと，なかには辻褄が合わず，相互に矛盾するもの

すらある。だがこれらを秘密扱いにすることで、彼はそれらを見事に共存させてしまったのである。しかもその秘密扱いのゆえに、その全体像を知る者はビスマルク本人を含めドイツ国内でもほんの一握りしかいなかった。少々大げさに聞こえるかもしれないが、当時のヨーロッパ情勢に多大な影響を与える秘密情報を彼は一手に握っていたことになる。

そのことを端的に示すエピソードがある。ビスマルクは退陣後、後継政権に対する不満などから、ロシアとの間に結んだ秘密条約（再保障条約）の内容を新聞に暴露してしまうのである。その条約は当時すでに期限切れで失効していたものの、存在そのものが極秘扱いだったため、政府首脳をはじめ関係者は大いに肝を冷やしたことであろう。先に紹介したルブランの作品に近いことが、実際に起こったのであった。

これだけの秘密条約にもとづいた複雑な同盟網なのだから、ビスマルクはさぞかし周到かつ緻密な計画を練っていたと思われがちだが、それは事実に反する。元来彼はドイツとロシア、そしてオーストリア・ハンガリーの間に結ばれた三帝協定を非常に重視してはいたが、それ以外は基本的に列強間の仲介役となって、勢力均衡の原則にもとづく新たな国際秩序を築こうとしていた。つまり、同盟網など最初から狙ってはいなかったのである。ところがバルカン半島をめぐる問題でロシアとオーストリア・ハンガリー両国が対立して三帝協定が崩壊し、ロシアとフランスの間でドイツを挟み撃ちにするような同盟が結ばれる危機に直面すると、彼は「急場しのぎ」の対応を余儀なくされた。その結果、彼自身予想だにしなかった複雑な同盟網ができてしまったというわけである。急場しのぎとはいえ、危機を回避しつつこれだけの同盟網をわずかな期間で築き上げたところに、ビスマルクの外交手腕の凡庸ならざるところがあると言えるのではなかろうか。

ビスマルクの誤算

以上、帝国宰相時代のビスマルクの内政と外交について見てきた。彼はときには強権的かつ独断的に、またあるときには繊細さや細やかな配慮でもって内政・外交を推し進めていった。その結果、彼が帝国宰相として成し遂げたものは、そのほとんどが彼が思い描いていたものとは異なるものとなった。

このときビスマルクは思わぬものを生み出していた。彼は帝国議会に普通選挙制度を導入した。民衆は元来保守的であり、自由主義等に「染まる」ようなことがなければ、君主によって任命された政府の味方につくと考えていたからである。だがその結果は彼の思惑通りにいかず、敵対勢力が選挙で勝利することもたびた

びあったのである。

　ところが普通選挙制度の導入によって，各政党は選挙で勝つためには従来の特定支持者層に向けて選挙運動をするだけでは不十分であり，不特定多数の有権者の支持を取りつける必要に目覚めることになった。ここに従来の政党が「大衆政党」へと変質するきっかけが作られ，20世紀に本格的に到来する大衆社会を政治的に準備することになったのである。

（飯田洋介）

4　ビスマルクなきドイツ帝国

　ドイツ帝国創建の最大の功労者にして帝国の礎を築いたオットー・フォン・ビスマルクは，1890年3月に宰相職を辞任した。ここにビスマルク時代は終焉し，代わって皇帝ヴィルヘルム2世による「親政」の時代が幕を開けた。
　巨漢で百戦錬磨の政治家であったビスマルクはこのとき74歳，それに対して皇帝は即位したばかりで政治経験がほとんどない31歳の若者であった。いったいヴィルヘルム2世はどのようにしてこの老練な宰相を辞任に追い込んだのか。また，彼はその後どのような「親政」を行ったのであろうか。

皇帝ヴィルヘルム2世

　まずは，ここでヴィルヘルム2世の人物像について見ていきたい。
　ナチス時代に制作されたヴォルフガング・リーベナイナー監督の『解任』（独：1942）は，ビスマルクがヴィルヘルム2世と衝突して，辞任に追い込まれるまでの模様を描いた映画である。
　この映画では，ヴィルヘルム2世は「カイゼル髭」の由来の通り，両端がピンとはね上った口髭をして威厳を示そうとしており，意気揚々としているが，彼の左手はいつも腰に差したサーベルの柄を握るか，ズボンのポケットに入っている。老宰相に対していろいろと熱く政治やら自分の考えを語るのだが，一顧だにされない。労働者保護をめぐる問題では閣議の席で老宰相にしてやられて自分の主張が通らず，部屋を退出するなり側近に「あれではビスマルクの大臣であって余の大臣ではない」と感情を爆発させており，2人の対立が決定的なものとなってしまうのである。
　映画のなかで描写されているヴィルヘルム2世は，史実に即したものと言えよう。彼は出生時のトラブルの後遺症で左半身，とりわけ左腕を思うように動かす

ことができなかった。また，自分に市民的価値観にそった教育を施そうとした母親（イギリスのヴィクトリア女王の長女）とも衝突した。こうしたコンプレックスが，彼の人格形成に多大な影響を及ぼさないわけがない。彼は自尊心が人並み以上に強く，独善的で虚勢を張るところがあり，病的なまでに皇帝としての自意識が過剰であった（星乃 2006）。そのため，当然のことながら政治に対しても老宰相に任せるようなことはせず，

図 1-9　映画『解任』より
ピアノを弾くオイレンブルク（左）とヴィルヘルム 2 世（右）。

自ら積極的に関与しようと欲したのである。老宰相と若い皇帝の衝突は，まさに強烈な個性のぶつかり合いとなった。

ヴィルヘルム 2 世による「親政」の実態

では，皇帝はどのようにして老宰相を辞任に追い込んだのであろうか。

映画『解任』では，皇帝の周りにいつもある特定の人物集団が集まり，宰相の失脚をもくろんでいろいろと裏で画策する。その代表格は，後日外務省に「黒幕」として君臨する「灰色の猊下」ことフリードリヒ・フォン・ホルシュタインと外交官フィリップ・ツー・オイレンブルクである。とりわけオイレンブルクと皇帝の仲は親密なものであり，老宰相の辞任が確定した瞬間，オイレンブルクは皇帝のためにピアノを弾きながら独唱し，そんな彼の姿に特別な視線を向ける皇帝の姿がとても印象的に描かれている。

これもまた史実に即した描写と言えよう。皇帝の周囲にはオイレンブルクを中心に側近グループが存在し，皇帝の手足となって動いていた。彼らがホルシュタインや当時参謀総長であったアルフレート・フォン・ヴァルダーゼーなどの「反ビスマルク派」と結んで，老宰相の失脚を画策していたのである。

ちなみに，ヴィルヘルム 2 世の寵愛を受けたオイレンブルクは後日，皇帝や側近たちとの同性愛疑惑のゆえに失脚する。皇帝と側近たちは私的にも特別な関係で結ばれていたのである。映画では，こうしたヴィルヘルム 2 世とオイレンブルクの特別な関係までもが巧みに示唆されていると言えよう。

ヴィルヘルム 2 世の精神状態は，バイエルン王ルートヴィヒ 2 世とよく比較さ

第Ⅰ部　ビスマルクの帝国

図1-10　「水先案内人の下船」
ビスマルク退場を扱った風刺画。

れる。後者の生涯を描いたルキノ・ヴィスコンティ監督の映画『ルートヴィヒ』(伊・仏・西独：1972)には，彼が自らの同性愛志向から居城で若者を集めて酒と踊りにうつつを抜かすシーンがある。これと似たような情景が，もしかしたらヴィルヘルム2世の周りでも展開されていたかもしれない。先述のようにコンプレックスを抱えた皇帝からすれば，彼らとの関係に居心地のよさを感じていたのであろう。

ヴィルヘルム2世の親政は，しばしば「個人統治」と呼ばれている。たしかに彼はその強烈な個性と皇帝妄想のゆえに，政府が想定した範囲を超える個人的なパフォーマンスを行って，政治に（どちらかと言うと悪い意味で）影響を与えることがたびたびあった。しかしながら，彼の「個人統治」の中身は皇帝自身が単独で政策を決断・推進していくというよりは，私的にも密接な関係にあった側近を介して政治に介入するという「側近政治」と呼べるものであった（星乃 2006）。

1897年，皇帝の「お気に入り」がついに政府の要職に就いた。外交官ベルンハルト・フォン・ビューローが外務長官（後に帝国宰相）に就任したのである。ヴィルヘルム2世がついに「自分のビスマルク」を手に入れたとき，それは彼の「個人統治」が絶頂に達した瞬間でもあった。

「新航路」政策

イギリスの雑誌『パンチ』は1890年3月29日，辞任するビスマルクを船から降りる水先案内人に見立てたイラストを掲載した。だがヴィルヘルム2世は船の航海に見立てて「進路そのまま」と述べており，従来の路線を継承する姿勢を示している。はたして彼の言葉通りに政治と外交は展開したのだろうか。

映画『解任』でも描かれているように，ヴィルヘルム2世とビスマルクは労働者保護と対露政策をめぐって対立していた。ビスマルクは労働者保護に消極的であり，独露関係を重視した。ところが皇帝とビスマルクの後任であるレオ・フォン・カプリーヴィは労働者保護に力を入れるのみならず，ロシアとの間に結ばれ

ていた秘密条約（再保障条約）を更新せずに葬ってしまったのである。これは明らかにビスマルク路線からの逸脱であり、この路線変更は後に「新航路」と呼ばれるようになる。

「新航路」政策は深刻な事態をドイツにもたらすことになった。条約によるドイツとの結びつきが消滅したロシアが、ドイツに敵対するフランスと同盟を結んだのである（露仏同盟）。ここにドイツは東西双方から挟み撃ちにされる格好となり、大きな外交上の負担を抱え込むことになってしまった。

それだけではない。「新航路」政策は思わぬ国内対立を生み出していた。ビスマルク時代に導入された保護関税のゆえに、ユンカーをはじめ農業界の利益はある程度守られていたのだが、カプリーヴィ政権は伸び盛りを迎えつつあるドイツ産業界を後押しするようにヨーロッパ各国と二国間通商条約を次々と結び、保護関税を引き下げていったのである。その結果、ドイツの貿易量は一気に増大し、工業生産高や輸出高の面でイギリスと並ぶほどの力をつけた。ここにドイツは農業国から工業国への転換を果たすのだが、その一方で農業界が「新航路」に反発し、深刻な国内分裂が生じてしまったのである。1894年、帝国宰相カプリーヴィは辞任に追い込まれた。

世界政策への転換と建艦政策

大きな転機が生じたのは1897年のことであった。この年、外交官出身で皇帝の「お気に入り」であるビューローが外務長官に就任し、さらに海軍長官にはアルフレート・フォン・ティルピッツが就任して、いよいよ積極的に海外進出に打って出ることになったのである。いわゆる「世界政策」である。「われわれもまた陽の当たるところを要求する」というビューローの発言にもあるように、ドイツはこのときヨーロッパではいたずらに他国と同盟を結んで自らの行動を拘束されることがないようフリーハンドを維持する一方、極東では1897年のドイツ人カトリック宣教師殺害事件を機に中国に進出して山東半島を掌握し、中東地域ではバグダード鉄道建設に本格的に乗り出すなど、躍起になってアジア・アフリカ地域に進出していったのである。

これと連動する形で推し進められていったのが、建艦政策である。

ルイス・ギルバート監督の映画『ビスマルク号を撃沈せよ』（米：1960）は、第二次世界大戦下の戦艦ビスマルク号の雄姿と、それを追撃するイギリス海軍の奮闘を描いた映画である。イギリスの巡洋戦艦をビスマルク号が轟沈させるシーンにも見られるように、ここではドイツがイギリスを悩ませるほどの海軍強国とし

第Ⅰ部　ビスマルクの帝国

図1-11　第二次艦隊法を扱った『クラデラダッチュ』紙の風刺画

て描かれている。このようなイメージは，ドイツの潜水艦Uボートとアメリカの駆逐艦の死闘を描いたディック・パウエル監督の映画『眼下の敵』（米・西独：1957）をはじめ，Uボートを扱った数多くの映画においても共有されている。実際にUボートは2度の世界大戦において連合国の船舶を数多く撃沈しており，海面下で連合国の艦船を待ち受けるUボートは連合国からすれば脅威の対象であったのである。近年，わが国では第二次世界大戦期の軍艦を「艦娘」として擬人化し，それを育成する『艦隊これくしょん～艦これ～』（2013）というオンラインゲームが人気を博しているが，そこに登場するドイツ艦が高性能ということからしても，ドイツ＝海軍強国というイメージを抱いてしまうかもしれない。

　だが，実際にはナチス期を含めてドイツがそうであったことはほとんどなく，ビスマルクの時代を見ると沿岸を警備するだけの海軍力しか有しておらず，ほかの列強に対抗することなどとうていできなかった。そのような状況が一変したきっかけは，ティルピッツによる建艦政策であった。海軍長官に就任した彼のもとで，ドイツは1898年の第一次艦隊法を皮切りに，イギリス海軍に追いつけ追い越せとばかりに積極的な建艦政策をとって，大艦隊を造り上げようとしたのである。

　そのためには膨大な予算が必要であり，それを帝国議会で承認してもらう必要があった。そこで政府当局やクルップ社などの軍需産業の後援のもとに「ドイツ艦隊協会」という大衆団体が創設され，プロパガンダが大々的に展開されたのである。ちなみに，この時期のドイツではほかにもさまざまな団体が設立され，急進的ナショナリズム運動の組織化が進展した（木村 2001）。政治に与える大衆の影響力がもはや無視しえない時代となっていたのである。

　ただ，このような建艦政策は産業界のみに有利な展開をもたらし，農業界の利益が無視されて国内の分裂状態が一層深刻なものになる恐れがあった。そこで帝国宰相に就任したビューローは建艦政策を推進するために農業界に歩み寄り，建艦政策とセットという形で農業保護関税の引き上げを行い，国内の結集を図ったのである。

世界政策がもたらしたもの

ところが世界強国をめざした一連の政策は、ドイツにとって裏目に出る展開となった。建艦政策は海軍大国イギリスを刺激し、両国間に建艦競争を引き起こした。その結果、ビスマルク時代には良好であった独英関係は冷え切ってしまう。イギリスだけではなく、ロシアやフランスもまたドイツの積極的な海外進出を警戒し、たがいに連携するようになった。ここに「三国協商」が誕生する。露仏同盟はさておき、英仏協商（1904）や英露協商（1907）はそもそもアジア・アフリカにおける双方の勢力圏や権益を相互承認する植民地協定でしかなかった。それが、ドイツの挑戦を受ける形でしだいに反独的性格を帯びてしまったのである。そのため、ドイツはこれらの列強によって外交的に「包囲」されているという、ある種の強迫観念にとらわれるようになった。国内世論がナショナリスティックで軍国主義的な色彩を帯びていくのにともない、皇帝や軍部はこうした状況から脱却しようとして、戦争という選択肢を真剣に考慮するようになるのである。

こうしてドイツは第一次世界大戦への道を歩んでいったのであった。

（飯田洋介）

5　帝政期の社会

19世紀半ば以降に本格的な工業化が進展したドイツは、19世紀末頃になると景気の回復もあいまって生産力が飛躍的に上昇し、農業国から工業国へと転換した。これにともなって、人々の生活や社会の様相も急速なテンポで変容した。

では、当時のドイツ社会は具体的にはどのような状況にあったのか。またそれは、どのように変容しつつあったのか。ここでは近代化がもたらした変化に留意しながら、社会の諸相を探っていきたい。

科学技術大国ドイツ

19世紀末になると、科学の興隆は西洋世界のいたるところで顕著になるのだが、なかでもドイツのそれは目を見張るものがあった。

真っ先に注目すべきは電気技術であろう。電気照明の発明と言えば、アメリカの発明王トーマス・エジソンの名前がまず思い浮かぶかもしれない。この技術をドイツはすぐさま取り入れ、1883年にはドイツ・エジソン社（数年後にAEGと改名）が発足、ベルリンで最初の送電網経営を開始した。AEG社と張り合ったのはジーメンス社であり、1881年には世界初の電気市街鉄道の営業を開始している。

第Ⅰ部　ビスマルクの帝国

図1-12　ミーレ社の電気洗濯機

また現在でもドイツ家電メーカーとしてジーメンス社と張り合うミーレ社は，1911年に電気洗濯機を開発してその名をとどろかせた。

自動車の分野では，1880年代半ばにゴットリープ・ダイムラーとカール・ベンツがほぼ時を同じくしてそれぞれ最初の自動車を開発していた。その後，両者がそれぞれ設立した会社がドイツの自動車業界をリードしていくことになる（ちなみに両社が合併してダイムラー＝ベンツとなるのは1926年のことである）。

こうした工業化や技術革新は，19世紀後半に目覚ましいスピードで展開した。このとき誕生した交通手段が従来のものとは比較にならないスピードを出したこともあり，人々の「速さ」への要求は貪欲なものとなった。当時「テンポ！　テンポ！」という流行語が一世を風靡したが，それは同時に人々が今まで以上に時間に急かされる生活を送るようになったことも意味している（竹中 2004）。

ドイツが農業国から工業国への転換を果たすことができたのは，以上のような急速な工業化や技術革新があったからであり，そこでは直接的な経済的利益を見越した政府（諸邦レベルのみならず帝国レベルでも）の研究機関への助成も一役買っていた。その結果，ドイツの大学はとくに自然科学の分野で世界をリードする存在になっていったのである。欧米各地からドイツの大学に留学する者が後を絶たず，明治期の日本も積極的に留学生を派遣するとともに，ドイツから大学の講師を招いてさまざまな学問を輸入していった。ちなみに，大学のゼミナール方式はドイツの大学で誕生したものである。

「教養」にもとづく資格社会

近代化の進展は人々の生活を物質的に豊かにする一方，世俗化の進展とともに既存のキリスト教の影響力を後退させていった。このとき市民層が自らのアイデンティティを確立する上で依拠したものの1つが「教養」であった。とくにドイツでは知的エリート層のことを「教養市民層」と呼ぶほどである。はたして「教養」がもつ力はそれほど大きかったのだろうか。

ここで注目したいのが「ギムナジウム」である。ギムナジウムはドイツの中等

教育機関であり、わが国の小学校上級学年と中学・高校をあわせたような9年制の学校である。ギムナジウムを舞台にした作品と言えば、時代は異なるのだが、エーリヒ・ケストナーの児童小説『空飛ぶ教室』（独：1933）や萩尾望都のマンガ『トーマの心臓』（1974）などが有名であろう。いずれも寄宿舎のなかの人間模様と主人公の成長を描いたものであり、ギムナジウムと言うと寄宿制というイメージが強い。たしかにその通りなのだが、当時すべてのギムナジウムがそうであったわけではない。たとえば、オットー・フォン・ビスマルクは少年期に2つのギムナジウムで修学するのだが、いずれも下宿からの「通い」であった。

1870年代のギムナジウムを舞台にしたセバスチャン・グロブラー監督の映画『コッホ先生と僕らの革命』（独：2011）では、クラスでただ1人労働者層出身の生徒が登場する。ギムナジウムの生徒の社会的出自を確認すると、高級官吏・教師・医者などの教養市民層や、中小商人・中級官吏といった中間層の出身が圧倒的であり、労働者層出身の生徒はきわめて稀であった（望田：1998）。

ギムナジウムの特徴はいわゆる実学ではなく、19世紀にいたってもなおギリシア・ラテンの古典語教育を重視した点である。そして、卒業試験に相当するのがアビトゥーアと呼ばれるものであり、これが大学入学資格試験を兼ねていた。つまり、大学に入学するには「教養」としての古典語の学習が不可欠だったのである。

大学は学生にとって社会的上昇のチャンスがつかみとれる場であった。大学で一定期間修学すると、官吏や医師、あるいは弁護士といった高度の職能資格試験を受験する権利が得られたからである。この制度はドイツ帝国成立以前からすでに導入されていたが、ギムナジウムをへて大学で勉学を修めれば、生まれや門地に関係なく社会的上昇のチャンスがつかみとれたのである。ビスマルクをはじめ、ユンカーの子息も大学で勉強するケースが多かった。

帝政期を通じて、経済的に成功する人も数多く生まれた。だがドイツではこういった経済人よりも、大卒で資格を得てしかるべき職に就いた人が社会的に「上」と見なされる傾向があった。彼らこそドイツの政治社会を動かし、そのなかからドイツの思想や文化が生み出されていったのである。「収入」ではなく「教養」こそがものを言う「資格社会」、それが当時のドイツだったと言えよう（望田 1995；望田 1997；坂井 2012）。

だが工業化が急激に進展するなかで自然科学の分野が大きく発展すると、古典語を放棄して数学をはじめ自然科学により重点を置いた実科学校が登場する。実学重視の世相への対応とも言えるのだが、これは言い換えれば、教養市民層が自らのアイデンティティとして重視する古典語にもとづいた「教養」の権威が失墜

したことを意味する事態であった。19世紀末から20世紀初めのドイツでは急進的な民族至上主義運動や菜食主義，裸体主義，禁酒運動といった生活改革運動が勃興するのだが，これらは自らのアイデンティティの動揺に直面した教養市民層が示した反応とも言われている（竹中 2004）。

軍国主義的な社会

　帝政期のドイツ社会は軍国主義的な風潮が強かったとよく言われる。先に紹介した映画『コッホ先生と僕らの革命』も，ギムナジウムの教育に軍事的要素が深く入り込んでいる様子を描き出している。たとえば体育の授業では器械体操と並んで軍事教練の一環として行進の練習が行われ，将校による講話も盛り込まれ，さらにはドイツが戦勝にいたる歴史の時間も重視されるといった具合である。はたして実態はどうであったのか。

　映画における描写は史実に即したものと評価できよう。学校教育現場以外にも，青少年に準軍事的な教練を施す団体がいくつか存在していた。これは一般兵役義務を見据えてのことであった。20歳になった男性は徴兵検査を受け，それにパスすると一定期間兵役に就く。兵役中，彼らは厳しい上下関係と上官への絶対的な服従をたたき込まれ，「武装せる国民」として再教育されるのであった。まさにドイツ国民の規律化装置として，一般兵役義務が機能していたことになる。

　ちなみに，一般兵役義務は帝国成立以前，たとえばプロイセンでは19世紀初頭にすでに導入されている。ただし，当時の市民にとって軍隊とは居酒屋で乱痴気騒ぎをする鼻つまみ者というイメージが強く，しかも兵役に就いている間は生業を中断させられるとあって非常に不人気で，軍隊と市民社会の間には相当な隔たりがあった。

　ところが，ドイツ統一戦争の勝利によって状況は一変した。戦勝と建国に大きく貢献した軍人は畏敬の対象とされ，ドイツ社会において高い地位を占めるようになり，そのイメージは肯定的なものへと変わった。兵役をパスした男たちは「一人前の男」として社会で厚遇されていくのである。それを後押しするかのように，帝国の各地には戦勝記念を兼ねた建国記念碑が設けられ，独仏戦争の勝利を決定づけたセダンの戦いのあった9月2日は，戦勝記念日として国民的な祝日となった。人々はパレードをはじめとする軍事的なイベントを積極的に受け入れ，それをもてはやす風潮が醸成されていった。政府や軍当局，さらには在郷軍人会といった「上から」の働きかけに加え，こうした「下から」の積極的かつ肯定的受容もあいまって，社会の軍事化が進行していったのである（丸畠 2009）。

これに拍車をかけたのが「1年志願兵役制」であった。これは通常の兵役とは異なり，志願者が装備等を自分で調達すれば兵役期間を1年に短縮できるとともに，兵役終了後には予備役将校になる資格が与えられるというものである。兵役が1年で済むのみならず，予備役とはいえ将校になれるとあって，市民階層に広く受け入れられていった。その結果，ドイツ統一戦争の影響もあって軍人が高い地位を占める社会にあって，市民たちは好んで誇らしげに軍服を着るようになったのである（望田 1983）。

図 1-13 映画『臣民』より

近代化の光と影

ヴォルフガング・シュタウテ監督の映画『臣民』（東独：1951）は，ノーベル賞作家トーマス・マンの兄ハインリヒの原作を映画化したものである。主人公のディーデリヒ・ヘスリングは市民階層の出身である。厳しい規律のもとで学校教育を受け，兵役を経験した彼はカイゼル髭を生やし，上に対しては媚びへつらい，下に対しては威張り散らすなど，権威を妄信して権力を誇示することにこの上ない喜びを感じる人物であった。

当時の市民層は国家との距離を重視していたという意味で，ヘスリングに見られる「臣民」意識を抱いていた（木村 2001）。彼らは「教養」と資格によって自らのアイデンティティを確立し，兵役によってそれを補強することで帝政期のドイツ社会をリードする存在となったのである。その背景には（少なくとも建前としては）生まれや門地によってではなく，個人の業績によって自らの地位を定めることができるという，「教養」にもとづく資格社会があった。近代化がもたらした個人主義の1つの結果と見てよいだろう。

だが，近代化の進展は思わぬ副作用ももたらした。工業化がさらに進展し，ドイツが農業国から工業国へと変化を遂げると，それに合わせて人々の生活や社会のあり方も変わってきた。工業労働者人口の増加とそれにともなう格差社会の出現，実学の台頭による「教養」の失墜，近代化と世俗化にともなう既存の宗教の影響力の後退など，さまざまな変化を受けて従来の価値観が大きく動揺し，これまで見られなかったような民族至上主義運動や生活改革運動が大衆レベルで広ま

っていったのである。当時のドイツ社会は近代化の光と影の双方がせめぎ合い、それが極端な形で表出する不安定な状態でもあったと言えよう。

（飯田洋介）

参考文献

飯田洋介『ビスマルクと大英帝国――伝統的外交手法の可能性と限界』勁草書房，2010年。
飯田洋介『ビスマルク――ドイツ帝国を築いた政治外交術』中央公論新社，2015年。
飯田芳弘『指導者なきドイツ帝国――ヴィルヘルム期ライヒ政治の変容と隘路』東京大学出版会，1999年。
飯田芳弘『想像のドイツ帝国――統一の時代における国民形成と連邦国家建設』東京大学出版会，2013年。
ハンス＝ウルリヒ・ヴェーラー『ドイツ帝国　1871-1918年』（大野英二・肥前栄一訳）未来社，1983年。
大内宏一『ビスマルク――ドイツ帝国の建国者』山川出版社，2013年。
ロタール・ガル『ビスマルク――白色革命家』（大内宏一訳）創文社，1988年。
木村靖二「新興工業国家の繁栄と社会の亀裂」木村靖二編『ドイツ史（新版　世界各国史）』山川出版社，2001年。
高坂正堯『古典外交の成熟と崩壊』中央公論社，1978年。
坂井榮八郎『ドイツ史10講』岩波書店，2003年。
坂井榮八郎『ドイツの歴史百話』刀水書房，2012年。
末川清「帝国創建の時代」成瀬治・山田欣吾・木村靖二編『ドイツ史２　1648年～1890年』山川出版社，1996年。
関楠生『狂王伝説　ルートヴィヒ二世』河出書房新社，1987年。
竹中亨『帰依する世紀末――ドイツ近代の原理主義者群像』ミネルヴァ書房，2004年。
星乃治彦『男たちの帝国――ヴィルヘルム２世からナチスへ』岩波書店，2006年。
丸畠宏太「兵役・国家・市民社会――一九世紀ドイツの軍隊像と軍隊体験」阪口修平・丸畠宏太編著『軍隊』ミネルヴァ書房，2009年。
望田幸男『軍服を着る市民たち――ドイツ軍国主義の社会史』有斐閣，1983年。
望田幸男編『近代ドイツ＝「資格社会」の制度と機能』名古屋大学出版会，1995年。
望田幸男「第二帝政の国家と社会」「ビスマルクの時代」成瀬治・山田欣吾・木村靖二編『ドイツ史２　1648年～1890年』山川出版社，1996年。
望田幸男「ヴィルヘルム時代」成瀬治・山田欣吾・木村靖二編『ドイツ史３　1890年～現在』山川出版社，1997年。
望田幸男『ドイツ・エリート養成の社会史――ギムナジウムとアビトゥーアの世界』ミネルヴァ書房，1998年。

第2章
ナショナリズムから戦争へ

1 階級対立の激化

　児童小説『アルプスの少女ハイジ』（スイス：1880・1881）は，スイスの村に暮らすハイジと，ドイツの大都市フランクフルトの大富豪の娘クララの生活を対照的に描いた作品である。広大な山・草原・森林・青空のもと山小屋で育つハイジと，石壁と石畳に囲まれ，建物と大勢の人がひしめき合う街の豪邸でひっそり暮らすクララ。階級を超えた2人の友情に憧れた人は少なくないだろう。
　19世紀後半に農業国から工業国への転換を果たしたドイツでは，農村からの人口移動により都市化が進み，賃金労働者が急増した。貧困，住宅難，不衛生な生活と労働環境，厳しい労働条件と規律，経営者による搾取などに晒された労働者の間では，労働者階級としての意識が生まれ，資本家と労働者の間で階級対立が激化する。こうしたなか，国家と社会は労働者に向けた社会保障政策に早急に取り組まざるをえなくなった。

労働者の生活・労働環境
　1890年代後半以降，工業化の急激な進展にともない，工業・手工業労働者の数は急増した。1895年から1907年にかけて労働者の総数が1,070.5万人（うち女性は27.5％）から1,783.6万人（36％）へと増加するなか，工業・手工業では409.6万人から859.3万人へ，農業では588.2万人から728.3万人へ，商業・商取引では72.7万人から196.0万人へとそれぞれ労働者数が急増した。また，工場労働者の労働環境は生産装置・労働過程・労働組織・労働規律に規定されたことから，とりわけ大企業で働く労働者は，機械の導入によって規則に縛られた部分労働や機械への従属を強いられた（ファウスト 2001）。
　その一方で企業は安価な食料と社宅の配給，賞与や年金，余暇施設などの福利厚生政策を通じて労働者をつなぎとめるとともに，工業生産と労働生産性の向上によって労働者の生活条件の改善につとめた。たとえば平均週労働時間は1871年

第Ⅰ部　ビスマルクの帝国

図2-1　「右3km先に刑務所，左2km先は工場。右でも左でもご自由にどうぞ」

の72時間から1913年の55.5時間へと短縮され，実質賃金指数は1895年を100とすると1871年の70から1913年の125へと上昇した。とはいえ，この上昇率は市民層の収入・財産の上昇幅を大きく下回っていた。また同じ労働者であっても，賃金水準は工業部門，熟練度，性別（または年齢），さらには体力の衰えや病気による解雇，職場の転換，賃金形態の変化などに大きく左右された。このような不安定な生活・労働環境のなかで，労働者の間では徐々に労働者階級としての仲間意識・集団心性が形成されていく（ファウスト 2001；フレーフェルト 1990）。

　第一次世界大戦前夜のある農村の生活を描いた映画に『白いリボン』（独：2009）がある。平凡なプロテスタントの村でひそかにくり広げられる大人の暴力・偽善・欺瞞と，親の罪に残酷なやり方で反抗する子どもたちの様子から，当時の人々の内面的葛藤や時代性を読み取ることができよう。

労働運動・労働組合

　エミール・ゾラの代表作『居酒屋』（仏：1877）は，店を構えるまでに成功した洗濯女ジェルヴェーズの転落人生を綴った小説である。このなかでゾラは，19世紀パリの下層階級の悲惨な生活と労働状況を道徳の欠如と結びつけるブルジョワ的秩序を批判し，過酷な労働に耐えても貧困から逃れられず，最後は精神的・身体的に病んでいく下層階級の人々の姿をあらわにした。

　このように労働者が負のスパイラルに陥るなか，労働者階級としての集団心性は，市場経済・競争原理・私有財産制度に対して生産手段の社会化を提唱したマルクス主義の影響を受けつつ，ストライキ・労働運動・労働組合を通じた階級闘争において形成された。労働者は階級闘争を展開するなかで団結を強め，雇用主に対しては労働条件や環境の改善と賃上げを，国家に対しては貧困・衛生など社会問題の解決と生存権・教育権・労働権・社会保障といった権利を要求した。

　ドイツにおける労働組合・社会民主主義政党の結成はともに1860年代と，ヨーロッパで最も早いが，1878年制定の「社会主義者鎮圧法」により，社会主義的・

共産主義的な活動は警察によって弾圧されていた。しかし1890年の同法の失効によって労働組合活動が活発化する。たとえばドイツ社会民主党系の「自由労働組合」は，1889年から1911～1913年にかけて17.5万人から254.9万人へと組合員数を増加させ，ヨーロッパ最強の労働組合へと成長した（望田 1997）。

とはいえ，すべての労働者が一致団結したわけではない。たとえば「キリスト教労働組合」は「自由労働組合」に対抗し，企業家との協力を重視した。また女性と不熟練工は労働組合にほとんど参加していなかった。「自由労働組合」の場合，女性は1892年に全体の1.8％，1913年でも8.8％を占めたにすぎない（望田 1997；フレーフェルト 1990）。

さらに重要なのは，組織の巨大化が組合官僚機構の肥大化，組織の官僚化，組織至上主義，組合主義を生み出し，現場労働者の生活と権利よりも組織の安泰を，社会変革よりも現存社会の枠内での労働条件の改善を，企業家や国家との協議を重視するようになった点である。ストライキ・工場閉鎖件数そのものは1895年の204件から1906年の3,480件へと急増したが，経営に介入できなかったことから組合は成果を上げられなかった（望田 1997；ファウスト 2001）。労働組合が直面したこの問題は，その存在が希薄化しつつある今日の日本の企業別労働組合にも相通ずるであろう。

ドイツ社会民主党

「社会主義者鎮圧法」の失効後，ドイツ社会民主党は党員数の増加，帝国議会選挙での最多得票の獲得，1912年の議席数における第一党（得票率34.8％）と，著しく躍進した。ただし女性党員の比率は労働組合に占める女性の比率と同様，1906年に全体の1.7％，1913年も14.4％と低かった。鎮圧法失効直後の「エアフルト綱領」（1891）で同党が掲げた当面の政治的民主的権利要求は，三級選挙法の廃止と普通比例代表選挙制の導入，民主的地方自治，表現・結社の自由，宗教と学校教育の分離，男女平等であり，経済面では累進所得税と財産税の導入，間接税の廃止など，社会政策面では8時間労働，児童労働や深夜作業の禁止，団結権の保障などが提示された（望田 1997；フレーフェルト 1990）。

しかし1890年代半ば以降になると，社会民主党の役職党員たちは革命路線ではなくエドゥアルト・ベルンシュタインの修正主義路線を重視する傾向を強め，労働者階級の政治的結集と組織の安泰を理由に過激な言動を控えるようになる（望田 1997；服部 2005）。国家と激しい緊張関係にあり，民主主義運動を担うはずの社会民主党は，創造的リーダーシップを担う政党ではもはやなくなっていった

(安世舟 1973)。

　こうした事態に立ち向かったのが，ローザ・ルクセンブルクと彼女の周辺の左翼急進派であった。映画『ローザ・ルクセンブルク』(西独：1985) に，ローザがブルジョワを痛烈に批判し，貧困問題解決の重要性，革命の必要性を熱弁する印象的なシーンがあるように，彼らは従来の革命路線を貫くとともに，ドイツの第一次世界大戦への参戦を徹底的に非難した。こうして1916年にスパルタクス団が結成されていく。

プロレタリア女性解放運動

　急激な工業化・都市化は女性および児童労働者を増大させ，なかでも既婚女性は家事・育児・家庭外労働の三重の負担を抱えることになった。家庭外労働と言っても，職業教育を受けていないほとんどの女性労働者は，男性労働者のように技術の習得・社会的地位の向上・権利獲得を望めなかった。また労働組合・社会民主党の活動に参加する時間や居酒屋・パブで過ごす時間ももてず，家計を助けるために低賃金かつ長時間単純作業を請け負う不熟練労働者として働いた。

　こうした状況のなか社会民主党の指導者アウグスト・ベーベルは，世界的に話題となった著書『女性と社会主義』(1879, 邦訳『婦人論』) で男女の主従関係・労働者階級の経済的従属の問題に言及し，労働者階級の男女が既存の国家・社会秩序の根本的変革のためにともに闘うことで，社会問題も女性問題も解決されると主張した。なお，同党で初めて男女の普通参政権を提唱したのも彼である (伊藤 2004)。

　その後，プロレタリア女性解放運動を牽引したのはローザの親友クララ・ツェトキンであった (伊藤 2014)。彼女は1889年のパリ国際労働者会議で，社会的・政治的平等の実現に必要なのは女性の経済的自立であり，女性の完全な解放は社会主義のもと達成されうると宣言し，運動の組織化に尽力した (伊藤 2014；フレーフェルト 1990)。その際彼女は，ブルジョワ女性解放運動家との協力を拒否し (ベーベルの言う「敵対する姉妹」)，階級闘争による労働環境の改善や女性教育の向上を試みた。さらに，母親業は女性の最重要任務という観点から保護立法の必要性を唱えた。

「出産ストライキ」論争

　現在，日本とドイツがともに抱える深刻な社会問題である少子化は，すでにヴィルヘルム時代に産児制限 (避妊・妊娠中絶) の角度から，帝国主義・ナショナリ

ズム・女性解放に関連づけて公的に議論されたテーマである。主に女性労働者の産児制限が問題視されるなか、1913年に社会民主党指導者により「出産ストライキ」論争が展開された。その主唱者である医師たちは、兵士と労働者の数を減らすことによる資本主義への抵抗、貧困問題の解決、労働者の能力向上を理由に、産児制限を社会的に広めようと試みた。それに対し社会民主党急進派指導者は、貧困を理由とする産児制限には同意したものの、階級闘争のための兵士の喪失と

図2-2 「誰かまた私の子と取り違えているわ！」
女工用「授乳室」の様子。

秩序の崩壊を恐れて、それ以外の産児制限は一切認めなかった。

そこでの問題は、産児制限せざるをえない女性の立場についてほとんど言及されなかった点にある。女性労働者の状況は、社会主義社会の成立により産児制限なしにおのずと改善すると考えられ、結局党指導者の多くは、労働者個人よりも労働者階級全体の解放を重視した。それゆえプロレタリア女性解放運動家もまた、男性党員の賛同を得られないばかりか、党内・労働者階級全体をも混乱に陥らせる議論を回避した。女性労働者のための政党としては、十分な働きかけができなかったと言えよう（水戸部 2005）。

（水戸部由枝）

2 セクシュアリティと女性

ノルウェーの戯曲家ヘンリック・イプセンがドイツ滞在中に発表した『人形の家』（ノルウェー：1879）は、女性にとって愛・結婚・自立とは何かを題材としている。女性は借金ができない時代、主人公ノーラは借用書のサインを偽造して夫の治療費を工面し、その事実を知った夫は、妻の愛情を酌むどころか世間体を恐れて妻を罵倒する。この夫の態度から自分は人形妻であると悟ったノーラは、「私は何よりもまず人間よ」と言い残し、夫と子どもを捨て自立をもとめて家を出る。

このように市民階級の女性たちは、市民階級の社会的影響力が急激に強まるなか、精神的・経済的自立、社会・政治活動への参加権、自己決定権などを要求し、

第Ⅰ部　ビスマルクの帝国

さらには性道徳をめぐる議論も展開した。そして，これまで女性の性的衝動を生物学的本能・宗教的規範を理由に否定するばかりか，男女のセクシュアリティを婚姻内に閉じ込めようとしてきた市民的性道徳に対して，婚姻外の男女関係や産児制限を容認する新しい性道徳を提唱し始めた。

ブルジョワ女性解放運動

「奉公人問題」をめぐる議論は，ブルジョワ女性解放運動とプロレタリア女性解放運動の違いを顕著にあらわしている。すなわち，ブルジョワ女性は家事・育児を1人で負担するのでは休暇が取れない，職業労働や女性解放運動に参加できないといった理由から，自らの

図 2-3　国際女性会議
プロレタリア（上）とブルジョワ（下）の違い。

奉公人に対する8時間労働の導入や奉公人労働組合の組織化に断固反対した。こうした姿勢は，ドイツ社会民主党の女性が展開した奉公人令撤廃活動と相反していた（フレーフェルト 1990）。

　ブルジョワ女性解放運動は，1848年の三月革命をきっかけに始まった。初のブルジョワ女性組織「全ドイツ女性連盟」が発足したのは1865年である。初代会長ルイーゼ・オットー＝ペータースは，女性労働者を含むすべての女性の精神的自立，女子教育の充実化，就業による経済的自立，女性参政権獲得を実現しようとするが，女性の政治的権利については時期尚早として連盟の同意を得られなかった。

　19世紀後半になると，ブルジョワ女性解放運動の活動家たちは労働権をもとめる一方，女性特有の能力である母性を家庭ばかりか社会でも発揮することにより，女性の社会的活動領域の拡大をめざす母性主義フェミニズムを展開した。たとえばヘレーネ・ランゲは，女性教員による女子教育の重要性を説くとともに，女性教員の育成と彼女たちの就労環境の改善につとめた。

また，世紀転換期にはより活動的で急進的な運動が台頭し，女性の社会進出が声高に叫ばれるようになる。1894年に34もの各種女性団体が結集して「ドイツ婦人団体連合」が設立されると，国外の女性団体との交流が深まったこともあり，女性参政権・女性の大学教育・男女共学が要求されるようになる。さらには女性労働者の救済を目的とする廃娼運動や性道徳改革も進められた。しかしこうした急進的な動きは1908年の帝国結社法改正により女性の政治参加が認められると弱まり，母性主義フェミニズムのもと国家・市民社会で支持基盤を確立してきた保守的・穏健的な勢力が主導権を握ることとなる。

社会福祉事業への取り組み

　世紀転換期以降，主にブルジョワ女性たちは母性による社会貢献や労働者問題の解決を目的に，社会福祉事業に本格的に乗り出した。女性と子どもの長時間労働とそれにより疎かにされる家事と育児，狭い部屋での下宿人との同居（ベッドの又貸し），上昇する婚姻外出生率，ヨーロッパ諸都市と比較して格段に高い乳児死亡率（約20%）といった問題を解決するため，住居の整備や衛生状態の改善，乳幼児と子どもの世話，孤児の救済，健全な青少年の育成，妊産婦保護，母性保護，病人看護，在宅看護および家事援助，家政教育，失業者への就業斡旋などに尽力した（姫岡 1993）。

　社会福祉事業の目的はさまざまであった。保守的・宗教的な女性組織が慈善・博愛の観点から社会福祉に取り組んだのに対し，ブルジョワ女性解放運動穏健派は社会福祉を女性の専門領域および職業として確立することによって専門的な観点から計画的に社会問題を解決しようとし，さらには女性の社会活動を女性の社会的地位の向上や権利の獲得と結びつけた。その代表が，1908年に女子社会福祉事業学校を創設したアリーセ・ザロモンである（姫岡 1993：岡田 2000）。

　「ドイツ婦人団体連合」会長ゲルトルート・ボイマーをはじめとする運動家たち・女性たちによる第一次世界大戦での戦争協力は，この延長線上にあるとも考えられる。彼女たちは国家のために銃後で戦うことは女性の社会的役割であるとして，宗教や階級に関係なく結成された「婦人祖国奉仕団」を通じて積極的に奉仕活動を行った（姫岡 1993）。こうした戦時中の女性の働きは，戦後の女性参政権の獲得（1918）へとつながっていく。

売買春の問題化

　日本で娼婦をテーマとした小説といえば，玉の井（向島）の私娼窟を舞台に小

図2-4 エルンスト・ルートヴィヒ・キルヒナー「ベルリンの街路光景」
街娼のメッカ・ポツダム通りを闊歩する娼婦。せわしく人が行き交うなか、高級娼婦と紳士がすれ違いざまに「決める」瞬間を表現している。

説家大江とお雪のせつない人間模様を描いた永井荷風の『濹東綺譚』(1937)をまず思い浮かべるだろう。この荷風に強い影響を与えたのはエミール・ゾラである。荷風が1903年に翻訳出版したゾラの『女優ナナ』(仏：1879)は、『居酒屋』の主人公の娘ナナが高級娼婦となり、美貌と豊満な肉体で上流階級の男性たちを次々に破滅させるが、最期は天然痘に罹り醜い姿で亡くなるまでを描いた小説である。

またゾラと交流のあったギー・ド・モーパッサンの『脂肪のかたまり』(仏：1880)は、独仏戦争の最中に馬車に乗り合わせた3組のブルジョワ・伯爵夫妻・2人の修道女・革命家のエゴイズム・偽善・欺瞞を描写している。彼らは同席した高級娼婦を内心では軽蔑しつつも彼女から食べ物を分けてもらう。それにもかかわらず、ドイツ人士官に行く手を阻まれた際には彼に身を任せるよう娼婦に迫り、事が終わるとこの犠牲者を不潔な他者として扱った。このほか、ドイツ滞在中に巨額の借金を抱えたフョードル・ドストエフスキーが追い詰められて執筆した『罪と罰』(露：1866)では、殺人者ラスコーリニコフに尽くす娼婦ソーニャが登場する。このように19世紀後半以降、市民的性道徳の広がりと並行して、娼婦をテーマとする小説や絵画が各国で見られるようになった。

実際、世紀転換期のドイツでは売買春、なかでも街娼やもぐり売春が、婦女売買の問題と関連づけられつつ、女性解放運動家・社会改良家・教会関係者たちにより、主に社会道徳の悪化と性病の蔓延を理由に社会問題化された(川越 1995；日暮 2014)。19世紀末に10～20万人、第一次世界大戦直前には33～150万人存在していたと言われる娼婦のほとんどは、市当局により健康と日常生活が管理(定期的な性病検査)される登録型売春ではなく、収入や健康面でリスクを負い逮捕を恐れながら個人的に街頭で客を勧誘する自由売春に携わっていた。

自由売春の主な取り引きの場は、この時代に急増したアニミールクナイペ(バ

ー・キャバレー)・居酒屋・ビアホール・カフェハウスなど深夜営業の娯楽施設であった。これらのなかには、店長・経営者・売買春斡旋業者が仲介料や売り上げの向上を目的に、女給に店の奥の個室で客の相手をさせる店が存在した。女給側もたいてい収入が固定給ではなくお客からのチップのみであったため、お客と性的関係をもつことで収入を確保する者が少なくなかった。実際、逮捕された娼婦のかつての職業のうち、女給が占める割合は最も高い。

では、なぜ売買春はなくならなかったのか。買春する側からすると、低収入のため家庭をもてない、家庭を留守する機会が多い、独身生活が長い、禁欲生活を強いられ

図2-5 醸造酒場(上)とアニミールクナイペ(下)

ている男性にとって、買春は性的欲求の解消ばかりか、夫婦関係では満たされない快楽、心の触れ合いや情愛を満たすための手段となった。また娼婦にとって売春は、専門的能力なくして短期間に高収入が得られる仕事であった。未経験の少女や中高年の娼婦でも女工の日給ほど稼いだと言われる。ただし高額な家賃・衣服・装飾品代と出費も多く、多くの娼婦は厳しい経済状況にあった。最も恩恵を受けたのは、仲介料として売上の3分の1から半分を懐におさめた公的娼家・安ホテル・娯楽施設等の経営者、売春斡旋業者、そして乱暴な客から女性を守りつつ仕事を提供してその稼ぎで生活するヒモである。こうして売買春は一大産業化し、莫大な利益を生み出していった(水戸部 2008;水戸部 2009)。

「妊娠中絶合法化」論争

19世紀末にアメリカ・イギリスに遅れてドイツでも優生学運動が始まり、その影響を受けつつ妊娠中絶をめぐる議論がブルジョワ女性解放運動内で展開された。その中心的人物が、同運動急進派指導者ヘレーネ・シュテッカーである。もとも

と彼女はすべての階級の女性を対象に，女性の性的衝動・婚姻外の男女関係・産児制限を肯定する「新しい倫理」を広めるための運動を行っていた。その背景には，労働者階級では結婚年齢が低く，ゆえに平均子ども数が4.67人と，市民階級以上に子どもが生まれていた現状があった（フレーフェルト 1990）。

「出産ストライキ」論争よりも一足早く1908年に提唱された彼女の妊娠中絶合法化（刑法218条の削除）案は，母性を肯定しつつも「産みたくない」という女性の意志を尊重した点で，国家・市民社会が理想とする女性像や家父長的な家族形態と真っ向から対立するものであった。結局この案は，女性の社会的貢献を否定すること，女性解放運動自体の社会的信用をなくすこと，社会秩序の混乱を招くことなどを理由に，多くの女性解放運動家から非難されることになる。このように女性個人の解放よりも社会・国家のまとまりを重視する思想は，一般の人たちからも支持される一方，ブルジョワ女性解放運動全体を保守化させる要因になったとも考えられよう（水戸部 2000）。

（水戸部由枝）

3　植民地主義

　20世紀初頭，世界はヨーロッパ諸国・アメリカ・日本といった少数の列強によりほぼ分割された。なかでも1870年代以降，市場や原料供給地として注目され始めたアフリカ大陸は，オットー・フォン・ビスマルクが開催したベルリン会議（1884〜1885）で先占権（先に占有した国が自国領土にできる権利）が容認されると，エチオピア・リベリアを除き，1914年までにヨーロッパ列強によって迅速かつスムーズに分割・征服されていく。こうしたなか帝国主義国ドイツは1884〜1899年の間に，イギリス・フランス・オランダにつづき，4番目に大きな植民地帝国を築いた。しかし西洋の侵入者に対してはつねに活発な抵抗がなされ，圧倒的多数の事例においてそれらの抵抗は最終的には勝利をおさめた（サイード 1998）。

植民地とは？　植民地主義とは？

　映画『ガンジー』（英・印：1982）で描き出される対イギリス非暴力抵抗運動とインド独立運動，映画『マンデラ　自由への長い道』（英・南ア：2013）で描き出される南アフリカの反アパルトヘイト（隔離）運動は，いずれもイギリスによる植民地化と人種差別に端を発する。では，植民地化・人種差別はどのように行われたのか。初めに植民地・植民地主義とは何かについて確認しておこう。

植民地とは，外部勢力の侵入によってある地域に作られた政治構成体の支配者と，そこから地理的に離れた外部勢力の本国または帝国主義的な中心とが持続的な主従関係を築き，その本国または中心が，当該地域に対して独占的な所有権を要求することを言う。また植民地主義とは，適応意志のない文化的に異なる少数の外部勢力が，本国または中心の利益を優先的に確保しながら，当該地域の多数の住民を支配することを意味する（オースタハメル 2005）。

　この支配・被支配関係を長期的に維持するため，脅迫と暴力の行使，伝統的な現地の支配者の役割およびその象徴の継承，植民地社

図2-6　「急いでまた金を埋めようぜ。さもないとヨーロッパ人が自分たちの文化を持ち込むからな」

会についての情報収集，綿密な分割統治戦略といった試みがなされた。ただし植民地国家はこれらの方法の混用によって，また立法・裁判・警察によって，植民地社会を完全に支配できたわけではない。植民地への関心が貿易や略奪行為から自然の富や人的労働力の持続的搾取へと変化するにつれ，支配する側はインフラ（鉄道・運河・道路・通信網）の建設，土地開発，関税・通貨政策，都市建設などを通じて，植民地の私企業の利益向上につとめなければならなくなった（オースタハメル 2005）。

ドイツの植民地管理

　ドイツは基本的には1890年設置の外務省植民局（1907年以降は帝国植民省）を通じて，西南アフリカ・東アフリカ・カメルーン・膠州湾（租借地）・トーゴランド・南太平洋諸島を統治したが，統治形態と目的は地域によって異なっていた。トーゴランドと南太平洋諸国はドイツの対外貿易に占める割合がわずか0.15％（1909年）であったのに対し，カメルーンは西アフリカ最大のプランテーション植民地へと発展し，東アフリカ（現在のタンザニア・ルワンダ・ブルンジなど）は経済的に最も重視されていた。ただし輸入が輸出を2倍ほど上回っていたため，利益は上がらなかった。

　膠州湾は1898年の膠州湾租借条約以降，事実上ドイツの植民地統治下にあったが，この条約は，国旗・軍旗の掲揚，占領布告，主権の委譲，強制的な土地専売

第Ⅰ部　ビスマルクの帝国

図2-7　植民地産の果物と野菜を販売する食品雑貨店（ベルリン）

権協定のような契約であった。最大の統治目的は経済発展である。例外的に統治任務を担った海軍省は、かなりの費用をかけて鉄道網、近代的な港、植林政策、衛生・医学面でのインフラ、近代的運河、電信システムなどを築き、中心都市・青島の都市化を図った。しかし輸入の大部分は日本が占め、ドイツの割合はわずか8％にすぎなかった。他方、膠州領総督府は有力な中国商人層を限定的ながら行政に組み入れ、彼らに一定の発言権と経済活動の自由を認めた（浅田 2011）。

　日常生活においては、植民地行政機構はヨーロッパ系住民とそれ以外の集団の法環境と居住区の分離、裁判手続き・処罰方式の規定、衛生上の規定、夜間の外出制限、中国語の告示・集会・行列・演劇などを認可制にすることを通じて、中国系住民を管理しようとした。たとえば青島植民地社会の人口の大多数を占めた工場労働者・都市雑業層は政治的決定権をもたず、ドイツ国籍はもちろん清国籍でさえ取得できない状況にあった（浅田 2011）。

　第一次世界大戦が始まると、映画『バルトの楽園』（2006）の冒頭にあるように、青島は日本の統治下に入る。1917～1920年にかけて約4,700人のドイツ兵捕虜のうち約1,000人が徳島県の板東俘虜収容所で生活するが、ここでは1907年のハーグ陸戦規則（捕虜の人道的扱い）に則り、ドイツ流の文化活動や捕虜と周辺住民の交流が認められた。日本で初めてルートヴィヒ・ヴァン・ベートーヴェンの交響曲第9番を演奏したのは、このドイツ兵捕虜たちである。

「植民地責任」論——植民地ナミビアを例に

　映画『ホテル・ルワンダ』（英・伊・南ア：2004）は、1990年代前半のツチ族とフツ族の内戦・大量虐殺をテーマにした映画である。この内戦勃発の一要因として、ドイツが支配を円滑に進めるため、統治時代にツチ族とフツ族の間に支配・被支配関係を構築したことが挙げられよう。

　当時ドイツは東アフリカと西南アフリカで大量の軍を投じて、暴力による植民

地化を図っていた。そのため，たとえば東アフリカでは1905～1908年に綿花の強制栽培に反対してマジ＝マジの蜂起が生じ，その後の飢饉で住民約30万人が亡くなった。

またドイツ最初の保護領・西南アフリカ（現在のナミビア）では，1884年に植民地政府が土地の約70％を押収し，飼牛の略奪と牛疫の蔓延により民族集団ヘレロが経済基盤を失った。その一方，商社は銅の採掘とダイヤモンドの発見により利益を得ていた。

こうしたなか，1904年にヘレロ専用居留地の設置をめぐって蜂起が生じる。植民地政府が一方的に画定した「居留地」にヘレロを住まわせ，ドイツ人入植者の土地と安全を確保しようとしたことに，ヘレロが抵抗したのである。指揮官ロタール・フォン・トロータが徹底的な鎮圧を試みると，南部の民族集団ナマも戦いを開始したため，対ヘレロ部隊の南部への移動に際して，ヘレロ絶滅命令が下された。その結果，約8万人のヘレロの約80％，約2万人のナマの約50％が殺害された。ジェノサイド（集団虐殺）は1864年のジュネーブ条約（傷病兵の保護）とハーグ陸戦規則で違法とされていたにもかかわらず，植民地統治が多くの現地住民の犠牲なしには成り立たなかったことはたしかであった（永原 2009）。

また1904年にホッテントットの反乱が生じたことも忘れてはならない。このとき駐留軍を維持するための追加予算を確保できなかった帝国宰相ベルンハルト・フォン・ビューローは，帝国議会解散に追い込まれている。

では，ドイツはこのような過去の犯罪とどう向き合ったのか。2001年にヘレロはドイツに対し，絶滅政策のほか，文化と社会組織の破壊，強制収容所の設立，医学実験，女性と子どもの搾取を行ったとしてアメリカで集団訴訟を起こした。そして2007年にナミビア・ドイツ政府間で交わされた「合意メモ」には，ドイツ側が計2,000万ユーロを78のプロジェクト（灌漑設備・道路整備・地域集会場等）に援助することが記された。ただし「植民地責任」はこれで終わったわけではない（永原 2009）。今後も持続的な取り組みがもとめられているのである。

植民地における人種政策——異人種間婚姻と国籍問題

映画『大統領の執事の涙』（米：2013）の主人公，アフリカ系アメリカ人の執事は，綿花農場で奴隷として働いていた少年時代，父親が目の前で射殺されるという過去をもつ。母親を性的搾取しようとした白人の雇い主に抵抗したがゆえのことだった。まさに人種問題は植民地問題と同時並行的に生じていた。現地女性との性的関係は倫理的・人種的理由により不法であったにもかかわらず，現地女性

に対する性暴力は日常的に行われ，植民地に滞在することの強力な動機にさえなっていた（オースタハメル 2005）。

異人種間婚姻について1888年の保護領令は，植民地在住のドイツ国籍の男性と結婚した女性とその間に生まれた子どもに，父系血統主義にもとづきドイツ国籍を付与するとしていた。しかし1905年以降，西南アフリカでは異人種間婚姻が法的に禁じられ，東アフリカでも1906年以降，総督の同意のない異人種間婚姻登録は認められなくなる。そればかりか，現地住民と婚姻または同棲関係にある者の選挙権は剥奪され，異人種間で男女関係をもったドイツ人男性には厳しい制裁が加えられた（浅田 2011；弓削 2009）。

他方，植民地における混血児の増加を防ぐため，女性移住計画が実施された。たとえば西南アフリカへは1898〜1902年に128人の女性が渡っている。さらに現地住民の武装蜂起が落ち着くと，ドイツ人入植者数の急増にともない，女性を女中として入植させるための活動が活発化した。派遣された女性たちが数年後に現地で結婚し定住することで，ドイツ国民・文化にもとづく第二のドイツ帝国が確立されるだろうと考えられたのである（田村 1998）。

その後1913年に制定された国籍法は，厳格な血統主義に則ったものであった。異人種間婚姻の禁止は明記されなかったが，内務省と植民地省は現地住民と混血児に国籍を与えない方針を崩さなかった。この決定に影響を与えたのは，人類学者・人種衛生学者たちであった。たとえばオイゲン・フィッシャーは，混血児は現地住民より優れているが，その大部分はドイツ人植民者よりも劣るとの見解を示した。こうした人種差別的な見方はその後も維持されていく。第一次世界大戦の敗戦直後には，とりわけフランス占領軍が送り込んだ有色兵によるドイツ人女性への性暴力が執拗に問題化され，ナチス時代には1937年までに少なくとも385人の混血児が不妊手術を受けた。この任務に当たった中心人物が，「カイザー・ヴィルヘルム人類学・遺伝学・優生学研究所」の所長に就任したフィッシャーであった（弓削 2009）。

（水戸部由枝）

4　帝国主義とナショナリズムの高揚

宮崎駿監督の長編アニメ『ハウルの動く城』（2004）のモデルとされるフランス・アルザス地方の都市コルマールは，ドイツとフランスの国境に位置しているため，戦争のつど両国間を行き来してきた。この作品では，支配者サリマンを取

り巻く平和な環境とは対照的に、魔法使い・呪い師・魔女などすべての者が戦争に駆り出され、敵・味方を問わず戦争に巻き込まれていく。この無意味な戦争をやめさせるために奔走するのが、サリマンの最後の弟子ハウルである。

世紀転換期に各国で生じたナショナリズムの高揚は、次なる戦争に収斂していく。19世紀末に列強諸国間で植民地領有権をめぐる獲得競争が行われ、その結果20世紀初頭には列強諸国により地球上のほぼすべての陸地が植民地化・半植民地化された。そして領土拡張の際に進めら

図2-8 「世界の略奪者たち」
ヨーロッパ帝国主義を描いたアメリカの風刺画。フランスは忘れ去られ、ドイツ・イギリス・ロシアに的が絞られている。

れた列強諸国の軍備拡張と列強間の対立の激化は、世界を巻き込む戦争を引き起こすことになる。その主要因の1つが、青少年を含む国民の間に広がった帝国意識であった。帝国意識の広がりはドイツ国民の一体性・至上性を訴える意識と運動を導き、ついには第一次世界大戦参戦へとつながった。

ドイツ帝国主義

映画『コッホ先生と僕らの革命』（独：2011）は、1875年にブラウンシュヴァイクで帝政ドイツ初のサッカーチームが設立するまでのプロセスを描いた映画である。そのなかに、イギリス帰りの英語教師と彼が持ち帰ったサッカー競技を、地元の大人たちが反英感情あらわに毛嫌いするシーンがある。当時ドイツは「野蛮な」イギリスに対抗して帝国主義政策を展開していた。

帝国とはその支配領域が広大あるいは拡大傾向にある政治体を言うが、その特徴として領域内の民族的・文化的に異なる人々の間で、帝国の中心あるいは周縁に位置するかによって支配・被支配関係が成り立っていることが挙げられる。また帝国主義とは1880年代頃からの軍事力や経済力を通じた列強による「世界政策」を意味し、それは単なる植民地政策にとどまるものではない。さらに国内の社会経済的な問題から目をそらし、国民の安寧を理由に対外政策・植民地支配を正当化して進めることを社会帝国主義、また植民地住民に対する武力行使と植民地領有国間の闘争が同時進行することを帝国主義戦争と言う（木畑 2014；オースタハメル 2005）。

独仏戦争の戦勝国ドイツは，ロシアとフランスの接近を恐れて1873年にロシア・オーストリアと三帝協定を締結し，イタリア・イギリスと協調関係を維持するため1880年代まで植民地獲得に乗り出すのを控えていた。しかし植民地領有権を次々に手に入れると，この協調関係は揺らいでいく。さらに1891～1894年の露仏同盟を機にロシアがフランスの資金援助のもとで工業化を急速に進め，シベリア鉄道建設などを通じて帝国主義的膨張政策を進めると，ドイツはバルカン半島からトルコ方面にかけて「世界政策」を展開した。

ドイツはまずトルコでアナトリア鉄道を完成させ，1899年にバグダード鉄道の敷設権を獲得する。開設は一部にとどまったが，イギリスの3C政策（ケープタウン・カイロ・カルカッタ）に対し，ドイツは3B政策（ベルリン・ビザンティウム・バグダード）を通じて帝国主義を展開した。ちなみに両者が最初に戦火を交える場となったのはトーゴランドである。その後，アフリカの植民地は次々に大国間の戦争に巻き込まれた。1914年の東アフリカでの独英対立を題材とする映画『アフリカの女王』（米・英：1951）は，ドイツ兵がイギリス人宣教師を襲って村を燃やし，現地住民を兵隊に強制動員して支配する様子を描いている。

ドイツ帝国主義の展開と第一次世界大戦

19世紀後半のドイツ帝国主義をイメージして書かれたマンガ『軍靴のバルツァー』（2011～）に，「平和は次の戦争の準備期間」「銃口から政権が銃口から国家が生まれる時代」「軍人の技術と力はすべて国家と組織に捧げるためにある」という文言がある。極端な表現ではあるが，軍政改革，王国の併合，軍事教育，工業と鉄道の軍事利用，さらには軍人と娼館の密接な関係，「健康を守るための義務と権利」と称した梅毒検査の強制実施など，軍の観点から当時の時代性をとらえようとしている。

ドイツの帝国主義政策の阻止という共通目的のもと，イギリス・フランス・ロシアの間では1882年の三国同盟（ドイツ・オーストリア・イタリア）に対抗して，1907年の英露協商を機に三国協商が成立した。この間ドイツにおいては，陸軍が露仏二正面戦争を想定して1905年にシュリーフェン計画を立案し，また海軍省長官アルフレート・フォン・ティルピッツが対イギリス海軍戦略を展開した。両戦略は結合・調整されることなく第一次世界大戦が始まるが，それまでの間に平時兵力量は著しく増大した。陸軍の兵力数は1875年の約43万人から1913年の約81万人へ，海軍の兵力数は1897年の約1.7万人から1914年の約8万人へ，排水量トン数は1902年の約38.5万トンから1914年の104.1万トンへと急増している。帝国財

政が逼迫してでも軍隊増強が進められたのである（望田 1997）。

他方，1908年にオーストリアがスラブ系住民の多いボスニア・ヘルツェゴヴィナを併合すると，セルビアではオーストリアに対する敵意が一気に高まった。こうしたなか1912年にロシアはセルビア・ギリシア・ブルガリア・モンテネグロにバルカン同盟の結成を指導し，フランスから支援を得た同同盟はドイツが支援するオスマン帝国との戦争で勝利をおさめた（第一次バルカン戦争）（望田 1997）。

1913年にはブルガリアがオスマン帝国領土を過大に獲得したことから，ほかのバルカン同盟諸国・ルーマニア・オスマン帝国がブルガリアを相手に戦って勝利した（第二次バルカン戦争）。他方，この開戦翌日にドイツ帝国議会は統一以来最大の大陸軍増強法案を可決している。これら「ヨーロッパの火薬庫」と言われたバルカン半島での紛争は，1914年にサラエヴォで起こったボスニア系セルビア人青年によるオーストリア皇太子夫妻暗殺を契機に，約4年3カ月にわたる第一次世界大戦へと拡大した。

帝国意識の広がり

軍備・軍事費の増大が帝国議会や国民に受け入れられるには，右翼的大衆団体の支持と国民の間での帝国意識の広がりが不可欠であった。右翼的大衆団体としては，1891年設立の「全ドイツ連盟」，海軍省・軍需産業により1898年に立ち上げられた「ドイツ艦隊協会」，兵力増強のため1912年に設立された「国防協会」が挙げられる。これらの団体は，排外主義的・軍国主義的な宣伝を通じて経済的利益を目的とする戦争や軍備増強の必要性を提唱するだけでなく，戦争を正当化して青年を戦争へ向かわせようとした（望田 1997）。

帝国意識，すなわち他民族を支配する帝国の中心に属するという国民の意識は，ナショナル・アイデンティティを強化し，帝国内の民族的・地域的な多様性からくる差異感覚を覆い隠すとともに，国内の階級間の対立意識を緩和させ，国内統合を支える機能ももっていた（木畑 2008）。労働者階級の間では，帝国内外の他民族より優れた民族であるという優越感がめばえたが，その一方でローザ・ルクセンブルクのように資本主義と帝国主義を結びつけて考え，従属地域の民衆の搾取を鋭く批判する者も存在した（木畑 2008；山根 2010）。

労働者階級における帝国意識の広がりは，帝国主義政府，独占資本家と地主，彼らと結合する君主・軍人・高級官僚などにとって，民衆の不満をそらし国民統合を図る上で好都合であった。実際，当初反戦を唱えた労働者・社会民主党党員の多くが戦争支持へと転じ，同党を含め諸政党が政党間の対立や帝国議会・政府

第Ⅰ部　ビスマルクの帝国

図2-9　ワンダーフォーゲルに参加する若者

との対立を断念して戦争協力を最優先に考えた（「城内平和」）（望田 1997）。このことは，第一次世界大戦突入の決定的な一因となった。この開戦までの愛国心・ナショナリズムの高揚と戦場の実態との乖離をテーマにした映画に『西部戦線異状なし』（米：1930）がある。

ワンダーフォーゲル運動

『コッホ先生と僕らの革命』で最も印象的なのは，青年たちが地道な努力や厳格な規律・処罰・服従といった親世代の権威的な教育方針に反発し，敵や仲間に敬意を払うフェアプレーと階級を超えた仲間意識をもとめるサッカーの魅力にのめり込んでいく姿であろう。

ヴィルヘルム期は青少年教育への関心が高まり，国家による青少年の規律化が始まった時代であった。それに対して，「大人社会」の後継者として従属・教化されることに反抗した若き教養市民層は青年運動を展開していく。その発端がワンダーフォーゲル運動である。この運動は1896年にベルリン大学の学生ヘルマン・ホフマンがシュテークリッツのギムナジウムの生徒とともに大人の監視なしで行った森・湖・山への徒歩旅行に端を発する（田村 1996；原田 2001）。ちなみに日本では1935年以降，立教大学・慶應義塾大学・明治大学の順にワンゲル部が創設されており，ザイル・ザック・シュラフ・ストック・ピッケルなどドイツ語を語源とする登山用語はなじみ深い。

ワンダーフォーゲル運動は1904年以降，文化的・解放的な側面重視か民族性の強化重視かをめぐって離合集散をくり返し，後者を強調するグループは1911年に「上から」創設された「青年ドイツ同盟」に加入する。この同盟は祖国愛・反社会民主主義教育を行う国家主義的・軍事的色彩の強い集団であったが，若者の共感を呼んで大戦直前には14〜20歳の青少年75万人（全体の約5分の1）が参加した（田村 1996）。大人たちはこの運動に見られた自然への憧れ・理想主義・大人の世界への反発さえも巧みに利用しながら，青少年を戦争に向けて組織化しようとした（原田 2001）。

他方，民族至上主義的な「上から」の国民統合や伝統的慣行（決闘と飲酒）・知性偏重に抵抗し，真の愛国心・祖国的任務の遂行・青年の自立により主権者とし

ての人民（フォルク）を「下から」再生するため，意識的・挑戦的な対抗文化運動を展開する組織も少数ながら存在した（田村 1996；望田 1997）。

（水戸部由枝）

参考文献

浅田進史『ドイツ統治下の青島——経済的自由主義と植民地社会秩序』東京大学出版会，2011年．

安世舟『ドイツ社会民主党史序説』御茶の水書房，1973年．

伊藤セツ「アウグスト・ベーベルの『女性と社会主義』の形成（一）——序説に注目して」昭和女子大学女性文化研究所編『ベーベルの女性論再考』御茶の水書房，2004年．

伊藤セツ『クラーラ・ツェトキーン——ジェンダー平等と反戦の生涯』御茶の水書房，2014年．

ユルゲン・オースタハメル『植民地主義とは何か』（石井良訳）論創社，2005年．

岡田英己子「A. ザロモンの初期社会事業理論」『人文学報』No. 310，2000年．

川越修『性に病む社会——ドイツ，ある近代の軌跡』山川出版社，1995年．

木畑洋一『イギリス帝国と帝国主義——比較と関係の視座』有志舎，2008年．

木畑洋一『二〇世紀の歴史』岩波書店，2014年．

エドワード・W・サイード『文化と帝国主義1』（大橋洋一訳）みすず書房，1998年．

田村雲供『近代ドイツ女性史——市民社会・女性・ナショナリズム』阿吽社，1998年．

田村栄子『若き教養市民層とナチズム——ドイツ青年・学生運動の思想の社会史』名古屋大学出版会，1996年．

永原陽子「『植民地責任』論とは何か」「ナミビアの植民地戦争と『植民地責任』——ヘレロによる補償要求をめぐって」永原陽子編『「植民地責任」論——脱植民地化の比較史』青木書店，2009年．

服部伸「『世界強国』への道」若尾祐司・井上茂子編著『近代ドイツの歴史——18世紀から現代まで』ミネルヴァ書房，2005年．

原田一美「青少年」矢野久・アンゼルム・ファウスト編『ドイツ社会史』有斐閣，2001年．

日暮美奈子「帝政ドイツと国際的婦女売買撲滅運動——西部国境を越える女性の移動から考える」『歴史学研究』No. 925，2014年．

姫岡とし子『近代ドイツの母性主義フェミニズム』勁草書房，1993年．

アンゼルム・ファウスト「ドイツ帝国1871〜1918年」矢野久・アンゼルム・ファウスト編『ドイツ社会史』有斐閣，2001年．

ウーテ・フレーフェルト『ドイツ女性の社会史——200年の歩み』（若尾祐司・原田一美・姫岡とし子・山本秀行・坪郷實訳）晃洋書房，1990年．

水戸部由枝「ヘレーネ・シュテッカーと帝政ドイツの堕胎論争」『西洋史学』198号，2000年。

水戸部由枝「ドイツ社会民主党と性倫理——1913年，『出産ストライキ』論争を中心に」『西洋史学』216号，2005年。

水戸部由枝「ドイツ・ヴィルヘルム時代の女給問題——カミラ・イェリネックの女給運動を例に」『ドイツ研究』42号，2008年。

水戸部由枝「売買春のポリティックス——世紀転換期からヴァイマル期へ」川越修・姫岡とし子編『ドイツ近現代ジェンダー史研究入門』青木書店，2009年。

望田幸男「ヴィルヘルム時代」成瀬治・山田欣吾・木村靖二編『ドイツ史3　1890年～現在』山川出版社，1997年。

山根徹也「帝国主義時代の始まり」上杉忍・山根徹也編『大学生のための世界史講義——歴史から今を知る』山川出版社，2010年。

弓削尚子「ドイツにおける戦争とネイション・『人種』——『黒い汚辱』を起点に考える」加藤千香子・細谷実編『暴力と戦争』明石書店，2009年。

第3章
第一次世界大戦

1　第一次世界大戦の勃発

　1914年に始まり1918年までつづいた第一次世界大戦は，800万の戦死者，2,000万の負傷者・行方不明者を出し，ドイツとその同盟国が敗北することで終結した。それまでの戦争になかった特徴の1つに，戦争を遂行する政府が国民の支持を得ようとさまざまな努力をしたことがある。ここでは，ドイツがなぜ戦争に参加したのか，いかにして戦争に対する国民の支持を獲得しようとしたのかを見ていく。

大戦勃発とドイツ

　ドイツ統一後，帝国宰相オットー・フォン・ビスマルクは「連合の悪夢」に悩まされた。彼は次のように考えた。ドイツ帝国建設によって完成した新しいヨーロッパ秩序を維持したいドイツ，その秩序に不満を抱くフランス。復讐を企むフランスがドイツの周りの大国と協力してドイツと戦争すれば，やっと手に入れた統一ドイツも水の泡になってしまう。そこで彼は，フランスを除くヨーロッパの大国と結びつくことでフランスを孤立させ，フランスの復讐戦争を不可能にしようとした。1890年の辞職までに，彼はロシア・オーストリア・イタリア・イギリスと同盟の締結や良好な外交関係の構築を実現した。
　しかし，ビスマルク辞職後の皇帝ヴィルヘルム2世を中心としたドイツの首脳陣は，ビスマルクの「八方美人」外交ではなく，1人の人と運命をともにするような「運命共同体」外交を展開すべきと考えた。そこで，彼らはオーストリアとイタリアと締結した三国同盟（1882）を外交の中心に置くことを決定し，三国同盟と矛盾すると彼らが判断したロシアとの協定（再保障条約）を破棄した。また，「世界政策」と呼ばれる積極的な植民地獲得政策の遂行も決定し，海軍増強計画を推進した。
　このドイツの動きに対して，フランスとロシアは相互に接近し，1894年に三国

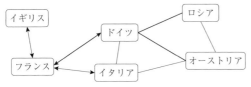

図3-1 ビスマルク時代の外交関係のイメージ

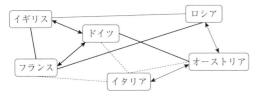

図3-2 第一次世界大戦直前の外交関係のイメージ

同盟を仮想敵国とする露仏同盟を締結した。両国は経済的・金融的なつながりも深め，フランスがロシアの工業化と軍の近代化に資金援助するようになった。またドイツの「世界政策」は，植民地獲得競争でライバル関係にあったイギリスとフランスを接近させた。ドイツの動きを自分たちの植民地「帝国」への挑戦だと見なした両国は，各地の植民地問題を解決する協定（英仏協商）を1904年に締結した。さらにイギリスはロシアと長年にわたる中央アジアでの勢力圏争いに決着をつけ，1907年に英露協商を締結した。こうしてできたものを私たちは「三国協商」と呼ぶ。しかし，3国が集まって「敵はドイツだ」と言って軍事同盟を結んだわけではない。単に3つの条約を結び，「良好な関係になった」のである。

1900年頃になると，イタリアが英仏寄りの外交を展開するようになった。ドイツとオーストリアにとって，イタリアは「当てにならない同盟国」になっていったのである。そうしたなか，ドイツは自分たちがヨーロッパで孤立しているのではないか，ドイツを応援するヨーロッパ主要国はオーストリアしかないのだと考えるようになった。さらに，自分たちは孤立しているだけでなく，「敵」から「包囲」されているとも考えるようになったのである。ドイツの首脳陣にとって，この状況は西をフランス，東をロシアに挟まれた，ビスマルクの言う「連合の悪夢」そのものであった。さらにドイツの軍指導部は，フランス資本によるロシア軍の近代化のために，現在のドイツの軍事的優位性が1917年にはなくなってしまうと考えた。敵国に包囲され，ドイツの状況はいずれは不利になってしまう。遅かれ早かれ戦争はやってくるであろう。ならば，早ければ早いほど戦争に勝利するチャンスは大きいはずだ。そのようにドイツの首脳陣は考えたのである。では，どうすれば勝てるのか。

勝利の方程式「シュリーフェン計画」

東西の敵に挟まれたドイツが勝利するための秘策が，「シュリーフェン計画」

であった。これはロシア国境には必要最低限の兵力だけを残し，残りのすべてでフランス軍を壊滅させ，すぐに鉄道を使って部隊を東に移動させ，ロシア軍と交戦するというものである。国土広大なロシアにおいては，軍隊の動員にはドイツやフランスよりも時間がかかる。そこでドイツは，ロシア軍がドイツ進攻に着手するまでの時間に対フランス戦に主力を集中し，短期間でこれを撃破して，返す刀でロシアに向かう計画を立てたのである。

　では，どのようにしてドイツ軍はフランス軍を攻撃するのか。独仏国境は山や丘が多い森林地帯であった。また，フランスは国境に要塞陣地を構築していた。そのため，独仏国境からフランス領内に侵攻することは無理であった。そこでドイツの参謀総長アルフレート・フォン・シュリーフェンは，ドイツとの国境に防御施設が少なく，かつ平野の多い土地柄のために軍隊のスピーディーな移動が可能となるオランダとベルギーを通ってフランス領に侵攻するのが最善の策だと考えた。

イメージ作り「この戦争は防衛戦争である」

　各国の政治指導者がどこかの宮殿に集まり，あれこれと話をした後，記念写真を撮る。カメラマンの撮影合図の声とともに，中央に並んでいたオーストリアの皇位継承者フランツ・フェルディナントが撃たれ，死亡する。この1914年の「サラエヴォ事件」のシーンは，映画『素晴らしき戦争』（英：1969）のものである。イギリスで人気を博したミュージカルの舞台をもとにしたこの作品は，あくまでフィクションではあるが，第一次世界大戦の悲惨さ，愚かさを描き出している。

　実際のサラエヴォ事件では，フェルディナントのパレードを見に来ていた群衆に紛れた暗殺者が至近距離から拳銃で撃ったのであった。暗殺者はオーストリア領ボスニア出身で当時19歳のセルビア人ガヴリロ・プリンチプという青年であった。その模様はNHKスペシャル『映像の世紀』（1995）に収録された暗殺直前の映像で確認することができる。

　多民族国家オーストリアは，ナショナリズムを主張するセルビアやイタリアなどから領土を狙われていた。そこでオーストリアはこの事件を口実に仮想敵国セルビアをたたきのめすことを決意し，同盟国ドイツにこのことを伝えた。その際にオーストリアが心配したのは，以前からセルビアと良好な関係にあったロシアの動向であった。オーストリアがドイツに支援要請をすると，ドイツはあらゆる手段で支援すると約束した。

オーストリアがセルビアに最後通牒を通告すると，ヨーロッパはパニック状況になった。ドイツのシナリオは次のようなものであった。オーストリア・セルビア戦争が勃発すれば，ロシアは必ず軍事介入するであろう，それに対してドイツはシュリーフェン計画を実行する，まずはベルギーに攻め込んで一気にフランス領に部隊を展開する，ベルギー侵攻に対してイギリスが何らかの措置をとるかもしれないが，イギリスは中立を維持するであろう。

その際にドイツ政府が重視したことは，ドイツが祖国防衛のための戦争，つまり正義のための戦争を行わざるをえなかったというイメージ作りであった。こうすることで挙国一致体制を作り上げ，それまで政府と対立していた労働者階級，そして彼らを支持基盤としていたドイツ社会民主党からも戦争遂行への支持を取りつけることができるであろう。また対外的にもドイツの正義を示すものになるであろう。ドイツ政府が戦争に踏み切る上で，国民の支持を取り付けることは急務であった。

さて，ドイツは防衛戦争というイメージを作り出すために，ロシアを侵略者に仕立て上げる戦略に出た。オーストリアがセルビアに宣戦布告すると，ロシアは全面動員令で対応した。これを確認した後で，ドイツはロシアの侵略に対して軍事行動をとらざるをえないというポーズをとり，動員令を出した。ドイツの動員令に対抗して，フランスも同様の行動に出た。ドイツはシュリーフェン計画を実行するために，フランスがベルギーを攻撃するという偽情報を伝え，ベルギーに領内の自由通行をもとめた（なお，ドイツは戦争開始前に，シュリーフェン計画で言及されていたベルギーとオランダへの侵攻のうち，後者を取りやめていた）。ベルギーがこれを拒否したため，ドイツ軍はベルギーに侵攻した。イギリスはベルギー・フランス支援のために参戦することを決意し，ドイツに宣戦布告した。

「立てよ，国民」

テレビアニメ『機動戦士ガンダム』第12話（1979）に，ジオン公国総帥ギレン・ザビが弟ガルマ・ザビの葬儀で述べた「われわれは1人の英雄を失った」という有名な台詞が登場する。ギレンはこれにつづいて，「今日まで戦い抜いてこられたのはなぜか。諸君，わがジオン公国の戦争目的が正しいからだ」「国民よ立て，悲しみを怒りに変えて。立てよ国民。ジオンは諸君らの力を欲している」と述べる。

第一次世界大戦と私たちが呼んでいる戦争が始まったとき，ドイツ皇帝ヴィルヘルム2世も同様の演説を行っている。彼は帝国議会において「心苦しかったが，

余は軍隊に対する動員令を出さざるをえなかった。ロシア政府は，犯罪的テロ行為を助長することでこの戦争の原因を作り出した国家（セルビア）を支援するために軍事介入した」「われわれには他国の領土を征服する意志などはなく，祖国を守る不屈の意志がある」「お集まりの諸君，先日余が宮殿のバルコニーから余の臣民に向けて発した言葉をここでもう一度述べよう。余はもはやいかなる党派も知らぬ。余が知るのはただドイツ人のみである」。議会の議事録には，皇帝の発言の後に「議場で鳴りやまない拍手」と記されている。

　両方に共通するのは，指導者が国民の支持を得ようとする姿勢である。第一次世界大戦は，国民の支持なしには戦うことができないというそれまでなかった全国民規模の戦争であった。

（馬場　優）

2　総力戦の衝撃

　これでもかと言うくらいに長時間つづく敵の砲撃。塹壕のなかでそれを必死に耐えるドイツ兵の若者。砲撃がやむと，敵兵士がこちらに向かってくる。若者の近くにある機関銃が敵兵士をバタバタとなぎ倒す。まるでゲームセンターにあるガンシューティングゲームのようだ。機関銃攻撃をかいくぐった敵兵士が目の前までやってくる。とそのとき，砲弾が目の前で爆発する。硝煙がなくなると，若者の目の前には鉄条網をつかんだ手だけしかなかった。思わず目をそむける若者。

　これは映画『西部戦線異状なし』（米：1930）の1シーンである。大量の弾薬を使い，兵士が虫けらのように死んでいく。犠牲になった兵士の代わりが機械のように次から次へと投入される。消耗戦の様相を呈した戦争が，第一次世界大戦である。消耗戦に勝つためには，国内が一致団結して，国家にある人的資源と物的資源をすべて戦争遂行に投入する「総力戦」を遂行しなければならなかった。そのような戦争は，これまで人類が経験したことのないものであった。では，ドイツは実際にこの戦争をどう戦ったのだろうか。

短期戦の失敗と塹壕戦の到来

　ドイツの若者を主人公にした『西部戦線異状なし』の物語は，戦争勃発直後のドイツで始まる。出征する兵士たちを祝福するパレードが行われている通りに面する学校。その学校の教室で，教師は語学の授業中にもかかわらず，若者たちに

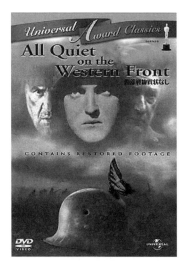

図3-3　映画『西部戦線異状なし』
（DVDパッケージ）

「戦場へ行くべきだ」「戦争はすぐに終わる，死者もわずかであろう」と話す。教師の話を興奮しながら聞いていた主人公を含む学生全員が喜び勇んで軍隊に入隊していく。実際にドイツだけでなくいたるところで，「クリスマスまでには帰れる」という言葉が聞かれた。その言葉には，戦争は短期間で終わる，それも自分たちが勝利する形で終わるという意味が含まれているのは明らかであった。

短期日でパリを陥落させ，次にロシアを攻撃するというドイツ軍の短期決戦プランは，さまざまな理由から失敗してしまった。戦場で兵士を待っていたのは，突撃を阻止する機関銃と鉄条網，さらに遠方からの大量の砲撃であった。大戦中に死傷した兵士の70％が砲撃によるものであった。1914年12月までに西部戦線での死傷者数はドイツ軍が68万人，英仏連合軍が95万人と驚くべき数字であった（木村 2014）。

将兵は機関銃と砲撃から身を守るために塹壕を掘った。塹壕は空から見れば1本の線のように見えた。初期の塹壕は非常にシンプルな構造だったが，徐々に複雑な構造になっていき，ある程度の砲撃にも耐えることができるもの，さらには地下深くまで掘られ，十分に生活できるものまで登場する。複雑に入り組んだドイツ軍と英仏軍の塹壕の線は，南はスイスから北は北海に面するベルギーの沿岸地帯までつながることになった。短期戦は幻影であった。塹壕戦の到来によって戦争は長期化することになる。

塹壕戦では戦線の移動はほとんどなくなり，双方の塹壕が目視できる距離で対峙した。開戦初年度のクリスマスの塹壕戦の様子は，映画『戦場のアリア』（仏：2005）で描かれている。私たちにはとうてい想像がつかないが，実際に1914年のクリスマスには戦場のあちこちで数日間の「クリスマス休戦」が自然発生的に成立したらしい。

総力戦——物資と人の活用

意外に思えるかもしれないが，戦争を始めたヨーロッパの国々はどこも短期戦を想定していたため，武器弾薬類を十分に備蓄していなかった。戦争前に各国の

第3章　第一次世界大戦

軍人が予想していた砲弾の使用量は，1日2万発であった。しかし，実際にはそれを大きく超える量を消費した。その結果，弾薬類の備蓄は開戦わずか2カ月で底をつき，武器弾薬を作りながら戦争を遂行する必要が生じることになった（山室 2011）。

戦争前，ドイツは輸入大国でもあった。パンの原料となる小麦やライ麦，家畜の飼料となる大麦，窒素肥料，武器弾薬の材料となるマンガンや銅，タングステン，服の材料となる綿やウールなどを輸入に頼っていた。ところが，戦争勃発で敵国ロシアからの農産物輸入はストップした。1914年末には，イギリスがドイツに対する海上封鎖を行うことで，アメリカ大陸からの輸入もストップしてしまっ

図3-4　映画『戦場のアリア』
（DVDパッケージ）

た。こうしたなかで，ドイツには限られた資源を有効に使って戦争に勝利しなければならないという難問が立ちはだかった。これを乗り切るには，国家が物的・人的資源のすべてを管理し，勝利に向けて新たな経済体制，つまり戦時経済体制を構築することが必要であった。1914年夏にヴァルター・ラーテナウの指導のもと戦時資源局が設立され，戦争遂行にとって重要な原材料の管理や物資の生産を国家が管理することになったのである。

人的資源の面でも軍事優先の思想が登場した。戦争遂行のために軍需物資を生産する必要が生じたが，工場をフル回転させようにも，それまで工場で働いていた男性労働者は出征していた。そのため，ドイツは深刻な労働力不足に陥った。これは農村でも同様であった。労働力不足の穴を埋めたのは，女性，未成年者，高齢者，さらには敵国の捕虜であった。さらに，1916年に祖国補助勤務法が制定されると，17歳から60歳までの徴兵されていない男性はすべて軍需工場で働かされることになった。

総力戦――国民のお金で戦費調達

「喜劇王」と言われるチャールズ・チャップリンの作品に，『公債』（米：1918）という10分間のプロパガンダ映画がある。この映画は，アメリカが英仏側に参戦した後に制作された作品である。この作品の後半に，チャップリンがアメリカを

第Ⅰ部　ビスマルクの帝国

図3-5　戦時公債の募集を呼びかける
　　　　ポスター

擬人化した「アンクル・サム」に公債購入のお金を渡し、「アンクル・サム」が労働者にそれを渡すシーンがある。そして、労働者がその金で武器を作り、それを兵士に渡すのだが、最後はチャップリンがドイツ皇帝役の俳優を「自由公債」と書かれたハンマーでたたき、公債の購入を呼びかける。ここには、チャップリンと第一次世界大戦という意外な組み合わせが見てとれる。

　兵士を養うための食糧、武器弾薬の製造、出征家族や傷痍軍人への支給金など、戦争をするにはとにかくお金がいる。短期戦の予想が外れたために、各国ともいかにして戦費を調達するかが重要問題になった。各国は国民に向けて愛国心・愛郷心・家族愛などを前面に出したポスターを作成し、寄付や公債購入を呼びかけたのであった。左のポスター（図3-5）は、1918年の公債募集のポスターである。右手に短剣をもつ男性が、左手で彼の妻と子どもを守っている。見出しには「戦時公債。あなた方の幸せの守護者たちを助けよ」とあり、家族愛を訴えている。

　国民は政府の期待に応え、公債を購入した。募集の時期によってばらつきはあるが、国民の15人に1人が戦時公債を購入したと言われる。約5％の利子がつく戦時公債を購入することが、戦争に勝利することにつながるという考えをもっていたのであろう。戦争に勝利すれば、自分が出資した額面通りのお金が利子もついて戻ってくるが、もし敗北すれば、公債は単なる紙切れになってしまう可能性もあった。そのようなことを考える購入者はほとんどいなかったのだろうか。こうして集めた資金で、ドイツをはじめとする各国は戦争を遂行していったのである。

新兵器

　陸上戦闘の主役と言える戦車が登場したのが、第一次世界大戦であった。戦車以外にもこの戦争で初めて使用された兵器としては、潜水艦、飛行機、毒ガスなどがある。

　第一次世界大戦で戦車が登場した背景にあったのは、塹壕戦の膠着状態を打破

しようという各国の思惑であった。機関銃と鉄条網によって歩兵による突撃が事実上不可能になってしまったため，各国は砲撃で月面のようにデコボコになった地面を走行でき，機関銃の弾丸を跳ね返し，鉄条網を破壊して敵の塹壕に到達する乗り物を発明したのであった。当初，戦車は歩兵の攻撃を支援するための兵器と見なされていた。華道や茶道と同じように「女子」がたしなむ「道」である「戦車道」という架空の世界を描いたアニメ『ガールズ＆パンツァー』（2012～2013）のような，大砲で敵戦車を撃破するというイメージはまだほとんどなかったのである。

図3-6 映画『U-20』
（DVDパッケージ）

1915年，中立国のアメリカからイギリスに向けてアイルランド沖を航行していたイギリスの豪華大型客船ルシタニア号を，ドイツの潜水艦（Uボート）が魚雷攻撃した。映画『U-20』（英：2007）では，魚雷が命中したことを潜望鏡で確認した潜水艦の乗組員が，「沈没する」「たった1発で。信じられん」と想定外の事態が起こったことに驚く。さらに「沈んだ」「18分で」と述べ，短時間で船が沈んだことにも衝撃を受ける。アメリカ人の乗客約140人を含む乗員乗客2,000人の半分以上が死亡（アメリカ人はほぼ全員が死亡）したこの事件は，その後の海での戦争の悲惨さを想像させるものであった。ドイツが一方的に交戦海域と宣言したエリアを航行する艦隊を警告なしに攻撃するとした無制限潜水艦作戦は，当初はイギリスの商船を数多く撃沈し，大きな成果をあげることができた。しかし1915年に当時中立国だったアメリカからの批判を受けて，ドイツはこの作戦を中止した。1917年にドイツがこの作戦を再開したことは，アメリカの参戦を招く一因となった。この頃から連合国が商船を軍艦とセットにして航行させる護送船団方式を導入すると，潜水艦攻撃の効果は薄れてしまった。

第一次世界大戦中に80機の飛行機を撃墜し，「撃墜王」と呼ばれたドイツのパイロット，マンフレート・フォン・リヒトホーフェンを主人公にした映画に，『レッド・バロン』（独：2008）がある。彼は劇中で航空戦のことを，「敵との戦い。狩りだ。騎士の槍の試合さ。スポーツだ」と言っている。開戦当初の飛行機は，布張りの機体で偵察が主たる任務であった。そして敵の飛行機と遭遇すると，片

手で操縦桿を握り，別の手に拳銃をもって中世の騎士のように決闘すらしていた。その飛行機は，戦争の進展とともにエンジンの大型化，機体の金属化，爆弾・機関銃搭載など，大きく進化した。さらにドイツは1917年から，イギリスを空爆することのできる爆撃機も投入した（飛行船による空襲は1916年から実施）。イギリス市民に心理的恐怖を与えるには大きな役割を果たしたが，爆撃によって第二次世界大戦時のような想像を絶する犠牲者を出したわけではなかった。

人類が初めて体験した戦争

第一次世界大戦は，それまでの人類が経験したことのない国力を総動員した戦争，つまり「総力戦」であり，その後の歴史に決定的な影響を与える新兵器も多数登場した戦争であった。当時の日本の軍部はこの戦争を詳細に検討し，新しいタイプの戦争にいかに対処するかの研究を行った（山室 2011）。人類は大戦終結からわずか20年後に再びそうした全面的な戦争，つまり第二次世界大戦を経験することになる。

（馬場　優）

3　ヨーロッパ大戦から世界大戦へ

私たちは1914年から1918年までつづいたこの戦争のことを，「第一次世界大戦」と呼んでいる。この戦争はなぜ「世界戦争」という名称を与えられているのだろうか。

1914年8月に始まった戦争には，その後イタリアやブルガリアも参加した。1918年の終戦まで，主要な戦いはドイツが英仏と戦った西部戦線，ドイツがオーストリアとともにロシアと戦った東部戦線でくり広げられた。たしかにオーストリアがイタリアと戦ったアルプス戦線や，オーストリアがセルビアと戦ったバルカン戦線もあった。1917年にはアメリカが英仏側に参戦したが，米軍は西部戦線でドイツを相手に戦った。チャールズ・チャップリンの映画『担え銃』（米：1918），アーネスト・ヘミングウェイの小説を原作とした映画『武器よさらば』（米：1958），1916年のフランスのソンムの戦いを描いた映画『塹壕』（英：1999）なども，西部戦線が舞台であった。そのように考えると，この戦争は一見，「ヨーロッパの戦争」と言っていいように思われる。

第3章 第一次世界大戦

交戦国の多様性

オーストラリアの片田舎で友人らと新聞を読んでいた若者が、ドイツ軍の残虐な行為についての記事を読み終えると、友人らに軍に志願しないかと誘う。彼らはオーストラリア軍に入隊し、1915年にイギリスが立案したオスマン帝国の首都イスタンブールを直接攻撃するための軍事作戦であるガリポリ半島上陸作戦に参加する。しかしそこで彼らを待っていたのは、敵のオスマン帝国軍の機関銃であった。突撃命令を受けた彼らは、機関銃の餌食になってしまう。これは1981年にオーストラリアで制作された映画『誓い』(豪：1981) のストーリーである。

図3-7 映画『誓い』
(DVDパッケージ)

1914年から4年間つづいたこの戦争の特徴の1つが、ヨーロッパ以外の多くの国がこの戦争に参加したという点、つまり交戦国の多様性である。ヨーロッパとは関係がないように見えるイスラム王朝のオスマン帝国は、1914年秋にドイツ側に参戦した。現在のトルコと中東地域を領有していたオスマン帝国は、地中海と黒海をつなぐ交通の要所ボスポラス・ダーダネルス海峡を支配し、ロシアや英領エジプトと国境を接し、英領インドに比較的近い距離にあった。そうした戦略的優位性をもつオスマン帝国に対して、イギリスは大英帝国の配下にあったオーストラリア軍のほかに、ニュージーランド軍・インド軍・カナダ軍などを参加させ、戦争に勝利しようとした。とくにオーストラリア軍とニュージーランド軍は連合して「アンザック」としてオスマン帝国以外にも西部戦線でドイツ軍と戦うなど、第一次世界大戦で重要な役割を果たしたのであった。

このほかにも、英仏側に参戦した国に日本とアメリカがある。日本は艦隊を地中海に派遣し、アフリカからヨーロッパへの英仏軍の輸送に協力した。また1917年にアメリカが参戦することで、第一次世界大戦の展開も大きく協商側に有利になっていった。それは何よりも、英仏がアメリカの経済力と軍事力（とくに兵士）を自由に使えることができるようになったからであった。

アメリカ参戦とほぼ同じ時期に起きたのが、ロシアの戦争からの離脱という大事件であった。これはロシア国民が国内の食糧不足や政府の戦争遂行に怒って専

制君主体制を打破し，その後に共産主義者のウラジミール・レーニンらがロシアの支配権を掌握したためである。レーニンの革命政権は第一次世界大戦が一部の金持ちのための戦争であると批判して，1918年3月にそれまで戦っていたドイツ・オーストリアとブレスト・リトフスク条約を締結し，戦争から離脱した。ロシア革命の様子は，アメリカ人ジャーナリストのジョン・リードの伝記的映画『レッズ』（米：1981）に詳しい。この条約によってドイツはロシアから莫大な賠償金のほか，ロシア西部の土地を獲得した。こうしてドイツは東部戦線に兵力を展開する必要がなくなり，部隊の大部分を西部戦線に移動させて兵力を増強させることができた。

　ドイツは1918年春に西部戦線で大攻勢を仕掛けた。しかし当時ドイツ軍は兵力的にも補給的にも限界に達していた。対する英仏米の連合国には十分な兵力と物資があった。春の大攻勢の最中にドイツ軍の兵士が見たのは，敵の補給基地に十分すぎるほどある武器弾薬や食糧であった。ドイツ兵は自分たちの空腹を満たすために前進をやめ，自分たちがこの戦いに勝つことができないと悟ったのである。ドイツの大攻勢は失敗に終わり，1918年11月にドイツは降伏した。

グローバルな戦争

　オスマン帝国からの独立をめざすアラブ人とともに中東の戦場をラクダで駆けめぐり，オスマン帝国の軍隊と戦うイギリスの軍人。人は彼のことを「アラビアのロレンス」と呼ぶ。映画史上に残る大作『アラビアのロレンス』（英：1962）は，ヨーロッパから離れた中東でも第一次世界大戦がくり広げられていたことを教えてくれる。

　アフリカもまた戦場であった。第一次世界大戦中のドイツ領東アフリカを舞台に，小さなおんぼろ蒸気船「アフリカの女王」号の船長のイギリス人男性と現地で布教活動をしていたイギリス人女性が川を下り，湖（タンガニーカ湖）に配備されたドイツの軍艦をお手製魚雷で撃沈するという奇想天外な内容の映画『アフリカの女王』（米・英：1951）は，もちろんフィクションである。とはいえ，実際に英独両軍はタンガニーカ湖をめぐって戦火を交えていたのであった。また，ドイツ領東アフリカではドイツの英雄と祭り上げられた軍人が誕生した。それがアフリカ駐屯守備隊の隊長レットウ・フォアベックであった。彼は数の上では優勢なイギリス軍やベルギー軍の攻撃に対して，ゲリラ戦を展開して終戦まで戦いつづけた。

　ヨーロッパから遠く離れた中国でも戦闘は行われた。1914年8月に第一次世界

大戦が始まると，日本は日英同盟を理由にドイツに宣戦布告し，南太平洋のドイツ領の島々と当時中国の山東省にあったドイツ租借地（膠州湾租借地）を攻撃した。日本軍に降伏したドイツ軍守備隊の兵士は捕虜として日本に連行された。戦争勃発時にたまたま山東省の中心都市・青島に停泊中の軍艦に乗っていたオーストリアの水兵も降伏した。独墺の将兵が収容されたのが，日本各地に設置された捕虜収容所であった。その1つに，徳島県の板東俘虜収容所がある。この収容所での日本人とドイツ人の交流を描いた作品が，『バルトの楽園』(2006) である。「バルト」とはドイツ語で「髭」の意味である。収容所長がカイザー髭のような髭を生やしていたことに由来する。

図3-8　映画『アラビアのロレンス』
　　　（DVDパッケージ）

世界戦争

　『アラビアのロレンス』のなかに，ロレンスの上官が「中東の局面全体が余興と言える。真の敵はトルコ（オスマン帝国）ではなくドイツであり，真の戦場は西部戦線だ」と語るシーンがある。たしかに1914年に始まった戦争の主戦場はヨーロッパであり，ヨーロッパの動向が戦争の展開を左右した。しかし，世界各地の国がこの戦争に参加したことも事実である。さらに，イギリスとフランスは兵力不足を補うため，アジアやアフリカにある自国の植民地の人々を兵士としてヨーロッパに送り込みもした。その結果，ドイツ軍はヨーロッパで非白人兵と戦うことになったのである。非白人兵がヨーロッパでの「近代的」戦闘で最新の武器を使ったことは，その後のアジア・アフリカでの植民地独立運動に影響を与えることになった。さらに，イギリスは労働力不足を補うために中国で大量の労働者を募集したため，多くの中国人が大戦中ヨーロッパでさまざまな仕事に従事した。この戦争は，やはり「世界戦争」であったと言えよう。

　　　　　　　　　　　　　　　　　　　　　　（馬場　優）

4　戦時下の食糧事情

　戦時下の人々はどのような生活を送っていたのであろうか。映画『西部戦線異状なし』（米：1930）のなかに，ドイツ軍に属する主人公たちがドイツ占領下のフランスの村に休息のために滞在するシーンがある。彼らが昼間に川で泳いでいると，対岸にフランス人女性3人を見つける。一緒に泳がないかとドイツ語とジェスチャーで誘うが，まったく相手にされない。そこで主人公の仲間がパンとサラミを見せると，女性たちは目を輝かせて「こちらに来い」と手を振る。泳いで対岸に渡ろうとすると，近くの警備兵から制止されたため，そのときは断念する。夜になって無事に対岸の女性たちの家に到着することができた主人公たちが食糧を渡すと，彼女たちはむさぼるように食べ始める。

　このシーンは，女性・高齢者・子どもなどの「兵士ではない人々」が戦時中にどのような食生活を送っていたのかを考えさせてくれる。一家の稼ぎ手である男性が出征したため，女性や高齢者が賃金を稼ぎ，食糧を獲得しなければならなかった。彼女たちは食糧をきちんと手に入れることができたのだろうか。

国内の食糧事情

　映画『バルトの楽園』（2006）には，徳島の捕虜収容所で生活するドイツの兵士たちが製パン工場をもち，毎日パンを作っているシーンが登場する。また，ソーセージが運ばれるシーンもあるので，別の建物で作っていたことが分かる。そう，ドイツ人の食生活にパン・ソーセージ・ジャガイモなどは欠かせないものだ。ところが戦争勃発にともない，外国からの農産物輸入がストップした。そのため，政府は国内の農産物だけで将兵も含めた国民の食生活を賄わねばならなくなった。戦前，ジャガイモは供給量が需要量を上回っていた。しかし，開戦後数カ月でその様子は一変した。農村では，重要な労働力であった男性と畑を耕作していた馬が軍隊にとられた。今日のようにトラクターや耕耘機などがあるはずもなく，農作業は人力と畜力に依存していた。そのため，ジャガイモの生産量は大きく減少していった。

　時間とともに農産物の供給量は減少していった。1915年から1916年にかけてパン・小麦・牛乳・ジャガイモなど多くの食糧に配給制が導入された。さらに1916年5月には，食糧経済を統括する部署として戦時食糧庁が設立された。しかし国家の農業生産への関与に反発する生産者と食糧統制の一層の強化を要求する消費

者との間に挟まれ、戦時食糧庁はうまく機能しなかった。ドイツの食糧事情を一層悪化させたのは、凶作による収穫量の減少であった。とくに1916年秋のジャガイモの大幅な収穫量の減少は、市民生活に大きな影響を与えた。そのため1916～1917年の冬に深刻なジャガイモ不足が起こり、人々は本来は飼料用として使っていたカブラの一種を食べて飢えをしのいだ。このような状況では、体力低下は避

図3-9　節約を呼びかけるポスター
「果物の種を集めて、登校するお子さんにもたせるか、お近くの回収場所にもってきて下さい」。

けられない。体力低下によって、人々は病気にかかりやすくなった。餓死者も出た。ドイツが第一次世界大戦後に発表したデータによると、戦時中に76万人の市民が餓死した。前線で死亡した将兵が170万人であったことを考えると、市民の餓死者の数は驚異的なものであった（藤原 2011）。

戦時下の女性

　稼ぎ頭である男性が出征したり、戦死した家庭では、生活のためのお金をどのようにして稼ぐか、生活必需品をどのようにして入手するかが大きな問題になった。政府は手当を支給したものの、商品不足による物価高騰の前には十分な保障にはならなかった。残された家族は、生き延びるためにお金を稼がねばならなかった。他方、多くの男性労働者がいなくなった職場、とくに軍需工場では、深刻な人手不足が発生していた。開戦以前からドイツにも「働く女性」は多くいた。彼女たちは衣服工場で衣服を縫ったり、電話局で電話の取り次ぎをしたりするなど、比較的体力を使わないですむ作業を行っていた。戦争が始まると、女性はそれらの分野に加えて、砲弾を作る軍需工場でも働くようになった。女性を重要な労働力として活用するため、託児所や保健室などが整備された。農村でも、男性のいなくなった農家を切り盛りする女性の役割が一層重要となっていった。

　十分とは言えないものの、生活をするためのお金を手に入れた女性は、次は家族を養うために必要な商品を手に入れなければならない。しかしすべてが品薄の状態であり、値段自体も高騰していった。政府による生活必需品の配給もその量が減らされ、配給物の質も低下していった。それでも彼女たちは長蛇の列を作り、

図3-10 映画『レッド・バロン』
(DVDパッケージ)

生きるために必要なものを手に入れようとした。戦争に勝利し，家族が無事に戻ってくるという希望があれば，その苦労を耐え忍ぶことができるであろう。そのときまでの我慢だと信じて。

前線と銃後の間で

ドイツの撃墜王と言われるマンフレート・フォン・リヒトホーフェンを描いた映画『レッド・バロン』(独：2008)には，パイロットたちが滑走路の脇でまるでピクニックに来たかのように食事をとるシーンがたびたび登場する。これはパイロットが特別な存在であること，リヒトホーフェンが貴族であること，さらには航空隊所属の兵士が最前線にいないことなどが原因かもしれない。では，塹壕のなかに隠れている陸上の普通の兵士たちの食事はどうだろうか。最前線にいれば，当然「温かくておいしい」食事など期待できなかった。また，つねに食事にありつけるわけでもなかった。『西部戦線異状なし』には，前線に来て5日目の主人公たちが塹壕のなかで食糧がないと言って上官に不満をぶちまけ，上官が「食糧は何とか届ける」と言って彼らを説得するシーンがある。

ところで，兵士は戦場でずっと最前線の塹壕にいたわけではなかった。7日ほどそういう場所にいた後，少し後方の塹壕に7日ほど待機し，さらにもっと後方の安全な場所で5日ほど過ごす。場合によっては，休暇をもらって故郷に戻る者もいれば，故郷の工場に呼び戻されて働く者もいる。戦闘中に負傷すれば，後方の野戦病院に送られる（三宅 2005；木村 2014）。しかし最前線の塹壕ではネズミが走り回り，シラミが身体にくらいつき，雨が降れば水たまりができ，地面は泥沼と化した。夏にはその水が腐って異臭を発生させ，冬には泥水が氷のように冷たくなる。そのなかで兵士たちは生活し，敵の攻撃をじっと待たなければならなかった。

おいしい食事が期待できないのであれば，兵士の楽しみは手紙であった。兵士たちは家族からの手紙を読み，故郷を思い浮かべた。また，戦場で自分が生きていることを伝えるために，家族に手紙を送った。ドイツでは戦争中，前線と銃後

の間を287億通もの手紙が行き交った。もちろん郵便の検閲はあったが、すべてをチェックすることなど物理的に不可能であった。兵士は戦場の悲惨な現実を、銃後の家族は食糧不足に代表される悲惨な日常を書くことで、おたがいの様子を知ることができた。

図3-11　11月9日にベルリンのデモに参加した兵士と市民

戦争の終結

　兵士の食事の問題は、結果的に第一次世界大戦の終結をもたらすことになった。ドイツ海軍はスカゲラク沖海戦（1916）と有名な一連の潜水艦攻撃を除けば、ほとんど戦闘行動をとれない状態であった。軍艦はほぼ毎日港に停泊し、軍事演習にときどき参加するという状況であった。水兵たちの船での数少ない楽しみである食事の内容は、戦争の長期化にともなって日に日に悪化していった。腐ったジャガイモと腐った肉が入ったスープと、少しばかりのパンだけが食事として提供されることが増えていった。ところが彼らの上官である将校たちのテーブルには、おいしそうな数多くの食事が並べられる。それを調理室から運ぶのは、当番の水兵である。この食事のレベルの差に大きな不満を抱きながら、狭い艦内でいつ来るとも分からない命令を水兵らは待っていた。その命令がついに1918年10月末に水兵らに届いた。

　その命令はすでにドイツの敗戦が決定的になった時期の命令であったため、水兵たちには自殺的出撃の命令と思われたのである。11月3日、北ドイツのキール軍港に結集していた艦隊所属の水兵たちは反乱を起こし、船を乗っ取ってキール市に上陸した。食糧状況の悪さや勝ち目のない戦争に疲れた厭戦気分の市民たちも彼らに合流し、労兵評議会を作ってキール市の全権を掌握した。この動きにドイツ各地の市民はすぐに反応し、講和をもとめる革命が発生した。もはやドイツは戦争のできる状態にはなかった。11月9日、各地の革命的動きを抑えるため、当時の首相は皇帝ヴィルヘルム2世の退位を一方的に宣言する一方、その責任を負う形で政権を議会多数派のドイツ社会民主党に譲ることを宣言した。同日、ベルリンの帝国議会の窓から社会民主党幹部が「帝政廃止」と「共和国成立」を宣言した。ドイツ帝国が消滅した瞬間であった。それから2日後の11日、社会民主

党を中心とする新政府が連合国と休戦協定を締結した。戦争はようやく終わった。食い物の恨みは恐ろしいのである。

(馬場 優)

参考文献

石井香江「第一次世界大戦が職場のジェンダー秩序に与えたインパクト――ドイツ帝国郵便を事例にして」『現代史研究』53, 2007年。

石津朋之「『シュリーフェン計画』論争をめぐる問題点」『戦史研究年報』第9号, 2006年。

石津朋之「ルーデンドルフの戦争観――『総力戦』と『戦争指導』という概念を中心に」三宅正樹・石津朋之・新谷卓・中島浩貴編著『ドイツ史と戦争――「軍事史」と「戦争史」』彩流社, 2011年。

北村陽子「第一次世界大戦期ドイツにおける戦時扶助体制と女性動員――フランクフルト・アム・マインの事例」『西洋史学』221, 2006年。

木村靖二「第一次世界大戦下のドイツ」成瀬治・山田欣吾・木村靖二編『ドイツ史3 1890年~現在』山川出版社, 1997年。

木村靖二『第一次世界大戦』筑摩書房, 2014年。

小関隆・平野千果子「ヨーロッパ戦線と世界への波及」山室信一・岡田暁生・小関隆・藤原辰史編『現代の起点 第一次世界大戦1 世界戦争』岩波書店, 2014年。

小堤盾「モルトケとシュリーフェン」三宅正樹・石津朋之・新谷卓・中島浩貴編著『ドイツ史と戦争――「軍事史」と「戦争史」』彩流社, 2011年。

坂本優一郎「戦債と社会」山室信一・岡田暁生・小関隆・藤原辰史編『現代の起点 第一次世界大戦2 総力戦』岩波書店, 2014年。

ジェームズ・ジョル『第一次世界大戦の起原 改訂新版』(池田清訳)みすず書房, 1997年。

マイケル・ハワード『第一次世界大戦』(馬場優訳)法政大学出版局, 2014年。

フリッツ・フィッシャー『世界強国への道』(Ⅰ・Ⅱ)(村瀬興雄監訳)岩波書店, 1972, 1983年。

藤原辰史『カブラの冬――第一次世界大戦期ドイツの飢餓と民衆』人文書院, 2011年。

藤原辰史「戦争を生きる」山室信一・岡田暁生・小関隆・藤原辰史編『現代の起点 第一次世界大戦2 総力戦』岩波書店, 2014年。

ジャン=ジャック・ベッケール, ゲルト・クルマイヒ『仏独共同通史 第一次世界大戦』上・下, (剣持久木・西山暁義訳)岩波書店, 2012年。

フォルカー・ベルクハーン『第一次世界大戦 1914-1918』(鍋谷郁太郎訳)東海大学出版部, 2014年。

三宅立「第一次世界大戦とドイツ社会」若尾祐司・井上茂子編著『近代ドイツの歴史
　　——18世紀から現代まで』ミネルヴァ書房，2005年。
山室信一『複合戦争と総力戦の断層——日本にとっての第一次世界大戦』人文書院，
　　2011年。

第Ⅱ部
混乱する共和国

第2次ミュラー内閣の顔ぶれ（1928年）
（ドイツ連邦文書館）

第4章
民主制の成立

1 ドイツ革命とヴァイマール憲法

　マルガレーテ・フォン・トロッタ監督の映画『ローザ・ルクセンブルク』（西独：1985）は，第一次世界大戦の末期，敗北の影が色濃いドイツが舞台である。1917年にロシアで革命が起こったのを受け，ドイツでも急進左派が登場した。ドイツ社会民主党のなかから戦争継続に反対する一派が現れ，独立社会民主党となったのである。その背景には，戦争の長期化と民衆の生活難があった。戦争の即時停止，パンと平和をもとめる大衆運動が激化していた（垂水 2002）。ベルリンでは貧困層・労働者層の女性や若者がバターなど生活物資の高値に抗議するデモを起こし，店のショーウィンドーは壊され，食料品が奪われるような状況だった（垂水 2005）。社会主義者の多数が戦争政策の支持に転向するなか，あくまで反戦思想を掲げるローザは政治犯として投獄された。獄舎の農園で植物に水をやり，自宅に置いてきた愛猫ミミを案じ，戦争のない世界を願う生活者でもあった彼女の人間的な一面も，映画では描かれている。

「上から」と「下から」の革命

　1918年7月までにドイツ軍の退却は始まっていたが，この事実は国民には知らされていなかった。同年9月末に敗北が決定的となると，最高司令部はウッドロウ・ウィルソンの14カ条を受諾し，休戦条約を結ぼうとした。危機的状況下での「上から」の変革の試みであった。しかし皇帝には退位の意思はなく，政治家たちへの信頼をなくした民衆のなかからドイツ革命が勃発した。折しも将校と水兵の食事の格差や水兵に対する上官の取り扱いに抗議する動きが見られ，前線でも厭戦的な機運が強まっていた。1918年10月には海軍がイギリス艦隊と戦う決定をしたが，出撃命令に従わない兵士もあらわれるようになった。11月3日にはドイツ艦隊の基地キールで，無謀な出撃を命じる海軍首脳部に対して一部の水兵が反旗を翻し，彼らが拘束されると大暴動が勃発した（木村 1988；三宅 2001）。これ

につづいて，水兵に共感するレーテ（労働者・兵士評議会）が各地に結成された。同月7日にはミュンヘンで勃発した革命を受けてバイエルン王が退位し，その3日後に皇帝ヴィルヘルム2世はオランダへの亡命を余儀なくされた。

　社会民主党は平和裡に政権を掌握したかに見えたが，「下から」の革命による帝政の崩壊はその後の社会の混乱を予測させるものだった。独立社会民主党のなかのスパルタクス団は首脳部と異なる意向をもち，反戦思想が強かった。とはいえ，単独で政権を率いることができないと認識していたフリードリヒ・エーベルトは，首相就任後ただちに独立社会民主党と対等な立場での協力関係を提案した。しかし党首の不在により交渉が進展せず，フィリップ・シャイデマンは先を急いでドイツ共和国の宣言を行った。ここに人民委員会議と名づけられた仮政府が誕生し，戦争は終結した。共和制はたしかに成立したが，民主主義への準備が十分に行われていたとは言えず，その存立基盤はきわめて不安定なものであった。

　1918年11月にドイツは戦争に敗れ，革命状態となった。釈放されたローザは，戦争を支持して暫定的に政権を握った社会民主党に対抗して，共産党の創立に協力した（西川 2011）。この間に多数の死傷者を出す混乱が引き起こされるが，1919年1月15日夜にカール・リープクネヒトとローザ・ルクセンブルクの2人は軍・義勇軍に連行され，惨殺された。

血塗られた革命

　子ども時代から死を迎えるまでのローザの一生を描いた高根英博のマンガ『斃れざる人々1　ローザ・ルクセンブルク』（2008）の終盤には，印象的な場面が出てくる。カールとローザが惨殺された後，ローザの終世の友レオ・ヨギヘスも行方不明の彼女を探すために意図的に逮捕されるが，収監中に射殺されることになる。その陰惨な場面につづいて，社会民主党員らしき2人の男たちが銃声と軍靴の音が交錯するベルリンの街を見下ろしながら，次のような会話を交わす。

男1「社会民主党の政権はたしかにできた。しかしこの空しさは何なのだろう。これほどの犠牲が必要だったのか」「私たちはローザが暴力主義者だと非難した。しかしローザは合法という暴力があると言って反論したが，われわれのしたことはそれだったのではないか」
男2「われわれはドイツを近代的な民主国家に仕立て上げたのだ」
男1「これだけの犠牲を払ってか！　同志を抹殺してか，平和の名のもとに」

男1の不安は見事に的中する。ローザが思い描いた国際的社会主義は実現せず，暴力的な略奪国家の克服は先延ばしにされたのだった。

　2人を惨殺した兵士たちとは，いったいどのような人々だったのだろうか。1918年12月30日に生まれたドイツ共産党・スパルタクス団には若年労働者，敗戦で急進化した帰還兵，失業者，知識人が入党し，革命の機運が高まったが，人民委員政府側は社会民主党幹部のグスタフ・ノスケに最高指揮権を与え，この革命勢力に対して武力を用いた制圧を開始した。しかし軍隊には兵力が不足していたので義勇軍を募り，政府側に有利な形勢を導いた。義勇軍の兵士の多くは前線から帰還した失業中の兵士や大学生で，彼らには共和制を擁護するという認識は希薄で，スパルタクス団への強い憎悪から公然と暴力を行使するようになった。このような一連の残虐行為は社会民主党の威信を失墜させ，党内部の溝も深めた。

憲法制定のための国民議会選挙

　皇帝の退位でドイツ帝国は崩壊し，共和国が生まれた。翌年，この共和国は革命運動の激しい首都ベルリンを避け，ヴァイマールにおいて新憲法を採択したため，「ヴァイマール共和国」と呼ばれるようになった。ヴァイマール憲法（公式名はドイツ国憲法）は当時最も先進的な民主主義的憲法と評価されながら，ナチス政権の全権委任法によって空文化されることになる。

　帝政期にも憲法と普通選挙にもとづく議会が存在していたが，宰相以下の大臣は皇帝から任命され，政府が議会から独立して構成されていた点で，軍部が政府外で影響力を行使していた戦前の日本と同様であった。革命によって君主制が共和制になり，議会に基礎をもつ政党政治が初めて行われることになった（林 1963；飯田ほか 1996；池田 2015）。

　反対派を抑えて1919年1月19日に行われた憲法制定のための国会選挙には，社会民主党のほか独立社会民主党，中央党，ドイツ民主党，ドイツ国民党，ドイツ国家国民党が臨んだ。選挙は82.7％という高い投票率を示し，得票数は社会民主党，中央党，ドイツ民主党，ドイツ国家国民党，独立社会民主党，ドイツ国民党の順に多かった。社会民主党は過半数を獲得できず，カトリック教徒が結集した中央党，知識人主体のドイツ民主党と連合して多数を占めた。また，総議席423のうちヘレーネ・ヴェーバーをはじめとする女性議員も41議席を獲得した。新しい議会は2月6日にヴァイマールで召集され，さらに同月11日の大統領選挙でエーベルトが大統領に選出された。そして同月13日にはシャイデマンを首相とする連立政府，つまりヴァイマール連合が成立した。

ヴァイマール憲法の制定

　新政府はまず憲法制定に着手した。内務大臣フーゴー・プロイスによって起草された憲法草案を委員会に付託して審議し、7月31日に262票対75票（棄権1票）という圧倒的多数で新しい憲法を可決した。ヴァイマール憲法は冒頭で共和制と国民主権をうたうと同時に、これまでのように連邦制を採用することを宣言している。

　国家の最高の立法機関である国会（共和国議会）は、20歳以上の男女の普通・平等・直接選挙によって比例代表制の方式で選出された。首相および大臣は職務遂行のために議会の信任を必要とし、議会に対しても責任を負うものとされていた。そして国制上大きな意味をもったのは、大統領に関する規定であった。直接選挙で選ばれる大統領には首相および大臣の任免権、国会の解散権、軍隊の統帥権、官僚および将校の任免権、さらに基本権停止の非常大権（大統領緊急命令権）など広範な権限が与えられた。この強力な大統領制は、非常事態における統治の可能性を確保するものだったが、もう1つの民意の代表たる議会との間に緊張をはらみ、ヴァイマール末期には混乱に陥った議会とともに民主主義の空洞化をもたらす一因となる。

　ヴァイマール憲法のもう1つの特色は、国家が個人の生存権を保障するという社会主義的な考えが取り入れられ、とくに労働者の権利と社会保障が重視されたことであり、これを担保する制度として労働者協議会と経済協議会の設置も義務づけられた。しかしどの政党も単独では過半数の議席が得られない小党分立のなか、憲法の理想はなかなか実現されなかった。

「背後からの一突き」伝説の余波

　共和国は誕生の当初から2つの層に分裂していた。帝政期の支配層とこれに同一化する国民層が共和国に敵対していたのに対し、とくに労働者は共和国を支持していた。前者はドイツが敗北したのは革命を起こした社会主義者とユダヤ人のせいで、彼らが国民を裏切って卑怯にも前線で戦う兵士を「背後から一突き」したのだという伝説を流布させ、社会主義者とユダヤ人を「11月の犯罪者」と呼んだ。惨殺されたローザも、社会民主党の指導層の少なからぬ人々もユダヤ人であった。

　共和国設立を宣言した社会民主党のシャイデマンが匕首をもち（ドイツ首席全権として休戦協定に調印した中央党のマティアス・エルツベルガーと、財布から紙幣を取り出そうとしているユダヤ人と思しきジャーナリストらが、シャイデマンの背後で様子を

第 4 章　民主制の成立

図 4-1　「背後からの一突き」

見守っている），前線の兵士たちの上から襲いかかろうとするモチーフから，フランスのシンボルであるマリアンヌに似た女性（ユダヤ人の象徴であるダビデの星をつけている）が前線の兵士に背後から忍び寄り，匕首で一刺ししようとするモチーフまで，この「伝説」を描く風刺画は多数存在する（図 4-1）。後者がオーストリアの絵はがきの挿絵であったことからも分かるように，プロパガンダは日常生活に深く浸透し，反共和国派を煽動する役割を果たしていた。事実，1920 年 7 月 6 日の国会選挙では社会民主党のほか連立与党の得票数は激減し，反共和国派の得票数が増えている。その結果，社会民主党は政権維持のために左右を問わず野党からの連立参加を必要とし，政権の基盤は脆弱となった。風刺画のモチーフとなったシャイデマンとエルツベルガーは後年右翼組織に襲撃され，エルツベルガーは命を落としている。外務大臣として賠償の履行に腐心したヴァルター・ラーテナウが極右組織のメンバーに暗殺された際，ヨーゼフ・ヴィルト首相は共和国の右傾化を憂慮し，「われわれの敵は左派のテロリストではなく，右派のナショナリストのテロリストだ」と，いみじくも警告した。

ヴァイマール共和国の行方

ヴァイマール憲法制定にいたる過程において，秩序の回復や国民生活の維持のために，人民委員政府は帝政期以来の官僚ら支配層との間に協力関係を構築していた。11 月革命の勃発後，社会民主党・自由労働組合から参謀本部将校・官僚・商工業ブルジョワジーなど広範な勢力が，国民議会の早期選出をめざして連携することになった。これらの勢力が軍隊を用いて左翼急進派の動きを暴力的に鎮圧し，ヴァイマール憲法の制定を進めたのである。旧軍隊勢力は清算されず，議会外で議会と対立する勢力として残存した。この状況を描いたのが，初期ダダイストの 1 人で新即物主義の風刺画家ジョージ・グロスの「社会の柱」（1926）であ

図4-2 ジョージ・グロス「社会の柱」

る。いかめしい顔の軍人、酔っ払った牧師、おまるをかぶったジャーナリスト、湯気を立てる大便を頭にのせた社会民主党員、鉤十字模様のネクタイをつけた耳のない（人の話を聞かない）法律家など、愚かしく描かれた超党派の人々の連携によって、背後で炎上する建物が暗示するように共和国はバランスを失っていくのだった。

（石井香江）

2　守勢に立つ共和国

　劇場版アニメとして大きな話題を呼んだ『鋼の錬金術師　シャンバラを征く者』（2005）は、1923年11月のミュンヘンを舞台にした作品である。ストーリーの大筋としては、共和国の転覆をもくろむ悪の組織の陰謀に主人公が巻き込まれていくというものだが、これはもちろん、アドルフ・ヒトラー率いるナチ党が起こした「ミュンヘン一揆」という実際の歴史的出来事をもとにしている。そのため、このアニメにはトゥーレ協会、ディートリヒ・エッカート、カール・ハウスホーファーなど、実際に存在した組織や人物が数多く登場しており、歴史ファンにも垂涎の作品になっていると言ってよい。
　ただしこの時期のナチ党はまだ数ある泡沫政党の1つにすぎず、またナチスだけが共和国の打倒をめざしてうごめいていたわけでもない。むしろ大戦後のドイツで雨後の筍のように叢生した無数の群小政党の多くが、多かれ少なかれ反共和国の旗印を掲げて創設されたものであり、その意味でヴァイマール共和国とはその誕生の瞬間から、反共和主義勢力の激しい攻勢によって崩壊の淵に立たされていた国家だったと言える。
　そもそもこの共和国自体、戦争と革命の混乱のさなかで産声を上げただけに、その支持基盤は当初からもろいものであった。しかも後に相次いだ危機を通じて、その脆弱な民主主義の根幹がさらに掘り崩されていく。もちろん政治から離れて社会や文化に目を向ければ、この時代は数多くの実験がさまざまな分野で花開いた色彩豊かな時期だったが、他方で当時のドイツは「世界一民主的な憲法」とうたわれたヴァイマール憲法だけで民主主義を根づかせるには、その背景にある歴

第4章 民主制の成立

史的条件があまりに劣悪であった。

保守革命

そうした条件の1つに、当時のドイツ社会に強固に残存していた伝統的な心性がある。当然ながら人間の心性は戦争や革命で政治体制が転換したからといって、そう簡単に変えられるものではない。とくに19世紀以降ドイツ社会で世論形成の担い手となってきた伝統的な支配階層、つまり官僚・弁護士・大学教授などのいわゆる教養

図4-3　映画『嘆きの天使』より
奔放な歌妓は教授を破滅させるファム・ファタール（魔性の女）であった。

市民層のなかには、急ごしらえの共和政体に反感をもつ者も少なくなかった。

それは何よりこの階層が19世紀の昔から、社会主義運動などの大衆運動に対して強い嫌悪と危機意識を抱いてきたからである。映画『嘆きの天使』（独：1930）が滑稽なまでに際立たせた堅物教授と放縦な歌妓とのコントラストは、教養市民層が抱くこうした大衆恐怖の心性をデフォルメして表現したものと言える（図4-3）。この映画のなかで生真面目な教授は無学だが若く美しい歌妓に魅了されるが、その言動に振り回されるうちにみるみる堕落していき、ついには道化に身をやつしたあげく気が触れてしまう。欲望のままに生きる大衆の本能にのみ込まれると、このような破滅が待ち受けているというわけだ。

それだけに彼らにとって、すべての国民に政治参加の権利を認めるヴァイマール憲法など、有象無象の大衆に政治の主導権を明け渡し、少数の教養エリートによる古きよき統治体制を否定するものでしかなかった。ただしだからといって当時の反民主主義陣営のすべてが、単純に過去の社会をそのまま再現しようともくろんだわけではない。むしろヴァイマール期に活躍した若い世代の文筆家は、大衆が跋扈する眼前の共和国とも過去の帝政社会とも異なる新たな理想郷を希求していた。たとえば後のドイツ首相フランツ・フォン・パーペンのゴーストライターとして名高いエドガー・ユングなどはこの種の文筆家の代表格で、その新国家構想とは少数のエリートが指導するオーストリアを含めた大ドイツ連邦国家というものだった。それゆえそれは帝政期以来の国家の枠組みの根本的再編を要請するものだったが、それでも右派勢力の間では広い支持を獲得し、ユング自身もや

がて中央政府の中枢にまでのぼりつめることになる（小野 2004）。

　たしかにこれら若き文筆家たちが描く理想郷の具体的な設計図は論者によって多種多様で，その思想的特徴を一概に定義することは難しい。ただ彼らに共通するのは，「民族」という集団の単位に至上の価値を置く限りで保守派の立場と重なりながら，ユングのように一種の革命的な社会変革を志向した点で単なる保守派とは一線を画すという両義的な性格である。こうした両義性から，これらの文筆家は一般に「保守革命」と総称されるが（ハーフ 2010），いずれにせよヴァイマール共和国はこのような反共和主義イデオロギーの蔓延によって，その出発以来たえず自らの存立基盤を揺さぶられつづけていた。

義勇軍

　もちろん初期の共和国を揺さぶっていたのは，何もこうした文筆家たちのペンばかりではない。ドイツ革命の余燼がくすぶるなかで，共産主義勢力の蠢動に対する右派陣営の恐怖心と，そこから帰結した血みどろの街頭暴力の嵐（労働者と右派勢力の激しい銃撃戦）が，共和国の混乱に拍車をかけていたのである。

　それはとくに，ドイツ革命のさなかに共産主義勢力が一時的に政権を打ち立てたバイエルンで顕著であった。この赤色政権は中央政府から派遣された軍によってまもなく鎮圧されたものの，その後のバイエルンはこうした共産革命への反動から，いわば反革命勢力の楽園に変貌してしまう。その際，これら右派勢力の台頭を強力に後押ししたのが大戦後に前線から復員してきた元兵士たち，とくに職にあぶれた元将校たちであった。

　ヴェルサイユ条約における軍備制限規約の一環として，ドイツ軍の人員が大幅に削減されたことで，それまで職業軍人としてキャリアを積んできた多くの将校が失職の憂き目にあっていた。戦争に敗れ，職も失い，革命の恐怖におののいたこれら元軍人たちの深いルサンチマンは，「義勇軍」と総称される非正規の準軍事組織になだれ込み（その総数は1919年春の時点で40万人に達していたと言われる），根強く残存する共産主義勢力にその矛先を向けていく。しかもそこに軍事大国ドイツの再建を願う軍部の思惑もからみ，これら義勇軍を隠れ蓑としてヴェルサイユの規約を上回る大量の武器や弾薬の貯蔵が進められることになる。

　こうして軍部の後ろ盾を得た義勇軍は積極的に革命勢力の根絶に乗り出し，都市の街路を舞台として（近隣住民を巻き込みつつ）共産党員や労働者との激しい銃撃戦を展開していった。このように左右両極の暴力の応酬がドイツ各地でくり広げられたことで，大戦直後のドイツ社会はさながら内戦状態の様相を呈すること

になった。1920年3月に政治家ヴォルフガング・カップが軍事クーデターを敢行し、一時ベルリンを占拠して新政府の樹立を宣言するが（カップ一揆）、それもこの義勇軍の戦闘力を頼りにしたものであった。

インフレから安定へ

このカップ一揆が首尾よく成功をおさめたのは軍が政府の鎮圧命令に従わなかったためだが、他方でその対抗措置として共和国大統領フリードリヒ・エーベルトが呼びかけた労働者のゼネストも功を奏したことで、クーデター政権はわずか4日で瓦解してしまう。しかし今度はこのゼネストが政府の手を離れて暴走し、プロレタリア独裁をめざした共産主義勢

図4-4　映画『ドクトル・マブゼ』の広告
混乱した世相を反映した作品で当時から評判を呼んでいた。

力の反乱（ルール闘争）を招くことになった。まさに「昨日の敵は今日の友」で、政府はこの左派の反乱に対して今度は義勇軍に助力をもとめ、それによってかろうじてこの労働者蜂起を鎮圧できたのである。生まれたばかりの共和国は、このようにペンだけでなく左右からの相次ぐ暴力によってもつねに転覆の危機に晒されていたのであり、政府はその両極のはざまで一方から他方へ交互に振れていくという危うい綱渡りを余儀なくされていた。

ただこうした内戦じみた騒擾も、1923年以降は徐々に沈静化していく。たしかにこの年にはフランスとベルギーがルール工業地帯を占領し、それに対して政府が労働者にストライキを呼びかけたことで、物価が急上昇してハイパーインフレが生じることになった。パン1個の値段が1兆マルクという、天文学的な次元にまで価格が高騰したこの前代未聞の経済危機のために、一部の成金を除いてほとんどの国民の生活が破壊されてしまったのである。共和国初期の混乱のさなかに公開された長編映画『ドクトル・マブゼ』（独：1922）は、株で大儲けする天才詐欺師を主人公にした物語だが、インフレにあえぐ大多数の人々は、この詐欺師のなかに自分の富を奪って肥え太った成金たちの姿を見ていたことだろう。

だが一方でこの時期にはすでに共産主義勢力による労働者の動員力も陰りを見

せ始めており，この危機を新たな革命運動への起爆剤に転換することができずにいた。また他方で右派勢力も体制打倒の動きを活発化させてはいたが，しだいに軍の保守派勢力との間に思惑のズレを生じさせつつあった。1923年11月のヒトラーらによるミュンヘン一揆は，まさしくこうした右派と軍の亀裂によって挫折の憂き目を見ることになった。

いずれにせよ，こうして左右の急進主義がその勢力を弱めつつあったとき，中央ではグスタフ・シュトレーゼマンが国有地を担保にレンテンマルク（旧来の紙幣の1兆倍の価値）を発行してデノミ（通貨の切り下げ）を強行することで，ハイパーインフレを終息させることに成功していた。このいわゆる「レンテンマルクの奇跡」によって未曾有の混乱も乗り越えられ，かつ急進派の運動もひとまずは沈静化したことで，ヴァイマール共和国はようやく崩壊の淵から身を翻すことができたのである。それ以降，共和国は「相対的安定期」と称される束の間の繁栄を享受していくことになる。

（村上宏昭）

3　大戦の記憶

現代のサブカル界は，世界大戦を題材にした娯楽作品であふれかえっている。小説やマンガ，映画，テレビアニメ，果てはゲームにいたるまで，大戦に関連する情報に触れない日はほとんどないと言ってもよいほどだ。昨今の日本で言えば，たとえば『艦隊これくしょん〜艦これ〜』(2013) という，かつて実在した軍艦を「萌え系」少女に擬して敵と戦うオンラインゲームが若者の間で高い人気を誇り，小説やアニメにもなって関連グッズが飛ぶように売れている。ほかにも特攻隊員の生き様を孫の視点から描いた映画『永遠の0（ゼロ）』(2013) や，零戦の生みの親・堀越二郎の半生をモデルにした長編アニメ『風立ちぬ』(2013) がヒットしたことも記憶に新しい。なお，荒木飛呂彦のマンガ『ジョジョの奇妙な冒険』(1987〜) のシュトロハイム少佐のように，日本のマンガやアニメではナチス（の残党）をよく見かけるが，このいわゆる「ナチカル」（ナチス関連のサブカル）も，こうした大戦サブカルの1つの支流と見ることができるだろう（佐藤 2000）。

だが日本に限らず世界の大戦サブカルのなかでも，ひときわ目を引く集団がいる。一般に「ミリオタ」（ミリタリーオタク）と称される兵器マニアたちである。彼らの多くはその嗜好を前近代的な剣や鎧や軍馬ではなく，軍艦や戦闘機，戦車や機関銃など，もっぱら現代テクノロジーを結晶化した兵器に向けており，その

構造や性能に関するかなり高度な専門知識をもつ者も少なくない。しかしいったいなぜ彼らは，難解な技術的知識を必要とする複雑きわまりない現代兵器にそれほどまでに魅せられるのだろうか。

魔術的リアリズム

　機械賛美の芸術思想はすでに第一次世界大戦前から，また兵器を模した玩具も大戦初期には登場していたが，ミリオタのようなテクノロジー嗜好が社会的広がりを見せた直接の契機は1920年代にある。戦時下で大量殺戮兵器の開発競争が激化したおかげで，戦前に比べて兵器の技術的水準が飛躍的に向上したこの時代，主に写真家の間で都市に林立する巨大な工場や機械のなかに一種の「美」を見出そうとする運動が興隆した。その無機質なフォルムや構造はどこかこの世のものとは思われぬ美しさを帯びており，写真芸術の使命はこういう日常の風景に溶け込んでいるテクノロジーの謎めいた美を暴き出すことにあるというわけだ。

　「新即物主義」とも「魔術的リアリズム」とも呼ばれたこの運動は，文学の領域にもその対応物をもっている。ドイツ文学における魔術的リアリズムの代表格と言えば，エルンスト・ユンガーが挙げられよう。ソンムやヴェルダンでの激戦を体験した元前線兵士の作家で，塹壕戦の過酷な現実を活写するその筆致は，デビュー作『鋼鉄の嵐のなかで』(1920) からすでに高い評価を得ていた。だが彼の描く戦争の現実は，安易な反戦平和主義にもとづいたものではない。むしろユンガーはテクノロジーの粋を結集させた戦艦や戦車や大砲，とりわけその破壊力のなかにある「美しさ」を文学的に言語化しようとしたのである（ハーフ 2010）。そこにはどことなく三島由紀夫の『金閣寺』(1956) を彷彿させるような，「破滅の美学」が見てとれる。

　いずれにせよ，こうして魔術的リアリズムによって審美化されたテクノロジーへの嗜好性こそ，現代ミリオタのルーツにほかならない。この運動が芸術の域にまで昇華したテクノロジーに対する畏怖の心性は，映画『メトロポリス』（独：1927) で見られるように，やがてアンドロイドなどのテクノロジーの怪物となって人々の想像力をさらにかき立てていく。そしてこの怪物の形象が人の心をとらえるにつれて，兵器オタクや鉄道オタクや車オタクなど，テクノロジー愛好家を大量に生み出す社会的素地も形を整えていったのである。

英雄から凡人へ

　だがユンガーの戦争小説，とくに『鋼鉄の嵐のなかで』にはもう1つ別の特徴

がある。すなわち、それ以前の戦記物とは違って、この小説には人間離れした英雄は1人も登場せず、むしろ酔いつぶれた上官を悪戯で牛小屋に放り込んだり、初めての負傷の際には自分の血を見て失神寸前に陥ったりと、どの人物も非力で人間臭いという点だ。もちろんこれはユンガーだけの特徴ではなく、むしろ大戦後にヒットしたどの戦争小説にも共通する傾向だと言ってよい。たとえばエーリヒ・マリア・レマルクの有名な自伝的小説『西部戦線異状なし』(1929) は出版の翌年にさっそくハリウッドで映画化されているように、刊行当初から世界的な注目を集めた作品だが、そこに描かれているのも前線で果敢に戦う英雄戦士というより、友人と一緒に教師をからかい、前線でフランス女をナンパするごくごく平凡な青年の姿である。

　これは1つには総力戦という、第一次世界大戦の未曾有の性格に起因している。総力戦とは文字通り前線・銃後を問わず国民の総力を挙げて戦争の遂行に協力する体制のことで、そこでは17歳以上の男性人口が徴兵制のもとで軍役に就くことを強いられた。つまりこの大戦は、職業軍人ではなく「普通の人々」が名実ともに主役の座に就いた最初の戦争であり、それまで殺人とは無縁に生きてきた人間がある日突然死と隣り合わせの生活に放り込まれるという事態が、大量現象として現出した戦争であった。

　そのため戦後社会では、それ以前の戦記物を支配してきた超人的な英雄物語は説得力を失い、代わって自分たちと同じ平凡な人間が前線で何を見たのか、その証言に対する需要が著しく高まることになった。戦場の日常を日記形式で綴ったユンガーの『鋼鉄の嵐のなかで』やレマルクの『西部戦線異状なし』は、まさにこうした需要に応えるルポルタージュとして読まれたことで、戦後のドイツですぐに大きな反響を呼ぶことができたのである。

戦没兵士の墓

　この戦争小説と同じ理由から、戦場で死んだ兵士の記念の仕方も大戦を挟んで大きく変化した。とりわけヨーロッパ全土で登場した「無名戦士の墓」は、総力戦としての第一次世界大戦の性格を典型的に体現したものだ。この墓は身元不明の戦死者の遺体を一体だけ選んで本国に移送し、すべての戦没兵士の代表として埋葬したもので、パリの凱旋門やロンドンのウェストミンスター寺院などに設置されている。軍内部の階級や出身地など、戦死者の個性を（国籍を除いて）完全に抹消したその匿名性は、将軍だろうと一兵卒だろうと、自国民であれば平等に「戦死の栄誉」に浴することを象徴的に保証する。それだけにこれは、総力戦時

代に国民的共同体を束ねるのに適した埋葬方式と言えるだろう。ユンガーやレマルクの小説と同じく，ここでも主役は名のある英雄（将軍）ではなく，国民全員の代表になりうる名もなき兵士というわけだ（モッセ 2002）。

とはいえこうした身元不明の戦死者の存在は，やや両義的なもの

図 4-5　ランゲマルク兵士墓地

でもある。当時も国家は可能な限り戦没兵士の身元の特定につとめていたが，無名兵士の遺体はその努力が挫折したことを否応なく暴露するからだ。それだけに，量的には大戦後の戦争墓の形態は無名戦士の墓ではなく，死者の個人名や生年月日，またしばしば最期の地を刻銘した兵士墓地の方が主流である。

ドイツ兵が眠る戦争墓のなかで最も名高いのは，ランゲマルクの兵士墓地だろう。「世界に冠たるドイツ」を唱和しながら「玉砕」したと伝えられる 1 万人以上の学生志願兵たちを埋葬した場所だ（図 4-5）。この墓地はアドルフ・ヒトラーが『わが闘争』で言及して以来ナチ党員の間で有名になり，第三帝国期にはヒトラー・ユーゲントの巡礼地になった（松本 2012）。なお，この墓地が街の喧騒から離れた閑静な郊外に造られたのは，宗教的な荘厳さを確保する目的もあったようだ。大戦後の兵士墓地の多くは，日常を超越した「神聖性」を担保する必要から，このように意図的に都市の騒音が届かない場所に設置されたのである（モッセ 2002）。

戦争の凡庸化

しかし同時に当時の社会には，こうした戦死の荘厳さを相殺しかねない動きも見てとれる。たとえば今日の日本で言えば先に触れた『艦隊これくしょん』，また日本以外でも第一次世界大戦を舞台とした『バリアント・ハート ザ・グレイト・ウォー』（米：2014）というアドベンチャーゲームが世界的に人気を博している。これらのゲームに登場するキャラクターはいずれもコミカルな（萌える）姿で描かれ，宗教的な神聖性とはおよそ無縁と言ってよい。だがこの種の戦争ゲームやその「萌えキャラ」に興じるのと同じ心性が，実は当時のヨーロッパにも存在していたのである。

すでに大戦中の銃後社会でも，戦争関連の玩具やゲーム，戦場の日常を牧歌的

図4-6 「まあ，なんて姿なの！」
絵はがきでは戦傷者もコミカルに描かれる。

に描いた絵はがきが数多く生産・販売されていた。なかでも絵はがきは私的なコミュニケーションツールとしては当時最もポピュラーで，大戦中は1カ月で900万枚が印刷されたと言われる（モッセ 2002）。それだけに，そこで描かれる陽気な戦場の風景や滑稽な兵士の姿などは，銃後の人々に戦争を身近な出来事としてイメージさせるのに大きく貢献することになった。

つまり，パブリックな空間で戦争や戦死を超日常的出来事として再構成していた神聖化の作用は，私的なコミュニケーションの場で進行していたこの「凡庸化」によって，いわば中和・相殺されていたのである。大戦の記憶をめぐる議論では，しばしば公式の兵士墓地や戦争記念碑による「戦争の神話化」だけが一面的に強調されがちだが，それとあわせてこうした凡庸化のプロセスも──プライベートな領域で作用していただけになおさら──当時の人々の戦争イメージを深く規定していたことは，見逃すべきではないだろう。

(村上宏昭)

4　合理化と社会国家

『華麗なるギャツビー』（米：2013）は，繁栄を謳歌する1920年代の大都市ニューヨークが舞台の映画である。この時代，アメリカのフォード社が開発し，大量生産システムの導入でコストダウンを実現したT型フォードが全世界に普及した。躍動する新興国アメリカの姿は，第一次世界大戦後の疲弊したドイツの理想像ともなった。他方，巷では密造酒が違法に取り引きされ，株式投機熱によってウォール街は異様な好景気に沸いていた。レオナルド・ディカプリオ演じる若き富豪ギャツビー邸でも，夜な夜な派手な乱痴気騒ぎがくり広げられていた。若き成功者の絢爛豪華な生活とは対照的に，大都市に電力を供給する荒涼とした炭鉱の街が，暗く惨めに描かれているのが印象的である。

経済安定期と合理化のビジョン

1924年に経済危機が克服され,アメリカの資本がドイツに流入した。国力の回復と経済躍進への高まる期待に応える方法として,経済の合理化に注目が集まった。合理化とは新しい機械設備や新技術を導入し,労働能率を改善して生産性を向上させることであるが,そのとらえ方は労使間で対立していた。労働組合と社会民主党は技術的進歩が労働を軽減し,安全性を高めると考え,労働者の被る一時的な負担を社会国家の福祉的措置で埋め合わせようとした。労働者の協力的な態度の背景には,社会全体の合理的な構造転換が徐々に実現していくだろうという楽観的見通しがあった。しかし企業家の合理化構想は戦争と革命で失ったドイツの地位を取り戻し,再び世界で主導権を握るための生産上昇とコスト削減に結びついており,これは労働能率の強化・持続的な管理となってあらわれた。労働者を工場共同体に編入して統合するという構想も,そこで重要な役割を果たしていた。このように合理化という語は立場により多義的であったが,いずれもテイラー主義がその核を成していた（ポイカート 1993）。

テイラー主義とは作業過程を科学的に分析し,個々の工程に分解して時間を科学的に管理する方法で,一定速度での大量生産を可能とするベルトコンベアーの導入により具体化された（フォード・システム）。この労働者の作業過程への着目は,第一次世界大戦前にすでに始まっていた。統計値を用いて個人差を研究する方法を実験心理学者のヴィルヘルム・ヴントが切り開き,労働科学が生まれたが,これにつづいて労働の疲労とその回復について精神科医のエミール・クレペリンが初めて体系的に研究し,ヴントの弟子でアメリカに渡ったヒューゴー・ミュンスターベルクも労働効率に与える心的影響について検討した。ミュンスターベルクは産業心理学の父と呼ばれるようになった。

ドイツの管理改革の推進者たちは,「適材適所」という観点から産業心理学の動向とその成果に注目していた。第一次世界大戦以前には個々の企業で職長中心の管理が広く行われていたが,戦後には生産技術の変化にともない,技師を担い手とする科学的管理法にもとづく工場改革が図られ,これが個別企業を超えた運動としての科学的管理法の普及につながった。戦間期の産業合理化のなかで,科学的管理法が展開・発展したのである。労働時間研究委員会や技術作業教育訓練研究所が発展させた労働力管理の手法は,中立の装いをまといながら,国家の労働力政策に呼応し,個別企業の人事・労務管理を方向づけていくことになる（原 1990；小野 1996）。

労働現場への影響

　チャールズ・チャップリンの映画『モダン・タイムス』（米：1926）では，組み立てラインで働く労働者の単調で精神を病むような日常が描かれている。面白みのない工場労働の合間にトイレで一服しようとする労働者は，トイレに設置されていた監視カメラで工場長に見つかり，叱責される。またベルトコンベアーでナットを締める作業をくり返し，その動きが止まらなくなる。挙げ句の果てに巨大な歯車に身体が巻き込まれてしまう場面は，あまりにも有名である。こうした幾多の場面に登場する労働者の姿のなかに，機械が人間の労働を軽減するのとは反対に，人間が思考し行動する自由を奪う危険性が表現されている。

　この映画が公開されたのと同じ時期，ドイツでも自動車産業では流れ作業が導入され，1台の車の組み立て時間が激的に短縮された。労働の科学的管理法・組織化により，バイクや自動車の大量生産も可能となり，製品価格は下がった。製品が大量生産・消費された結果，賃金は上昇し企業福利も充実したため，合理化は当初労働者に受け入れられた。他方，炭坑では伝統的な協同的労働形態が個別の出来高賃金に置き換えられ，生産性が著しく上昇したが，逆に従業員数は削減されることになった。このような合理化による熟練労働の解体，負担の増大，失業と失業者の急進化という負の影響も無視はできない。さらに工業の独占化が進展し，国内・国際市場でカルテルが増加し，市場で価格協定と生産割当が規制されるにともない，国家からの干渉も目立つようになった（ポイカート 1993）。

　1926年に電器湯沸かし器でも有名な総合電機製造コンツェルン（AEG）の経営協議委員会は，ベルリンのAEGの工場の状況について，ベルトコンベアーで働く労働者の9割が女性や少女であること，しかし彼女たちの仕事はけっして単純労働ではなく極度の集中力が要求され，神経をすり減らす労働であると報告している。初心者から熟練者まで勤続年数の異なる労働者3人から成る班を作り，最初はベルトコンベアーの速度を3人が対応できる速度の平均に合わせる。その後，速度が少しずつ加速されると，労働者は無意識のうちにその速度についていこうと懸命になる。タイムウォッチで労働速度が管理され，高い生産性が達成されるや否や，労働速度が引き上げられる。当時の工場労働者はこの状況を，余計なことを考える余裕もないし，外に出てタバコに火をつける時間どころか，隣の人と話をしたりする時間さえなかったと証言している。

労災と「年金神経症」

『モダン・タイムス』でチャップリン演じる労働者が心や身体に傷を負ったように、ドイツでは19世紀末以降、産業化の進展で産業・労働災害が増加していた。労働者のなかの従来の相互扶助に加え、社会階層や地域・産業別にさまざまな保険機関が疾病保険や災害保険をはじめとする社会保険を運営し、こうした問題に対処していた。さらにヴァイマール共和国においてはその社会国家的性格が憲法上も明記され、社会政策の拡充と発展がめざされた。しかし困難な時代状況のなかで、社会国家の矛盾が表面化した。好況時には社会的給付の要求が少なく、しかも財源に余裕があるが、不況時には節約と給付の削減を余儀なくされる。社会国家の発展と福祉の増大によって、限られたパイをめぐる闘いが勃発したのである。

工場と同じく多数の労働者が機械化された職場で働いていた郵便・電信・電話局でも、戦間期に合理化が進んだ。精神科医のエーヴァルト・スティーアーは、電話交換手をはじめとする女性従業者の疾病率の高さに注目していた。彼は第一次世界大戦中に軍医として戦争神経症の問題に携わり、ベルリン大学の精神医学・神経医学の教授もつとめ、1920年代初頭から「年金神経症」をめぐる国外の議論を医学雑誌上で積極的に紹介していた。年金神経症とは詐病による年金の不正受給を意味する。彼は患者の詐病を早期発見することを医師に勧奨するほか、年金の不正受給を抑止する目的で1回限りの損害賠償の導入等の法改正をもとめている。合理化による労働密度の高まりが健康に与える実際の影響は度外視されたのだった（石井 2008；石井 2009）。

テクノクラートの夢と現実

フリッツ・ラング監督のSF映画の名作『メトロポリス』（独：1927）は、近未来社会を舞台に労働者と資本家の対立状況を描いている。ネオンライトが輝く大都市の地下深くで労働者が貧しく陰気に暮らしているのに対し、資本家は地上で優雅な生活を送るという激しいコントラストが印象深い。とはいえ同作は、労働者の娘マリアと彼女に恋した資本家の息子フレーダーの姿を通じて、労働者（手）と資本家（頭脳）のすさまじい格差を架橋する愛情（心）に希望を託している（ハルボウ 2011）。これは同時代のテクノクラートのビジョンとも符合する。科学的管理と労働者の工場共同体への統合が階級対立を終わらせ、テクノクラートが両者の利害を調整するという社会工学的な信念である。しかし実際には、手と頭脳の間には高い壁が立ちはだかっていた。マリアに似せたロボットに労働者を煽動させ、反抗を企てる労働者に合法的に暴力を行使しようとする資本家。ロ

第Ⅱ部　混乱する共和国

図4-7　映画『メトロポリス』
（ポスター）

ボット・マリアが狂ったように踊っているのを「魔女」と糾弾する労働者。資本家と労働者の対立は故意に煽られ，先鋭化した。事実，世界恐慌の勃発という予期せぬアクシデントにより，テクノクラートの思い描いた社会改革のビジョンはもろくも頓挫することになったのだった。

　貧困や病という産業社会の矛盾・問題を解決するために，福祉のコストを商品の価格に転嫁できた時期は長くつづかなかった。合理化の進展と社会国家の展開により給付が増え，分配の余地がなくなると，政労使間の協調という「コーポラティズムの試運転」は挫折することになった。そして，この失敗がナチスによる暴力的解決へと道を譲ることにもなったのである（ポイカート 1993）。

（石井香江）

5　相対的安定期の政治状況

　1926年4月，ベルリン中心部のアポロ映画館で1本のソ連映画が上映された。1905年のロシア革命における水兵の反乱を描いたセルゲイ・エイゼンシュテイン監督の『戦艦ポチョムキン』（露：1925）である。映画の物語は，虐待を日常的に受けてきた水兵がついに決起して将校たちを殺害，戦艦を乗っ取るという場面から始まる。戦艦が寄港していた港町オデッサの住民も，水兵に対する同情からこの反乱を支援していたが，住民と水兵の温かな交歓で満たされた町の光景は，当局が差し向けた治安部隊の発砲で一転して血の海に転ずる。この場面中，乳児を乗せた乳母車が階段を下へ下へと疾走していく印象的なシーンがある。「オデッサの階段」と称される映画史上に名高いシーンである。

　だが今日では名作の誉れ高いこの映画も，当時のドイツではかなり激しい毀誉褒貶に晒されることになった。実際，プロイセンではかろうじて映画の公開に漕ぎつけたものの，ヴュルテンベルクやバイエルン，ヘッセン，テューリンゲン，メクレンブルクなどの州ではついに上映が実現することはなかった（星乃 2009）。

こうした上映の自粛ないし禁止の理由は明らかで、この映画が保守派の目にドイツの共産化を推し進めようとするソ連のプロパガンダと映ったからにほかならない。

このように当時の右派陣営が『戦艦ポチョムキン』のプロパガンダ効果に過敏に反応したのは、もちろん共産主義勢力への恐怖心がいまだ拭いきれていな

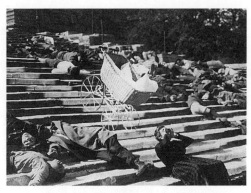

図4-8　映画『戦艦ポチョムキン』より

かったからである。だがそれも無理からぬことで、ドイツ全土に飛び火した共産主義革命で国家体制が転覆されたのは、このときまだほんの数年前のことであった。それだけに、共産主義者たちの不穏な蠢動と映るものは何であれ、保守派だけでなく共和国政府にとっても、その生々しい恐怖の記憶を呼び覚ますものでしかなかった。

「共和主義者なき共和国」?

とはいえ当時のドイツ共産党をめぐる政治状況は、必ずしも好ましいものではなかった。急進派の勢力が世論の支持を得やすいのは、一刻も早い現状の変革がもとめられがちな混乱期だが、『戦艦ポチョムキン』が上映された頃のドイツはむしろ、大戦直後の未曾有の危機をようやく乗り越えて、いわゆる「相対的安定期」(1924〜1929年) という政治的にも経済的にも平穏な時期の真っただなかにあったからである。

ヴァイマール共和国がしばしば「共和主義者なき共和国」と呼ばれるように、共和制が成立したばかりの時期に社会を覆っていた反共和主義の心性は、たしかに動乱が鎮まった後でも消滅したわけではない。だがその一方で、ヴァイマール期に行われた国会選挙の結果を眺めてみると、少なくともこの相対的安定期に関しては、社会に浸透していたはずの反共和主義が現実政治にダイレクトに反映されるほど、当時の有権者層が切迫感をもって共和国に対峙していたわけでもないということが分かる。

たしかに1924年の最初の国会選挙の場合、右派政党が伸長したのに対して社会民主党・中央党・民主党・人民党などの共和主義勢力は得票数を減退させている

ものの，つづく2回の選挙では共和主義勢力が再び党勢を回復させ，以後1928年まで（若干の変動はあるものの）安定して勢力を維持している。しかも1924〜1928年に成立した6つの内閣のうち，最後の大連合内閣を除く5つの内閣が議会における支持政党の議席占有率で過半数を割っていた——なかには3割以下の内閣もあった——にもかかわらず（平島 1991），政権の交代はつねに中道派の政党間で行われ，急進派は蚊帳の外に置かれつづけていた。つまり相対的安定期にあっては，共和国打倒に固執するナチ党や共産党は，政権交代がいくらくり返されてもキャスティングボートを握るチャンスにさえ恵まれなかったのである。

　こうした政治状況に鑑みれば，ドイツにおける議会制民主主義の支持基盤はすでにヴァイマール時代から形成されつつあったと見て差し支えない。逆に言えばだからこそ，この共和国は——その門出からはなはだ不評だったにもかかわらず——14年もの間曲がりなりにもその体制を維持することができたのだと言える。

協調主義外交と東部国境問題

　このような国内政治の状況と軌を一にして，外交の分野でも急進的な変革を主張する勢力が支持を失い，代わりに漸進的な修正をめざす現実主義が台頭してくることになる。外相グスタフ・シュトレーゼマンのいわゆる「協調主義外交」は，こうした風向きの変化のなかで大きな成果をおさめることになった。

　それは何よりも，連合国側からドイツに提示された「ドーズ案」の受諾に象徴される。これは賠償金の支払い額を年間25億マルクから10億マルクまで一度引き下げた上で，5年をかけて段階的に引き上げていくこと，またいわゆる「ドーズ公債」（ドイツへの借款を目的として民間資本から調達される資金）を通じてアメリカの民間資本をドイツに流入させることで，ドイツ経済の立て直しを図るというものであった。実際，このドーズ案の受諾以降，アメリカ資本が国内に大量に流れ込んできたことで，ドイツ経済はようやく危機の淵から脱却し，景気の安定を実現することができた。ちょうどこの時期に公開された映画『喜びなき街』（独：1925）は，インフレに苦しむ庶民の悲惨な生活を赤裸々に描いた作品だが，このような直近の過去の災厄を娯楽として回顧的に消費できるほど，当時のドイツ人には精神的にも経済的にもゆとりが生まれつつあったと言える。

　ところでこうしたドーズ案の受諾に象徴されるように，シュトレーゼマン外交は何よりもまず条約の履行を通じて国際的な信用を回復し，国際政治の場で再び発言力を獲得することに主眼を置いていた。実際，こうした協調姿勢が実を結んで，ドイツは西側諸国と国際安全保障条約（ロカルノ条約）を締結，1926年には

国際連盟への加盟も果たしている。こうしたシュトレーゼマン外交の華々しい成功は，一時的とはいえ経済の安定化も実現したこととあいまって，内政面でも右派政党さえ議会との協力姿勢に転じさせるほど大きな効果を及ぼしたのである。

ただしこのシュトレーゼマンの協調路線は，あくまで西欧諸国に対してのみ向けられていた。東方，

図4-9 映画『喜びなき街』より
大女優グレタ・ガルボの出世作でもあった。

とくにポーランドとの関係に関しては，シュトレーゼマンにとって現状維持という選択肢などまったく論外であった。それは何よりも，戦後に設定されたポーランドの国境（ポーランド回廊）が旧来のプロイセン領を分断して，東プロイセン地域をいわば飛び地として孤立させたばかりか，100万人以上にのぼるドイツ人の居住地域もポーランドの領土に包摂されていたからである（ポイカート 1993）。こうして新たに引かれた国境線のためにドイツ国外に置き去りにされたいわゆる「在外ドイツ人」問題，そしてそれを招いた戦後の領土割譲は，当時のドイツ人にとって国民的恥辱の最たるもので，それだけに東部の領土回復はシュトレーゼマン外交でも中心課題に位置づけられることになった。むしろシュトレーゼマンの西側協調主義は，東部国境の修正を実現するための布石であったとすら言えるのである。

赤いゲッベルス

ただいずれにせよ，このように政治の領域で中道・穏健志向が支配的になるなかで，共和国初期のような義勇軍や共産党などによる血みどろの街頭闘争は背景に退かざるをえなかった。しかしもちろん，左右の急進主義政党が手をこまねいて自らの勢力停滞を傍観していたわけではない。むしろ暴力とは別の突破口を見出すべく，急進派の間ではさまざまな方策が練られることになる。こうしてほかならぬこの低迷期において，急進主義者たちは起死回生を図るべく政治プロパガンダの方法を高度に洗練させていったのである。ナチ党の宣伝活動で有名なのはヨーゼフ・ゲッベルスだが，実は共産党の方でも同時期にこのゲッベルスに匹敵する1人の天才が登場していた。「赤いゲッベルス」の異名をもつプロパガンデ

第Ⅱ部　混乱する共和国

図4-10　ヴィリー・ミュンツェンベルク

ィスト，ヴィリー・ミュンツェンベルクである。

　実はドイツで賛否両論を巻き起こしたあの『戦艦ポチョムキン』も，ほかならぬこのミュンツェンベルクが立ち上げた映画配給会社によって初めてドイツに紹介された映画であった。ゲッベルスと同じくミュンツェンベルクも，無党派層を取り込んで党勢の挽回を図ろうとすれば，今後は映画という最新メディアの巨大な宣伝効果が不可欠になると予見していたのである。実際，この映画はナチスが政権に就いた後は上映の全面禁止という憂き目を見たものの，その技法の妙は誰もが認めていたところで，ゲッベルスも自身が管理する映画アカデミーの教材としてこの映画を採用したほどだった（星乃 2009）。ミュンツェンベルクが「赤いゲッベルス」と呼ばれる所以である。

　なお，この『戦艦ポチョムキン』がドイツに輸入されたとき，プロイセンだけが上映に踏み切った背景には，当時のプロイセンの特殊な政治状況があった。すなわち，「ヴァイマール連合」と呼ばれた共和主義勢力（社会民主党・中央党・民主党）の連合体が——共和国政府では早くも1922年に瓦解したのに対し——プロイセン州政府では1932年にいたるまで政権の座にとどまりつづけたのである。それだけに，ヴァイマール時代を通じてこの地域にはリベラルな空気がずっと生き残っており，それが『戦艦ポチョムキン』の上映をはじめとする文化的な実験，いわゆる「黄金の20年代」を花開かせる土壌となった。

（村上宏昭）

参考文献

飯田収治・中村幹雄・野田宣雄・望田幸男『ドイツ現代政治史——名望家政治から大衆民主主義へ』ミネルヴァ書房，1996年。

池田浩士『ヴァイマル憲法とヒトラー——戦後民主主義からファシズムへ』岩波書店，2015年。

石井香江「『詐病』への意志？——『災害神経症』をめぐる〈知〉のせめぎあい」川越修・辻英史編著『社会国家を生きる——20世紀ドイツにおける国家・共同性・個人』

法政大学出版局，2008年。
石井香江「ドイツ郵便における労働のジェンダー化——電話交換手とその組織化に着目して」姫岡とし子・川越修編『ドイツ近現代ジェンダー史入門』青木書店，2009年。
エイゼンシュテイン全集刊行委員会『エイゼンシュテイン全集2　戦艦ポチョムキン』キネマ旬報社，1974年。
モードリス・エクスタインズ『春の祭典——第一次世界大戦とモダン・エイジの誕生』（金利光訳）みすず書房，2009年。
小野清美『テクノクラートの世界とナチズム——「近代超克」のユートピア』ミネルヴァ書房，1996年。
小野清美『保守革命とナチズム——E・J・ユングの思想とワイマル末期の政治』名古屋大学出版会，2004年。
オルテガ・イ・ガセット『大衆の反逆』（神吉敬三訳）筑摩書房，1995年。
木村靖二『兵士の革命——1918年ドイツ』東京大学出版会，1988年。
ジークフリート・クラカウアー『カリガリからヒットラーまで』（平井正訳）せりか書房，1971年。
ジークフリート・クラカウアー『大衆の装飾』（船戸満之・野村美紀子訳）法政大学出版局，1996年。
佐藤卓己編・日本ナチ・カルチャー研究会『ヒトラーの呪縛』飛鳥新社，2000年。
垂水節子『ドイツ・ラディカリズムの諸潮流——革命期の民衆1916〜21年』ミネルヴァ書房，2002年。
垂水節子「20世紀ドイツの労働者文化とジェンダー」若尾祐司・栖原彌生・垂水節子編『革命と性文化』山川出版社，2005年。
クラウス・テーヴェライト『男たちの妄想』（Ⅰ・Ⅱ）（田村和彦訳）法政大学出版局，1999，2004年。
西川正雄『歴史学の醍醐味』日本経済評論社，2011年。
ジェフリー・ハーフ『保守革命とモダニズム——ワイマール・第三帝国とテクノロジー・文化・政治』（中村幹雄・谷口健治・姫岡とし子訳）岩波書店，2010年。
林健太郎『ワイマル共和国——ヒトラーを出現させたもの』中央公論社，1963年。
原輝史編『科学的管理法の導入と展開——その歴史的国際比較』昭和堂，1990年。
テア・フォン・ハルボウ『メトロポリス』（酒寄進一訳）中央公論新社，2011年。
平島健司『ワイマール共和国の崩壊』東京大学出版会，1991年。
デートレフ・ポイカート『ワイマル共和国——古典的近代の危機』（小野清美・田村栄子・原田一美訳）名古屋大学出版会，1993年。
星乃治彦『赤いゲッベルス——ミュンツェンベルクとその時代』岩波書店，2009年。
松本彰『記念碑に刻まれたドイツ——戦争・革命・統一』東京大学出版会，2012年。
三宅立『ドイツ海軍の熱い夏——水兵たちと海軍将校団1917年』山川出版社，2001年。

第Ⅱ部　混乱する共和国

ジョージ・L・モッセ『英霊——創られた世界大戦の記憶』（宮武実知子訳）柏書房，2002年。

ハンス・モムゼン『ヴァイマール共和国史——民主主義の崩壊とナチスの台頭』（関口宏道訳）水声社，2001年。

山室信一・岡田暁生・小関隆・藤原辰史編『現代の起点　第一次世界大戦 3 ——精神の変容』岩波書店，2014年。

第5章
民主制の危機

1 黄金の20年代

　第一次世界大戦後の1920年代，グスタフ・シュトレーゼマンが通貨改革でインフレを終息させ，アメリカ資本の流入がドイツに経済的・政治的安定をもたらした。低家賃の社会住宅が建設され，社会保障の給付も改善され，労働時間は週40時間となり，有給休暇が導入された。戦後の窮乏生活と厳しい労働条件に耐えた国民は，死や苦労と隣り合わせの日々を忘れ，豊かな生活を満喫したいと願うようになった。

　アメリカで「ローリング・トゥエンティーズ」と称される1920年代は，「狂騒の20年代」「ジャズ・エイジ」とも呼ばれている。ドイツで「黄金の20年代」と呼ばれるこの時代は，インフレが進行する1923年から世界恐慌が勃発する1929年までの，自由で華やかな生のエネルギーに満ちた時代を指す（平井ほか 1987）。この時期，スポーツやエンターテインメントなどレジャー産業が広範な社会層の人々に娯楽や気晴らしを提供し，文化の平準化も進んだ。

複製技術の時代

　1920年代は映画の黄金時代でもあった。サイレントからトーキーへの移行が進み，大勢の観客が映画館に押し寄せた。ウーファは当時ヨーロッパ最大の映画会社で，多数の作品とスターを輩出した。ジョセフ・フォン・スタンバーグ監督によるドイツ初のトーキー映画『嘆きの天使』（独：1930）では，セクシーな歌手ローラの虜になるギムナジウムの堅物教師が，理性を失い転落する過程が描かれている。その姿のなかには，厳格な性道徳が支配していた帝政期から大衆が自由を謳歌する戦間期への急激な変化が見てとれる。ローラのヒモまがいの生活に耐えられず，最後には教室で自殺する教師を演じたエミール・ヤニングスは第1回アカデミー賞男優賞を受賞した。ファム・ファタール（魔性の女）の歌妓を演じたマレーネ・ディートリヒは「百万ドル」の脚線美と退廃的な魅力で，一躍国際的

スターダムにのぼりつめた。

　1920年代には電話など新しいテクノロジーが日常生活に普及するが，映画に加えラジオ・レコードなどのマスメディアの成長も著しかった。劇場に足を運ばずとも，家庭にいながらにして流行りの音楽を楽しむことができるようになった。人が話す内容はもちろん，演技や演奏ももはや1回限りのものでなく，複製・増幅され遠くへ届けうるものとなったのである（ベンヤミン 1995）。

　もちろん技術の発展には影の部分もあり，マスメディアの利点が政治家に注目されるようになったことも見逃せない。1924年5月の国会選挙で初めてラジオによる選挙演説が行われ，レコードや映画，マイクロフォンもその後ナチスのプロパガンダに政治利用された（平井 1995；佐藤 1998；田野 2007）。

「新しい女」と「新しい男」のファッション

　オドレイ・トトゥ主演の映画『ココ・アヴァン・シャネル』（仏：2009）は，フランスのファッションデザイナー，ココ・シャネルの波瀾万丈の生涯を描いた作品である。孤児だったシャネルはお針子をしながらナイトクラブで歌手をして生活していたが，遊び人の貴族に出会って生活をともにするようになる。しかし囲われ者の生活に飽き足らず，女友達に乞われて帽子や服を作るようになると，これが好評を得て，自立への一歩を踏み出す。それはこの時代に一般化する，自分で働いて生活する「新しい女」の姿でもあった。颯爽として若々しい「新しい女」は，シャネルのイメージとも重なって国境を越えた時代のアイコンとなり，女性たちの消費欲を掘り起こすことにもなった。

　相対的安定期の産業合理化にともない，新しい技術の導入と生産設備の更新や拡張，製品の標準化・規格化，経営・販売方法の改善が本格的に進められ，重化学工業化と企業の集中化も進展した。その結果，大企業の技術系職員や管理・事務系職員，行政機関で働く職員，商店員などホワイトカラーの新中間層が台頭するようになる。女性の職員層も増え，伝統的な女性像や期待される役割も変化を迫られた。働く女性やスポーツをする女性が増えてきたことで，女性の髪型や服装も動きやすく軽やかなものへと変わっていった。それはシャネルのデザインする白と黒を基調としたジャージ素材のスーツのように，男女の境界を越える中性的なスタイルであった。身体をきつく締めつけ，動きを制約するコルセットは外され，ゆったりとした丈の短いワンピースやパンツルックが流行した。流行りの服装に身を包み，ショートカットに小さな帽子を被り，タバコをくゆらせ，車を運転する姿が最先端の女性のイメージとなった。

第5章 民主制の危機

またこの時期には，ファッションに気をつかう「新しい男」も登場した。オーストリアのテノール歌手リヒャルト・タウバーやドイツの俳優・歌手ハンス・アルバースがメンズファッションのリーダーとなり，彼らが身につけていたゆるやかなカットのサックスーツと硬めの襟が縫いつけられたYシャツが男性の間で流行した。このラフで洒落たスタイルは，上着丈の長い燕尾服や詰襟の軍服に代表される堅い男性ファッションを刷新することになった。当時，既成服を着ることがサラリーマンの「成功への近道」であると宣伝されていたように（図5-1），職員層の男性も女性と同様にアパレル産業のターゲットとなっていた。

図5-1 「レディメイド 成功への近道！」
（ポスター）

アメリカニズムと大都市のクラブカルチャー

大都市の映画館，百貨店，競技場，さらに戦後雨後の筍のように増えたキャバレーやダンスホールには人があふれかえった。ヨーロッパ風の習慣や趣味は過去のものとして葬られ，アメリカの文化が熱狂的に受け入れられるようになった。とりわけ20世紀初頭にアメリカ・ニューオリンズで生まれたジャズの人気はすさまじかった。景気の回復とともに，ダンスホールでチャールストンを踊るといった娯楽は大都市の夜を彩る一部となっていった。これを「アメリカニズム」と言う。そのアメリカ風のモダンで華やいだ様子は，新即物主義の画家オットー・ディクスの作品のなかで，杖をつく義足の傷痍軍人の姿との鮮やかな対比によって表現されている（図5-2）。そこには戦前と戦後，近代と現代とが激しくせめぎ合う戦間期の構図を見ることができる。

1920年代には芸術家の出入りするカフェや女性のクラブカルチャーも隆盛を誇った（シェベラ 2000）。男装した女性が集うバーやクラブがにぎわうことで，ベルリンはパリと並んで世界に名を馳せていた。匿名性が支配する大都市においてこそ，女性は近隣の好奇のまなざしに晒されることなく，新しい生き方を実践することができたし，その物質的基盤としての仕事も豊富だった。

105

図 5-2　オットー・ディクス「大都市」

　富裕な女性から労働者の女性まで，有名な女性から無名の女性までが「淑女クラブ」と呼ばれた女性専用クラブに足を運び，仮装，ダンス，酒，社交を楽しんだ。なかでもとくに有名だった「ヴィオレッタ」の女性客の多くは，事業家，販売員，肉体労働者，事務員と幅広かった。この店では社交と啓蒙をつなぐ活動がなされ，ダンスがたしなまれるだけでなく，女性のための講演会も開催されていた。またデスクワークが多い事務員の客に配慮して，女性が身体を鍛えるスポーツクラブが設立され，一緒に遠足に行くというイベントもあった。都会で賃労働に従事する独身女性の自立した姿が一般的になりつつあったことは，当時の女性の社会的な位置づけの変化とともに，多様化するライフスタイルを反映する動きであったと言える。

　こうしたクラブの客のすべてが前衛的で高名な芸術家だったわけではないので，文章や絵画という形の「文化」を残してはいないが，店で交わす言葉・髪型・服装からライフスタイルにいたる粋なサブカルチャーは今日にも伝えられている。このクラブ（キャバレー）シーンで育ち，同時に常連客でもあったのが文学寄席芸人クレア・ヴァルドフ，舞踏家アニタ・ベルバー，女優のマルゴ・リオンやマレーネ・ディートリヒなど，当時の大都市ベルリンを語る上で欠かせないきら星のようなスターたちである（石井 2004）。

ジョセフィン・ベーカーとバナナ・ダンスの波紋

　1920年代にはジャズ，チャールストン，レビューなどアメリカの新しい文化がドイツに流入し，都市では熱狂的に迎えられたが，文化のアメリカ化が必ずしも広く歓迎されていたわけではない。たとえば集団で正確に同じ動きをするライン

第5章 民主制の危機

ダンスは，新興国アメリカのように没個性的で単調な工場労働のようだと批判された（石井 2009）。表面上は繁栄を謳歌する1920年代，その背後で伝統と近代性を軸に社会的・政治的対立が激化していたが，ここではその一例としてジョセフィン・ベーカーのヨーロッパ公演を取り上げたい。

ジョセフィン・ベーカーは1906年にアメリカのイーストセントルイスに生まれた。12歳で初めてセントルイスの黒人専門劇場で舞台に登場したのを皮切りに，ニューヨークを中心に黒人ミュージカルで活躍した。ここで大物プロデューサーの目にとまり，1925年にはパリ・シャンゼリゼ劇場でルヴュ・ネーグルに出演し，最終景ダンス・ソヴァージュが爆発的な人気を呼んだ。1926～1927年にはベルリンをはじめ，パリ最古のミュージックホー

図5-3 ベルリンで踊るジョセフィン・ベーカー

ルでバナナの房だけを腰にまとうダンスを披露し，「バナナって大好き，だって骨がないんだもの」と歌い，人気は頂点に達した。その後ヨーロッパや南米を巡業し，数々の映画にも出演したものの，1940年には黒人・ユダヤ人の舞台出演禁止令が出されたためパリを脱出する。またあまり知られてはいないことだが，彼女はナチスと闘うための諜報活動に協力し，赤十字の一員としてベルギー難民収容センターで働きながら戦線慰問を継続し，フランス空軍婦人部隊中尉にまで昇格している。

ただし，1931年にパリ国際植民地博覧会で彼女が「植民地の女王」に選ばれているように，その人気はヨーロッパの人々の「未開」のものへの好奇心や優越感と表裏一体であった。事実，黒人女性を「未開」「野蛮」「エロス」と結びつける偏見を増幅するようなバナナ・ダンスを，彼女が最初から進んで踊ったのではなかった。裸になることを命じられたとき，彼女は泣いて「アメリカに帰る」と抵抗したが，大物プロデューサーに説得され，最後にはプロ意識に徹して「すべてを忘れ，ひたすら腰を振ることに没頭した」と伝記で振り返っている（猪俣 2006）。黒人女性は「野蛮」だという見方が半裸であることを正当化したため，堂々と舞台を楽しみにやってくる客から，ドイツ劇場の監督マックス・ラインハ

ルトのようにヨーロッパの伝統的な舞踊を超える可能性を発見した客まで，舞台は物見高い人であふれかえり，メディアでも大きく取り上げられた。アメリカの歌手エルヴィス・プレスリーの腰を振るパフォーマンスが1950年代の西ドイツ社会で物議を醸したのと同様に，1920年代末にはカトリック色の強いドイツのミュンヘンやオーストリアでベーカーの出演する舞台がボイコットされ，映画館に展示されていた彼女の写真が焼かれるという事件も発生した。彼女がアメリカ出身の黒人であることに対する人種主義的反感に加え，腰を間断なく前後に揺する踊り方が性的な想像力を喚起し，卑猥で道徳に反するものと映ったのである。この事件は「公共の秩序の安定」「道徳的な正当防衛」という理由で，法的な処罰を受けずに終わった。ヨーロッパの伝統と文化を危機に晒す新しい大衆文化が新興国アメリカからやってくるという党派を超えた危機感，それとは裏腹の嫉妬や羨望の入り交じるルサンチマンが，こうした反動的な動きを加速させたのだった。

（石井香江）

2　ヴァイマールの実験

　エーリヒ・ケストナーは小説『ファビアン』(1931)のなかで1920年代のベルリンを華やかな移動遊園地にたとえているが，この時期ロンドンやニューヨークと並ぶ大都市ベルリンは芸術と文化の黄金時代を迎えていた。それは帝政期までの伝統を破壊する実験と狂瀾の時代であり，新奇なものがもてはやされるようになった。戦争が古いヨーロッパを大きく揺るがし，ブルジョワ社会と市民層の文化に異議が唱えられるようになったのである。こうした時代の生命感を表現する新しいスタイルは絵画や文学の世界で「新即物主義」と呼ばれているが，この傾向は「バウハウス」の建築のなかにも鮮明にあらわれていた。

バウハウスの誕生

　バウハウスの典型的な建築は，三角屋根や装飾の代わりに壁一面がガラスと金属のフレームに囲まれ，外光をふんだんに取り込めるようになっている。幾何学的で抽象的な外観だが機能性に優れ，現代建築のあり方に大きな足跡を残している。そこで1996年には，ヴァイマールとデッサウに現存するバウハウスの建物（図5-4）とその関連遺産群が世界遺産に登録された。それはバウハウスの教育施設としての意義も評価された結果であった。

　1919年にヴァルター・グロピウスは，ヴァイマールの芸術大学と美術工芸学校

第5章 民主制の危機

を統合して国立バウハウス・ヴァイマールを創設した。彼の前任者でベルギー人のヴァン・デ・ヴェルデは、イギリスのウィリアム・モリスの思想とアーツ・アンド・クラフツ運動を大陸で継承した最初の人物で、ザクセン゠ヴァイマール゠アイゼナハ大公が手工芸や工業製品の水準を高めるためにヴァイマールに招聘した。アーツ・

図5-4　デッサウに現存するバウハウス

アンド・クラフツ運動とは、19世紀末から20世紀初頭のイギリスで大量生産による製品の質の低下と商業主義の台頭を否定し、職人の手仕事を尊び、大衆による大衆のための良質な商品の提供をめざした運動である。ところが第一次世界大戦が勃発してドイツ国内でナショナリズムが高まると、外国人であるヴェルデは校長職を辞任せざるをえなくなった。その後任に浮上したのが、ドイツ工作連盟を通じて彼と知り合った新進の建築家グロピウスだった。ドイツ工作連盟はウィリアム・モリスの運動の影響を受けつつも、機械を否定する立場をとらず、近代社会における機械の意義を高く評価した。これは民衆を置き去りにした芸術至上主義への対抗でもあった。

　第一次世界大戦後には各方面で急進的な動きが生まれるが、ドイツ革命勃発時には芸術を統制から解放するため、レーテをモデルにした芸術労働評議会が組織され、グロピウスやブルーノ・タウトら若い建築家が「芸術はもはや少数者の楽しみではなく、大衆の喜びと生命でなければならない」というスローガンを掲げた。この動きのなかから設立が具体化することになったバウハウス（「建築の家」の意）は、建築・絵画・彫刻・工芸など従来分離していた領域を統合し、芸術家と職人の区分も解消して、手工芸術家の養成をめざした共同体である。つまり旧来の芸術大学のように教師が学生に教える場ではなく、親方・職人・徒弟が教育・修行・制作をする工房であった。

　徒弟については、親方会議で基礎が十分に備わっていると認められ、品行方正な人物であれば、年齢・性別・国籍に関わりなく受け入れられることになっていたので、女性の応募者も多く、グンタ・シュテルツルやアンニ・アルバースのように主に織物工房で頭角をあらわす者もいた（阿久津 2008）。またキュービストのリオネル・ファイニンガー、画家のパウル・クレーやワシリー・カンディンス

図5-5 「バウハウスへの打撃」

キー、写真家のモホリ＝ナジ・ラースローなど、さまざまな国から多彩な芸術家が親方として迎えられ、若く豊かな才能を世に送り出した。日本からも山脇巖、山脇道子、水谷武彦が長期留学し、バウハウスの教育のあり方や授業風景などを日本に紹介している（利光1988；田中 2012；マシュイカ 2015）。

バウハウスへの逆風

1923年にグロピウスは表現主義に代わる新しい指導理念を発表し、芸術と技術を統合し社会性を志向する機能主義への転換を明らかにした。ところが翌年ヴァイマールのあるテューリンゲン州で州議会選挙が行われ、ドイツ社会民主党に代わり右派政党が政権を握ると、ドイツ人民党から「社会主義の聖堂」と攻撃されていたバウハウスへの資金援助が減額されることになった。その結果、バウハウスはデッサウに移転することを余儀なくされた。

デッサウでは新しい指導理念を受けて新たな試みがなされた。たとえばバウハウスがヴァイマールで活動していた時期にはゴブラン織りのように芸術性が高く手のかかる織物が作られていたが、新校舎ではジャガード式紋織機を使用して制作が行われ、手工業的な能力や知識をベースにしつつ自宅で使用できる現代風の織地の研究が進められた。とはいえこの地でもナチスの市会議員が解散動議を提出するなど、バウハウスは「国際主義の根城」「ユダヤ人の巣窟」として弾圧され、1933年には閉鎖に追い込まれた。バウハウスは反共和国勢力という「大海に浮かぶちっぽけな島」だったのである（星乃 2007b）。山脇巖は1932年にこの経緯をナチスの突撃隊とバウハウスの写真を組み合わせた1枚のコラージュに託し、日本の『国際建築』誌上に発表した（図5-5）。ドイツでの発表は危険だったからである。その後メンバーはアメリカに亡命し、1937年にはシカゴでニュー・バウハウスを創立するなど、その理念は現代芸術にも大きな影響を与えた（利光1988）。たとえば亡命者の1人で、バウハウスの校長もつとめた建築家ミース・ファン・デル・ローエを挙げておこう。ミースは1926年に当時ヨーロッパのデザイン界をリードしていたドイツ工作連盟の副会長に選ばれ、同じ年に「カール・リープクネヒトとローザ・ルクセンブルクの記念碑」をベルリンに建設した

(1933年にナチスに破壊された)。そしてアメリカに亡命後、彼は1950年代にニューヨークのガラスの摩天楼、シーグラム・ビルディングを設計する。このモダニズム建築は最も美しい超高層ビルの1つとして高く評価されている（山本・稲葉 2014）。

労働者住宅への注目

なぜバウハウスという新しいスタイルができたのか。その背景を探るために歴史をさかのぼってみると、人が生きる上で基本となる住居の質やその広範な供給が問題になっていたことが分かる。

19世紀半ば以降の急速な工業化・都市化を背景に、人々が仕事をもとめて地方から大量に移動し、都市や工業地帯に集住したため、住宅の数は不足した。1戸の住宅に多数の人々が居住せざるをえなかったのである。また住宅は湿気が多く不衛生で、結核が蔓延する温床ともなっていた。貧困な労働者層にいかにして安価で衛生的な賃貸住宅を供給できるかという課題が、建築家たちに突きつけられた。それはいきおい、社会主義的な思想と結びつくことにもなった。

戦間期のベルリンを舞台にしたライナー・ヴェルナー・ファスビンダー監督の映画『ベルリン・アレクサンダー広場』（西独：1980）は、労働者ビーバーコップの生の軌跡をたどっているが、ここに垣間見る大都市の労働者の居住空間は薄暗く狭い。事実、第一次世界大戦勃発後に一般世帯向けの住宅建設はほとんど停止し、敗戦後の経済疲弊のなかで建設資金を調達することもきわめて難しかった。このため、たとえば1920年代のマクデブルクでは、半数近い1DKのアパートに6人以上の人間が一緒に住んでいた。住環境の悪さや不衛生さは察するに余りある。そこで相対的安定期には公益建築会社や建築協同組合、市当局の主導で新しい構想の郊外住宅団地がベルリンやフランクフルトなどに設立された。

ヴァイマール憲法では「あらゆるドイツ人に健康的な住居」（第155条）を確保することが課題とされ、公的機関による住宅建設が推進された。戦間期の自治体政策において社会民主党の影響力が強まり、労働組合などの資金で運用される公益建築会社や建築協同組合が後押しして、低所得の労働者でも健全な生活水準が維持できるように住宅の建設が進められたのであった。1919年から1932年までに280万戸の住宅が建設され、そのうち81％が公的機関の資金援助による建設であった。そこで大きな役割を果たしたのが、社会主義的な思想をもつバウハウスを中心とした建築家たちである。戦前から新しい建築とデザインを志向してきた彼らが、郊外集合住宅団地における「新しい住まい」の実験に加わったのである

第Ⅱ部　混乱する共和国

図5-6　フランクフルト・キッチン

（相馬 2006）。

　労働者層にも安価で衛生的な賃貸住宅を供給するため，この時期には「ジードルング」と呼ばれる団地が多数建設された。しかし家賃はまだ労働者の多くが支払えないほど高く，実際には職員層や官吏，収入の高い熟練工が住んでいたという（矢野 2001）。

　グロピウスやタウトが設計した建築物がベルリンにはいまも数多く存在する。その1つがノイケルン地区のブリッツに現存するドイツ初の大規模ジードルングである。馬蹄形の集合住宅を囲んで放射状に長方形の集合住宅が並ぶこのモダニズム建築群は，タウトとマルティン・ヴァーグナーの共同作品である。ちなみに2人とも社会主義者であったため，ナチス政権からにらまれる存在であった。タウトはナチスの迫害から逃れるため来日し，桂離宮や伊勢神宮を「最も単純ななかに最高の芸術がある」と高く評価したことでも知られる（田中 2012）。

社会のためのデザイン？

　バウハウスのメンバーたちは，第一次世界大戦前後のドイツ社会の動乱や改革の波のなかで，建築ないしデザインという手段で時代のもとめる合理性を追求し，新しい理想社会を実現しようとした。彼らの作品は当初，表現主義的で合理主義的な側面をもち合わせていたが，その後合理主義的な側面を残しつつ，機械工業との融合をめざして，大量生産を目的とした方向へと転換した。

　バウハウスが手がけたデザインは建築とインテリアにとどまらず，装飾性を排した簡素で機能的なデザインのティーポットや茶筒，コーヒーサービスから角砂糖用のハサミ，ナプキン立て，コップ，灰皿，テーブル掛け，キッチンにまで及んだ。なかでも有名なのがフランクフルト・キッチン（図5-6）であろう。このキッチンは，建築家エルンスト・マイが主導したフランクフルトの大規模住宅プロジェクトのために考案されたものである。彼はウィーンの女性建築家マルガレーテ・リホツキーを招き，台所の設計を依頼した。リホツキーはアメリカの家政

学やテイラー主義といった同時代の合理化の思想に触発され，女性が調理器具や食材をうまく取り出し，無駄のない動線で動けるような工夫を凝らした（田中 2010；藤原 2012）。

　もちろん建築家の機能主義的な美学と労働者の現実がかみ合わないこともあった。たとえば住宅の間取りは核家族の生活様式をベースにしていたが，戦前にこの家族モデルを実現している労働者はまだ少なかった。合理的な家事労働を可能にし，女性の仕事を軽減するために設計された台所も，女性が1人で家事を担当する核家族や独身世帯を念頭に置いていた。また時間の節約と無駄の排除をめざした合理化によって，必要性はないが個々人にとって意味をもっていたであろう過剰な装飾，生活圏と家事労働圏のつながりが無視されることにもなっただろう。建築家たちもこの皮肉な事実に気づいていないわけではなかった。むしろ彼らは，新しい建築やデザインを通じて社会を変革する改革者を自認していたのである。

（石井香江）

3　束の間の解放

　2013年に世界最大規模のLGBT（同性愛者・両性愛者・性転換者の人々を指す）パレードの1つ「クリストファー・ストリート・デー」がベルリンで開催された。参加者は「人種主義ではなく快楽主義を！」「結婚生活を万人に開放せよ！」など思い思いの主張が書かれたプラカードを掲げ，華やかに仮装して通りを練り歩いた。このパレードはドイツでも1970年代後半から各地で開催されている。ケルンではカーニバルと並ぶ一大イベントとなり，ドイツ全土はもとより世界各国から参加者が訪れている。いまや性的マイノリティに対する寛容な態度は「ヨーロッパ」精神の一部となっているが，ヨーロッパないしドイツの歴史を振り返ってみると，ここにいたる道はけっして平坦ではなかった（星乃 2006；須磨 2010）。ここではいくつかの映画を通して，その歩みを振り返りたい。

法律のなかの同性愛

　1328年の法律によれば，キリスト教徒とユダヤ教徒の肉体的交わりは性的不道徳と見なされて焚刑に，女性と不自然な性交をする男性は断頭に処せられた。そしてソドミーは家畜との肉体的交わりと見なされ，焚刑に処せられた。男性に限らず女性同士の同性愛行為も4世紀以来ほとんどのキリスト教国において死刑に値する罪と見なされ，スコットランドでは1889年になってようやくこの法律が廃

第Ⅱ部　混乱する共和国

図5-7　クリストファー・ストリート・デー

止された。キリスト教的な道徳の普及にともない、生殖目的以外の性行は罪と見なされ、その徹底化が同性愛者を少数派に追いやったとしばしば指摘されている。

ところが18世紀後半になると、啓蒙化された処罰方法が普及し始める。1787年のオーストリアの法律では、同性愛は政治的犯罪に分類され、刑務所や作業所に収容されるか棍棒で殴られるとされた。1794年のプロイセンの法律でも、刑務所に収容され棍棒で殴られると明記されている。他方、18世紀末から19世紀初頭にかけて啓蒙主義を信奉する法学者たちは、国家と教会から自立した自然法の制定を構想した。自然法において公認されるセクシュアリティの本質は、動物と同様に生殖にもとめられた。このため中世において異端者や罪人とされた同性愛者は、世俗化された法律のもとでは「病人」と見なされるようになった。ドイツでは1794年に男性同性愛者を死刑に処するソドミー法が廃棄され、その代わりに刑務所での服役が課されるようになった。フランス革命後に生まれたナポレオン法典（1810）では同性愛が初めて法的に認知され、バイエルンでも1813年に「自然に反した肉体の交わり合い」はもはや死をもって処罰されるのではなく、「啓蒙的」に処罰されることになった。それは多くの場合牢獄や監獄に、必要に応じて精神病院に収容されることを意味していた。

1851年のプロイセン刑法典では、「男性間もしくは人間と動物の間で行われた自然に反する猥褻行為は6カ月以上4年以下の軽懲役刑に処し、また同時に早急に市民権の行使を禁じる」とされた。1864年には法律家カール・ハインリヒ・ウルリヒスが、1869年には医師ルドルフ・ルートヴィヒ・カール・フィルヒョウらが、成人男性間の同性愛行為は犯罪ではないし、国家が個人の生活に介入すべきではないという理由から無罪化を主張したものの、1871年のドイツ帝国成立時に先の法律が若干変更され、刑法175条に引き継がれた。

ヒルシュフェルトの登場

1895年にイギリスの作家オスカー・ワイルドが同性愛行為を行ったという理由

で2年間の禁錮刑と強制労働の判決を言い渡された。マグヌス・ヒルシュフェルトはこの裁判を機に，刑法175条の廃棄をもとめる請願署名運動を開始した。3,000人の医師，750人の高等学校の校長や教師・教授，当時著名であった作家・詩人・芸術家らが署名をした。小説家ゲルハルト・ハウプトマン，詩人ライナー・マリア・リルケ，アウグスト・ベーベルやカール・カウツキーなど社会民主主義の理論家たちが名を連ねた。1897年5月にヒルシュフェルトが中心となって「科学的人道委員会」がベルリンのシャルロッテンブルクに設立され，その活動はナチス政権の初期までつづいた。

　第一次世界大戦の終結と帝政の崩壊で幕開けしたヴァイマール共和国時代には，第二帝政時代に行われていたメディアへの検閲が廃棄され，国民の間にリベラルで民主的な政体への期待が高まった。そして，長い間周縁化されていた同性愛者の組織的な活動も顕在化するようになった。1911年にはすでに多くの大都市で友愛同盟が結成され，同性愛者たちは自分たちを取り巻く状況を改善するために結集した。さらに1919年には大都市に数多くの友愛協会が設立され，ベルリンにも「性科学研究所」が創立された。ヒルシュフェルトも新しい時代は言論と表現の自由をもたらし，抑圧を受けてきた者たちを解放することになると楽観的に展望していた。科学的人道委員会は「同性愛は病気でもなく犯罪でもない」をモットーに，さまざまな啓蒙活動に加え，窮地に陥った同性愛者に助言を与える活動のほか，裁判では弁護士による支援を後押しした。映画『青い棘』（独：2004）の背景となった「シュテークリッツ校の悲劇」事件では，被告の少年の精神鑑定も行っている。さらにヒルシュフェルトは，センセーショナルな社会問題を主題化することで当時話題を呼んでいた啓蒙映画の制作に性科学者として協力することになった。

　1919年，同性愛者に関する啓蒙を趣旨とする初の社会衛生学的映画『他人と違う』（独：1919）が公開され，ドイツで大きな反響を呼んだ。科学的監修はヒルシュフェルトが担当し，性のタブーをテーマ化する啓蒙映画の旗手としてすでに有名であったリヒャルト・オズヴァルトが監督をつとめた。主役であるバイオリンの名手パウル・ケルナーには『カリガリ博士』（独：1920）で夢遊病の殺人者を演じたコンラート・ファイト，その姉役には新人のアニタ・ベルバーが抜擢されたほか，オズヴァルトのなじみの俳優たちも協力した。

　この映画は周知の社会問題を扱い，主張も明確で話題性も高く，興行的にも成功したが，この頃から映画を紛争の火種として利用しようとする民族至上主義者・反ユダヤ主義者がユダヤ人であったヒルシュフェルトへの攻撃を開始し，映画の上映への反対や妨害を行うようになった。その一方，当時の新聞記事からは

第Ⅱ部　混乱する共和国

図5-8　映画『他人と違う』より

危険を冒して映画に登場したヒルシュフェルトと作品の完成度に対する多様な反応がうかがえる。1919年には性科学研究所に国会議員たちを招いて同作の上映会が3回開かれたが，作品のもつ啓蒙的な意図に関して好意的な意見も寄せられていた。

『他人(ひと)と違う』の波紋

　この映画では，バイオリンの名手パウル・ケルナーとその崇拝者であり若い弟子であるクルト・ジルバースの師弟関係，日に日に深まる2人の友好関係と周囲の否定的な反応を軸にして物語が展開される。2人が遭遇する苦難の数々から成るこの物語は，ヒルシュフェルト自身が性科学者として実際に遭遇した数多くの事例をもとに構成されている。

　妙齢になっても結婚する様子を見せないケルナーへの家族からの圧力や，映画冒頭でケルナーが読む新聞に掲載された結婚直前の男性たちの自殺事件を報じる記事からは，当時の強い異性愛規範と，それゆえに同性愛者が苦悩を強いられる状況がうかがわれる。加えて，男性同性愛者を処罰する刑法175条の存在ゆえに，ケルナーと一度関係をもった男フランツ・ボレックがクルトをともなって歩くケルナーを目にし，それを密告すると恐喝するシーンも登場する。実際に当時，恐喝を苦にした自殺事件が新聞紙上で報じられていた。たび重なる金銭の要求に耐えかねたケルナーが苦悩の末に法に訴えると，ボレックは恐喝容疑で3年間の懲役刑を言い渡され，ケルナーも10日間の禁錮刑を受ける。素行がよく，芸術の優れた才能が認められて減刑されたのである。しかし保釈期間中に親戚から冷たい扱いをされ，仕事も失うことになる。絶望したケルナーは服役前に服毒自殺を遂げる。好感のもてる主人公が自殺する悲劇の結末にも共感が集まり，同作に対する一般の反響は良好なものであった。

　ところがウィーン，ミュンヘン，シュトゥットガルトなどではこの作品の上演を妨害する動きが生じた。軍服姿の兵士たちが上映中に水素硫黄の詰まった悪臭弾を爆発させ，反ユダヤ主義的な帝国ハンマー同盟が騒ぎを起こしたほか，煽動的なパンフレットを配布したのである。警察が出動したものの，なかには騒ぎになるのを恐れて上映を断念する映画館もあった。映画の上映禁止をもとめる人々は，国会に作品への質問状を提出したが，国会は検閲が廃棄されたことを理由に，

映画の上映に介入する理由はないとした。

しかしこの一連の騒動がきっかけとなり，1920年4月には検閲が再開された。さらに同年10月にはヒルシュフェルトがミュンヘンでの講演終了後，民族至上主義的な学生の一団に襲撃されて致命傷を負う事件が起きた。1927年には検閲に配慮して手直しされた同作の改定版さえ押収されることになる。このフィルムは第二次世界大戦中にモスクワの映画資料館に保存されていたためナチスの迫害を逃れ，戦後に東ドイツ国立映画資料館に委ねられた。このフィルムが複製される1970年代まで，西ドイツでは幻の作品として知られていた。

女性同性愛の不可視化

この作品で注目すべきは，スキャンダラスな「新しい女」のイメージの強い女優アニタ・ベルバーがクルトの姉エルゼを演じたことである。アニタ・ベルバーは1899年に天才バイオリニストで後にミュンヘンの音楽アカデミーの教授に就任したフェリックス・ベルナーと，女優で歌手のルシアの娘としてドレスデンに生まれたが，まもなく両親が離婚したため親戚に預けられた。一時はヴァイマールの寄宿学校で教育を受けたが，その後ベルリンで生活を始め，内緒でダンス学校に入学する。著名な劇場に出演して頭角をあらわした彼女は1919年には富裕な将校と，1924年にはダンサーと結婚した。そして女性が集うクラブの1つであった「ギャルソンヌ」の経営者である女性と同棲を始め，クラブにも姿を見せるようになった。1925年に新即物主義の画家オットー・ディクスがその妖艶な姿を描いているが，半裸で舞台に登場し，大酒飲みの上コカイン中毒かつ同性愛者であったことなど，スキャンダラスな生き方でも有名だった。ちなみにこの作品は後に「退廃芸術」としてナチスに押収された。彼女は後年，自分が病気であると思い込んでヒルシュフェルトのもとに相談に行くが，ツアーの最中にコカイン中毒で息を引き取った。

オズヴァルト監督に見出されたベルバーは，梅毒をテーマにした啓蒙映画で梅毒もちだが魅力的な踊り子の役でデビューして話題を呼んだ。その彼女が『他人と違う』では「女嫌い」のケルナーに好意を寄せ，弟を理解するよき姉として登場する。ケルナーに連れられてヒルシュフェルトの講演を聞き，彼が結婚に適さないこと，ケルナーのように「生まれつき他人とは違う」人間がいることを知る彼女は，ケルナーの同志となる決心をする。しかし映画ではベルバーをはじめとする女性同性愛者の存在にほとんど触れられないばかりか，同性愛者の息子を心配する母親に共感が寄せられ，娼婦や酒場の女が男性を堕落させる存在として登

第Ⅱ部　混乱する共和国

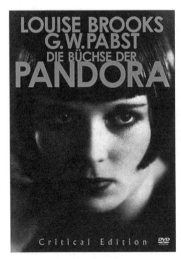

図5-9　映画『パンドラの箱』
（DVDパッケージ）

図5-10　映画『制服の処女』
（DVDパッケージ）

場するのも，当時のドイツ社会のなかでの女性の立場を物語っている。刑法175条で処罰の適用外とされ，その存在がそもそも認識されていなかった女性同性愛者は，法制上は不可視な存在であった。当時の女性同性愛者は，映画のなかのベルバーらのように自分の性的指向を明かさず，よき姉ないし母でいる場合に限って社会的・法的な制裁を受けず，生き延びることができたのである。

　最後に，ゲオルク・ヴィルヘルム・パープスト監督『パンドラの箱』（独：1929）とレオンティーネ・ザガン監督『制服の処女』（独：1931）を紹介しておこう。前者はフランク・ヴェーデキントの戯曲『地霊・パンドラの箱』（独：1897・1904）を原作としているが，映画史上初めて女性同性愛者が登場した映画と言われている。後者は監督・原作者・出演者にいたるまですべて女性たちによって制作された共同出資形式の映画として知られる。前者では女性同性愛の奇異性・攻撃性やフェミニズムとの親和性が強調されているのに対し，後者にはそうした興味本位の見方はなく，メディアの反応も非常によかった。しかし実際には，理想に燃えるベルンベルク先生に対する思いの叶わぬマヌエラが投身自殺を図り，時代遅れの厳格な校長が肩を落として退場していく場面が注目された。軍国主義的な教育を批判した点が評価され，同性愛という主題への言及は回避されたのである。女性同士の深い関係は全寮制の女学校という特殊な場で，思春期という過渡的な時期にしか起こりえないという論調も支配的であった。この時代にはまだ，生殖を目

的としない女性の性的衝動は存在してはならないものと認識されていたのである（石井 2001；石井 2004）。

（石井香江）

4　世界恐慌の到来

　1929年10月，投機の狂騒に浮かれていたウォール街が突如として不穏な空気に包まれた。それまでの5年間，右肩上がりに伸びつづけていたニューヨークの平均株価が，このとき初めて大きな下げ幅を記録したからだ。たしかに株価はその1カ月前からすでに下落をつづけていたが，このときにはもう回復の兆しを見せており，下落前の半分の水準にまで持ち直していた。株価はこのまま再浮上をつづけ，またすぐにあの投資の熱狂が再来すると誰もがそう信じていた。だがこの回復基調も一時的なものにすぎず，10月24日にはゼネラルモーターズの株価下落を皮切りに大量の株が売りに出され，またたく間に株価の大暴落を招くことになる。いわゆる「暗黒の木曜日」である。

　この暴落から始まる金融システムの崩壊はすぐに世界中に波及していき，アメリカ経済と連結していた国はいずれも恐慌の波にさらわれることになった。もちろん日本も例外ではない。この世界恐慌が深刻化した1931年には，日本の大学卒業者の就職率はわずか36％で，2000年前後のいわゆる就職氷河期の最低水準 (73.5％)，あるいはリーマンショックの後に記録した最低値 (68.8％) と比べても，その半分程度という有様だった。ちょうどこの時期に封切られた小津安二郎の映画『大学は出たけれど』(1929) は，就職が叶わず艱難辛苦する大卒エリートの悲哀を描いた作品だが，そのタイトルが当時の世相（就活のハウツー本まで出回っていた）を端的に反映していたせいか，やがてこの「大学は出たけれど」のフレーズだけが独り歩きし，ついには昭和初期の日本で最も人気の流行語にまでなった（竹内 2011）。

体感治安の悪化

　だがこのように社会のシステムが不安定になると，悪化するのは就職率だけではない。治安もまた悪くなる。アメリカでもこの恐慌のさなかに，世間の耳目を集めた連続銀行強盗・殺人事件が起きていた。犯人は「ボニー＆クライド」の愛称で親しまれた若い男女で，アメリカでは今日でもアダムとイブに次いで最も有名なカップルだ。2人は2年に及ぶ犯行と逃避行の末に警官の手で射殺されてい

第Ⅱ部　混乱する共和国

図5-11　映画『俺たちに明日はない』
宇多田ヒカルの『First Love』(1999)に収録された「B & C」はこのボニーとクライドを歌った曲である。
（DVDパッケージ）

るが，当時は彼らの犯行を支持するばかりか2人を英雄視する報道すら見られ，その逃亡をほう助した市民もいたらしい。映画『俺たちに明日はない』（米：1967）はこの犯罪者カップルを主人公にした作品だが，そこで描かれた2人の英雄性（貧民からはお金を盗らないという義賊ぶり）は，すでに恐慌の時代に流布していた「ボニー＆クライド」の伝説をそのまま踏襲したものである。実在のボニー・パーカーとクライド・バロウに喝采を贈った恐慌期の市民たちも，各地で銀行強盗をくり返す2人の姿に庶民の富を不当に奪った悪を撃つ現代版ロビン・フッドを見ていたのだろう。

　とはいえこうした犯罪行為が，つねに民衆の側で歓迎されたわけではもちろんない。むしろ犯罪によって社会不安がかき立てられる方が正常な反応というものだ。実際，金融恐慌の波を被った1930年代のドイツでも民衆の体感治安は急速に悪化していたようで，それはたとえばフリッツ・ラング監督の映画『M』（独：1931）にも見てとれる。この作品はちょうどドイツで金融危機が始まりつつあった時期に公開されたものだが，そこでは少女ばかりを狙った連続殺人犯の捜査が難航するなかで，住民が相互に疑心暗鬼（誰もが犯人に見える）に陥っていく様子が巧みに描かれている。大量の失業者が街路にあふれ，自分もまた明日をも知れぬ身の上を耐え忍ばざるをえない時代にあっては，犯罪はいつしか民衆にとって恐ろしくも身近なもの，自分の生活圏内でいつでも起こりうるありふれた出来事になっていた。『M』で描写された殺人鬼への恐怖と市民同士の猜疑心は，観客側のこうした犯罪不安と共鳴し合うことでその効果を増幅し，当時のドイツ社会で大きな話題を呼ぶことに成功したのである。

急進主義の復活

　こうした治安の悪化に拍車をかけた歴史的背景としては，何よりも今回の経済危機がとりわけドイツの若い労働者にとって大きな打撃となったという事情が挙げられる。もともとヴァイマール共和国ではその誕生のときから青年層の失業傾

第5章 民主制の危機

向が強く，共和国の歴史を通じて政府の悩みの種になっていた。とくに20世紀の最初の10年間に生まれた年齢層は，共和国以前では最後のベビーブーム世代でありながら，彼らが学業を終えて労働市場に参入してきたときは，ちょうど敗戦とそれにつづくハイパーインフレの時期であり，人口が多いだけになおさら仕事にあぶれた若者の数もほかの年齢層に比べて多くならざるをえなかった（村上 2012）。

図5-12　映画『M』より
Mは「殺人者」を意味するドイツ語「Mörder」の頭文字。

たとえばインフレが終息していた1926年でさえ，14〜21歳の男性失業者数は27万人にものぼっており，全失業者の17％を占めていた。たしかに相対的安定期には一時9.5％まで落ち込むなど（1927年），状況はやや改善されたものの，恐慌の到来によって再び悪化し，1931年には16.3％まで跳ね上がっている。だがこの恐慌で最も深刻な被害を受けたのは20〜25歳の年齢集団で，1933年の時点でこの年齢の男性人口の30.8％，つまり20代前半の若者の3人に1人が職にあぶれるという事態に陥っていたのである。

これらの若者たちこそ，ヴァイマール時代の左右急進主義運動の原動力になっていた。たとえば急進右派のナチ党などは，党員の平均年齢が1925年の時点で29歳，1932年には35歳と，他党に比べて際立って若い政党で，当時これに匹敵できたのは唯一，急進左派の共産党のみであった。その意味で世界恐慌は，大量の若い失業者たちが左右両極へとなだれ込む最大の誘因になったのであり，しかもそれによって急進主義が息を吹き返して再び激しい街頭暴力をくり広げたために，共和国の混乱にさらに拍車をかけることにもなった。言うまでもなく，まさにこうした街頭での暴力の応酬こそ，当時のドイツで体感治安を著しく悪化させ，社会不安を増幅させる最も主要な要因になっていたのである。

社会国家の危機

この大規模な経済危機は，ドイツの社会国家体制の基盤そのものも大きく揺るがすことになる。第一次世界大戦中，総力戦体制のなかで労働者階級をこれまで以上に動員する必要があったことから，ドイツでは国家による労働者の生活保障と社会保険制度が大幅に拡張されていた。そして戦後直後の経済危機で特別扶助の実施を迫られたという歴史的事情と，国内経済の労働力を確保して生産力を向

第Ⅱ部　混乱する共和国

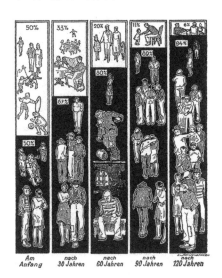

図5-13　良識ある市民家族の消滅と危険な犯罪者家族の増殖

上させたいという為政者の思惑もあって，結局この拡張された社会保障体制はヴァイマール共和国にもそのまま引き継がれることになった。だが恐慌の到来によって被保険者層からの保険料収入が大きく下落し，かつ失業保険をはじめとする国庫の支出が増大したことから，社会保険制度は一転して国家の重荷となり，その統治体制を瓦解させかねない深刻な危機の元凶へと変貌したのである。

　こうしたなかで，ハインリヒ・ブリューニング首相は公務員の給与削減に加えて失業保険の支出も大幅に制限するなど，徹底した緊縮財政を敢行して体制の安定化を図ろうとする。だがこのために失業保険を受給できなくなった失業者は，国の支援ではもはや生活を賄い切れなくなり，最終的には州自治体の生活保護に頼らざるをえなくなってしまった。その結果，生活保護受給者の数は18万人（1929年7月）から247万人（1932年12月）と，わずか3年半で13倍以上も激増，それとともに州の財政も急速に圧迫され，1932年にはどの州もほとんど破綻状態に陥ることになる（リッター1993）。こうして公的機関による失業者の生活保障体制は，恐慌が猛威を振るうなかで事実上崩壊してしまったのである。

　劣等分子たち
　このような状況のもと，ヴァイマール社会ではある新語が文筆家の間で広がりつつあった。「劣等分子たち（ミンダーヴェルティゲン）」という言葉がそれであり，危機に瀕した社会に対して何ら貢献しないばかりか，その危機を深めさえする社会の「お荷物」「厄介者」を指すものである。たとえば青少年支援の領域で1932年に支援対象となる生徒の数が削減されたとき，真っ先にその支援から外されたいわゆる「教育不能者」たちもまもなくこの蔑称で名指しされるようになった（リッター 1993）。

　折しも時代は犯罪学や優生学の最盛期。正常とされた行動規範からの逸脱はことごとく擬似科学的な分析・評論の標的となり，しかもそれを遺伝に結びつけて

説明するのがいわば「当世風」となっていた。たとえば凶悪犯罪者は良識ある市民に比べてもとから遺伝的に劣等であり，しかも多くの場合子だくさんであるがゆえに，犯罪の遺伝子を受け継ぐ家系が将来的に良識的市民を圧倒し，やがて社会全体を覆い尽くしてしまう……。このような終末論的な未来像も，当時は大いに人気を博したものであった。それというのも，この種の未来予想図が当時のドイツを覆っていた社会不安を鮮明に反映させたものだったからだろう。国の福祉に寄生する無職者の増大は，恐怖の未来を間接的に垣間見せる予兆にほかならず，それゆえ刹那的な同情から彼ら「劣等分子」に救いの手を差し伸べることは，ドイツにとって自分の首を真綿で絞める自殺行為に等しい……。こうした危機感から，1930年代前半には「福祉切り捨て」をもとめる声が社会のいたるところから噴出するようになったのである。

（村上宏昭）

5　攪拌される共和国

　人が所属集団への帰属意識を高め，集団としての連帯感に高揚を覚えるとき，そこに「われわれ」と「彼ら」を区別する記号が好んで持ち出される。独自のシンボルマーク，独自の敬礼，独自の制服などがこの種の記号の典型だろう。こう言うとすぐにあのナチスの鉤十字や褐色・黒色の制服，「ハイル・ヒトラー」の敬礼が思い出されるが，これはもちろんナチスに特有の現象ではない。むしろ現代に生きる人間であれば，こういった記号にどことなく心惹かれる体験は誰しも多かれ少なかれ身に覚えがあるのではないか。実際そうした心理は映画『ウェイヴ』（独：2008）でも戯画的に描かれているし，サッカーや野球などのスポーツチームの熱狂的なファンにもしばしば見られるものである。

シンボル闘争

　このようにシンボルマークや制服といった記号は，政党であれスポーツチームであれ，ある集団の魅力を倍加する抜群の宣伝効果を発揮する。それだけに，ヴァイマール共和国の政治運動もいつしか多くの陣営が独自のマークや敬礼を取り入れることになった。たとえば指を伸ばした右手を斜め上正面に掲げながら「ハイル・ヒトラー（ヒトラー万歳）！」と叫ぶナチ党に対し，共産党は腕を曲げて拳を握りつつ「ローテ・フロント（赤色戦線）！」と唱え，社会民主党は拳を握って右腕を上方に伸ばしながら「フライハイト（自由）！」と叫ぶといった具合であ

第Ⅱ部　混乱する共和国

図5-14　左から共産党・ナチ党・中央党・社会民主党のシンボルマーク

る。またナチスの鉤十字に対して，共産党はソ連の鎌と槌を踏襲し，社会民主党は右上から左下へと斜めに下降する三本矢の図像をシンボルマークに採用している。

　1930年あたりから各政党がこうしたシンボルを意識的に動員したことから，この時期に街頭でくり広げられた選挙運動はあたかもシンボル同士の衝突のような観を呈することになった。それも自党のシンボルを壁に描いたり，街路にまき散らしたりするだけではない。政敵のシンボルを象徴的に貶めるという運動方式も，この時期には頻繁に見られた。たとえば社会民主党の場合，壁に「ハイル・ヒトラー！（Heil Hitler!）」の落書きがあればそこに t を書き足して，「ヒトラーの頭を治してやれ！（Heilt Hitler!）」という意味の文章に変換したり，逆にナチスは3本矢の先端に白墨で落書きしてコウモリ傘に変えることで，社会民主党の「ブルジョワ性」を茶化したりしている。このように相手のシンボルを滑稽化することで，その象徴的な力を骨抜きにする戦略も当時は好んで用いられていた（佐藤 2014）。

対決か連携か

　こうしたシンボル闘争に見られるように，1930年以降に政党相互の衝突が激化したのは，1つには有権者の左右両極への分裂という政治状況がその背景にあったからである。世界恐慌の到来によって相対的安定期が終焉し，ドイツが再び経済システムの崩壊に見舞われるなかで，現状の迅速な変革をめざす急進主義の心性が再度息を吹き返すことになった。完全失業者だけでも600万人，失業率が45％にも達するという状況では，就業労働者を支持基盤とする社会民主党はその党勢の維持さえ困難だったのに対し，左右の急進派はまさにこの失業者層の不満の受け皿になることで，危機のさなかにその党勢を大きく拡大していったのである。

　ただその一方で，共産党にとって社会民主党の反ファシズム路線は自らの利害

と一致する部分が大きかっただけに，社共の関係をどうするかという問題は共産党指導部の悩みの種になっていた。たしかに当時の指導部はモスクワのコミンテルンの既定方針に従って，社会民主党とナチズムをブルジョワ的利害の双生児と見なす「社会ファシズム論」を奉じ，両者に対する二正面闘争を打ち出してはいた。だが党内には社会民主党と手を組んで反ファシズム統一戦線を構築しようという動きも根強く存在しており，それがときに党中央の統制すら離れることもあった。

たとえば1931年3月のブラウンシュヴァイク市町村議会選挙では，社共の選挙協力が実験的に行われたことで，その前年の国会選挙でナチ党が躍進したばかりだったにもかかわらず，ナチ党を含む右派勢力が軒並み後退するという成果を上げていた。さらにその余勢を駆って，同地の社会民主党が共産党に反ファシズムのための院内共闘をもちかけ，共産党側も党中央の方針を無視してこれを受諾する。ここに積年の恩讐を超えて2つの労働者政党の共闘体制が成立し，ナチ党のブラウンシュヴァイク進出を首尾よく阻止することができたのである（星乃 2007a）。

街頭暴力

しかしそれに加えてもう1つ，共産党指導部を悩ませていた問題があった。末端の党員による街頭での暴力沙汰である。ちょうど1930年の国会選挙以降，ナチスが共産党の支持基盤である労働者街に進出し始め，同地の労働者と衝突するようになっていた。おまけにナチスは労働者街での拠点として「突撃居酒屋」なる施設を建設し，そこでスープを無料で提供したり宿泊設備を整えたりすることで，職にあぶれた労働者の支持を取りつけようと試みる。実際これはある程度功を奏したらしく，突撃隊員と寝食をともにするうちに入隊を希望する労働者も出てくるようになった。

とはいえ共産党の懐深くにくい込んだことで，ナチスと共産党の諍いが激化したのは言うまでもない。とくに「クリック」と称される共産党の末端組織に属する若年層の失業者たちが，突撃隊としばしば命を落とすほどの激しい衝突をくり返したために，近隣住民の不興を買っていたのである（星乃 2007a）。そしてこの街頭暴力で相互の敵愾心をさらに煽り立てていたのが，ほかならぬ腕章や制服といったシンボルであった。映画『最後の人』（独：1924）でも当時の「制服フェティシズム」がシニカルに描かれたように，この時期にはすでに公的空間で身にまとう制服は自らの社会的アイデンティティを誇示する重要な記号となっていた。それだけに制服やマークをめぐる政党同士のシンボル闘争も，しばしばこうした

第Ⅱ部　混乱する共和国

図5-15　映画『最後の人』より
老人はドアマンの仕事を外されてもなおお街頭や姪の結婚式で制服を着用しつづける。

暴力沙汰にまでエスカレートしていったのである。

このようにヴァイマール末期の選挙運動では，必ずしもポスターやシンボルだけが武器となったわけではなく，あからさまな物理的暴力も無視できないファクターになっていた。よくナチスは合法路線で政権を獲得したと言われるが，実はナチスだけでなく共産党も合法的な選挙活動の裏で非合法のテロ行為を公然とくり広げていたのである。

大統領内閣

ヴァイマール共和国の議会制民主主義は，こうした在野の暴力的な政治運動によって「下から」撹拌されていたと言えるが，他方で政権の中枢においても，ちょうどこの時期から民主主義の空洞化が進行していくことになる。いわゆる「大統領内閣」の出現，あるいは議会の機能停止状況の現出である。

この時期に公開されたオペレッタ映画『会議は踊る』（独：1931）は，ナポレオン失脚後のウィーン会議を舞台にロシア皇帝とウィーンの町娘との恋愛模様を描いた作品だが，そこに映し出される「踊る会議」の情景は，行政府の強引な統治になすすべもない国会の体たらくを当時の観衆に想起させたに違いない。実際，1930年3月に成立したハインリヒ・ブリューニング内閣は，議会に拘束されない閣僚の選出と，憲法第48条で定められた大統領特権（公共の安全・秩序が脅かされた場合，大統領は緊急令を発動して人身の自由や集会の権利等の基本権を停止することができる）の行使をその基本方針としていた。これは議会での権力基盤形成を最初から放棄した内閣ということであり，それゆえブリューニング内閣の成立はもっぱら大統領の権力だけに立脚した政治，裏を返せばもう1つの民意の代表たる議会を蚊帳の外に置いた統治の断行を意味していた。「大統領内閣」と呼ばれる所以である。

当然，ブリューニングのこうしたあからさまな反議会の姿勢は社会民主党をはじめとする議会勢力から強い反発を受けたが，その議会も緊縮財政や増税など経済の立て直しのために内閣が打ち出した法案を否決するばかりで，政治の停滞を

いたずらに引き延ばすだけであった。こうした状況からやがてブリューニング内閣は緊急令を乱発して，議会の解散ばかりかその予算審議権も剥奪するなど，共和国の立法権力をほとんど機能不全の状態にまで追い込んでいく。

ただし1930年7月に行われた議会の解散・総選挙の結果は，ブリューニングにも予想外のものだったろう。左右両極の政党，とくにナチ党が大幅に議席を伸ばして総数577議席のうち107議席を獲得，社会民主党に次ぐ第2党へと大きく躍進したのである。共産党の77議席と合わせれば，共和国の打倒を党是に掲げる政党があろうことか議会の3分の1を占めることになってしまった（平島 1991）。

こうしたナチスの躍進から「ファシズム独裁」の誕生を恐れた社会民主党は，ファシズムに比べれば現政府はまだましだという「より小さな悪」論を奉じ，これまでの対決姿勢を一転させて事実上の閣外協力に方針を変えていく。この方針転換によって，政府が緊急令を発動して強引な政策を打ち出しても議会はそれを黙認する形となり，実質上二元代表制の一方が完全な機能麻痺に陥るという異様な状況が現出したのである。

（村上宏昭）

参考文献

阿久津光子「バウハウス織物工房の女性アーティスト達」『総合文化研究所年報』第16号，2008年。

石井香江「映画に見る戦間期ドイツのジェンダー」『シネマジャーナル』53号，2001年。

石井香江「集う――ベルリンに花開いた『女ともだち』のサブカルチャー」田丸理砂・香川檀編著『ベルリンのモダンガール――1920年代を駆け抜けた女たち』三修社，2004年。

石井香江「戦間期ドイツ，都市の消費文化の両義性」長野ひろ子・松本悠子編著『ジェンダー史叢書(6) 経済と消費社会』明石書店，2009年。

猪俣良樹『黒いヴィーナス ジョセフィン・ベイカー――狂瀾の1920年代，パリ』青土社，2006年。

小野清美『テクノクラートの世界とナチズム――「近代超克」のユートピア』ミネルヴァ書房，1996年。

ジョン・K・ガルブレイス『大暴落1929』（村井章子訳）日経BP社，2008年。

川越修『社会国家の生成――20世紀社会とナチズム』岩波書店，2004年。

川越修・辻英史編著『社会国家を生きる――20世紀ドイツにおける国家・共同性・個人』法政大学出版局，2008年。

木畑和子「マイノリティ」矢野久・アンゼルム・ファウスト編『ドイツ社会史』有斐閣，

1999年。

佐藤卓己『現代メディア史』岩波書店，1998年。

佐藤卓己『増補　大衆宣伝の神話――マルクスからヒトラーへのメディア史』筑摩書房，2014年。

ユルゲン・シェベラ『ベルリンのカフェ――黄金の1920年代』（和泉雅人・矢野久訳）大修館書店，2000年。

須磨肇「同性愛の世界」浜本隆志・平井昌也編著『ドイツのマイノリティ――人種・民族，社会的差別の実態』明石書店，2010年。

相馬保夫『ドイツの労働者住宅』山川出版社，2006年。

竹内洋『大学の下流化』NTT出版，2011年。

田中純「20世紀の『ドールキッチン』――『新しい女』マルガレーテ・リホツキーとフランクフルト・キッチンをめぐって」『バウハウス・テイスト　バウハウス・キッチン』美術出版社，2010年。

田中辰明『ブルーノ・タウト――日本美を再発見した建築家』中央公論新社，2012年。

田野大輔『魅惑する帝国――政治の美学化とナチズム』名古屋大学出版会，2007年。

利光功『バウハウス――歴史と理念』美術出版社，1988年。

平井正『20世紀の権力とメディア――ナチ・統制・プロパガンダ』雄山閣，1995年。

平井正・木村靖二・岩村行雄『ワイマール文化――早熟な「大衆文化」のゆくえ』有斐閣，1987年。

平島健司『ワイマール共和国の崩壊』東京大学出版会，1991年。

藤原辰史『ナチスのキッチン――「食べること」の環境史』水声社，2012年。

ヴァルター・ベンヤミン『ベンヤミン・コレクション〈1〉近代の意味』（浅井健二郎・久保哲司訳）筑摩書房，1995年。

星乃治彦『男たちの帝国――ヴィルヘルム2世からナチスへ』岩波書店，2006年。

星乃治彦『ナチス前夜における「抵抗」の歴史』ミネルヴァ書房，2007年 a。

星乃治彦「『モデルネ』のコンテクスト――バウハウスをめぐって」田村栄子・星乃治彦『ヴァイマル共和国の光芒――ナチズムと近代の相克』昭和堂，2007年 b。

ジョン・V・マシュイカ『ビフォー ザ バウハウス――帝政期ドイツにおける建築と政治1890-1920』（田所辰之助・池田祐子訳）三元社，2015年。

ヴィリー・ミュンツェンベルク『武器としての宣伝』（星乃治彦訳）柏書房，1995年。

村上宏昭『世代の歴史社会学――近代ドイツの教養・福祉・戦争』昭和堂，2012年。

ジョージ・L・モッセ『大衆の国民化――ナチズムに至る政治シンボルと大衆文化』（佐藤卓己・佐藤八寿子訳）柏書房，1994年。

矢野久「日常」矢野久・アンゼルム・ファウスト編『ドイツ社会史』有斐閣，2001年。

山本学治・稲葉武司『巨匠ミースの遺産』彰国社，2014年（初版1970年）。

ゲルハルト・A・リッター『社会国家――その成立と発展』（木谷勤・後藤俊明・竹中

亨・若尾祐司訳）晃洋書房, 1993年。

第Ⅲ部
ヒトラーの独裁

収穫感謝祭で演壇に向かうヒトラー（1934年）
（バイエルン州立図書館）

第6章
第三帝国の成立

1 ヒトラーの台頭

　貧乏な絵描きとして日銭を稼いでいた落ちこぼれの青年が，弱小政党で政治活動を開始するやたちまち弁舌の才能を発揮し，広範な大衆の心をつかんでドイツの首相にまでのぼりつめる……。アドルフ・ヒトラーの生涯は，こうした華々しい転身劇として描かれることが多い。ヴェルナー・マーザーの『アドルフ・ヒトラー伝』（西独：1971）から水木しげるの『劇画ヒットラー』（1971）まで，ヒトラーの伝記の類は枚挙にいとまがないが，それらのほとんどに共通しているのは，大ドイツ樹立の要求，ユダヤ人への憎悪，芸術に対する関心など，彼の政治思想の中核を成す要素を，青年期の挫折に由来するものとして説明する傾向である。若き日の苦い経験が特異なパーソナリティの形成に大きな役割を果たしたことはたしかだとしても，それだけでは彼の成功の理由は十分に説明できない。この芸術家崩れの男を権力の座へと押し上げたものはいったい何だったのだろうか。

巧みな演説？
　まず最初に誰もが思いつくのが，その類まれな弁舌の才能だろう。ナチ党（国民社会主義ドイツ労働者党）のミュンヘンでの旗揚げ以来，ヒトラーの演説がたえず聴衆を熱狂の渦に巻き込み，党勢を拡大する強力な武器になったことは疑いない。当時の映像を見ると，その威力がいかにすさまじいものだったかがわかる。ヒトラーはまずゆっくりと低い声で話し出す。だが徐々に声のトーンが高まり，身振りも大きくなっていく。終盤にさしかかると絶叫に近い声で敵を激しく罵り，尊大なポーズで自己の使命を訴える。聴衆は熱に浮かされたように歓呼の声を上げ，「ハイル！」の大合唱のうちに演説は幕を閉じる。
　たしかにすごい迫力だが，冷静になって映像を見ると，ヒトラーの発する言葉が大言壮語ばかりで，いかにも内容に乏しいことに気づく。具体的な政策はほとんど提示せず，過激な主張をまくし立てるだけで，文字にして読むと，まったく

第Ⅲ部　ヒトラーの独裁

図6-1　映画『独裁者』
（DVDパッケージ）

説得力がないのである。だがまさにこの点にこそ，ヒトラーの弁舌の力の源泉があった。彼自身も『わが闘争』のなかで強調しているように，演説においては聴衆の理解力に合わせて論点を絞り，単純明快な主張を展開すること，同じ言葉や決まり文句をくり返し，徹底して一方的に断定することが肝要だった。何を語るかではなく，どう語るかが問題だというわけである。内容よりも演出を重視するこの宣伝上の原則のなかにこそ，稀代の煽動家誕生の鍵がもとめられるべきだろう。

演説の効果を高めるため，ヒトラーは練習に励んだ。とくに力を注いだのは，発声や抑揚，ジェスチャーを含めた演出の方法だった。専門家のボイストレーニングも受けていたらしい。彼の弁舌の力は訓練の賜物でもあったのである（高田 2014）。さらにまた，演説会場も周到に準備された。集会はたいてい人の思考力が鈍る夜に開催され，まばゆい照明とにぎやかな音楽で彩られた。大歓声とともにヒトラーが登場した時点で，聴衆は演説に魅了される準備が整っていたと言ってよい。あとはもう独り舞台である。チャールズ・チャップリンは映画『独裁者』（米：1940）のなかでヒトラーの演説を徹底的に笑い飛ばしたが，そこには同じ「俳優」に対する彼ならではの鋭い批判が込められている。とくに主人公の独裁者ヒンケルがドイツ語風の抑揚で演説をして咳き込んでしまったり，長い演説が同時通訳によって一言で要約されてしまったりする描写は，ヒトラーの演説の空虚な大仰さを痛烈に皮肉ったものと言えよう。

街頭の制圧

もちろん，ヒトラーの演説がいかに巧みなものであろうと，その手足となって動く組織がなければ政治力をもちえない。ナチ党の組織が未整備だったため，派手なパレードや集会で人々の耳目を集める必要もあった。指導者に絶対的忠誠を誓い，街頭の示威行動で力を誇示する部隊，それが突撃隊だった。権力掌握にいたるナチスの台頭を考える上では，この部隊の貢献を無視することはできない。

突撃隊はナチ党の準軍事組織で，隊員の多くは退役軍人や義勇軍出身者から成

っていた。ナチ党の防衛と拡大を図るため，彼らは集会の警備，デモ行進，左翼との闘争などを遂行した。街頭をわがもの顔で闊歩し，敵に容赦なく襲いかかるこの褐色の軍団は，赤裸な暴力で公衆を威圧し，権力を奪取する意志をアピールした（芝 2000）。そうした意味で，ヒトラーの重要な宣伝手段になったと言えよう。その暴力の最初のあらわれが，1923年のミュンヘン一揆である。この武装蜂起の試みは失敗に終わるものの，ヒトラーはこれによって全国的な知名度を獲得することになった。ナチ党はその後，選挙での議席獲得をめざすようになるが，突撃隊員の示威行動と街頭闘争はおさまらず，むしろ激化する一方だった。ヒトラーの過激な主張は，こうした暴力行動によって裏打ちされていたのである。

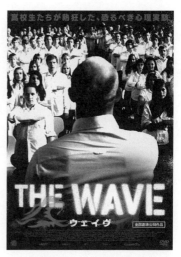

図 6-2　映画『ウェイヴ』
(DVD パッケージ)

　ナチ党が低迷にあえぐ1920年代後半にあっても，突撃隊は過激な直接行動によってメンバーを結びつけ，その欲求不満と攻撃性を発散する機会を提供した。指導者のために団結して敵と戦い，隊列を組んで行進することが，何ものにも代えがたい意義と充実感をもたらした（ポイカート 1991）。制服，記章，行進，敬礼などといった要素が集団の力を実感させ，暴力的な行動に駆り立てていくメカニズムについては，映画『ウェイヴ』（独：2008）が現代のドイツの高校を舞台に克明に描き出している。授業の一環として「独裁制」の模擬体験をする生徒たちが集団の一体感に魅せられ，教師のコントロールを失っていく様子は，突撃隊のような戦闘的集団が放った魅力を考える上でも，示唆に富んでいる。ヴァイマール共和国末期の政治的・経済的混乱のなか，こうした魅力が多くの若者や失業者をとらえ，急速に拡大した突撃隊が公共空間を暴力で席巻していくことになる。

ナチ党の躍進

　1930年代初頭，ベルリンの街頭では突撃隊員の示威行動がくり返され，共産主義者やユダヤ人への暴行狼藉が頻発している。ライザ・ミネリ主演のミュージカル映画『キャバレー』（米：1972）は，ナチス台頭前夜の不穏な空気をこのように描写しているが，突撃隊員の勝ち誇った態度の裏には，この時期に生じたナチ党

の躍進があった。

泡沫政党を一気に国政の舞台に押し上げたもの，それは1929年に始まる世界恐慌だった。そのことは，ナチ党が恐慌直後の国会選挙で地滑り的勝利をおさめたことによって裏づけられる。1930年9月の国会選挙で同党は議席数を12から107に増やし，一気に第2党に躍り出たのである。深刻な経済危機が人々にもたらした恐怖と絶望，この危機に対処できない政府と議会への失望，総じてヴァイマール体制の行き詰まりに対する変革の期待が，全面的な政策転換と強い指導者の必要性を訴えるヒトラーの躍進を後押ししたことは間違いない。この選挙戦以降，

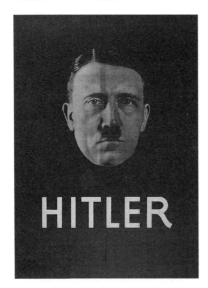

図6-3　1932年の選挙ポスター

ナチ党は挫折した民主主義への反発心を結集することで，左翼以外の広範な支持を集める「国民政党」へと脱皮することになった。ヒトラー自身もこの頃から反ユダヤ主義的言辞を抑制し，階級の枠を越えた国民統合の必要を訴えるなどして，穏健な路線を前面に打ち出すようになっていた。彼はいまや狂信的な少数派の崇拝の対象から，数百万の国民に新しい政治の希望をもたらす存在へと変貌を遂げようとしていたのだった。

　1930年4月に宣伝部長に就任したヨーゼフ・ゲッベルスのもと，ナチ党が全国規模でめざましい選挙戦を展開したことも見逃せない。ドイツ各地で無数の集会が開かれ，町中にポスターや横断幕が張られ，大量の新聞やパンフレットが配布された。ラジオが政府に独占されていたため，ヒトラーの演説を収録したレコードや映画が制作され，宣伝に活用された（高田 2014）。さらに1932年4月の大統領選挙では，飛行機を使った遊説という新しい方法も導入された。ヒトラー自身がドイツ中を飛び回り，1日に何度も演説を行うことで，何百万もの人々に直接語りかけようとしたのである。結局，この選挙には敗北したものの，全国を駆けめぐる彼の精力的な姿は，ヴァイマール体制の対極を成す若いドイツの指導者というイメージの形成に大いに役立った。こうした選挙キャンペーンが功を奏して，1932年7月の国会選挙でナチ党は230議席を獲得，ついに第1党の座を占めることになった（石田 2015）。

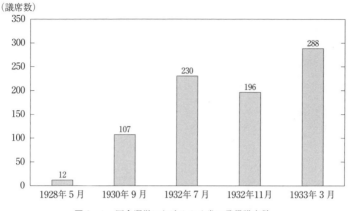

図6-4　国会選挙におけるナチ党の獲得議席数

だがこの選挙結果が，自由な選挙でのナチ党の極大点だった。選挙疲れや資金不足，党内対立も影響して，1932年11月の国会選挙では200万票も得票数を減らしたのである。ヒトラーがいかに支持を広げようと，最後まで選挙で過半数を握るにいたらなかったことは重要である。彼に政権の座をもたらした直接の契機は，保守勢力との舞台裏での交渉だった。

ヒトラー政権の成立
　1933年1月30日，ヒトラーが首相に就任してナチス政権が誕生した。ナチ党からの入閣は首相以外に2名だけで，保守派の領袖たちは政権担当経験のないヒトラーを簡単に懐柔できると考えていた。だがその期待はすぐに打ち砕かれることになる。首相就任後，ヒトラーは短期間で政党政治を解体，独裁権力を握ることに成功したのだった。
　ミュンヘンでの旗揚げから政権獲得にいたる苦労と困難の日々を，ヒトラーはその後も自己演出に利用することを忘れなかった。彼は聴衆に向かってたえず自身を一介の労働者と説明し，努力によって首相にまでのぼりつめたことを誇った。毎年11月にはミュンヘン一揆で殉死した同志たちを追悼する式典に参加し，若き日の苦い経験を神妙に振り返った。だがこれを真に受けて，ヒトラーの生涯を華々しい転身劇として描き出すことは，ナチスの宣伝を裏書きしてしまう危険があろう。彼の成功の理由はもっと複雑で，青年期の挫折のみによって説明されるものではないのである。

（田野大輔）

2　独裁体制の確立

　独裁者アドルフ・ヒトラーの絶対的意志が貫徹し，国民の一挙手一投足まで統制されたピラミッド型の国家。私たちが慣れ親しんでいるこうした第三帝国のイメージは，多くの映画やマンガによって，文字通り時空を超えて拡張している。『宇宙戦艦ヤマト』（1974〜1975）のデスラー総統率いるガミラス軍から，『グラディエーター』（米：2000）のコモドゥス皇帝配下のローマ軍まで，敵方の軍勢はナチスと見紛うばかりの姿で登場することが多い。悪役はおしなべて「悪の代名詞」たるナチスの威光を借りているわけだが，こうした過度に誇張されたイメージが私たちの目を曇らせている可能性は否定できない。ヒトラーの独裁の実態はいったいどんなものだったのだろうか。まず，彼が絶対的な権力を握る過程を見ていこう。

「強制的同質化」の過程

　1933年1月30日に首相に就任したヒトラーは，独裁権力の掌握をめざしてただちに国会を解散，総選挙を告示した。ナチ党は政権党の地位を利用して大規模な宣伝を展開し，集会のラジオ中継，飛行機による遊説，街頭でのデモ行進などを通じて「国民的高揚」を演出すると同時に，国会炎上事件を契機に事実上の戒厳令である「国家と国民を防衛するための大統領緊急令」を布告，警察権力を使って反対派を弾圧した。自由な選挙とは言えなかったこの3月の国会選挙で，ナチ党は得票数を550万票伸ばして288議席を獲得したが，それでも過半数を握ることができなかったため，共産党を非合法化して議席を奪った。選挙後の国会で立法権を政府に委譲する「全権委任法」が可決され，憲法が骨抜きにされるのと並行して，ナチ党による各州政府・自治体への介入，他政党の非合法化や自発的解散，その他各種団体・組合の破壊や再編成が展開された。国家・社会の全面的な画一化，いわゆる「強制的同質化」の過程は，これらの施策を通じてわずか半年あまりで完了し，ヒトラーは「革命」の終了を宣言する。

　だがもう1つ，解決すべき問題が残っていた。すなわち，さらなる「革命」をもとめる突撃隊の処遇である。とくに突撃隊の「国民軍」への昇格を要求する動きは，正規軍として武装独占の維持を図る国防軍，およびこれと結んだナチ党指導部にとって危険なものとなっていた。この脅威を除去するため，ヒトラーは1934年6月末，エルンスト・レームら突撃隊幹部の粛清を断行する。この血なま

ぐさい殺戮によって、彼は法を超えた絶対的な権力者であることを示したが、一般の国民がこれを突撃隊の腐敗と横暴に対する正当な制裁と受け止め、何のためらいもなく歓迎したことは、ヒトラーの人気の基盤を理解する上でも重要である。同年8月、パウル・フォン・ヒンデンブルク大統領の死去にともなって、その職が「総統兼首相」に統合された。国民投票で

図6-5　ヒトラー内閣の顔ぶれ
（ドイツ連邦文書館）

90％近い支持を得たこの措置をもって、「総統」は何ものにも拘束されない独裁権力を手中におさめたのだった（石田 2015）。

　この一連の過程でヒトラーが示した迅速な行動力には目を見張るものがあるが、それが陰険な権謀術数に彩られていたことも忘れてはならない。とくにレーム粛清をめぐる政治劇は、ルキノ・ヴィスコンティ監督の映画『地獄に堕ちた勇者ども』（伊：1969）のほか、三島由紀夫の戯曲『わが友ヒットラー』（1968）でも取り上げられているが、長年の盟友であるレームを政治的打算から切り捨てるヒトラーの酷薄さは、彼の支配を特徴づける道徳的腐敗を浮き彫りにしている。

ピラミッド型の国家？

　それでは、この独裁体制の内実はどんなものだったのだろうか。政権獲得後、ヒトラーが一貫して国民統合を通じた「民族共同体」の実現を訴え、「指導者原理」にもとづく権威主義的な統治を約束していたことはたしかである。だが実際に出現したのは、こうした一元的なイメージとは裏腹の、諸勢力が衝突し合う無秩序な国家だった。そこではナチ党や政府機関、有力な指導者たちがそれぞれの思惑で行動し、激しい権力闘争をくり広げていたのである。「強制的同質化」の過程も不徹底に終わり、多くの既成集団、とくに軍部・行政・企業などは、ナチ党の介入にもかかわらず、一定の自律性を維持しつづけた。「総統」の指導する「民族共同体」という表看板の背後には、まさに「指導のカオス」と言うべき権力構造が現出していたのだった（山口 1976）。

　「指導者原理」にしても、実際には権力闘争を助長する方向にしか作用しなかった。この原理は各レベルの指導者に総統への絶対的服従を要求しつつも、彼の

第Ⅲ部　ヒトラーの独裁

図6-6　映画『ヒトラー〜最期の12日間〜』
（DVDパッケージ）

権威に抵触しない限りでそれぞれに無制限の自由裁量を与えるものだったからである。各指導者の管轄・権限が曖昧だったことに加えて、ヒトラーも彼らに全権を与えて一切を任せる傾向があったことが、混乱に拍車をかけた。指導者たちは「総統の意志」を汲み取ってその実現につとめたが、それはしばしば勝手な独走につながり、いっそう深刻な対立を生み出す結果となった。ここで注目すべきは、そうした激しい対立を調停しえたのがヒトラーだけであり、そのことが最高審判者としての彼の権力を強めたことである。たがいに競い合う指導者たちの行動が、結果として「総統の意志」を絶対的な規範へと押し上げるのに寄与したと言うことができよう。そこにはある種の循環が成立していたのであり、抗争が激化すればするほど、これを調停しうるヒトラーの威光が高まる一方、逆にそのことが、彼の支持をめぐる抗争をますます激化させたのである（カーショー1999）。

　こうした独裁体制の実態をリアルに描き出しているのが、オリヴァー・ヒルシュビーゲル監督の映画『ヒトラー〜最期の12日間〜』（独：2004）である。1945年4月のベルリン陥落直前、重い空気の流れるヒトラーの地下壕では、何人もの側近たちが刻一刻と迫る破滅にそなえている。総統に忠誠を誓いつつ打算的な行動に走る彼らの姿は、求心力と遠心力の二面性をあわせもつ独裁体制の縮図と見ることができよう。

総統崇拝の実態

　総統を頂点とする独裁体制の確立は、彼に対する熱狂と崇拝を国民的な規模にまで拡大させることになった。ヒトラーの人気はあらゆる社会階層で、労働者階級の間でさえきわめて高く、国民投票での90％近い支持は、「民族共同体」の理念が単なる幻想ではなかったことを示している。

　ヒトラーの政権獲得後、総統に忠誠を誓う「ハイル・ヒトラー」の挨拶が全国民に義務づけられただけでなく、新聞やラジオもこぞってヒトラーの内政・外政

第 6 章　第三帝国の成立

上の成果を喧伝し，彼をほとんど救世主の地位にまで祭り上げた（カーショー1993）。毅然とした態度で聴衆の歓呼に応える総統の姿は，大衆の熱狂に支えられた英雄的な指導者というイメージを体現していたと言ってよい。彼はまさに国家と国民を統合する孤高の存在，ドイツを危機から救った偉大な英雄として登場したのだった。だが広範な国民の目に映じたヒトラーの姿は，必ずしも英雄的なイメージに尽きるものではなかった。山荘で休暇を過ごす彼の私生活に焦点を当てた写真集が何種類も存在し，『知られざるヒトラー』や『山で暮らすヒトラー』などのタイトルでいずれも数十万部発行されていた。これらに収録された写

図 6-7　写真集『山で暮らすヒトラー』

真を見ると，公的な場での威厳ある態度とは対照的に，子どもたちと気さくに交流する和やかな表情が前面に押し出されていることが分かる。それは彼に庶民の気持ちを理解する善良な心があること，つまり総統と民衆の感情的な結びつきを強調している。

　こうした親密なイメージは，ナチ党に対する民衆の不信感を照らし出すものでもあった。ナチス独裁下の国民は，党や国家にはびこる官僚主義，権力の濫用，傲慢さや腐敗などについてたえず不満を口にしていたが，そこで特徴的だったのは，こうした不満がもっぱら党や国家の下級指導者たちに向けられ，ヒトラー個人には向かわなかったこと，さらには「総統がご存知なら」という期待の声さえ聞かれたことである。総統の絶大な人気は，ナチ党に対する否定的な感情がもたらしたものでもあった。ヒトラー自身もまた，民衆との結びつきが何よりも重要なことを自覚し，普通の人間という印象を崩さないようにたえず注意を払っていた。謙虚で素朴な人間，庶民的な政治家というイメージが重要だったことは明らかである。多くの人々が共感を寄せたのも，笑顔で民衆と触れ合う人間味にあふれた総統の姿だった。ヒトラーの人気の根底にあったのは，親しみや共感，総統との結びつきをもとめる素朴な親近感だったと言えよう（田野 2007）。

人間ヒトラー

『ヒトラー〜最期の12日間〜』には，絶大な権力を握るヒトラーが秘書の女性たちに優しい心遣いを示すシーンがたびたび登場する。彼のそうした人間的な側面が自己演出によるものだったにせよ，多くの国民がそこに抗しがたい魅力を感じていたことは疑いない。総統もまた1人の人間にほかならず，私たちと同様に笑い，苦しむその姿のなかにこそ，恐るべき悪魔が宿っていると考えなければならない。

示唆に富むのは，ヒトラーの機嫌取りに汲々とし，たがいに牽制し合う側近たちの行動が正確な情報伝達を阻害し，独裁者をますます現実離れした思考に陥れていく状況である。ベルリン陥落直前の絶望的状況のなか，すでに壊滅した部隊に救援をもとめる総統の非合理な作戦指揮は，逆鱗に触れるのを恐れて不利な報告ができない部下たちが作り出したものでもあった。ヒトラーの「狂気の政治」が内部対立に引き裂かれた無秩序な権力構造の産物だったこと，彼自身もこの構造のなかで「独裁者」の役割を担う存在にすぎなかったことを，あらためて銘記しておくべきだろう。

（田野大輔）

3　プロパガンダと動員

　一糸乱れず行進する隊列，波打つ鉤十字の旗，拳を振り上げて熱弁を振るうヒトラー，雷鳴のようにとどろく歓呼の声……。私たちが思い描くナチスの姿は，おおむねこういったものであろう。NHKスペシャル『映像の世紀』（1995）をはじめ，数多くのドキュメンタリーを通じて広く普及したこのイメージは，「宣伝の天才」ヨーゼフ・ゲッベルスの名とともに，大衆を煽動するナチ・プロパガンダの絶大な威力という神話を形成してきた。だが忘れてならないのは，こうしたイメージの大部分がナチスの側から提供された映像に依拠していることである。それはメディアを駆使して熱狂を演出したナチスの自画像にほかならず，これを鵜呑みにできないのは言うまでもないだろう。なぜ人々はヒトラーを支持したのか。その理由を理解するためには，「宣伝の魔力」という神話を超えて，ナチスのプロパガンダと動員の実態に目を向けなければならない。

『意志の勝利』は宣伝映画か？

　大衆の熱狂に支えられたナチスというイメージを形成したのは，何と言っても

第6章 第三帝国の成立

やはりレニ・リーフェンシュタール監督の映画『意志の勝利』（独：1935）だろう。アドルフ・ヒトラーの依頼で制作されたこの映画は，1934年のナチ党大会を撮影した記録映画の体裁をとっている。映画の主役はもちろん「総統」で，カメラは執拗に彼の英雄的なポーズと，これに喝采を送る群衆の興奮を追いつづけている。映画の冒頭，雲の上からニュルンベルクに舞い降りる飛行機の映像は，あたかも救世主の到来を暗示しているかのようである。ここにはまさに，ドイツを席巻した「総統崇拝」が鮮やかに映像化されていると言うことができよう。

『意志の勝利』は公開後にドイツで記録的な観客動員を達成し，ナチスの圧倒的な動員

図6-8　映画『意志の勝利』
（DVDパッケージ）

力を印象づけることになった。だがこの映画を単なる宣伝映画と見るのは正しくない。ヒトラーから撮影の全権を委ねられたリーフェンシュタールは，宣伝省その他から干渉を受けることなく，芸術家としての才能を存分に発揮することができた。斬新な撮影技術，大胆な構図，巧みな編集で生み出された迫力ある映像が，党大会を見事なスペクタクルに転化させ，プロパガンダの枠を越えた芸術性を獲得していることは否定できない。右腕をまっすぐに伸ばして敬礼するヒトラーの前を，親衛隊の隊列が規律正しく行進するシーンなどには，暴力性を秘めた冷徹な美の世界が現出していると言えよう。『意志の勝利』がナチスとヒトラーを美化し，その魅力をアピールする役割を果たしたことはたしかだが，そうした宣伝効果を発揮できたのも，逆説的なことに，同作が露骨なプロパガンダを避け，純粋な映像美に徹したからだったのである（平井 1995）。

さらにまた，『意志の勝利』の映像美がすぐれて現代的な性格をもっていることも見逃せない。ミック・ジャガーがこの映画を何度も見て観客を陶酔させる手法を学んだとか，デヴィッド・ボウイがヒトラーを「史上初のロックスター」と呼んだとかといった話は有名だが，党大会の派手な演出，とくに夜の集会での光のパフォーマンスは，今日でもロックコンサートの演出などに用いられている。リーフェンシュタールの手になる映像がいまなお強烈な魅力を放ち，大衆文化に刺激を与えつづけていることは間違いないだろう（瀬川 2001）。

143

党大会の「熱狂」の実態

　もっとも,『意志の勝利』が現実の一部しか映し出していないことも事実である。党大会の期間中,ニュルンベルクの街は異様な興奮に包まれたが,参加者のほとんどはナチ党員や支持者によって占められ,一般大衆の関心はそれほど高くなかった。延々とくり返される式典,退屈で月並みな演説が,多くの人々から参加の意欲を奪っただけではない。確信的な党員や支持者の間でも,一日中行進や集会に駆り出されるのを嫌って,参加を断る者が続出した。人々は概して党大会に無関心であり,多くは義務だから参加したというのが実情だったようである。

　こうした状況のもとで一定の参加者を確保するため,大会主催者はさまざまな便宜を図ることになった。その1つが,金銭的な援助である。ドイツ各地の職場から選ばれた参加者には,ナチ党の圧力で数日の有給休暇が与えられたため,汽車賃と食事つき宿泊費が実質無料となった。参加者からすれば,これはニュルンベルク観光を援助してくれるというおいしい話だった。だがさらに重要なのは,大会への客寄せを目的として,さまざまな娯楽の催しが提供されたことである。「民衆の祭典」と銘打って,会場周辺で各種のアトラクションが提供されたが,そのなかにはサッカーの試合から大道芸,フォークダンス,映画上映,ビアガーデン,打ち上げ花火まで,ありとあらゆる催し物が含まれていた。無料で参加できるこの楽しいお祭りこそ,多くの参加者のもとめるものだった。

　この祭典ではしばしば純然たる乱痴気騒ぎが展開され,大会本来の目的に抵触することになった。お祭り騒ぎに浮かれた参加者が,厳粛な式典を台無しにしてしまうことも多かった。そこには権力の誇示を図るナチ党側と,放縦な享楽をもとめる参加者側の意図のズレがあらわれている。だが種々の娯楽に釣られてではあれ,多くの人々がともかくも会場に足を運んだことは,少なくとも次のような意味で,ナチスの宣伝上の目的に役立った。すなわち,参加者が楽しい催しを通じて親睦を深め,高揚した気分のなかで「民族共同体」を実体験したことである。党大会の「熱狂」を語りうるとすれば,それはこのような意味においてだろう（田野 2007）。

娯楽を通じたソフトな動員

　こうした党大会の実態は,実は宣伝省が打ち出した文化統制の方針とも一致するものだった。宣伝相ゲッベルスは,ラジオや映画を駆使して国民の「精神的動員」を図ったが,それは必ずしも文化をナチス一色で塗りつぶすことを意味しなかった。宣伝の大衆心理的な効果を重視した彼は,露骨にイデオロギーを押しつ

けるのではなく，軽い娯楽や息抜きを提供しながら巧妙に教化を図るべきだという，かなり割り切った見解を抱いていた。民心を獲得するためには，文化活動に一定の自由を保障し，その生産力を有効に活用する必要があると考えたのである。

この「喜ばせながらナチ化する」と言うべき宣伝省の方針のもと，第三帝国期には現代的な娯楽文化が花開くことになった。廉価なラジオ受信機が生産されて急速に普及し，流行歌を流す音楽番組が人気を集めただけでなく，映画の観客数も飛躍的に増大し，いくつもの娯楽作品がヒットした。特徴的なことに，ゲッベルスはラジオでの演説中継の多さがリスナーをうんざりさせるのを警戒して，政治

図6-9　映画『ほら男爵の冒険』
(DVDパッケージ)

的・宣伝的な番組の時間枠を制限し，多彩な娯楽番組を提供するよう指示を出していた。映画に関しても，彼は時局に迎合しただけの露骨な宣伝映画には批判的で，夢の世界を描き出す豪華絢爛な娯楽映画を提供することを重視していた。事実，ナチス政権下で制作された映画1,150本のうち，純然たる宣伝映画はせいぜい5％程度で，残りのほとんどはヴァイマール期と変わらない娯楽映画だった（平井 1995）。

これらの映画は，国民の目を現実の重荷からそらせ，心地よい生活を夢見させておこうという目的に役立つものだった。ゲッベルスにとっては，娯楽映画こそ最も重要な「国民教育手段」，民心維持のための「モラル装置」にほかならなかったのである。宣伝における近代技術の活用と大衆心理的な効果を重視した彼は，まさに現代マスメディアの名手，「民族共同体」の演出に手腕を発揮した敏腕プロデューサーだったと言えよう。

「宣伝の魔力」の舞台裏

1943年2月，ドイツの戦局が悪化するなか，ゲッベルスはいわゆる「総力戦演説」を行って，国民の闘争心を鼓舞しようとした。「諸君は総力戦を望むか？ 諸君は必要とあらば，われわれがいま想像する以上の全面的で徹底的な戦争を望むか？」。宣伝相は演壇からこうした質問を投げかけ，聴衆の熱狂的な「そう

第Ⅲ部　ヒトラーの独裁

図6-10　映画『わが教え子、ヒトラー』
（DVDパッケージ）

だ！」の返答を引き出した。この演説は彼の行った演説のなかで最も有名なもので、平野耕太のマンガ『HELLSING』(1998〜2009)に登場する少佐の演説のモデルにもなっている。言うまでもないことだが、この聴衆の「熱狂」は仕込みであり、「宣伝の魔力」を裏づけるものではない。むしろ敗北の迫る深刻な現実が、こうした大がかりな芝居を必要とさせたと見るべきだろう。舞台裏は、もっと平凡なものだった。戦争の現実を覆い隠し、国民の士気を高めるには、『ほら男爵の冒険』(独：1943) のような純然たる娯楽作の方が効果的なことを、ゲッベルスは十分に認識していた (クライマイアー 2005)。

　戦争末期、意気消沈したヒトラーの演説を成功させようと、ゲッベルスは強制収容所からユダヤ人俳優を呼び寄せ、演説の指南を行わせる。ダニー・レヴィ監督の映画『わが教え子、ヒトラー』(独：2007) に描かれたこのストーリーは、もちろんフィクションにすぎない。だがそこに一片の真実が含まれているとすれば、それは「宣伝の魔力」なるものが張り子の虎にすぎなかったことを突いた点を措いてほかにはないだろう。ナチスがドイツ国民を1人残らず動員したとする今日なおも見られる誤解は、ゲッベルスが宣伝の効果をくり返し自賛したことの影響と言うべきである。

（田野大輔）

4　奇跡の経済

　権力掌握後、アドルフ・ヒトラーがまず取り組んだ課題、それは世界恐慌で打撃を受けた経済を立て直し、600万人にのぼる失業者に職を与えることだった。そのために打ち出されたのが、大規模な公共事業による雇用創出・景気浮揚策で、自動車専用道路の建設などが巨額の予算を投じて進められた。こうした積極的な取り組みが功を奏して、ヒトラーはわずか数年で失業を解消、経済の回復に成功したと言われる。この驚異的な復興、いわゆる「奇跡の経済」の神話は、いったいどの程度まで現実を反映していたのだろうか。またそれはナチスの宣伝にどう

利用され，いかなる結果をもたらしたのだろうか．まず，最初の目玉事業である自動車専用道路の建設から見ていきたい．

アウトバーンの建設

　自動車大国ドイツ，その基盤を成すのが速度無制限・料金無料の高速道路アウトバーンだが，その全国路線網の建設はまさにヒトラー政権下で始まった．ただし，それはナチスの発案によるものではなく，ヴァイマール時代に民間組織によって構想され，一部実現していた計画を継承したものである．

　ナチスの政権獲得後，アウトバーン計画は急速に実現に向けて動き出した．1933年2月，ベルリンの自動車展示会でモータリゼーションの推進と自動車道路網の構築を約束したヒトラーは，5月のメーデーの式典で全長7,000キロに及ぶ「帝国アウトバーン」の建設を発表した．その後，ドイツ道路制度総監に就任したフリッツ・トットによって基本網の計画が告示され，帝国アウトバーン会社の設立をへて，9月にはヒトラーの鍬入れ式とともに建設が始まった．こうして1935年5月に最初の区間が開通したのを皮切りに，1936年末までに1,000キロ，1938年末には3,000キロが開通し，1941年末に建設が中止されるまでに，全開通距離は3,900キロ弱に達した．建設の急速な進展が，ヒトラーの業績を示すものとして大々的に宣伝されたことは言うまでもない．

　それでは，アウトバーン建設はどんな意義をもっていたのだろうか．一般に言われるように，軍用道路の建設が目的だったわけではない．鉄道に比べて輸送力に劣り，破壊時の修復が困難なアウトバーンを，国防軍指導部は戦争遂行上不必要で無意味と見なしていた．アウトバーン建設の意義はむしろ，ドイツ全土を貫く幹線道路網によって国内各地を密接に結びつけ，帝国全体を政治的・経済的・文化的に一体化すること，つまり「民族共同体」の理念を現実のものとすることだった．トットはさらに，単純な直線ではなく緩やかな弧を描くルートを設定し，沿道の自然環境や植生にも配慮するなど，ドイツの景観と美しく調和する道路の建設をめざした．この空前の道路建設事業は，ドイツ全体を1個の「芸術作品」に造り変えようとするナチスの途方もない意志の表現だったのである（小野 2013）．

　もっとも，アウトバーン建設の雇用創出効果は限定的で，被雇用者は最大で10万人を超える程度にとどまった．ナチス政権初期の失業者の減少は，緊急事業，労働奉仕，女子労働力の削減などに負うところが大きく，必ずしも雇用状況の大幅な改善を意味してはいなかった．1936～1937年に大規模な軍備拡張計画が発動

第Ⅲ部　ヒトラーの独裁

されてようやく，完全雇用が実現することになった点は留意しておく必要があろう。しかし，次々に鳴り物入りで打ち出される政策が，景気上昇と生活向上への国民の期待感を高めたことは疑いない。ナチス政権成立後も暮し向きはなかなかよくならなかったが，人々はともかくも職につき，未来への希望を抱くことができるようになっていた。そして，この希望をつなぎとめる役割を果たしたのが，国民受信機，フォルクスワーゲンに代表される魅力的な技術製品だった。

図6-11　映画『ブリキの太鼓』
（DVDパッケージ）

国民受信機とフォルクスワーゲン

居間の壁に掛けられたヒトラーの肖像，その下に誇らしげに置かれたラジオ受信機。ラジオ放送を通じて家庭生活に入り込むヒトラー。フォルカー・シュレンドルフ監督の映画『ブリキの太鼓』（西独：1979）は，3歳で成長を止めた少年の目を通して，ナチスが人々の生活に浸透していく様子をこのように描き出している。

　実際にも，ナチスは権力を掌握するとすぐに，国民の精神的な動員をめざしてラジオ受信機の普及を図った。新設の宣伝省の大臣に就任したヨーゼフ・ゲッベルスは，ラジオ放送を管轄下に置いて統制し，国民向けの宣伝に活用することをめざした。だが肝心のラジオ受信機の普及が進まない限り，これを十分に活用することはできない。そこでゲッベルスは，値段の安いラジオ受信機の生産を電機メーカーに委託した。その最初の製品が国民受信機（VE301）で，1933年8月に同等品の半額程度の76マルクで発売された。1938年からはさらに安価な36マルクのドイツ小型受信機（DKE38）も発売され，1943年までに合計430万台の国民受信機と280万台の小型受信機が売れるという爆発的なヒットになった（高田 2014）。こうして各家庭に急速に行き渡ったラジオ受信機が，巷で「ゲッベルスの口」と呼ばれたように，ナチスの政治宣伝を担ったことはたしかである。だが演説ばかりが放送されたわけではなく，大半を占めたのは軽い気晴らしを提供する娯楽番組だった。

　この国民受信機と並んで国民の消費欲をかきたてた技術製品が，フォルクスワーゲン（国民車）である。1934年2月，ヒトラーはベルリンの自動車展示会で

「フォルクスワーゲン」の開発を発表し、あらゆる国民に自動車を提供することを約束した。政府主導で格安の乗用車を生産し、それまで贅沢品だった自動車を労働者にも手の届くものにしようというこの計画は、前年に発表されたアウトバーン計画とともに、大衆的なモータリゼーションの幕開けを告げる号令となった。高名な設計技師フェルディナント・ポルシェが開発し、ドイツ労働戦線の出資する独自工場で生産されることになった自動車は、「歓喜力行団の車」と名づけられ、990マルクで予約販売された。1937年からは「自分の車を運転したければ週に5マルク貯金せよ！」という宣伝文句で、購入のための積み立て貯蓄が始まった。貯蓄者の数は最終

図6-12　フォルクスワーゲンのポスター

的に33万人にのぼり、その払込金で現在のヴォルフスブルクに巨大な生産工場が建設された。だが待望の車を手にした者はいなかった。1939年9月に第二次世界大戦が勃発したため、フォルクスワーゲンの生産は中止され、1940年以降この工場では軍用ジープだけが生産されたからである（ザックス 1995）。

　これらの「国民」の名を冠した製品が広範な国民の願望に強く訴え、ナチス政権の安定と強化に貢献したことは想像に難くない。そこで決定的な意味をもったのは、先進技術の成果をあらゆる国民に提供するという約束で、国民受信機やフォルクスワーゲンは、まさに階級差のない「民族共同体」の実物宣伝となったのだった。

技術への熱狂

　1930年代は、近代技術への熱狂が支配した時代だった。自動車のスピードや機能性が多くの若者を魅了し、カーレーサーが国民的英雄として賛美されただけでなく、この時代の自動車のデザインを特徴づけた流線型は、美しい曲線によってスピードと進歩を表現し、第三帝国の近代性を誇示する手段を提供した。ナチスは不断に技術的進歩を追いもとめ、そのなかに民族と帝国の未来を見出していたと言うことができるだろう。近代的な技術手段を駆使して、国民を戦争に動員する必要があったばかりではない。自動車の爆発的なスピードや動力性能、際限の

第Ⅲ部　ヒトラーの独裁

図6-13　映画『民族の祭典』
（DVDパッケージ）

ない可動性は，ナチスの理想的人間像とも親和的だった（ポイカート 1991）。

ヒトラー自身，公的な発言でも自動車への熱狂を隠さず，折に触れて技術への精通ぶりを示した。彼はまた，アメリカの自動車王ヘンリー・フォードを敬愛し，フォード社が創始した大量生産方式に理想を見出していた。実際にも，産業界では労働科学にもとづく合理化が進展し，生産能率の向上によって大量生産・大量消費を可能にする条件が整備されつつあった。

こうして焦点にのぼってくるのが，ナチスがはたして近代化を推進したのかという問題である。「血と土」のロマン主義，ゲルマン文化の賛美など，一部のナチスが過去の復権を図ったことはたしかだが，ヒトラーをはじめとする主流派は，世界水準の科学技術の発展にドイツの威信をかけていた。近代化の一般的な傾向は部分的には意図的に，部分的には意図に反して持続した。とくにマスコミュニケーション，モータリゼーションの分野では，大量生産された技術製品の普及が促進されたという意味で，近代化の一定の進展が確認できよう。規格化・標準化にもとづく大量生産の展開は，私益よりも公益を重んじる「民族共同体」イデオロギーと矛盾しなかった。国民受信機やフォルクスワーゲンは，国民の行動様式を画一化して，総統と国民の間に直接的な結合を打ち立てるために必要だったのである（ザックス 1995）。

戦争への道

だがそれでもやはり，より根本的な意味で，近代化の推進は軍事的な目的と切り離すことはできない。近代技術が「生存圏」を征服するための戦争に必要だった，という理由からだけではない。「奇跡の経済」もインフレ財政と軍備拡張によって達成されたもので，軍事費は1930年代に膨張をつづけ，1938年には政府支出の半分を占めるまでになったのである。こうしたことは，好況に沸くドイツの未来に不吉な影を投げかけた。

1936年8月，ベルリンでオリンピックが開催された。ヒトラーの開会宣言で幕

を開けた大会は,華々しい演出で新生ドイツの力を見せつけた（ラージ 2008）。大会を撮影したレニ・リーフェンシュタールの映画『民族の祭典』（独：1938）は,斬新な映像で選手の肉体美を賛美し,世界の絶賛を浴びた。こうしてオリンピックはナチスの宣伝に奉仕することになったが,「平和の祭典」のイメージが見せかけにすぎなかったことは,ヒトラーが同時期に出した次の秘密指令からも明らかだった。「ドイツ経済は4年後に戦争可能になっていなければならない」。

（田野大輔）

5　消費社会の幕開け

　ナチス政権下の国民は,どんな生活を送っていたのだろうか。第三帝国と言うと,ナチスの暴力が社会を覆い尽くし,人々の自由な活動が抑圧された体制というイメージが強い。キャバレーに代表されるヴァイマール時代の享楽的で退廃的な文化が姿を消し,ドイツ的な勇壮で郷土色豊かな文化だけが認められた暗黒時代。こうした単色のイメージは,戦後の歴史記述において一般化していると言ってよい。だが意外なことに,この時代を経験した人々に対する戦後の聞き取り調査では,戦争が始まるまでは「よい時代」だったと回想する人が多かったという（ベッセル 1990）。彼らはなぜそう感じたのだろうか。その理由を理解するためには,ナチス独裁下で進行した社会文化上の変化を見る必要があろう。

「喜びを通じて力を」

　ナチスの政権獲得後,失業解消と景気回復が進んだこともあって,1930年代後半には,ドイツは本格的な大衆消費社会の到来を迎えていた。この時期のグラビア誌を見ると,自動車,ラジオ,カメラ,冷蔵庫,化粧品,ファッションなどの広告が誌面にあふれ,まるで今日と変わらないような印象を受ける。「黄金の20年代」に登場した現代的な消費文化は,世界恐慌による中断をへて,30年代の好況期に引き継がれた。ナチス指導部も,戦争をめざして軍備拡張を進める一方で,国民の消費願望を満たす配慮を欠かさなかった。食糧・物資不足がストライキや反乱の引き金となった第一次世界大戦の経験に学んだナチスは,国民の消費水準をできる限り維持するという一種の社会政策的な譲歩によって,広範な大衆の同意を取りつけることにつとめた。そこには紛れもなく,多くの国民を体制の受益者・積極的な担い手として取り込もうとする「合意独裁」の本質があらわれている（アリー 2012）。

図6-14 歓喜力行団のポスター

そうした努力の一環として生まれたのが，ドイツ労働戦線の一部局，余暇組織の「歓喜力行団（喜びを通じて力を）」である。歓喜力行団は労働者を階級闘争から引き離し，民族共同体への統合を促進するため，彼らにさまざまなレクリエーションを提供することを任務としていた。その多彩なプログラムには，旅行やスポーツ，観劇，コンサート，ダンスパーティーなどが含まれており，政治色の薄い民衆的な雰囲気もあいまって，非常に多くの参加者を獲得することになった。従来は上流階級の独占物だったものも多く，これを労働者にも手の届くものにするというのが，歓喜力行団のスローガンだった。その目玉となったのが，豪華客船による地中海やノルウェーへの船旅である。値段の高い海外旅行に参加できたのは経済的に余裕のある階層が多く，ほとんどの労働者には近場のハイキングか週末旅行が関の山だったが，格安の団体旅行は大衆的な人気を博し，それまで旅行に縁のなかった人々も旅行を楽しむようになった。

　もちろん，大衆消費社会がナチス時代に完全な形で実現したわけではなく，軍需生産が優先されたために消費もささやかなものにすぎなかったが，そうした社会に向かう気運が生じていたことはたしかであり，それが労働者の国民統合に少なからぬ役割を果たした。労働者は抑圧的な管理体制のもとに置かれたが，それは社会的平準化の促進や消費の可能性の拡大と組み合わされていた。景気の上昇によって何百万という労働者が職を得たこと自体，体制の安定化に大きく貢献していた。失業は克服され，完全雇用が実現し，労働者は再び収入を手にしていた。数年にわたる苦難の末，人々はようやく「正常な時代」が到来したことを実感できたのである（ポイカート1991）。

アメリカニズムと私生活主義

　1930年代後半，ドイツでは魅力的な消費材が出回り，現代的な娯楽・余暇文化が拡大するなかで，アメリカに由来する大衆文化が浸透しつつあった。1941年ま

で映画館ではアメリカ映画が間断なく上映され，ドイツ映画を上回るほどの観客を集めた。マレーネ・ディートリヒ，グレタ・ガルボ，キャサリン・ヘップバーンといったハリウッドのスターが注目の的となり，しばしば雑誌の表紙を飾っただけでなく，ウォルト・ディズニーの映画も幅広い層で人気を博し，ミッキーマウスが国民的なマスコットとなった。また，若者の間ではジャズやスウィングが熱狂的に支持され，ナチス当局の抑圧にもかかわらず，戦争末期にいたるまでさまざまな楽団がスウィングの演奏をつづけた。1920年代末にドイツに進出したコカコーラはナチス政権下で急速に売れ行きを伸ばし，ボトリング工場も1934年の5カ所から1939年の50カ所へと飛躍的に増加した。

図 6-15　映画『スウィング・キッズ』
（DVDパッケージ）

こうしたアメリカニズムの流入は，ドイツ的な文化の破壊を恐れるナチスの教条主義者の非難を呼び起こしたが，これを阻止するために彼らがとった措置は，部分的なものにとどまった。国民の忠誠心を維持するためには，非政治的な娯楽や余暇の機会を提供し，国家の統制から自由な領域を保障する必要があったからである。これに呼応して，国民の側も政治的な動員の圧力に背を向け，気心の知れた私生活や余暇の楽しみへと逃避する傾向を強めるようになった。逆説的なことに，個人的な自由と幸福をもとめるアメリカ的な私生活主義が，娯楽や気晴らしを通じて民心の懐柔を図るソフトな統治政策と結びついて，体制を安定させる役割を果たしたのである（村瀬 1987）。

もっとも，ナチス政権はつねに民心の懐柔に成功したわけではなかった。なかでも治安当局が手を焼いたのが，ジャズやスウィングに熱狂する若者集団で，「スウィング青年」と呼ばれるこの若者たちの行動は，映画『スウィング・キッズ』（米：1993）で印象的に描かれている。戦時中，彼らはヒトラー・ユーゲントに反抗して徒党を形成し，目立つ服装でダンスホールにあらわれ，禁止されたジャズやスウィングの曲に合わせてダンスを踊るなど，自由奔放な振る舞いで衆目を集めた。当局はこうした若者集団の取り締まりに躍起となり，一部を強制収容所に送るまでしたが，目立った効果は上がらなかった。彼らの行動は総じて非政

治的・個人主義的で，自覚的な抵抗にまで行き着くものではなかったが，その反規律的な態度には，ナチスが押しつける規範への抗議の意味が込められていた（ポイカート 2004）。

　「正常性」の追求

　非政治的な娯楽や余暇の機会の拡大，魅力的な消費材の普及は，国民の憧れる「正常」な生活が実現しつつある，と感じさせるには十分だった。だがこの「正常性」が，それを脅かす「異質なもの」の排除によって成り立っていたことも忘れてはならない。政権についたナチスは，ヴァイマール共和国の腐敗や退廃を一掃し，ドイツを異民族の影響から解放することを約束して，左翼やユダヤ人，「反社会的分子」の暴力的な排除を進めたが，国民の多くもまた，ナチスの暴力が秩序の回復に役立ち，社会的アウトサイダーの排除に向けられている限りは，これを基本的に容認していた。

　こうした「正常性」の追求は，非ドイツ的な文化の粛清にまで進んだ。なかでも悪名高いのが，1937年の退廃芸術展である。そこでは表現主義，ダダイズム，新即物主義，キュービズムなど，「退廃」の烙印を押された作品が見せしめにされた。難解な前衛芸術に対する大衆の憎悪をかきたてる意図があったことは明らかで，ナチスはこうした作品を政治的・人種的に堕落したものと決めつけ，ドイツ民族の健全な感情を損なうという理由で一掃しようとしたのである。もっとも，これに代わって独自の芸術が打ち出されたわけではなく，粛清後の空白を埋めたのも，ほとんどが月並みな作品ばかりだった。ナチスの文化政策は一貫性を欠いていたため，既成の文化を都合よく利用することしかできなかった。1930年代後半に一気に花開いたかに見える非政治的な娯楽・余暇文化にしても，文化生活の全面的統制を図る体制の管理要求が限界に突き当たったことを示すものでもあった。

　文化生産に携わる芸術家の側も，こうした状況への適応を図った。彼らの多くは表向きは体制に忠誠を誓いつつ，政治との必要以上の関わりを避けて創作に打ち込む姿勢をとったが，それが時代にとらわれない文化活動の継続を可能にするとともに，非政治的な文化や娯楽をもとめる国民・体制双方の需要を満たす結果につながったのである（ポイカート 1991）。この困難な時代を生きた芸術家の苦悩を描き出しているのが，クラウス・マリア・ブランダウアー主演の映画『メフィスト』（西独・ハンガリー：1981）である。ナチス政権下，メフィスト役で一世を風靡した名優グスタフ・グリュントゲンスをモデルにした作品だが，演劇に没頭

して名声をつかむも権力に翻弄されていく主人公の姿は，ナチスによる文化の道具化を生々しく物語っている。

豪華客船の末路

第二次世界大戦末期，多数の避難民を乗せてバルト海を西に向かっていたドイツの大型客船が，ソ連潜水艦の魚雷攻撃を受けて沈没する。9,000人もの犠牲者を出したこの史上最大の海難事故を描いたのが，ヨーゼフ・フィルスマイアー監督の映画『シップ・オブ・ノーリターン〜グストロフ号の悲劇〜』（独：2008）である。

注目されるのは，沈没したヴィルヘルム・グストロフ号の来歴である。この船はもともと歓喜力行団の客船として建造されたもので，開戦までは地中海やノルウェーへのクルーズを提供していたのだった。その意味で，グストロフ号の末路は戦争の悲劇を物語ると同時に，ナチス政権がかきたてた海外旅行への憧れ，消費社会の夢が潰えたことも象徴している。多くのドイツ人がこぞって地中海にバカンスに出かけ，自動車や電化製品を手にするようになるのは，戦後しばらくたった1950年代後半以降のことである。

図6-16　映画『メフィスト』
（DVDパッケージ）

（田野大輔）

参考文献

ゲッツ・アリー『ヒトラーの国民国家——強奪・人種戦争・国民的社会主義』（芝健介訳）岩波書店，2012年．

飯田道子『ナチスと映画——ヒトラーとナチスはどう描かれてきたか』中央公論新社，2008年．

石田勇治『ヒトラーとナチ・ドイツ』講談社現代新書，2015年．

小野清美『アウトバーンとナチズム——景観エコロジーの誕生』ミネルヴァ書房，2013年．

イアン・カーショー『ヒトラー神話——第三帝国の虚像と実像』（柴田敬二訳）刀水書房，1993年．

第Ⅲ部　ヒトラーの独裁

イアン・カーショー『ヒトラー　権力の本質』（石田勇治訳）白水社，1999年。
クラウス・クライマイアー『ウーファ物語——ある映画コンツェルンの歴史』（平田達治・宮本春美・山本佳樹・原克・飯田道子・須藤直子・中川慎二訳）鳥影社，2005年。
ヴォルフガング・ザックス『自動車への愛——二十世紀の願望の歴史』（土合文夫・福本義憲訳）藤原書店，1995年。
芝健介『ヒトラーのニュルンベルク——第三帝国の光と闇』吉川弘文館，2000年。
瀬川裕司『美の魔力——レーニ・リーフェンシュタールの真実』パンドラ，2001年。
高田博行『ヒトラー演説——熱狂の真実』中央公論新社，2014年。
田野大輔『魅惑する帝国——政治の美学化とナチズム』名古屋大学出版会，2007年。
平井正『20世紀の権力とメディア——ナチ・統制・プロパガンダ』雄山閣，1995年。
リチャード・ベッセル編『ナチ統治下の民衆』（柴田敬二訳）刀水書房，1990年。
デートレフ・ポイカート『ナチス・ドイツ　ある近代の社会史』（木村靖二・山本秀行訳）三元社，1991年。
デートレフ・ポイカート『エーデルワイス海賊団——ナチスと闘った青少年労働者』（伊藤富雄訳）晃洋書房，2004年。
村瀬興雄『ナチズムと大衆社会——民衆生活にみる順応と抵抗』有斐閣選書，1987年。
山口定『ナチ・エリート——第三帝国の権力構造』中央公論新社，1976年。
山本秀行『ヒトラーの時代（世界史リブレット）』山川出版社，1998年。
デイヴィッド・クレイ・ラージ『ベルリン・オリンピック1936——ナチの競技』（高儀進訳）白水社，2008年。

第7章
人種主義国家

1　親衛隊国家とナチスの弾圧装置

　ナチスの独裁を支えた組織はと問われて，親衛隊を連想する人は多いだろう。ナチス時代を描いた作品では，黒い制服の親衛隊員は，ドイツ社会に遍在する警察権力の象徴として，またホロコーストではその実行犯として登場する。それはスティーヴン・スピルバーグ監督の映画『シンドラーのリスト』（米：1993）で，ユダヤ人迫害の担い手が親衛隊であった点にもあらわれている。しかし，なぜ親衛隊がナチスの支配の負の側面を担うにいたったのか，その背景にまで踏み込んで説明する作品はほとんどないのが実情といってよいだろう。そこで，ここではナチスの弾圧装置の主要な構成要素である親衛隊，警察，強制収容所の組織的変遷と，ナチスによる初期の迫害政策を見ていくことにしよう。

親衛隊と強制収容所システムの拡大

　アドルフ・ヒトラーは，法は「健全な民族感情」を完全に反映することができないがゆえに，総統としての自らの権力行使が法の制約を受けるべきではないと考えていた。法は利用すべきものであって，自らの要求と矛盾する場合は無視すべきものだったのである。そして，法の弱体化によって総統権力の執行機関となったのが，警察機構であった。親衛隊がナチス支配下で「親衛隊国家」と言われるまでに存在感を増した理由は，このような合法性原則の空洞化状況のなかで，親衛隊長官ハインリヒ・ヒムラーが親衛隊組織と警察機構，強制収容所システムを，自身の権力装置として統合した点にある。1934年4月，ヒムラーはドイツ全土の政治警察を一手に握り，事実上，秘密国家警察（ゲシュタポ）の支配者となった。ゲシュタポの中央集権化，および党組織である親衛隊との人的融合を推進したのが，ベルリンの秘密国家警察局長に就任した親衛隊保安部長ラインハルト・ハイドリヒである。とくに，ゲシュタポの指導的ポストを親衛隊リーダーたちが占有したことは，政治警察機能が国家の権力領域から引き剥がされ，ナチ党

第Ⅲ部　ヒトラーの独裁

図7-1　映画『愛を読むひと』
（DVDパッケージ）

の世界観的前衛を自負する親衛隊に移されたことを意味していた。このようにゲシュタポを中心に拡大する警察権力の姿は、手塚治虫の『アドルフに告ぐ』（1983～1985）でも折に触れて登場するゲシュタポ要員として描き出されている。そしてヒムラーは、突撃隊隊長エルンスト・レームの粛清後、ヒトラーから強制収容所システムの管轄権も認められた。ヒムラーはこうして警察と強制収容所を人員面でも親衛隊と融合させ、三者を不可分の組織に再編していくのである。強制収容所の警備部隊を母体とする「親衛隊髑髏部隊」は、まさにその象徴的な存在であった。強制収容所の元看守という過去をもつ女性と青年の恋愛を描くケイト・ウィンスレット主演の映画『愛を読むひと』（米・独：2008）は、親衛隊が強制収容所で発揮した暴力性を抜きにしては成立しえない物語である。

　他方、これと同時期にヒトラー政権は政治的反対派の抑え込みに成功し、政権掌握直後に一時4万5,000人を超えていた強制収容所の被収容者（囚人）数も1934年から1935年にかけて3,000人程度にまで減少するなど、実は政権の安定という観点から見た強制収容所の必要性は薄れつつあった。そこに新たな存在意義を吹き込んだのが、ヒムラーである。ヒムラーとゲシュタポ指導部は、政治的反対派や組織的な労働運動の撲滅に成功したいま、次にめざすべきはナチスの人種イデオロギーにもとづく社会の健全化、すなわちドイツ民族体の政治的健康状態を損ないかねない「病気」の兆候を発見し、除去することにあるとしたのである。そのため、政治警察と強制収容所はドイツ民族の政治的・刑事的・社会的・人種的な健康を維持するために、職業犯や常習犯、「反社会的分子」といった遺伝的な逸脱者と見なされた人々を社会から隔離する任務を遂行しなければならないとされた。1936年以降、ダッハウに加えて次々に建設された強制収容所は、ヒムラーにとって政治的反対派のみならず、「民族共同体」に対する脅威すべてを除去するための装置へと変貌する。

第7章 人種主義国家

「人種」を汚すものの排除

「民族共同体」の健康な発展は、1936年6月にヒムラーが全国の警察権力を束ねるドイツ警察長官に就任することで、現実に追求すべき目標となった。ヒムラーは人種衛生学や犯罪生物学といった諸科学を拠り所にして、警察が「反社会的分子」を予防的に拘禁することで犯罪を撲滅する政策を推進し、職業犯・常習犯・性犯罪者とされた人々を強制収容所に送った。そのなかには、すでに刑法で犯罪としての位置づけが強化されていた同性愛の人々も多数含まれていた。また、1938年には労働忌避者と見なされた人々も強制収容所送致の対象になった。その結果、強制収容所の被収容者数は、1938年の段階で約2万

図7-2　映画『ベント　堕ちた饗宴』
（DVDパッケージ）

4,000人にも達している。収容環境は劣悪であり、看守による虐待も多発するなど、被収容者にとって収容所生活は過酷をきわめた。このような強制収容所の機能変化と過酷な収容生活を垣間見せるのが、収容所に送られて迫害される同性愛者を描いたショーン・マサイアス監督の映画『ベント　堕ちた饗宴』（英：1997）である。親衛隊員を前に鉄条網を握って死を選ぶ主人公の姿は、「反社会的分子」と見なされた人々の悲惨な運命を余すところなく表現している。

ここで注意しておくべきなのは、私たちが抱きがちな強制収容所＝反ユダヤ人政策という固定観念であろう。ヒトラー政権成立直後の一斉逮捕や暴行事件の際に一時的に多数のユダヤ人が強制収容所に留置されたことはあったにせよ、反ユダヤ人政策は少なくとも第二次世界大戦勃発までは強制収容所機構の主な機能ではなかった。むしろ当初の迫害は、政治的反対派やドイツ人の内なる「異分子」に向けられていたのである。この点で、強制収容所を反ユダヤ人政策と単純に同一視することは、ナチスによる迫害政策の本質を見過ごす危険があることを指摘しておかなければならない。

ドイツ社会と強制収容所

では、ドイツ人自身は身近に存在した強制収容所をどのようにとらえていたのだろうか。強制収容所とドイツ社会の関係を考える手掛かりになるのが、マー

第Ⅲ部　ヒトラーの独裁

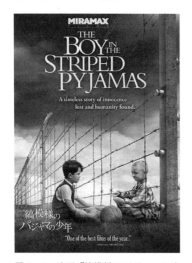

図 7-3　映画『縞模様のパジャマの少年』
（DVD パッケージ）

ク・ハーマン監督の映画『縞模様のパジャマの少年』（英・米：2008）である。親衛隊将校を父親にもつ主人公の少年は，父の勤務先である強制収容所で「縞模様のパジャマ」を着た少年に出会い，その実態を知らされぬまま強制収容所への冒険に出かけて落命する。映画の鑑賞者に襲いかかる後味の悪さは，人々が強制収容所の実情を薄々感じていながらも，真実に目を閉ざしたがゆえに起こった悲劇を，無垢な子どもの視点からあらためて突きつけられるからにほかならない。

　戦後，ナチスの蛮行を知らなかったと弁明する声は，社会各層に満ちていた。たしかに，強制収容所という施設そのものは鉄条網によって一般社会とは隔離され，収容所当局も釈放される被収容者に守秘義務を負わせて実情の漏えいを防ぐ措置をとっている。だが強制収容所の設置当初から，ヒムラーは新聞報道を通じて政治的反対派の隔離を正当化するプロパガンダを展開していたし，収容所の設置が必需品の調達を通じて地域経済の活性化につながるといった経済的効用を強調する自治体もあらわれるなど，強制収容所はドイツ社会で周知の存在であった。警察による逮捕行動は公然と行われたし，自治体や食糧管理局といった公的機関なしには収容所の運営は立ち行かなかった。それだけでなく，「反社会的分子」の捕捉と収容所送致が始まると，福祉事務所が対象となる人々を警察当局に申告するなど，積極的な関与が行われたことも確認されている。「反社会的分子」を隔離する政策への直接的な賛同こそ記録としては残っていないものの，そこに見出せるのは，人々が強制収容所を中心に展開される諸施策に対して反対の声を上げることなく，事実上暗黙の了解を与えたという点であった（増田 2012）。『縞模様のパジャマの少年』が描き出す，強制収容所の実情を知ろうとせず，知らせようともしない大人たちの姿は，まさにこの点と重なり合うのである。

　さらに言えば，社会の隅々まで監視の目を光らせ，些細なことで人々を強制収容所に駆り立てたというイメージの強いゲシュタポもまた，万能の存在ではなかった。ゲシュタポ職員の数は思いのほか少なく，地方では人員不足のため情報処理で手一杯であった。このような状況でゲシュタポを機能させたのは人々の密告

であったが，その密告も隣人間の紛争や家庭内のもめ事など，個人的な動機に根差すものが多数を占めていたようである。なかには他人を陥れるための偽情報もあり，ゲシュタポはこうした情報に振り回されてもいた。ともあれ，監視の目を光らせていたのはゲシュタポではなく，むしろ普通の人々であった点は注目に値しよう（山本 1998）。

強制収容所システムの完成

アウシュヴィッツでの蛮行を告発したアラン・レネ監督のドキュメンタリー映画『夜と霧』（仏：1955）は，被収容者が直面したあまりにも凄惨で衝撃的な状況とともに，視察に訪れたヒムラーや収容所を管理した親衛隊員を実際の映像や写真で登場させている。ここにも示されているように，警察権力とともに強制収容所機構をも融合するにいたった親衛隊は，実際にナチスの迫害政策を担う存在になっていった。親衛隊員が身に着けた髑髏の徽章は，ナチスが振りまく死の匂いをこれ以上ないほど象徴していたのである。

とはいえ，このことは親衛隊・警察権力が強制収容所機構を背景に，ドイツ国民を絶対的な恐怖政治のもとに追いやったということを必ずしも意味するわけではない。国民の大多数は，政治的反対派や「反社会的分子」に対して選択的に行使される暴力を容認し，監視と密告を通じてゲシュタポの活動を下支えする役割も果たしていた。ナチスの迫害政策が，人々のこうした暗黙の了解と関与によってこそ，より容易に貫徹されえたという点は心に留めておく必要があるだろう。

（増田好純）

2　ナチス独裁下の人種主義と迫害政策

可憐なユダヤ人少女とナチスを信奉する若者との秘め事，これはナチス時代を舞台とする禁断の恋の典型である。手塚治虫の『アドルフに告ぐ』（1983〜1985）では，それはヒトラー・ユーゲントの少年がユダヤ人狩りで出会った少女に恋をし，彼女を日本に逃亡させるという重要なプロットとして登場する。ナチス独裁下で，それまでユダヤ教徒であるかどうかが問われてきた反ユダヤ主義は，人種主義にもとづく国家原理へと変貌した。このように制度として構築されたドイツ人とユダヤ人を隔てる障壁を抜きにしては，ナチス時代の禁断の恋も，ホロコーストという凄惨な帰結も想像することは難しい。ナチスが支配した12年間に，どのようにしてユダヤ人などの人種的マイノリティに対する差別が制度化されてい

ったのか。ここではナチスが推進し、やがてホロコーストへと行き着くことになる、人種主義にもとづく迫害政策の第二次世界大戦勃発までの展開を見ておこう。

制度化される反ユダヤ人政策

スティーヴン・スピルバーグ監督の映画『シンドラーのリスト』（米：1993）には、強制収容所の所長アーモン・ゲートが内心好意を寄せるユダヤ人女性のメイドに対し、寸前でキスを思いとどまり、思いを遂げられぬ自らの状況に憤怒するかのごとく、一転して暴力を振るうシーンが登場する。「お前は人間以下とされているユダヤ人だ」「そういう考えが悪いのだ」と自らに言い聞かせるかのように女性に接近するゲートの姿には、反ユダヤ主義が信仰の有無ではなく、もはや同化の余地のない人種の問題と理解されていることが象徴的にあらわれている。

従来のヨーロッパにおける宗教的な反ユダヤ主義やユダヤ人憎悪に対して、このように人種主義の思考原理に裏づけられ、ユダヤ人の同化や統合の余地を認めない考え方を「反セム主義」と呼ぶ（石田 2002）。1933年に成立したヒトラー政権は、この「反セム主義」にもとづく反ユダヤ人政策を強力に推進した。ナチスは、戦前期にはユダヤ人の抹殺ではなく、彼らのパレスチナなど国外への移住による「ユダヤ人問題」の解決をめざしていた。そのため、当初の反ユダヤ人政策は、彼らの出国意欲を促すという側面があったことは指摘しておかなければならない。

ナチスが推進した反ユダヤ人政策の大きな特徴は、それが立法によって具体的に制度化されていった点にあるだろう。政権成立直後から継続的に行われたユダヤ人商店などへのボイコット運動と並んで、1933年4月にはユダヤ人を公務員から排除する「職業官吏再建法」やユダヤ系の学生を制限する「ドイツ学校・大学過剰解消法」が制定され、「アーリア条項」にもとづきさまざまな組織・団体からのユダヤ人の排除も始まった。1935年になるとユダヤ人と非ユダヤ人の性交渉を「人種汚辱」と弾劾するキャンペーンが展開され、一連の流れは同年9月公布のいわゆる「ニュルンベルク人種法」に明文化される。これを構成する2つの法律のうち、「ドイツ国公民法」はユダヤ人を公民資格のない単なるドイツ国籍保持者として二級市民に位置づけるものであり、「ドイツ人の血と名誉を守るための法」はユダヤ人とドイツ人の血統を有するドイツ国民との結婚・内縁関係の取り結びを禁止するものであった。11月にはユダヤ人であるかどうかを4人の祖父母の血統によって決定する「ユダヤ人規定」が補足され、「2分の1ユダヤ人」

第7章 人種主義国家

などの差別語も公用語となった（芝 2008）。

こうしてナチス政権下では人種を分かつ障壁が制度化され，ユダヤ人の法的平等は否定されたのである。「アーリア人専用」と明記された公園のベンチが象徴するように，社会の目がある場所でユダヤ人の少女とドイツ人の若者が恋を囁き合うことは，もはや許されることではなかった。

図7-4 アーリア条項によって「アーリア人専用」と記された公園のベンチ

シンティ・ロマに対する迫害

反ユダヤ人政策を推進する一方，ナチスはもう1つのマイノリティ集団であるシンティ・ロマの人々に対する迫害も激化させる。1871年に曲がりなりにも法的平等を達成したドイツ・ユダヤ人とは異なり，シンティ・ロマの人々は「解放」を経験することはなく，ヴァイマール期においても「放浪・労働忌避」を理由に取り締まりを受けるなど，継続的な差別政策の対象となっていた。したがって，ニュルンベルク人種法の制定は，ユダヤ人が法的にはシンティ・ロマの人々と同じ状況に引き戻されたことを意味する。

シンティ・ロマに対する迫害政策は，第三帝国期以前に制定ずみの，彼らを浮浪者・労働忌避者とともに取り締まるための法律をもとに強化された。これに加えて，反ユダヤ人諸法制もシンティ・ロマの人々に適用された。1936年のベルリン・オリンピック開催は，ユダヤ人の抑圧政策を一時的に緩和させる契機となったが，野外で起居するシンティ・ロマの人々の取り締まりを強化させる引き金にもなった。オリンピックの進行に支障をきたさないためである。ベルリンに設置されたシンティ・ロマを対象とする収容所は，オリンピック後も撤去されることはなく，モデルとして各地に同様の収容所を拡散させる結果をもたらした。そして，1936年にドイツ警察長官としてシンティ・ロマの人々に関わる権限を握った親衛隊長官ハインリヒ・ヒムラーは，彼らを「反社会的分子」「労働忌避者」として強制収容所に送致することを決定したのである。1938年以降，ドイツ全土で逮捕歴のあるシンティ・ロマの人々の捕捉，強制収容所送りが本格化していった。浦沢直樹のマンガ『MASTERキートン』第5巻（1990）がシンティ・ロマの人々もナチス時代に迫害と虐殺の対象となった事実を描いたように，やがてシン

第Ⅲ部　ヒトラーの独裁

図7-5　マンガ『MASTERキートン』
　　　　第5巻

ティ・ロマの人々に対する迫害政策は「ホロコースト」へと合流することになる。

アーリア化と「水晶の夜」

　ニュルンベルク人種法の公布以来，公民資格を失って公的扶助から締め出されたユダヤ人たちは，日常的な差別に苦しむだけでなく，経済的にも苦境に陥り始めていた（芝 2008）。ナチスはユダヤ人の資産を再軍備の資金調達に活用したため，1938年に入ると「アーリア化」と称されるユダヤ人資産の収奪は一層激しさを増すことになる。この時期にすでに，ユダヤ人所有の企業はその3分の2がユダヤ人所有者の手を離れていた。このような「アーリア化」の最大の受益者は，もちろんドイツ国家であった。もっとも，たとえばアメリカのロック歌手ビリー・ジョエルが，ドイツ・ユダヤ人であった祖父カール・ヨエルの衣料問屋がアーリア化され，ヨーロッパ有数の通販会社ネッカーマンへと成長した事実に言及したことがあるように，「アーリア化」の分け前にあずかったドイツ人も少なくなかった。そして，ユダヤ人たちは当初の政府の思惑とは異なり，経済的に苦境に追いやられることによって，国外移住も難しくなるというジレンマを抱えることになる。

　こうしたユダヤ人の苦境に追い打ちをかけたのが，ヤン・オーレ・ゲルスター監督の映画『コーヒーをめぐる冒険』（独：2012）でかつてナチス時代を生きた老人の口から語られる，1938年11月のユダヤ人に対する大規模な襲撃事件である。破壊されたガラスの破片がきらめく様子から「水晶の夜」と呼ばれたこの反ユダヤ主義暴動では，パリ駐在のドイツ外交官狙撃事件とナチ党指導部の煽動をきっかけに，突撃隊や親衛隊がユダヤ人商店やシナゴーグを襲撃して，多数のユダヤ人死傷者が出た。ナチスはその責任をユダヤ人に転嫁，膨大な懲罰金を課してアーリア化を一層強化するとともに，ドイツからの出国をより強力に促進することを決定する。ナチスは「水晶の夜」事件をきっかけに，その反ユダヤ人政策を徹底的に追求する道を選んだのである。

安楽死作戦の始動

反ユダヤ人政策の急速なエスカレートと時を同じくして，1939年2月にはさらに人種主義的・優生学的な計画にもとづく殺害作戦が始動しようとしていた。医師や学者，関係分野の専門家らが「生きる価値のない生命」とする難病患者や障害者に対する安楽死作戦を計画，準備し始めたのである。同年8月には障害児童の届け出が義務化され，戦争が始まった9月には成人の精神障害者の選別が開始された。そのうち，成人障害者の安楽死作戦には「T4」という暗号名がつけられ，国家機密とされた。医師による選別，ガス室の使用，金歯の回収など，このT4作戦で採用された方法が，後のユダヤ人殺戮に引き継がれていくことになった点は注目に値する（山本 1998）。

図7-6 映画『コーヒーをめぐる冒険』
（ポスター）

ホロコーストへの道

ユダヤ人とシンティ・ロマの人々に対する人種主義にもとづく迫害政策は，第二次世界大戦の開始後，凄惨なホロコーストへと帰結した。わが国の道徳・歴史教育では，このホロコーストという惨劇が戦争の悲惨さを示す教材として用いられているのを目にすることがある。だが上述の通り，ユダヤ人の社会的・経済的な存在の抹殺という重要なプロセスは，すでに第二次世界大戦が始まるまでの段階で完成を見ていた。これに加えて，開戦前後の時期には「T4」と呼ばれる安楽死作戦が別系統で進行し，強制収容所もまたシステムとして確立しつつあった。全体の状況を眺めてみるとき，ホロコーストというユダヤ人の物理的絶滅政策は，「水晶の夜」事件をきっかけにして一層強化された反ユダヤ人政策だけでなく，並行するさまざまな人種主義的迫害政策のすべてが収斂していく，その終着点に位置していたのである（ベンツ 2004）。

（増田好純）

3　ナチス独裁下の性とジェンダー

　黒い制服に身を包んだ冷血なナチス。「絶対悪」の象徴と言うべきこのイメージはしかし，数多くの映画やマンガにおいて，性的欲望を刺激するアイテムとしても利用されている。事実，欧米の戦争映画や歴史サスペンスでは，強制収容所の女性囚人に暴虐の限りを尽くす親衛隊員，あるいは女性スパイと愛人関係に陥る国防軍将校といった存在が欠かせない要素となっているし，日本のコミックや同人誌などでは，親衛隊員の同性愛を題材にした耽美系マンガや，美少女が軍服を着てナチスに扮する歴史パロディまで登場している。「悪の代名詞」たるナチスが性的魅力を放つという，この逆説的な状況を理解するために，ナチス独裁下の性とジェンダーの問題を見ていこう。

「美しく冷酷」なナチス

　このエロス化されたナチス像の原型を提示しているのが，ルキノ・ヴィスコンティ監督の映画『地獄に堕ちた勇者ども』（伊：1969）である。主人公のマルティンは鉄鋼財閥の唯一の直系で，女装癖と幼児性愛癖をもつ繊細な青年だが，親衛隊に入隊するや冷血な男に生まれ変わり，自分を抑圧してきた親たちに復讐の牙をむく。親衛隊の黒い制服は，青年の倒錯した性を権力の動力源に転換し，「美しく冷酷」なナチスを生み出す装置として描かれている。

　ナチスの暴力の背後にある種の異常性愛を見出す視点は，数多くの映画やマンガに踏襲されている。とくに頻繁に描かれるのは，同性愛に耽溺する親衛隊員のイメージである。結党以来，たえず戦闘的な男性結社を自認し，女性を組織から排除してきたナチスの内部に，男性同性愛に向かう一定の傾向が存在したことはたしかである。事実，権力掌握前に街頭闘争を担った突撃隊員たちの間では同性愛が横行し，突撃隊隊長エルンスト・レーム自身も公然たる同性愛者であった。しかし1934年6月末にレームを含む突撃隊幹部が粛清されると，新たに警察権力を握った親衛隊長官ハインリヒ・ヒムラーは同性愛の撲滅に乗り出し，多くの同性愛者を強制収容所に送ることになった（モッセ 1996）。それゆえ，ホモセクシュアルな親衛隊員のイメージは，禁じられた欲望への関心が生み出した虚構にすぎない。

　この突撃隊の粛清，いわゆる「長いナイフの夜」は『地獄に堕ちた勇者ども』でも描かれ，同作の最大の見せ場となっている。乱痴気騒ぎに疲れて眠る半裸の

第7章　人種主義国家

突撃隊員たちに容赦なく銃弾を浴びせる黒い制服の親衛隊員たちの姿は，性的退廃を「浄化」するナチスの冷酷な「健全さ」を印象的に表現している。この不気味な「健全さ」こそ，彼らの性意識とジェンダー観を理解する鍵と言っていい。

「民族の健全化」の悪夢

親衛隊が同性愛の弾圧に血道を上げ，「健全」な性的関係の回復をめざしたのは，国力の基盤となる健康な子孫の増殖という至上目的を達成するためであった。20世紀初頭以来，ドイツでは出生率が急速に低下し，民族没落の危機感が高まっていたが，この少子化傾向に歯止めをかけようと，ナチスは「産めよ殖

図7-7　映画『地獄に堕ちた勇者ども』
　　　　（DVDパッケージ）

やせよ」の積極的な出産奨励策を実施した。新婚の夫婦への結婚資金貸与，子だくさんの女性への母親十字勲章など，さまざまな報奨制度が導入されたが，それらはいずれも，女性にもっぱら子どもを産む母親としての役割をもとめるものであった。街頭で客引きをする売春婦が一斉検挙されただけでなく，妊娠中絶に対する罰則が強化され，避妊具の販売への締めつけも厳しくなるなど，出産こそ「女性の使命」とする風潮が生まれた。

ただし出産奨励といっても単に出生数を増加させればいいというわけではなく，生まれる子どもの「質」も確保しなければならなかった。この目的のため，心身ともに健康で人種的に価値の高い「アーリア人」には結婚と出産が奨励される一方，人種的・遺伝的に「劣等」とされた人々には断種や妊娠中絶が強制された。1933年7月成立の「遺伝病子孫予防法」などによって「劣等者」排除の強制措置（断種・不妊・妊娠中絶手術）が合法化され，1939年10月からは「生きる価値のない生命」とされた精神障害者への「安楽死」も実施された（米本 1989）。「民族の健全化」をめざして個々人の性生活への介入を強化し，人種主義・優生学を選別基準とする徹底した生殖の国家管理をはかったナチスは，最終的にはホロコーストという史上最悪の犯罪を引き起こすことになるのである。

こうしたナチスの政策を最も極端な形で例証しているのが，親衛隊の母子養護施設「生命の泉」であろう。皆川博子の耽美的な小説『死の泉』の舞台にもなっ

167

第Ⅲ部　ヒトラーの独裁

図7-8　ドイツ女子青年団のポスター

ているこの施設は，人種改良のための「種つけ場」のごときものとしてエロティックに脚色されることが多いが，実際には私生児を出産する未婚の母親を保護し，人種的に価値の高い子どもを調達することを目的としていた（ブロイエル1983）。ナチスにとって重要だったのは，とにかく血統の優れた子どもを増やすことで，両親が結婚しているかどうかなど二義的な問題にすぎなかった。そこには紛れもなく，女性を「産む機械」として扱う酷薄な姿勢があらわれている。この当時，もし現在のように生殖技術が発展していたならば，ナチスは必ずやこれを悪用して，「純アーリア人種」の人工繁殖を企てていたに違いない。親衛隊の医師ヨーゼフ・メンゲレがアドルフ・ヒトラーのクローンを大量生産するという，『ブラジルから来た少年』（英：1978）の悪夢が現実となっていたかもしれない。

独裁下の「性の解放」

こうした非人道的な政策を推進したがゆえに，ナチスは性一般に対して抑圧的であったかのように考えられている。たしかにナチ党の公式教義は純潔な結婚と家族の理想を訴え，党の青年組織も若者に性的節制の必要を説いていた。しかしナチスは実際にはそれほど結婚を重視していたわけでも，禁欲的であったわけでもなく，婚前・婚外の性的関係を容認し，性欲の発散を奨励するような政策もとっていた。

事実，ヒトラーをはじめとするナチスの指導者たちは，くり返し男女の自然な性的関係を擁護し，性を悪しきものとして抑圧する伝統的な性道徳を非難していた。本当に愛し合う男女が自然の欲するままに性愛を享受することこそすばらしいという，ある種の「進歩的」な考えに立って，ナチスは性を抑圧から解放し，民心を懐柔しようとしたのだった。親衛隊長官ヒムラーは，若者を同性愛の危険から救うため，男女の出会いの場を設けて婚前交渉を促進することまで要求していた。出生数を増加させる狙いがあったことは明らかだが，生殖に寄与するかど

第7章　人種主義国家

うかを問わず，性交そのものに積極的な意味が認められていたことも事実だった。ヒムラーにとっては，若い男性の女遊びのような行動ですら，「健全」な欲求の発露として擁護すべきものだったのである。

露骨に性交を奨励するナチスの主張にも後押しされて，第三帝国期には男女関係を束縛する性的タブーが弱まり，享楽をもとめる放埒な行動が広まっていた。戦争による社会的混乱もこれに拍車をかけ，若い男女の性的非行や外国人との性的関係など，さまざまな憂慮すべき事態が生じることになったが，ナチスはこれに苛酷な暴力で対処することしかできなかった。さらにまた，生殖と切り離された性の消費化の傾向も進行し，さまざまなメ

図7-9　映画『愛の嵐』
（ポスター）

ディアで女性のヌードが頻繁に提示された。これらのヌードは，帝政期以来の裸体主義運動（ヌーディズム）の伝統を受け継ぎ，「肉体の喜び」を肯定するものとして賛美されたが，実際には男性の目を楽しませるポルノとして消費されたことも明らかだった。宣伝相ヨーゼフ・ゲッベルスは，民心の懐柔をはかる目的でエロティシズムを公然と擁護し，映画や舞台での裸体の提示を容認する指令まで出していた（田野 2012）。

ナチスの「性的魅力」の正体

性欲の充足を肯定する姿勢は，何よりも売買春の問題への対応にあらわれている。ナチスはもともと売買春の撲滅を訴えていたのだが，権力を掌握するとすぐに方針を転換し，公衆衛生上の目的で街娼を禁止する一方，警察・保健当局の監督下で売春宿の営業を認めるという，事実上の封じ込め政策に乗り出すようになった。警察は保守派の反発を無視して売春業への介入を強化し，自ら公認の売春宿や売春街を設立する措置までとった。戦争が勃発すると，国防軍も兵士のために各地に軍用売春宿を設置するようになり，その数は最大で500軒に達した。このほかにも，ドイツ国内で働く外国人労働者向けの売春宿や，強制収容所の囚人用の売春施設も設置された（パウル 1996）。これらの売春宿の設置を根拠づけたのは，男性の性欲にははけ口を与える必要があり，士気の維持や生産性の向上に

役立つならば，それを徹底的に活用すべきだという基本的な認識であった。そこではもちろん，女性は男性の性欲充足の手段にすぎなかった。

　上半身裸でサスペンダーつきのズボンをはき，軍帽に黒の長手袋をつけた美しいユダヤ人の女性囚人が，親衛隊員たちの集うクラブで物憂げに歌いながら踊る。リリアーナ・カヴァーニ監督の映画『愛の嵐』(伊：1973) に登場するこの有名なシーンは，親衛隊の黒い制服が放つ妖しい魅力の正体を暴き出している。「美しく冷酷」なナチス，彼らのめざす「健全さ」の行き着いた先は，結局のところ男性権力による女性支配にほかならなかったと言えよう。

（田野大輔）

4　戦争への序曲

　1939年11月，ミュンヘンのビアホール・ビュルガーブロイケラー。ミュンヘン一揆を記念して演説するアドルフ・ヒトラーを時限爆弾が狙っている。当時，ナチス政権は最盛期を迎えようとしていた。すでに失業を完全に克服，数々の外交的勝利を達成し，またポーランドを短時日で下すも英仏との本格的戦闘は始まらず，破滅の兆候は見当たらなかった。結局，ゲオルク・エルザーが仕掛けた爆弾は爆発するものの，ヒトラーが予定より早く演説を切り上げたため，この暗殺の試みは未遂に終わることになる。映画『ヒトラー暗殺，13分の誤算』(独：2015) にも描かれたこの事件は，私たちに次のような問いを投げかける。すなわち，このときもしヒトラーが爆死していたとしたら，はたして彼は偉人の1人として歴史に名を残していただろうか。この問いに答えるには，ヒトラーがその経済・外交政策の先に，いったい何を見据えていたのかを考えなければならない。ここでは，ヒトラーの外交政策と戦争準備を見ていくことにしよう。

ヴェルサイユの足かせと戦争への意志

　ヒトラーがめざしたものは，いったい何だったのだろうか。それは『わが闘争』にも記されている通り，東方における「生存圏」獲得という目標である。もちろんこのことは，ヒトラーの外交・経済政策が，つねにポーランドやソ連を念頭に置いたものだったということを意味するわけではない。そうではなく，東方での生存圏獲得を長期的な目標に定め，その前提条件を整えることがヒトラーの外交・経済政策の主眼だったのである。ヒトラーはこの長期的な目標を達成するには戦争もやむをえないと考えており，ドイツの再軍備は絶対条件であった。そ

のためヒトラーの外交は、1933年10月に再軍備の足かせとなる国際連盟とジュネーブ軍縮会議から脱退することで幕を開けたのである。実際、ドイツ国内ではヴェルサイユ条約に違反する事実上の再軍備が加速していた。

この段階でもし第一次世界大戦の戦勝国にドイツの再軍備の動きを断固として押しとどめようとする意志があったとしたら、あるいはヒトラーの以後の外交上の成功は幻に終わっていたかもしれない。だがトム・フーパー監督の映画『英国王のスピーチ』（英・豪：2010）がジョージ6世の国民向け演説というクライマックスへの伏線として描いたように、イギリスはドイツに対して宥和的であった。そのため、ヒトラーが1935年1月に国際連盟

図7-10　映画『英国王のスピーチ』
（DVDパッケージ）

管理下のザールラントの帰属をめぐる住民投票に勝利し、その余勢を駆って3月に一般兵役義務を再導入した際も、イギリスの対応はこれを非難しただけであった。逆にイギリスは、まもなくドイツと海軍協定を結んで、事実上ドイツの海軍再軍備を容認しさえしている。この状況でイギリスとフランスが対独関係において共同歩調をとる余地はなかったし、イタリアも1935年10月のエチオピア侵攻を契機にドイツと接近しつつあった。第一次世界大戦の戦勝国のドイツに対する足並みは、明らかに乱れを見せ始めていたのである。

そのすきを突いて次の一手を打ったのは、ヒトラーの側であった。ドイツは仏ソ相互援助条約を口実として、1936年3月にラインラント非武装地帯への進駐を強行したのである。イギリス・フランス・イタリアは軍事的抵抗を見送り、賭けに出たヒトラーは前年につづいて対外的に成功をおさめたのであった。これに対して、国内ではナチス支持者以外のドイツ国民もこの快挙を歓迎し、直後の国民投票はヒトラーへの支持を確認する機会となった。さらに1936年のベルリン・オリンピックは、ドイツが列強の地位を回復したとのイメージをアピールする絶好の場となった。1936年はヒトラーとナチスにとって、飛躍を印象づける年となったのである。

他方、1936年はヒトラーが戦争方針をより明確化する節目の年でもあった。同年7月には、やがてパブロ・ピカソに『ゲルニカ』を描かせることになるスペイ

ン内戦が勃発，ヒトラーは反乱軍を率いるフランシスコ・フランコの支持と内戦への介入を決定する。8月には極秘の覚書でドイツが4年後に戦争可能な状態になることを要求，外国から輸入していた資源を自給自足化するために，ヘルマン・ゲーリングに4カ年計画の全権を付与した。しかし，4カ年計画は急速に拡大する国防軍の需要に応えることはできなかった。そのため，必要なリソースが圧倒的に不足する状況でドイツが再軍備を継続しようとすれば，対外侵略はもはや政治的な選択肢の1つというよりは必然的な帰結にほかならなかった。

図7-11 映画『サウンド・オブ・ミュージック』
（DVDパッケージ）

戦争なき征服の成功

1938年9月，世界戦争の危機のなかで緊迫するヨーロッパ。ロンドン空港に降り立ったイギリス首相ネヴィル・チェンバレンは市民から歓喜で迎えられ，ミュンヘン会談の共同声明文を高々と振りかざす。世界中の人々がこれで戦争を回避できた，そう思った瞬間であった。その結果を世界が注視したミュンヘン会談は，どのようにして開かれるにいたったのか。それを明らかにするには，1938年から1939年にかけてヒトラーが推し進めたオーストリア，ついでチェコスロヴァキアをめぐる併合政策を見ておかなければならない。

ドイツの軍人になるか，オーストリアから亡命するか。ヒトラーの併合政策のもとで選択を迫られるトラップ一家の運命を描いたのが，ブロードウェイ・ミュージカルをもとにしたロバート・ワイズ監督の映画『サウンド・オブ・ミュージック』（米：1965）である。同作の舞台になったオーストリアの併合と，それにつづくチェコスロヴァキアの解体は，なぜ強行されたのだろうか。

1つには，ヒトラーにとって外交上の条件が整いつつあったためである。1936年10月にはベルリン・ローマ枢軸が，1937年11月には日独伊防共協定が成立したことを踏まえて，ヒトラーはごく限られた軍首脳に生存圏獲得戦争への決意を表明した。その際ヒトラーは，当面の目標をチェコとオーストリアとしていた。もう1つの理由は，そのチェコとオーストリアが危機に瀕したドイツ経済の必要と

する資源と労働力を保有していたことである。オーストリアの独立にとどめを刺したのが、ドイツによる併合に反対しないというイギリスの宥和的な姿勢であった。ヒトラーは1938年3月、オーストリア独立の是非を問う国民投票に先んじて軍を送り、併合を既成事実化する。ドイツはオーストリア併合によって鉄鉱石資源や準備外貨、労働力を獲得し、経済上の苦境をひとまず脱したのであった。

　ところが次の標的であるチェコスロヴァキアがヒトラーの領土要求に強硬な抵抗姿勢を見せたことで、事態は一気に緊迫する。ドイツとチェコスロヴァキアはともに戦争準備を急ぎ、ヨーロッパ諸国は焦点となったズデーテン問題の行方をかたずをのんで見守った。調停に動いたのは、戦争の危機を憂慮したイギリス首相チェンバレンである。1938年9月にはイギリス・フランス・イタリアの首脳らがミュンヘンに参集、上述のミュンヘン会談でズデーテン地方のドイツへの割譲を認めたのである。世界はチェコスロヴァキアの犠牲のもとで、戦争の危機が回避されたことに安堵した。アメリカのフランクリン・ローズヴェルト大統領からチェンバレンに当初これを支持する書簡が送られたというエピソードは、当時の世界の人々の危機感がいかに大きかったかを示している。

　しかし、ヒトラーはそれで満足しなかった。1939年3月には残りのチェコスロヴァキアを解体、ベーメン・メーレン保護領として支配下に置いたのである。1936年にヒトラーが明らかにした征服計画は、戦争に訴えることなく達成された。ただし、イギリス・フランスに宥和政策の苦い教訓を残してである。

ナチズムと共産主義の提携

　1939年9月、ドイツとソ連により東西から挟撃されたポーランドで、ソ連軍に捕らえられた将校多数の行方が知れなくなった。彼らはやがて独ソ戦開始後のカティンの森で、遺体となって発見される。このドイツとソ連の提携下で起こったカティンの森事件を描いたのが、アンジェイ・ワイダ監督の映画『カティンの森』（ポーランド：2007）である。不倶戴天の敵同士であったはずのドイツとソ連は、どのようにして手を結んだのか。

　その背景には、ヒトラーがついにポーランド侵攻を決意したという事情があった。1939年4月、ヒトラーは生存圏獲得をめざして対ポーランド戦準備を命令、いまや対決姿勢を鮮明にした英仏とドイツの間では、にわかにソ連の動向がキーポイントになったのである。

　ドイツと英仏のどちらがソ連を味方に獲得するのか。駆け引きを活発化させた両陣営で最終的に勝利を手にしたのは、ドイツであった。ヒトラーはイデオロギ

第Ⅲ部　ヒトラーの独裁

図7-12　映画『カティンの森』
（DVDパッケージ）

一上の整合性や日伊との防共協定という微妙な問題に目をつむって，二正面作戦を避けるためにソ連獲得を優先したのである。1939年8月，ヒトラーはヨアヒム・フォン・リッベントロープ外相にソ連を訪問させ，独ソ不可侵条約を締結する。この条約には，独ソ両国でポーランドを分割するという，『カティンの森』の前提となった秘密議定書が付属していた。このナチズムと共産主義の提携は，ドイツ国内では共産主義運動への壊滅的打撃となり，日本では平沼騏一郎内閣が総辞職するなど，世界に衝撃を与えた。

しかし，独ソの提携は戦争の世界大戦化を避ける手段にはならなかった。宥和政策に見切りをつけた英仏は，1939年9月にドイツがポーランドに侵攻すると対独宣戦布告に踏み切り，ついに第二次世界大戦が始まったからである。そして，ヒトラーは当初の予定通り，やがて不可侵条約を締結したソ連との戦争にも突入していくことになる。

ヒトラーと戦争

では，1939年11月にヒトラーが暗殺されていたとしたら，彼は偉人と評価されたであろうか。

おそらく，そうはならなかったはずである。ヒトラーの経済・外交政策上の業績は，東方での生存圏獲得という長期的な目標を見据えた，戦争準備の一環として成し遂げられたものであった。ドイツ経済は，その目的を完遂するべく戦争遂行のためにフル稼働していたし，すでに1938年の段階で，領土拡張なしには生産を維持できない状況に陥っていた。ナチス支配下のドイツは戦争体制を構築するなかで見せかけの繁栄を享受していた，と言い換えてもよい。したがって，画期的な政治体制の変更がなされないという前提で言うとすれば，1939年にヒトラーが爆死したとしても，ドイツはただちに戦争を中止することはできず，圧倒的な連合国の国力を前に緩慢な破滅に追い込まれていったであろうことは間違いない。ヒトラーの負の遺産としてである。

（増田好純）

第7章 人種主義国家

参考文献

石田勇治『過去の克服——ヒトラー後のドイツ』白水社，2002年。

栗原優『第二次世界大戦の勃発——ヒトラーとドイツ帝国主義』名古屋大学出版会，1994年。

芝健介『武装SS——ナチスもう一つの暴力装置』講談社，1995年。

芝健介『ホロコースト——ナチスによるユダヤ人大量殺戮の全貌』中央公論新社，2008年。

ウイリアム・シャイラー『ベルリン日記 1934—1940』（大久保和郎・大島かおり訳）筑摩書房，1977年。

田野大輔『愛と欲望のナチズム』講談社，2012年。

クリスタ・パウル『ナチズムと強制売春——強制収容所特別棟の女性たち』（イエミン恵子・池永記代美・梶村道子・ノリス恵美・浜田和子訳）明石書店，1996年。

セバスチャン・ハフナー『ヒトラーとは何か』（瀬野文教訳）草思社，2013年。

ハンス・ペーター・ブロイエル『ナチ・ドイツ 清潔な帝国』（大島かおり訳）人文書院，1983年。

ヴォルフガング・ベンツ『ホロコーストを学びたい人のために』（中村浩平・中村仁訳）柏書房，2004年。

増田好純「ナチ強制収容所における囚人強制労働の形成」『ヨーロッパ研究』第1号，2001年。

増田好純「ナチ強制収容所とドイツ社会——国家による暴力独占の境界線」『ヨーロッパ研究』第11号，2012年。

ジョージ・L・モッセ『ナショナリズムとセクシュアリティ——市民道徳とナチズム』（佐藤卓己・佐藤八寿子訳）柏書房，1996年。

山本秀行『ナチズムの時代（世界史リブレット）』山川出版社，1998年。

米本昌平『遺伝管理社会——ナチスと近未来』弘文堂，1989年。

第8章
第二次世界大戦

1 ヒトラーの戦争

　もしヒトラーが戦争に勝利していたら……。1990年代には，そうした「仮定」をモチーフに採り入れた架空戦記小説が隆盛した。たとえば荒巻義雄の『紺碧の艦隊』（1990～1996）には，前世の記憶をもとにヨーロッパ征服を成功させ，「神聖欧州帝国」を築いたヒトラーが世界を脅かす悪玉として登場する。これらの架空戦記小説に顕著なように，ヒトラーの戦争はたとえば勝てたかどうか，あるいは最終勝利後の未来がどうなったかなどをめぐって，いまだに関心を引きつけるテーマであると言ってよい。

　ナチズムが存続した場合の将来像は，あくまで推論として描いておくほかないが，ヒトラーが勝利しえたか否かは，戦争の転機がどこにあったかという問題を反転させた重要な問いでもある。ここではそうした関心も踏まえて，ナチスが遂行した戦争の全体像を，その転機や重要な局面に焦点を当てながら見ていくことにしよう。

ヨーロッパの征服
　1940年6月，パリ。エッフェル塔を前に写真におさまるアドルフ・ヒトラーは，その政治的人生の絶頂期にあった。1939年9月以降，ポーランド・デンマーク・ノルウェーを次々に制圧，1940年5月から6月にかけてオランダ・ベルギーにつづき大国フランスを下して休戦を乞わしめたのである。このような第二次世界大戦初期のヒトラーの圧倒的勝利は，どのようにしてもたらされたのであろうか。

　対仏戦勝利までのヒトラーの戦争に見られる顕著な特徴は，「圧倒的」という印象とは裏腹に，誤算と幸運の積み重ねの末にかろうじて得られた勝利だったという点にある。たとえば1939年9月の対ポーランド戦においては，ヒトラーは英仏の対独宣戦布告を招いてしまったものの，両国とも西部戦線で本格的な軍事行

第Ⅲ部　ヒトラーの独裁

図8-1　映画『ひまわり』
（DVDパッケージ）

動に出ず，いわゆる「電撃戦」の成功によって早期の勝利を達成することができた（ポーランド東部はソ連が独ソ不可侵条約の秘密議定書にしたがって占領）。その後，英仏・ドイツの両陣営ともに軍事行動を起こさないという「奇妙な戦争」の状態がつづいたが，1940年4月に始まるドイツの対北欧侵攻によって静寂は打ち破られた。そして同年5月，ヒトラーは軍部の反対を押し切って西部戦線での軍事行動を開始する。それはオランダ・ベルギーを蹂躙してフランスへの進撃をめざすものだったが，幸いにもベルギー南東部のアルデンヌを通過するエーリヒ・フォン・マンシュタインの大胆な作戦が奏功し，フランスの防御線を崩して早くも6月にはパリへの入城を果たすことになった。英仏の参戦という誤算とともに始まったヒトラーの戦争は，いくつかの幸運にも助けられてひとまずフランスを打ち破るにいたったのである。

東方生存圏獲得をめざして

　厳寒のロシア戦線で倒れていくイタリア兵たちと，帰ってこない夫を待つ妻。戦争によって引き裂かれたイタリア人夫婦を描くヴィットリオ・デ・シーカ監督の映画『ひまわり』（伊：1970）の背景は，同盟国イタリアも参戦した独ソ戦である。ソ連と不可侵条約を結んでいたドイツは，なぜどのようにして対ソ戦という二正面戦争に突入していったのだろうか。

　ドイツが対ソ戦に踏み切った理由は2つある。1つは，ヒトラーがそもそもソ連の領土をドイツの生存圏として獲得することをめざしていたからである。もう1つは，先に終わらせるはずだったイギリスとの戦争が行き詰まったためである。フランスにつづいてイギリスもまもなくドイツの軍門に下るとの楽観的な見通しは，イギリスの強固な抵抗の前にもろくも崩れ去った。新首相ウィンストン・チャーチルのもとに結束したイギリスは，近代的な空軍とアメリカの援助によって，地上部隊上陸の前提となる航空優勢の確保をドイツに許さなかったのである。ドイツがイギリスを空軍力で屈服させる道は閉ざされ，ヒトラーは戦略の変更を余儀なくされた。それまでイギリスを打ち破った後に行う予定であった生存圏確保

のための対ソ戦を決意したのである。ソ連軍は容易に打倒できる相手のはずであり、対ソ戦勝利の後に再びイギリスに向かえばよかった。ヒトラーは1940年12月、対ソ攻撃準備を指令する。

この対ソ戦もまた綱渡りの連続であった。折しも、1940年後半から1941年前半にかけて同盟国イタリアによるギリシアとエジプトへの軍事侵攻が失敗し、ユーゴスラヴィアでは反ドイツ・クーデターが起こるなど、ヒトラーはヨーロッパの東南部や北アフリカにも対処せねばならなくなっていた。このように予期せぬ展開がつづくなかでの対ソ侵攻は、ヒトラーにとって、ヨシフ・スターリンによる粛清でソ連軍が弱体化しているという事前の

図8-2　映画『スターリングラード』
　　　（DVDパッケージ）

観測を主な拠り所にする、入念な準備の欠如した賭けにほかならなかったのである。

それゆえ、1941年6月に始まった独ソ戦において、ソ連軍の力を過小評価したドイツ軍が予想外の抵抗に直面し、冬の訪れとともにモスクワ前面で膠着状態に陥ったとき、戦争全体の帰趨も予断を許さないものになった。それまでドイツ軍が展開してきた「電撃戦」は失敗し、ヒトラーは長期戦を覚悟せねばならなくなったからである。生存圏獲得のための対ソ戦は、ドイツの存亡をかけた戦いへと性格を変えようとしていた。それはまさに、日本が対米戦に踏み切ろうとする瞬間の出来事だったのである。

世界戦争への拡大と戦局の転換

凍てつく大地に塹壕を掘って潜むドイツ兵と、無情にも迫りくるソ連の戦車。スターリングラードの戦いでなすすべもなく壊滅していくドイツ軍の姿を描いたのが、ヨーゼフ・フィルスマイアー監督の映画『スターリングラード』（独：1993）である。スターリングラードで戦闘が行われていた頃、ドイツはすでに苦境に陥っていた。ドイツのソ連に対する当初の攻勢が挫折した後、戦争はどのような展開を遂げたのだろうか。

最も重要な変化は、1941年12月に日本が真珠湾を奇襲し、独伊もアメリカに宣

第Ⅲ部　ヒトラーの独裁

図8-3　映画『史上最大の作戦』
（DVDパッケージ）

戦を布告したことで，戦争が文字通り世界戦争へと拡大したことにある。形勢はまもなく一変し，ドイツはいまや攻める立場から東西に挟撃される立場になったのである。圧倒的な軍需生産力をもつ西側連合国は1942年3月以降，ドイツ本国への戦略爆撃を本格化させ，ドイツの戦争遂行能力の破壊に着手する。

　一方，東部戦線では1942年末から1943年初頭にかけて，スターリングラードをめぐる攻防戦が展開されていた。『スターリングラード』が詳細に描いているように，同地ではソ連軍の激しい抵抗とその包囲網によってドイツ軍が追い詰められ，多数のドイツ兵たちが無意味な死を強いられていたのである。そこには，ハリウッド版の同名映画『スターリングラード』（米・独・英・アイルランド：2001）に登場するような英雄が活躍する余地はなかった。1943年1月，包囲されたドイツ軍は降伏する。これによってドイツの人々はもはや敗戦が避けがたいことを悟り，スターリングラードは戦争の転換点になったのである。その後の対ソ夏季攻勢も失敗に終わり，ドイツ軍は後退局面に入った。また地中海では北アフリカのドイツ・アフリカ軍団を含む枢軸軍が降伏し，連合軍がイタリア本土に上陸するなど，戦線全体でドイツの敗勢は濃くなる一方であった。

破壊と死の終幕

　1944年はヒトラーの戦争の終わりの始まりとなった。ドイツの戦局悪化を目に見える形で決定づけたのが，映画『史上最大の作戦』（米：1962）に描かれた1944年6月の西側連合軍によるノルマンディー上陸作戦である。この作戦の成功後，連合軍は西部戦線のドイツ軍を次々に打ち破り，ドイツ国境に迫った。映画『バルジ大作戦』（米：1965）に描かれた1944年12月のドイツ軍によるアルデンヌでの最後の攻勢は阻止され，西部戦線のドイツ軍は抵抗力を大幅に減殺された。また東部戦線ではソ連軍がさらに攻勢を強め，この方面の主力であったドイツ中央軍集団を壊滅させた。1944年後半には東欧諸国が枢軸から離脱，東西両戦線でドイツ軍は崩壊に追い込まれたのである。

1945年4月,東西から連合軍がドイツ中央部に迫るなか,ソ連軍はベルリン総攻撃を開始する。そして4月末にはヒトラーが自殺し,ナチズム体制に最期の時が訪れた。5月8日,ドイツはベルリンで降伏に調印し,ヨーロッパに暴力と破壊,無数の死をもたらしたナチスの支配はついに終幕を迎えたのである。

(増田好純)

2　前線と銃後,男性と女性

　第二次世界大戦は,第一次世界大戦以上の総力戦であった。成人男性が有無を言わさず徴兵され,女性もさまざまな形で戦争協力をもとめられたことはもちろん,非戦闘員への戦略爆撃が一般化し,枢軸国の暴力支配に対するレジスタンスが活発に行われるなど,前線と銃後の境界はさらに曖昧なものになった。対ポーランド戦や対仏戦では結果として「電撃戦」に成功したドイツも,独ソ戦で長期戦の泥沼へと引きずり込まれたことで総力戦を余儀なくされる。そうしたなかで,男性(兵士)や女性はどのように総力戦を経験したのだろうか。ここでは,第二次世界大戦のなかでもとくに凄惨をきわめた独ソ戦を中心に,前線や銃後の状況を見ていく。

「世界観戦争」としての独ソ戦

　独ソ戦の諸相を描いたテレビ映画『ジェネレーション・ウォー』(独:2013,原題は「われわれの母たち,われわれの父たち」)のなかで,主人公の1人は上官からこう言い渡される。「政治将校は即処刑だ。これは普通の戦争ではない。世界観のかかった戦争なのだ」。これはまさにヒトラーの意志そのものであった。ボリシェヴィキの隊つき政治将校は真っ先に片づけ,ユダヤ人のような人種的に「望ましくない分子」は抹殺すること,たとえソ連住民に対してドイツ軍兵士が犯罪行為を行った場合でも,部隊の風紀・治安維持上どうしても必要な事例においてのみ処罰対象となることを,独ソ戦開始以前にヒトラーはすでに命令している。戦争が始まると親衛隊・警察からなる行動部隊が前線の背後でユダヤ人を射殺して回り,独ソ戦を通じて約250万人がその犠牲になった(芝 2008)。

　ユダヤ人殺害と並行して行われたのがパルチザン掃討であった。ゲリラ部隊などドイツ占領下の治安を脅かす勢力を根絶するというパルチザン掃討本来の趣旨を外れ,パルチザンを市民が援護しているという恐怖感あるいは幻想から,多くの一般市民,女性や老人,子どもが殺害されることがしばしばであった。親衛隊

第Ⅲ部　ヒトラーの独裁

図8-4　テレビ映画『ジェネレーション・ウォー』
（DVDパッケージ）

長官ハインリヒ・ヒムラーは，パルチザン掃討という名目で「共産主義の担い手」たるユダヤ人を殺害することをもくろんでいた。

さらに第二次世界大戦においては，食糧不足ゆえに国民の厭戦気分を招いたという第一次世界大戦への反省から，現地の物資を奪って現地調達することが当然視されており，とくにソ連では数千万人の現地住民やユダヤ人，捕虜の餓死があらかじめ前提となっていた。570万人のソ連捕虜のうち，半分以上の330万人が死を余儀なくされた。ドイツ軍は2年間で2,120万人分以上の食料をソ連から奪っていったとされる（アリー 2012）。

このように独ソ戦は世界観戦争であるだけでなく，絶滅戦争かつ経済的略奪戦争でもあった。第二次世界大戦下のソ連では実に2,600万ないし2,700万人の人々が命を失っている。これは当時ソ連に生きていた人間のうち，7人から8人に1人が犠牲になったことを意味する。

戦争と日常をつなぐもの——男たちの戦争経験

このような過酷で非人道的な「世界観戦争」「絶滅戦争」にも日常があったと言われると，意外に感じるかもしれない。しかし戦場における兵士たちは，つねに戦闘やパルチザン掃討ばかりしていたわけではない。彼らの生活の大部分を占めたのは，実は待ち時間であった。こうした時間が生み出す退屈や情緒不安にどう対応するかは，戦意高揚を図る軍指導部にとっても重要な問題であった。前線劇場や移動映画館，演奏会，講演会，移動図書館，野戦新聞，兵士向け放送局などさまざまなメディア・手段を通じて，歓喜力行団・宣伝省・国防軍の協力のもと大量に娯楽が提供された。ライナー・ヴェルナー・ファスビンダー監督の映画『リリー・マルレーン』（独：1981）に登場するような前線への慰問や，「国防軍のためのリクエスト・コンサート」のようなラジオ番組は，前線と銃後の間を精神的に結びつけ，共同体感覚を醸成するのに一役買った。

このように総力戦体制においては，殺戮や破壊という非日常的な空間に，市民生活の日常性が接ぎ木されていた。それはある意味で当然であった。第二次世界

大戦では実に約1,700万人にのぼる男たちが兵士として徴兵され，軍隊生活を送った。軍隊経験がまったくない普通の人々を無理なく軍隊生活へと統合するためには，市民社会の要素をある程度軍隊に持ち込むことが不可欠だったのだ。

そうした要素の1つが，戦友意識という兵士同士の結びつきであった。普通の人々の多くにとって，英雄的な戦士像は内面化することが難しい規範であったし，戦場や軍隊生活の過酷さも喜んで引き受けたいようなものではなかった。だがそれを緩和する役割を果たしていたのが，兵士同士の人間関係であった。前線における「塹壕共同体」では中隊長は父，軍曹は母であり，兵士は戦友に母親のように包まれながら死んでいくのが理想の死に方とされた。

ただし現実の戦友意識は，そのような温かいものばかりではなかった。軍隊は「強制共同体」である。自分の意志に関係なく各部隊に配属させられた彼らには，そのなかで折り合っていく以外の選択肢が存在しない。多様な社会階層・学歴・世代・宗派の人々が寄り集まり共同生活を強制されていたのが実態であり，そこには多くの亀裂が存在していた。上官とのコネによるえこひいき，水面下での身勝手な行動や相互監視が横行していたことは，数多くの野戦郵便からもたしかめられる（小野寺 2012）。ある意味で戦友意識は，職場における人間関係がほぼそのまま持ち込まれたようなものでもあった。

ナチス独裁下の「意図せざる女性解放」

『ジェネレーション・ウォー』の冒頭，志願して前線近くの野戦病院にやって来た看護師の女性は，戦場での自分の役割を尋ねられて，ドイツ兵たちと祖国に仕えることが自分の使命だと瞳を輝かせながら答える。もう1人の女性は，歌手としてのキャリアを実現するためもあって，親衛隊中佐の愛人となる道を選ぶ。

ナチス独裁下で女性が「祖国」のような大義に仕える，あるいは自分のキャリアを積む，というのは一見奇妙な話に見える。なぜならナチスは女性解放を敵視し，彼女たちを家庭に戻すことをめざしていたからだ。女性が家族という「小さな世界」を作り，それが男性の「大きな世界」を支えることで「民族共同体」は成り立つのであり，女性は本来の使命に立ち返り政治や職業についての責任は喜んで男性に委ねるべきだと，ヒトラーは考えていた（フレーフェルト 1990）。

実際ナチス政権は，女性を本来の居場所であるべき家庭へと送り返すため，ありとあらゆる施策をとった。さまざまな出産奨励策に加え，女性たちに主婦・母親としての訓練を施す母親学校や，全国2万5,000カ所に設置され，助言や情報に加えて乳児の下着や子供用ベッド，食料品などの現物援助を行った母親相談所

第Ⅲ部　ヒトラーの独裁

図 8-5　高射砲補助婦として勤務する女性
（ドイツ連邦文書館）

などもあった（クーンズ 1990）。

しかし 4 カ年計画など戦争準備が進み，さらに戦争が始まると，そうした状況は変更を余儀なくされる。なぜなら総力戦においては前線・銃後のいたるところで人手が必要とされるようになり，「女性は家庭に」という領域分離ではもはや立ち行かなくなるからだ。ナチ女性団，ドイツ婦人奉仕団，民族福祉事業団，冬季救済事業などの組織を通じて，女性たちは母親教室，子どもの分娩，児童疎開の世話，空襲被害者の炊き出しなど多様な活動をもとめられるようになる。

しかも女性たちの活動領域はそうした「伝統的」なものにとどまらなかった。国防軍はとくに戦争末期には45万人の女性を，投光器部隊，高射砲部隊などに動員している。また占領地である東方地域には，小学校教師，看護師，秘書，親衛隊員などの妻として，少なくとも50万人の女性が滞在していた。彼女たちのなかには，追い出したユダヤ人・ポーランド人の家屋の掃除をして民族ドイツ人が移住できる環境作りをしたり，彼らの世話や監視をするなど，「ドイツ化」の尖兵としての役割を果たす者もいた。彼女たちが東方に赴いた動機はさまざまだが，本国ではけっして達成できないキャリアが達成できる，国家の大義に尽くすことができるという興奮や冒険心に加え，親元から離れたいという単純な動機もあったとされる。

ナチス独裁下の「女性の活躍」の究極の事例が，強制収容所の女性看守であろう。映画『愛を読むひと』（米・独：2008）でケイト・ウィンスレットが演じるハンナは女性看守だし，『あの日 あの時 愛の記憶』（独：2011）にも冷酷な女性看守が登場する。ナチスの強制収容所は男女ごとに厳しく分離されて管理されていたため，女性囚人を監視するための女性看守が必要とされた。看守の 1 割，4,000人程度が女性看守だったと言われる。彼女たちのうちどの程度が自発的な志願によるものだったかは議論が分かれるが，少なくとも看守になってからの囚人に対する振る舞い方は自分で決められることであった。

このように反女性解放を掲げていたナチスは，総力戦に突入することでなし崩

し的に「女性の活躍」に依拠せざるをえなくなった。このことは女性たちが自立した活動を行い，その業績が社会的に認知されることを意味していた。ここに，母性と従属的地位という復古的な女性像をめざしながらも，実際にはアクティブで自負心の強い新しい女性が必要とされるという，ナチス独裁下の「意図せざる女性解放」の皮肉な構造があった。

戦争によって作られた戦後のジェンダー秩序
兵士が前線に赴くと，女性は第一次世界大戦時と同様，家庭内のあらゆる問題について自分で判断を下さなければならなかった。さらに戦争末期になると，空襲にともなう疎開や避難など，その判断は生命に関わる重大な

図8-6　映画『ベルリン陥落1945』（DVDパッケージ）

ものになっていく。戦時下で彼女たちは強くならざるをえなかったのだ。一方で，男性の優位を主張していたナチズム体制が崩壊すると，戦場でボロボロになった兵士たちはうちひしがれて本国に帰還する。女性たちがソ連兵によって強姦される様をなすすべなく傍観している，映画『ベルリン陥落1945』（独・ポーランド：2008）で描き出されるドイツ人男性は，そうした戦後直後のジェンダー秩序の逆転を象徴するものである。部分的にはやむをえず，部分的には積極的に勝ち取られた女性の自立性は，戦後西ドイツにおける女性解放の重要な前提となっていく。

（小野寺拓也）

3　ホロコースト

ホロコーストとアウシュヴィッツは，1つの民族に対して実行された大量虐殺として，その前例のない規模と殺戮方法で人類史に名をとどめている。第二次世界大戦が終わりを告げた後，世界はこのホロコーストをドキュメンタリーや映画など多くの映像作品を通じて描いてきた。とはいえ，作品の多くは犠牲者としての主人公にスポットを当てる半面で，ホロコーストをあたかも刻々と忍び寄る回避不能な大災害であったかのように描写しがちである。たとえばロベルト・ベニーニ監督・主演の映画『ライフ・イズ・ビューティフル』（伊：1997）の主人公一

家に突如降りかかる強制収容所送致は，ホロコーストのそうした位置づけを分かりやすく示すものであった。それでは，ナチスはホロコーストをなぜどのようにして実行したのだろうか。ここでは，大づかみにホロコーストと理解されてきたユダヤ人大量虐殺の展開を見ておこう。

妥協なき世界観の戦争へ

　東部戦線での親衛隊行動部隊による大量虐殺を扱った映像作品として，ひときわ抜きん出ているのが，ソ連で制作された映画『炎628』（ソ：1985）である。邦題にある数字の意味するところは，ベラルーシでドイツが滅ぼし尽くしたとされる村の数であり，同作が描き出すように，東部戦線は過酷な大量虐殺の場となった。ではなぜ西部戦線とは違って，東部戦線ではこうした殺戮がくり広げられることになったのだろうか。

　理由の１つは，ヒトラーがソ連を世界観上の不倶戴天の敵と見なし，対ソ戦を２つの世界観の激突する絶滅戦争と位置づけたことにある。その背景には，ソ連の指導者層とユダヤ人を同一視し，彼らの抹殺を不可欠と考える人種主義的発想があった。そのため，進撃するドイツ軍の後方には親衛隊・警察からなる行動部隊が投入され，「ユダヤ・ボリシェヴィスト」の絶滅に当たることになった。あわせて，国防軍にはソ連兵捕虜の共産党委員を即座に射殺せよとの「コミッサール命令」が発せられて，軍もまた絶滅戦争の一翼を担うことになったのである（芝 2008）。行動部隊によるユダヤ人と国家指導層の殺戮を狙った保安活動は，すでに対ポーランド戦でも実行されていたが，国防軍への指示が示すように，対ソ戦での殺戮はその前例をはるかにしのぐものになることがあらかじめ想定されていたのである。

　ドイツの対ソ侵攻後，行動部隊による殺戮行動は徐々にユダヤ教徒共同体自体を狙う無差別なものへとエスカレートしていった。キエフ近郊バビ・ヤールでの大量殺戮はその顕著な例であり，1942年３月時点で行動部隊と国防軍は占領下ソ連で少なくとも約60万人ものユダヤ人を殺害していたと言われている。

ユダヤ人の追放から抹殺へ

　一方，ホロコーストにおける最大の犠牲者集団であったポーランド・ユダヤ人に焦点を当てたのが，スティーヴン・スピルバーグ監督の映画『シンドラーのリスト』（米：1993）である。ゲットーへの集住からその解体，絶滅収容所への移送の危機をへて強制収容所に送られていくユダヤ人たちの境遇は，工場主オスカ

ー・シンドラーの庇護によって生き延びたことを除けば，まさに多くのポーランド・ユダヤ人に襲いかかった運命と同じものだった。彼らポーランド・ユダヤ人は，なぜナチスによる大量虐殺の犠牲になることを強いられたのだろうか。

もともとナチスはドイツを「ユダヤ人のいない領域」にすることを意図しており，第二次世界大戦開始後はユダヤ人をフランス統治下のマダガスカル島へ移送する計画すら練っていた。このようなユダヤ人の排除・追放は，同時期に進められていた国外在住の民族ドイツ人の帰還と1セットになっており，ユダヤ人に強いられたゲットーへの集住はその延長線上にあったのである。

図8-7 映画『炎628』
（DVDパッケージ）

ドイツからユダヤ人を追放する政策は順調には進まなかった。すでに多くのユダヤ人を抱えるポーランド総督府がこれ以上の受け入れに同意しなかったからである。そのため，ドイツに併合された地域から総督府にユダヤ人を追放する方策は頓挫した。ナチスは1941年初頭には追放を棚上げし，ポーランド全体でユダヤ人をひとまずゲットーへ集住させる方針に切り替えることになる。

しかし，ゲットーへの集住は反ユダヤ人政策を決定的にエスカレートさせる契機となった。食糧不足と疫病の蔓延するゲットーの生活環境は劣悪をきわめ，隔離されたユダヤ人は肉体的衰弱に追い込まれていく。それは緩慢な大量殺戮と言ってもよい状況であった。とはいえ，ユダヤ人をさらにどこかに追放するメドも立たなかった。このようなゲットー政策の破綻を背景として，ゲシュタポのユダヤ人課課長アドルフ・アイヒマンには，飢えさせるよりもより人道的な解決としてユダヤ人殺害をもとめる声が現場から届くようになっていたのである。ナチスは自らが招いた事態へのより厳しい対処を迫られるにいたったと言えよう。

この段階までユダヤ人のゲットー集住を推進してきたナチスが，ユダヤ人の抹殺に大きく方針を転換するにいたったのはなぜだろうか。その理由の1つは，ユダヤ人の追放先に見通しが立たなかったことである。独ソ戦開始後，ドイツ本国からのユダヤ人追放をもとめる声は強くなり，ヒトラーも独ソ戦の戦況の一時的好転を踏まえてドイツ・ユダヤ人の東方移送を許可するにいたったが，追放先と

第Ⅲ部　ヒトラーの独裁

図8-8　映画『シンドラーのリスト』
（DVDパッケージ）

されたソ連占領地域やポーランドのゲットーも収容力の限界に達しようとしていた。もう1つの理由は，その解決策が「労働不能」なユダヤ人の殺害にもとめられた点であろう。1941年10月から1942年3月にかけてポーランド各地に，安楽死作戦T4のノウハウを活かしつつ，ガスによるユダヤ人の殺害を目的とする「絶滅収容所」が建設された。ここに安楽死作戦はホロコーストと結合するにいたったのである。以後，親衛隊はゲットーの解体とユダヤ人のガス殺を大規模に推進していくことになる。

テレビ映画『謀議』（米：2001）が詳細に描き出したように，1942年1月，親衛隊保安部長ラインハルト・ハイドリヒはベルリン郊外でヴァンゼー会議を招集し，各地で進行中のユダヤ人問題の「最終的解決」が殺害に移行していることを認め，従来の追放策から計画的な大量殺戮への転換を確認したのである。

絶滅収容所でのガス殺

　ヴァンゼー会議で確認された計画的な大量殺戮は，これ以後どのように展開したのだろうか。
　第1段階は，1941年秋以降にポーランド各地の絶滅収容所で開始された，ゲットーで「労働不能」と見なされたユダヤ人の殺害である。これにつづく第2段階は，ポーランド・ユダヤ人絶滅の加速とヨーロッパ・ユダヤ人殺戮の開始である。親衛隊長官ハインリヒ・ヒムラーは1942年7月にポーランド全土のユダヤ人を一掃する命令を発し，これ以後その強制移送と大量殺戮を一気に加速させる。たとえばワルシャワ・ゲットーではこの時期に23万5,000人を超えるユダヤ人が数週間でガス殺に付され，ポーランド全土では7月から11月にかけて約200万人ものユダヤ人が殺害された。さらにヒムラーの命令以降，アウシュヴィッツには西欧から大量のユダヤ人が到着し始め，絶滅政策はヨーロッパ規模に拡大した。これらの絶滅収容所で殺害されたユダヤ人の総数は約300万人にのぼる（芝 2008）。
　これに加えて，1943年初頭にはシンティ・ロマを対象とする収容所もアウシュ

ヴィッツに設置され、2万3,000人にのぼる人々が収容された。彼らの大部分は飢えと疫病で落命し、生き残った人々もガス室に送られている。最終的にアウシュヴィッツで殺害されたシンティ・ロマの人々は1万9,000人を下らないと言われる。

こうした絶滅政策の拠点となった収容所の内情を描き出しているのが、坂口尚のマンガ『石の花』(1996) である。ヒロインが収容所生活で直面したのは、看守や食糧不足による死の危険に加えて、多くの囚人に襲いかかる不条理な死を前にした自らの精神的崩壊の危機であった。ここには囚人を肉体的に抑圧するだけでなく、その人間性をも破壊しようとする強制収容所システムの本質が赤裸々に描かれている。

図8-9　テレビ映画『謀議』
(DVDパッケージ)

また、ハンナ・アーレントがアイヒマン裁判に際して「悪の凡庸さ」と呼んだ官僚機構の介在を抜きにしては、これほど組織的なユダヤ人絶滅政策の実行は困難であったことも銘記しておくべきだろう（アーレント 1969）。そこには親衛隊・警察だけでなく、一般省庁やドイツ国鉄といった機関も応分に関与していたのである。

アウシュヴィッツは、ほかの絶滅収容所が機能を停止し、解体された後も、1945年1月にソ連軍によって解放されるまで、ヨーロッパ・ユダヤ人およびシンティ・ロマの人々を貪欲にのみ込みつづけた。ホロコースト全体で犠牲になったユダヤ人の総数は、最終的に600万人にのぼると見積もられている（芝 2008）。

ホロコーストとドイツの人々

普通のドイツ人たちは、東欧各地で展開されたユダヤ人大量虐殺を知っていたのだろうか。

結論から言えば、知ることは可能であったし、一般住民にもそれなりに東部地域の情報が伝わっていたようである。したがって、ここで問われるべきなのはユダヤ人大量虐殺をドイツ人たちが知っていたか否かではなく、むしろ知っていてもなお彼らがナチス政権に付き従ったのはなぜか、という問題である。

もっとも，当時のドイツ人の声の多くはユダヤ人絶滅政策について受動的であるか，沈黙を守っており，この問いに明確な答えを与えてはくれない。ただ間接的に推測するほかないが，この点で示唆的なのは，ドイツ国民がホロコーストの受益者でもあったという事実である。たとえば当時平凡な一般人が突然高級衣料品を入手したり，空襲で焼け出されたドイツ人に元ユダヤ人所有の住居が迅速にあてがわれたりしたことは，どのように理解すればよいのだろうか。一般のドイツ人たちの沈黙の意味はきわめて重いと言えよう。

(増田好純)

4　社会の急進化

何かが最期を迎えるときは，その何かの本質があらわれるときでもある。1944年6月の連合国軍のノルマンディー上陸以降，ナチスはその暴力的な本質をドイツ国内においてもあらわにしていくことになる。軽視される軍人の負傷者たち，民間人の生命をまったく顧慮することなく行われる戦争指導，裏切り者と見なされた人々の公開処刑。希望的な観測にすがり，現実感覚を喪失したナチスの指導者が，ついにはドイツ人に対しても暴力性やシニシズムをむき出しにしていく様子を，『ヒトラー〜最期の12日間〜』(独:2004)は克明に描き出している。ドイツ国内のインフラはすべて破壊せよというアドルフ・ヒトラーの1945年3月の「ネロ命令」は，そうした暴力性やシニシズムの究極の形と言える。こうした自己破壊性は，いったいどのようにして生じたのだろうか。

終わりの始まり

雨あられのように浴びせられる銃撃で，バタバタと倒れていく連合国軍の兵士たち。スティーヴン・スピルバーグ監督の映画『プライベート・ライアン』(米:1998)で冒頭20分にわたってくり広げられるオマハビーチでの凄惨な戦闘シーンは，その後のドイツ軍による頑強な抵抗を予感させるものであった。1944年6月6日にノルマンディーに上陸した連合国軍は，ドイツ軍の強い抵抗に遭いながらも7月上旬にようやくカーンを占領すると，その後は補給が追いつかなくなるほどの快進撃をつづけた。8月中にフランスからドイツ軍をほぼ一掃，さらにベルギーへと進攻した。一方，ソ連軍もこれに歩調を合わせ，独ソ戦開戦3周年の6月22日に「バグラチオン作戦」を発動した。西部戦線への重点配置によりすでに弱体化していた中央軍集団はこれに耐えることができず事実上壊滅，7月末

にはドイツ軍はほぼ独ソ戦開始時の国境線まで押し戻された。8月初頭にソ連軍はポーランドのルブリンを陥落させた後ヴィスワ川上流域へ接近し，ワルシャワに迫った。こうして秋口には，ソ連軍と西側連合国軍が東西からドイツ国境へと近づいていた。

ドイツ国内に対する空襲は，すでに1943年にはルール工業地帯やハンブルク，ベルリンなど北部ドイツに対する大規模な攻撃で激しさを増していたが，1944年5月以降制空権を完全に掌握した連合国軍は，ドイツ中南部など内陸部まで広範な範囲を爆撃できるようになった。工業地帯に加えて交通システムも攻撃対象となり，輸送網が寸断されて生活物資の定期的な輸送や分配が

図8-10 映画『プライベート・ライアン』
（DVD パッケージ）

困難になった。住居が破壊されて多くの人々が住処を失い，衣服などの消費財や家具も欠乏した。戦時中にドイツに投下された爆弾のうち，その割合のほとんどを占めるのは1944年以降のものであり，大戦を通じてのドイツにおける空襲による死者約50万人のうち，半分以上は1944年以降に亡くなっている。なかでも1945年2月13日から15日にかけて行われ，約2万5,000人が犠牲となったドレスデン空襲は，戦後の戦争の記憶に大きな影響を与えた出来事であった（柳原 2008）。映画『ドレスデン，運命の日』（独：2006）では，火炎嵐のなかで生死の淵をさまよう人々の姿が描き出されている。

国民の狂信化

以上のように米英軍・ソ連軍が東西からドイツ本国に迫り，空襲も激化するなかで，1944年9月，ヒトラーは国民に対して「狂信的」な戦闘を命じている。すべての都市，すべての街区が要塞となって，敵に対して死にもの狂いで戦うことが要求された。ヒトラーにとっては「陣地を守り抜くか，さもなくば全滅か」のどちらかしか選択肢は存在しなかった。

こうしたなか，「狂信化」の一翼を担ったのがナチ指導将校であった。これは連合国に対する軍事的劣勢を「世界観という武器」によって埋め合わせるとともに，1918年のような崩壊現象を二度と起こさないために，まずは国防軍の主軸と

第Ⅲ部　ヒトラーの独裁

図8-11　パンツァーファウストの訓練をする国民突撃隊の兵士
（ドイツ連邦文書館）

なる将校たち，そして最終的には国防軍兵士全体をナチスの思想へと教化し，狂信的に闘いつづける兵士を創り出そうとする試みであった。条件に適合する将校が選ばれ，師団レベルまでの各司令部に配属された。

クラウス・フォン・シュタウフェンベルク大佐を中心とするヒトラー暗殺の試み，いわゆる「7月20日事件」が失敗し，ヒトラーの国防軍への不信感が頂点に達したことは，こうした動きをさらに加速させる契機となった。親衛隊長官ハインリヒ・ヒムラーへの権限集中も進んだ。国内予備軍司令官，さらにヴァイクセル軍集団司令官となるなど，警察・親衛隊という権力基盤，内務大臣としての権限に加えて，国防軍においても強大な権力を手にすることになった。

さらに1944年9月には国民突撃隊が，ナチ党官房長マルティン・ボルマン主導のもと総統命令によって設立された。これは16歳から60歳までの「兵役に耐えうるすべての男性」を対象とした民兵組織である。この組織の目的は軍事面よりもむしろ，600万人に及ぶ銃後の人々をイデオロギー的に狂信化させ，ドイツ人を精神的・心理的に動員しようとする点にあった。すなわち，全ドイツ人が抵抗の意志を明確に示すことで，ドイツ本国に侵攻すれば多大な損失は避けられないという印象を敵に与える一方，ドイツ人に共同体感覚や犠牲精神を共有させ，ドイツ民族やナチズム体制に対する忠誠を確保しようとしたのである。ヒトラーへの忠誠心に燃える無垢な少年少女たちがベルリン防衛戦に駆り出され，戦火の餌食になっていく様子は，『ヒトラー〜最期の12日間〜』でも克明に描かれている。

暴力の社会化

戦争末期は，ナチス支配下で最も内向きの暴力，つまりドイツ国内での暴力が噴出した時期である。そうした暴力は，映画でも数多く描かれている。「移動即決軍法会議」などによる脱走や「国防力破壊」の嫌疑をかけられた兵士の処刑（『ヒトラー〜最期の12日間〜』）。連合国軍のパイロットに対するドイツ人民間人によるリンチ殺人（『ドレスデン，運命の日』）。ナチスによってゲリラ部隊として組

織され，降伏しようとする市民への脅迫や市長の殺害などを実行した「人狼部隊」(『さよなら，アドルフ』豪・独・英：2012)。ほかにも外国人労働者や戦争捕虜，捕まった脱走兵，共産主義者，ユダヤ人，収容所の囚人がゲシュタポによって殺害され，強制収容所からの「死の行進」が行われた（ビーヴァー 2004)。

　兵士たちを最後まで戦いつづけさせた要因としてとくに重要なのが，軍法会議の存在である。兵士たちに対する処罰があまりに寛大であったことが，第一次世界大戦における軍隊の崩壊，敗北主義や厭戦気分，ひいては敗戦や革命を招いてしまったという反省から，第二次世界大戦における処罰は過酷をきわめた。軍法会議による死刑判決は，第一次世界大戦においては48人であったが，第二次世界大戦では2万5,000人から3万人にのぼり，そのうち90％近くが実際に執行された。

　戦争末期の内向きの暴力の多くに共通していたのは，その多くが必ずしも組織のトップによる個別の命令という手続きをへることなく，現場の裁量・イニシアティブで行われたという点であった。混乱状況に陥り，指令系統が錯綜して相矛盾する命令が届くなか，親衛隊・警察上級指導者や保安警察・保安部の指揮官，地域のゲシュタポ局長や看守・護衛兵など現場の責任者には，かつてない行動や裁量の余地が生まれることになる。彼らのなかには，ユダヤ人や外国人労働者，捕虜という「内なる敵」に対する警戒感や人種主義的な偏見，連合国による告発・裁判の際に証人となりうる人々を事前に殺害しておこうという予防措置的なもくろみ，彼らが報復・蜂起に立ち上がるのではないかという恐怖，極度の混乱のなかでのパニック，あるいは「死なばもろとも」といったような終末論的精神状態など，さまざまな思惑が混在していた。

　こうした暴力の連鎖の果てにドイツ人に襲いかかったのが，ソ連兵による戦時暴力であった。最も深刻だったのが1945年4月から6月にかけてのベルリンでのレイプであり，ベルリンの女性150万人のうち，2万ないし10万人がその犠牲になったとも，50万人近くに達したとも言われる（グロスマン 1999)。映画『ベルリン陥落1945』（独・ポーランド：2008）が描き出すように，女性たちはくり返し陵辱される一方で，占領軍兵士と関係をもつことで身の安全や食料を確保しようともしていた。400万人の兵士が戦死し，1,170万人が捕虜になるなど，男たちは依然として不在であった。取引と恋愛の間にあった男女関係は，彼女たちがこの苦境を生き延びることを可能にするものだった。

第Ⅲ部　ヒトラーの独裁

自己破壊のダイナミクス

トム・クルーズ主演の映画『ワルキューレ』（米：2008）のラストには，シュタウフェンベルクと妻の別れのシーンが意味ありげに挿入されている。このシーンが象徴するように，ヒトラー暗殺に失敗した抵抗運動の人々に対する報復措置は，その本人だけでなく家族にも及んだ。この7月20日事件では7,000人以上が逮捕されたと推定されているが，その多くが「民族裁判所」に引き出され，長官ローラント・フライスラーによって罵倒された。200人程度が死刑判決を言い渡される一方，その家族も「共同責任」として強制収容所に送られた（ムーアハウス 2007）。この共同責任という罪のあり方は1945年になると，敵の捕虜になった場合には家族を人質にとり警察の管轄下に置くという形で，国防軍兵士一般にも拡大されていくことになる。「アーリア人」を包摂しながら「他者」を排除し破壊するという二面性をそれまで維持してきたナチスの「民族共同体」は，こうしてその破壊のダイナミクスに自らのみ込まれていったのである。

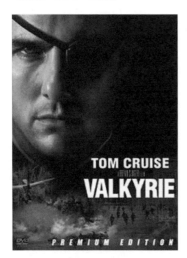

図8-12　映画『ワルキューレ』
（DVDパッケージ）

（小野寺拓也）

参考文献

ハンナ・アーレント『イェルサレムのアイヒマン――悪の陳腐さについての報告』（大久保和郎訳）みすず書房，1969年。

ゲッツ・アリー『ヒトラーの国民国家――強奪・人種戦争・国民的社会主義』（芝健介訳）岩波書店，2012年。

リチャード・オウヴァリー『ヒトラーと第三帝国』（永井清彦・秀岡尚子訳）河出書房新社，2000年。

小野寺拓也『野戦郵便から読み解く「ふつうのドイツ兵」――第二次世界大戦末期におけるイデオロギーと「主体性」』山川出版社，2012年。

イアン・カーショー『ヒトラー　権力の本質』（石田勇治訳）白水社，1999年。

クローディア・クーンズ『父の国の母たち――女を軸にナチズムを読む』（上・下）（姫岡とし子監訳）時事通信社，1990年。

アティナ・グロスマン「沈黙という問題――占領軍兵士によるドイツ女性の強姦」（荻

野美穂訳）『思想』898号，1999年。

芝健介『ホロコースト——ナチスによるユダヤ人大量殺戮の全貌』中央公論新社，2008年。

セバスチャン・ハフナー『ドイツ現代史の正しい見方』（瀬野文教訳）草思社，2006年。

アントニー・ビーヴァー『ベルリン陥落1945』（川上洸訳）白水社，2004年。

ウーテ・フレーフェルト『ドイツ女性の社会史——200年の歩み』（若尾祐司・原田一美・姫岡とし子・山本秀行・坪郷實訳）晃洋書房，1990年。

ヴォルフガング・ベンツ『ホロコーストを学びたい人のために』（中村浩平・中村仁訳）柏書房，2004年。

ロジャー・ムーアハウス『ヒトラー暗殺』（高儀進訳）白水社，2007年。

柳原伸洋「空襲認識をめぐる諸問題——ドイツ・ドレスデンを例に」『季刊戦争責任研究』59号，2008年。

第Ⅳ部
消費社会・西ドイツ

ドイツ訪問中のケネディとアデナウアー（手前）（1963年）
（ドイツ連邦文書館）

第9章
占領から復興へ

1 ドイツの零年

　1945年5月に全面降伏し，第二次世界大戦の敗戦国となったドイツ。しかしその後，ドイツ連邦共和国（西ドイツ）は経済的な復興を遂げていく。では，その復興の第一歩はどのように踏み出されたのだろうか。ここでは「ドイツの零年（零時）」という言葉に着目して，戦後まもないドイツについて考えてみたい。

　1949年に東西ドイツが成立するまで，米英仏ソの連合軍による分割共同統治がつづいた。敗戦の年である1945年は「ドイツ零年」と呼ばれることがある。実はこの「零（ゼロ）」には2つの意味がある。1つ目は「終焉」，2つ目は「再起」である。もちろん，敗戦を体験しその後を必死で生き抜いたドイツ人たちは，前者の「零時＝終焉の時」ととらえていた。全面的な戦争がもたらした全面的な敗北によってドイツ社会は崩壊し，「零時刻」――日付の変わる真夜中の12時――を迎えたのだという雰囲気がただよっていたのである。後者の「再起」としての1945年は，戦後ドイツの経済復興と高度経済成長を経験した者による語りである。しばしば「ナチスの支配からの解放」と重ねられることもある。ではここで，ドイツ人をして零時を「再出発の時」だと言わしめる復興の始まり，つまり消費社会の再生という「テイクオフの時代」について見てみたい。また，同様に敗戦国から経済復興を成し遂げた日本との相違点にも着目してみよう。

終焉の「ゼロ」としての困窮

　映画『ドイツ零年』（伊：1948）は，この終焉という意味での「ゼロ」，つまり崩壊社会下のベルリンを描いた作品である。主人公の少年は廃墟のなかで腹をすかし，闇市でだまされる。そして元ナチスの教師の「強者は弱者を除去する勇気をもたなければならない」という言葉に心を動かされ，その結果寝たきりの父親を毒殺してしまう。このように「零年」の崩壊社会は，人々のモラルも崩壊させるものであった。たとえば終戦後のドイツで暮らす子どもたちは，調理や暖をと

第Ⅳ部　消費社会・西ドイツ

図9-1　映画『ドイツ零年』より

るために使う石炭を機関車の炭水車や石炭運搬貨物などから盗むことが「仕事」になっていたのである。とくに1946年末にドイツを襲った寒波によって事態が悪化したので、ケルン枢機卿が石炭窃盗の容認を表明するミサ演説まで行っている（ゾンマー　2009）。

また1945年が「ドイツの終わり」とされる背景には、政治上の理由だけでなく、個々人が味わった生活感覚の落差もある。第二次世界大戦の大半の時期、ドイツの人々は「困窮」を感じることは少なかった。ユダヤ人や占領地からの収奪品によって、国内経済は比較的うまく回っていたからだ。しかし敗戦後の食糧難や治安の悪化、そして上述の1946年から47年にかけての大寒波によって生活は急激に悪化し、チフスなどの致死性の高い病気も蔓延した。たとえばカロリー摂取量も、地区によっては1日900キロカロリー程度となった（日常生活で1日1,600キロカロリー、労働時は1日3,000キロカロリーが必要とされる）。また1937年と比べた1946年のベルリンの犯罪件数は、単純窃盗で11倍以上、重窃盗で6倍ほどに膨れ上がった（クレスマン　1995）。これらがもたらした感覚の落差が、多くの人に「ドイツの終わり」を強烈に印象づけたのである。

映画『ドイツ零年』もこの感覚を反映して、モラルの破壊を描き出した。ほかにも同作は、登場する大人（主に男性）の愚かさを手厳しく映し出している。そんな男性たちとは対照的に、映画『ベルリン陥落1945』（独・ポーランド：2008）は、苦しみながらもしたたかに生きる女性たちを主役として登場させている。原題は『ある1人のベルリン女性』であり、ソ連兵による暴行をはじめとしたベルリン住民の苦難をテーマとしている。ソ連兵による性暴力の被害者は1945年の初夏から秋にかけてだけでも11万人とされており、西側連合軍による加害を含めた全体の被害件数は何百万にも及ぶ。ほかにもドイツの女性たちは、男性が捕虜としてソ連その他の収容所に入れられている間、ドイツ社会を支える役割を担った。また、瓦礫の撤去作業にも多くの女性が駆り出された。その姿は「瓦礫の女たち」として、東西ドイツにおいて象徴化された。

第9章 占領から復興へ

　この時代，映画『ドイツ零年』にも描かれる闇市での違法取引が横行する。戦時下で食糧備蓄が急激に減少したため，闇市は都市部における食糧調達の機能を果たした。タバコなどが通貨代わりになり，詐欺も常態化し非合法な取引が蔓延した。もちろんこれらは取り締まりの対象だったが，実際には野放し状態だった。

　食糧確保のため，ベルリン・ティアガルテンなどの公園が菜園へと作り変えられたが，それでも食べ物は不足した。都市住民は農村へと物資調達に出かけざるをえなかった。工業生産も最低限しか行われず，兵士の鉄兜から濾過器，サンダルからタイヤが作られ，ガスマスク附属用品はヤカンとして再利用された（ゾンマー 2009）。

図9-2　映画『さよなら，アドルフ』
（ポスター）

戦後の「ケア」の始まり

　当時の子どもの生活をテーマにしてこの深刻な食糧不足をも描いた映画に，『さよなら，アドルフ』（豪・独・英：2012）がある。主人公の少女ローレは妹弟を連れ，南ドイツから北ドイツの祖母の家へと旅をする。そこにはフランス・アメリカ・ソ連・イギリスの占領地域を苦労しながら歩いていく様子が映し出されている。また同作には，食糧調達に苦労するシーンや「犯罪」にいたるシーンまで登場する。

　日本では「ギブ・ミー・チョコレート！」という言葉で知られているように，ドイツでも子どもたちには占領軍，とくにアメリカ兵からチョコレートやコーヒーが配布された。「軍民の親交禁止」は軍規に記されていたが，有名無実化していた。アメリカ兵から配られるチョコレートは，ドイツ（西ドイツ）において個人レベルでの「手当（ケア）」として鮮烈に記憶に残っていく。

　次に，国家レベルでの「ケア」を見ていこう。まさにその名の通りの組織「ケア（対欧送金組合）」は，第二次世界大戦で荒廃したヨーロッパを支援するため，1945年11月にアメリカの22の慈善団体が協力して設立された。この人道支援団体を通じて，アメリカ政府は大戦中に余ったレーションの提供と輸送の支援を行っ

第Ⅳ部　消費社会・西ドイツ

図9-3　「ケア・パッケージ」

た。この救援物資は「ケア・パッケージ」と呼ばれていた。総計1億箱にのぼる「ケア・パッケージ」がヨーロッパ各国に送られ，米英仏占領地域（後の西ドイツ）だけでも1,000万箱が配られた。なお，戦後日本も1948年から8年間にわたり「ケア」の支援を受けている。

この「ケア・パッケージ」はアメリカの経済的な豊かさを象徴し，敗戦後のドイツ人がかつての敵国アメリカに対して肯定的イメージを抱くようになる上でも大きな意味をもった。

アメリカからの援助と復興の兆し

闇市はコントロールの効かない経済取引であった。そこで占領軍行政はこれを統制し，何とかドイツ経済を通貨経済に引き戻そうとした。しかし当初は通貨の増発によって物価は高騰，悪性のインフレが生じる結果となる。また価格統制も効果を上げず，闇市は肥大化するばかりだった。加えて戦勝国側の英仏ソも自らの被害が甚大で，自国の経済復興が最優先だった。こういった状況のもと，ドイツへの経済支援はアメリカ主導で進められることになる。

まず，軍政府によってガリオア・プログラムという援助が実施される。後述するマーシャル・プランはよく知られた復興支援だが，敗戦直後のドイツにとっては喫緊の援助資金としてのガリオアが果たした役割は大きい。実際，マーシャル・プランとほぼ同額の援助がガリオアによってなされたのである。

次に，アメリカはヨーロッパ全体に経済援助を行うこととなる。1948年から国務長官ジョージ・マーシャルの提案にもとづく「欧州復興計画」，いわゆる「マーシャル・プラン」が実施に移される。西ヨーロッパ諸国に対して贈与を基本とする巨額の支援が行われ，西ドイツに対しては1951年までの3年間で約10〜16億ドル（算出方法により差がある）が提供された。その他の援助を合わせると，アメリカからの支援総額は約30億ドルにのぼった。

そして1948年6月20日，アメリカの支援のもと米英仏3カ国の占領地域で通貨改革が実施されると，経済混乱は短期間のうちに収束に向かい，後に西ドイツとなる西側占領地域は復興へと大きく歩み出す（飯田 2005）。多くのドイツ人は，

この通貨改革を「よき時代」の始まりと見なした。実際，これによって社会全体の消費力向上をともなう復興が始まり，その後に高度経済成長時代がつづくこととなる。こうして「ドイツ零年」はすべての終わりを意味するゼロから，再出発としてのゼロととらえられるようになっていく。ただしソ連がマーシャル・プランに反対姿勢をとったため，アメリカからの支援を受けるか否かで東西両陣営の区別が明確化し，東西の冷戦構造が形成される結果となった。つまりアメリカ主導のドイツ（西ドイツ）の消費社会の復興は，同時に冷戦下の西側ブロックへの組み込みを意味した。再出発のゼロはまた，冷戦の始まりをも含意するのである。

（田中晶子・柳原伸洋）

2　戦後復興と国際協調

瓦礫からの出発

瓦礫の山，その瓦礫を撤去するために並んでバケツリレーをする女性たち，そして壁が壊れ部屋がむき出しになるなかでベッドをはたく女性。映画『ベルリン・天使の詩』（西独・仏：1987）で，撮影の合間に俳優ピーター・フォークが似顔絵を描くエキストラの1人が回想するシーンである。敗戦後，戦火の後に積み上がった瓦礫を片づける「瓦礫の女たち」の姿は，戦争で多くの男手を失ったなかで残された市民が懸命に生きようとする日常を示していた。

第二次世界大戦に敗れたドイツは戦勝国であるアメリカ・イギリス・フランス・ソ連によって分割占領され，やがて米英仏の占領地域にドイツ連邦共和国（西ドイツ），ソ連占領地域にドイツ民主共和国（東ドイツ）が成立する。瓦礫の山が積もる敗戦国として出発した西ドイツは，復興から高度経済成長を遂げた点などで日本と比較されることもある。戦後の西ドイツはどのように国際社会への復帰の道を歩んできたのだろうか。

西ドイツの成立とアデナウアー

1949年に西ドイツの初代首相に就任したコンラート・アデナウアーは，このときすでに73歳になっていた。しかしそこから1963年まで政権を担い，「アデナウアー時代」と称される一時代を築くことになる。アドルフ・ヒトラーより13歳年上で，後に「国父」とも呼ばれるようになるアデナウアーは，いかにして首相の座にのぼりつめたのだろうか。

すでに第二次世界大戦前にケルン市長として手腕を発揮していたアデナウアー

は，ナチス時代に市長を罷免され幾度か逮捕されるなど苦難を味わったものの，何とか生き延びて終戦を迎えた。戦後政党の再建が許可されると，キリスト教民主同盟（CDU）の創設に積極的に関わった。ヴァイマール共和国の小党乱立がナチスの台頭を招いたことを踏まえ，カトリックとプロテスタントの違いを超えたキリスト教政党の結成をめざしたのである。キリスト教民主同盟は独立心の強い南部バイエルン州のキリスト教社会同盟と連邦議会で統一会派を組み，保守層や旧中間層など幅広い社会層から支持を集める国民政党として優越的な地位を築いていく。

　このキリスト教民主同盟・社会同盟への支持の背景には，後述するように復興から高度経済成長にかけての時期に一般的になった，ナチズムの過去に可能な限り沈黙するなどの人々の「脱政治」的傾向が指摘できる。たとえばそれは，1950年代前半のいわゆる「郷土映画」のヒットにも見ることができるだろう。ここでの「郷土」とは，風景・言葉・習慣・伝統などと結びついた一定の地域をあらわし，この帰るべきところを描く「郷土映画」を観ることで，人々は「郷土」を懐かしむ一方で，ドイツの忌まわしき過去に目を向けずにすんだ（斎藤 2007）。こうした「復古」的な時代背景が，「首相民主主義」とも呼ばれるアデナウアーの政治を可能にしたとも言える。西ドイツではこのキリスト教民主同盟・社会同盟をはじめ，19世紀以来の長い歴史をもつドイツ社会民主党や，自由主義政党が合同した自由民主党などの政党が，政治の安定に寄与することになる。

　東西対立が激しくなりドイツ分断が明らかになってくると，西側占領地域は議会制民主主義にもとづく連邦国家の創設を決定し，その後新憲法（基本法）の制定へと動き出すことになる。その過程で州の代表者から成る「憲法制定会議」が開催され，アデナウアーが議長に選出された。ここでアデナウアーは占領軍との「特権的対話者」（板橋 2014）として制定会議内の意見調整に取り組み，基本法の成立に向けて積極的な役割を果たした。1949年5月8日に基本法は制定会議で採択され，同月23日に公布，ここにドイツ連邦共和国が成立したのである。

過渡期の国家？

　ライン川ぞいの大学町ボンは，作曲家ルートヴィヒ・ヴァン・ベートーヴェンの生まれた人口30万人ほどの都市である。このけっして大都市とは言えない場所に西ドイツの首都が置かれた。それは「憲法」ではなく「基本法」と称されたことと並んで，成立した西側ドイツ国家があくまで統一国家の実現までの「過渡期」の国家と位置づけられ，その暫定的性格がより強調されたことをあらわして

いる。

　後に「ボンはヴァイマールではない」と喝破されたが，西ドイツの基本法には不安定な政治によってナチスの台頭を招いてしまったヴァイマール時代の教訓が色濃く反映されていた。まず，新たに導入された「建設的不信任」制度である。これは議会の多数派が首相不信任をもとめる場合，あわせて次の首相を選出することを条件としており，頻繁な首相交代や政治的空白を防ぐ一方，首相の地位の安定化を制度的に保障するものであった。これに関連して，国民の直接的な政治参加に慎重であることも特徴である。また基本法上の規定ではないが，議会における政党乱立を阻止すべく「5％条項」が設けられ，得票率5％を超えることを比

図9-4　映画『緑の原野』
代表的な郷土映画の1つである。
（ポスター）

例代表の議席獲得のハードルとした。アデナウアー自身，ドイツ史における国家権力崇拝の傾向に警戒の色を隠さなかったが，こうしたさまざまな制度によって，議会政治の安定化を通じた民主主義の確立がめざされたのである。

　基本法の公布後，1949年8月には最初の連邦議会選挙が行われ，アデナウアー率いるキリスト教民主同盟・社会同盟が第1党に躍り出た。ここでアデナウアーは戦後の混乱期を乗り切るためにも社会民主党との大連立を望む一部の党内の声を押し切り，自由民主党などとの「ブルジョワ連立」政権を樹立させて自ら首相の座に就いたのである。

初めにアデナウアーありき

　首相となったアデナウアーは「初めにアデナウアーありき」と評されるように，その後の西ドイツの礎を築いたと言える。荒廃した国土から立ち直るべく，アデナウアーは外交・内政の両面で山積する課題にいかに取り組んだのだろうか。

　アデナウアーの外交政策の特徴としては，まず「西側統合」路線が挙げられる。米ソを軸とした冷戦が激しくなると，ヨーロッパにおける東西対立の最前線に位置する西ドイツは，東側陣営の脅威を正面から受けることになった。東西間のイ

デオロギー対立の舞台となったドイツでは，両ドイツ国家が自らの正統性を争うことになる。反共産主義の思想の持ち主であったアデナウアーは，西ドイツこそ国際社会でドイツ人を代表する唯一の正統な国家であり，東ドイツはソ連の傀儡国家にすぎないと非難した。東西冷戦下で西ドイツは西側陣営の一員として真っ向から東側と対決し，ソ連から東ドイツを解放することでドイツ再統一をめざす「力の政策」を推し進めるのである。

ただ西ドイツは1949年に成立した後も，占領規約によって軍事的・外交的権限や最終的な警察権をもてないなど，さまざまな形で主権を制限されていた。冷戦下の西ドイツの安全保障にとってアメリカをはじめとする西側戦勝国との関係が死活的に重要であったことは，ベルリン危機を扱った映画『エアリフト』（独：2005）にも示されている。アデナウアーはこうした制約を出発点に「西側統合」を進めることで，西側陣営内での「対等」な立場の確立と国際的地位の向上をめざしたのである。

この「西側統合」によって歴史的にドイツに不信感をもつフランスやイギリスなど西側諸国との協力関係を築いたことは，アデナウアー外交の重要な功績である。しかしこうした西側諸国との国際協調は，西ドイツ国家への制約や当時の東西冷戦といった国際環境を背景にしており，したがって東側諸国との関係構築は実現しなかったことも指摘しておく必要があろう。さらには冷戦下の西ドイツの戦略的重要性ゆえにソ連に対抗するという冷戦の論理が優先され，たとえばアデナウアー政権下でかつてのナチス時代の重要官僚が登用されるなど，結果として非ナチ化が不徹底に終わる結果にもなったのである。

一方内政面では，戦争で荒廃した経済の立て直しが図られた。敗戦直後の社会では，終戦で加速した人口移動によって住宅不足・食糧不足が深刻化していた。とりわけ都市部は困窮をきわめ，闇市などを通じてさまざまな生活必需品を得ていたのが実態であった。当時の生活の苦しさは，主人公の少年が闇商売に関わって悲劇的な結末を迎える映画『ドイツ零年』（伊：1948）にも描かれている。また旧ドイツ東部領などから流入したいわゆる「被追放民」の数は1,000万人を超えており，さらに敗戦前の経済ネットワークが分割占領によって分断されたことも経済状況の悪化に拍車をかけた。こうした状況からの復興こそ，新生西ドイツ国家が最優先に取り組むべき重要課題の1つだったのである。

アデナウアーと「復古」的な時代

これらの政策課題を前に，アデナウアーは「首相民主主義」と言われる強力な

第❾章　占領から復興へ

指導力を発揮して政権を運営した。「奇跡の経済」に支えられたアデナウアー率いるキリスト教民主同盟・社会同盟は，1957年の選挙で単独過半数を獲得して第1党の地位を揺るぎないものにしていく。しかしその強引で権威主義的な政治手法が批判されることもあった。アデナウアーは経済的混乱からの復興や政治的安定が優先された「復古」的な時代において，ナチスの「過去」について多くを語らず，「豊かな社会」の建設に邁進する「保守的近代化」の政治を行ったのである（野田2013）。

（妹尾哲志）

図9-5　映画『エアリフト』
（DVDパッケージ）

3　米ソ冷戦とベルリン封鎖

「恐怖の均衡」の時代

　第二次世界大戦後の国際政治は冷戦の時代を迎えた。「冷戦」の起源については諸説あるが，第二次世界大戦の戦後処理の問題などをめぐってアメリカとソ連がしだいにパワーとイデオロギーの両面で対立を深めていったことが背景にあった。ヨーロッパにおいてこの米ソ対立の舞台となったのが，ナチス時代のドイツの首都であり敗戦で戦勝4カ国によって分割統治されたベルリンである。やがて東西ドイツが成立し，1961年には分断を象徴する「ベルリンの壁」が建設される。映画『トンネル』（独：2001）では，東西ベルリン間で行き来ができなくなり，突如離れ離れになった市民が，境界線ぞいに築かれ始めるコンクリートの壁の下にトンネルを掘って，家族や恋人らを東から西へ救い出そうとする。この「ベルリンの壁」に象徴されるように，冷戦時代のヨーロッパは「鉄のカーテン」によって引き裂かれ，ドイツは東西両陣営間の激しい対立の最前線となった。それでは，40年以上にわたって国際政治を規定した冷戦はいかにして始まり，ドイツ分断やヨーロッパ統合の過程はどのように進行したのだろうか。

戦後処理をめぐる対立と冷戦の幕開け

　ナチスが残した傷跡，非道の限りを尽くしたドイツを戦後どのように処するか。

第Ⅳ部　消費社会・西ドイツ

図9-6　映画『トンネル』
（DVDパッケージ）

冷戦は第二次世界大戦の戦後処理をめぐる戦勝国間の対立の激化とともに進行した。1945年2月に米英ソの首脳が集ったヤルタ会談では，戦後ドイツの脅威を取り除くために非ナチ化と民主化を進め，集権的な国家機構を解体する点でおおむね一致を見ていたものの，その内容については各国間の溝は深かった。たとえばナチスの戦争犯罪を裁くべく開廷された国際軍事裁判を扱った映画『ニュールンベルグ軍事裁判　ヒトラー第三帝国最後の審判』（米・加：2000）にも，戦犯の扱いをめぐる米英ソの駆け引きが描かれている。1945年7月から8月にかけて行われたポツダム会談では，米英仏ソの4カ国による分割占領が決定された。ただし，将来の統一ドイツ国家との平和条約を想定してポーランドとの国境画定は先送りされるなど，この時点でドイツ分断が決定的だったわけではない。

　しかしソ連はヨーロッパでの戦争終了後も東欧諸国をはじめ東地中海地域や中東などでも膨張傾向を強め，イギリスやアメリカは不信感をつのらせていく。1946年3月にはイギリス前首相ウィンストン・チャーチルが「鉄のカーテン」演説でソ連の行動を非難した。ポツダム会談後に開かれていたドイツに関する4大国の協議も紛糾し，翌1947年1月には米英合同地域が形成される。同年3月にアメリカのハリー・トルーマン大統領は世界を自由主義（西側）と全体主義（東側）の2つの勢力に分けて，後者の脅威に対抗するために前者の諸国民を援助することを訴える「トルーマン・ドクトリン」を表明した。これは冷戦の幕開けを宣言するものであった。

通貨改革からベルリン封鎖へ

　この冷戦の最前線にあったのがベルリンであった。ベルリンは地理的にソ連占領地域内に位置していたが，ナチス時代の首都であった重要性などに鑑みて街自体が米英仏ソの4カ国に分割統治されていた。しかし東西間の対立が明らかになると，ドイツやベルリンに関する問題でも米英仏とソ連の間で立場の違いが明瞭にあらわれてくることになる。この戦勝国間の対立が統一した復興政策を妨げ，

第❾章　占領から復興へ

荒廃から立ち直ろうとするドイツ経済の足枷にもなっていた。そこで西側占領地域では経済苦境を打開するため，まず米英の占領地域が統合され，フランスも後を追った。そして経済再建への足掛かりとして，西側だけで新たな通貨マルクを導入する通貨改革が行われたのである。

この通貨改革に対して，東側だけでなくドイツ全体への影響力も保持したいソ連は猛反発する。すでにアメリカによる経済援助であるマーシャル・プランが西側占領地域に適用されることが明らかになっており，ドイツが西側陣営に組み込まれていくことをソ連は何としても防ぎたかった。こうしてソ連は1948年6月，ベルリンの西側地域（西ベルリン）を封鎖する措置をとった。この西ベルリン地域はソ連占領地域に浮かぶ「陸の孤島」のように位置しており，ソ連は陸路や水路などを封鎖する「兵糧攻め」を行うことでベルリン問題で西側に譲歩を迫ったのである。西ベルリン市民は食糧や電力，さらには寒い冬を越すために必要な燃料なども不足する困窮状態に追い込まれた。これがベルリン封鎖（または第1次ベルリン危機）と呼ばれる事件である。

図9-7　映画『ニュールンベルグ軍事裁判』
（DVDパッケージ）

アメリカをはじめとする西側陣営は西ベルリン市民を人質にとるようなソ連の措置に対して，空からの輸送で救援物資を送りつづけることで対抗した。NHKスペシャル『映像の世紀』（1995）でも紹介されているように，1949年5月に封鎖が解除されるまで，その便数は約28万便，届けられた物資は10万トンにも及び，なかには発電所まで含まれていたという。映画『エアリフト』（独：2005）には，ソ連の妨害にあいながらも，決死の覚悟で市民に物資を届ける西側のパイロットの姿が描かれている。東側に撃墜されかねない危険を冒したこの空輸作戦は「空の架け橋」と呼ばれ，アメリカをはじめ西側陣営との結びつきを確固たるものとした。西ベルリンは「自由の前哨基地」となり，西側の占領軍は防衛軍に変わったのである。

このベルリン封鎖をへて西側のドイツ国家である西ドイツが誕生した。西ドイツはアメリカ抜きでは自国の安全保障を確保しえないことを思い知らされ，西側

209

への結びつきを強めていくことになる。

ドイツ再軍備とヨーロッパ統合の胎動

　西ヨーロッパをいかに共産主義の脅威から守るか。1950年6月の朝鮮戦争の勃発は，東西に分断されたドイツの地でも「冷戦」が「熱戦」に転化しうる恐怖を見せつけた。ヨーロッパにおいては，通常兵力で縮小傾向にあった米軍に対してソ連軍が優位に立っていた。イギリスやフランスだけでは心もとないアメリカは，しだいに西ドイツの再軍備を認める方向へ舵を切っていく。しかしこれに待ったをかけたのが，ドイツ軍国主義の復活を危惧する宿敵フランスである。ただしフランスも，ソ連に対抗するには西ドイツとの協力が不可欠であることは理解していた。

　このジレンマを解決する策が，ヨーロッパ統合の枠内で西ドイツに一定のコントロールを及ぼす防衛共同体の設立であった。この提案に対してコンラート・アデナウアー首相は，ドイツ分断が固定化されるリスクがあるにもかかわらず，ほかの西側諸国と「対等」な立場をめざすためにも参加の意思を表明した。この防衛共同体構想はフランスが条約批准に失敗したことで挫折するが，その条約案の趣旨が活かされる形で1955年に西ドイツは西側の軍事同盟である北大西洋条約機構（NATO）に加盟した。それと同時に西ドイツの主権を制約していた占領規約が解消され，主権国家としての地位がほぼ回復される。西ドイツは冷戦が激しくなるなかで，アメリカを含む西側軍事同盟への参加を通じて主権回復と再軍備を果たしたのだった。またこの再軍備によって，映画『シャトーブリアンからの手紙』（仏・独：2011）にも登場し，後にNATOの司令官をつとめるハンス・シュパイデルらナチス時代の軍人たちも再び雇用されることになったのである。

　そして現在の欧州連合（EU）につながるヨーロッパ統合の胎動も，こうした米ソ冷戦に規定されていたと言える。すでに1950年5月に発表されていたシューマン・プランは，独仏の対立の原因となっていた石炭や鉄鋼を共同管理する超国家的な組織の設立をめざすもので，これが1952年7月に欧州石炭鉄鋼共同体に結実した。しかしその設立当初の加盟国はフランス・イタリア・ベルギー・オランダ・ルクセンブルク・西ドイツで，東欧諸国は含まれなかった。この西ヨーロッパに限定したヨーロッパ統合はアデナウアーの「西側統合」の一環でもあったが，それが東西間の分断をさらに促す側面があったことは否めない。その後も経済分野での統合は進み，1957年には共同市場の創設などを内容とする欧州経済共同体条約と，原子力分野での協力促進をめざす欧州原子力共同体条約が調印さ

れた。ただし、こうした西ヨーロッパの経済統合の進展は西ドイツにおける「奇跡の経済」と呼ばれる物質的繁栄をもたらす一因となったものの、軍事同盟たるNATOとともに東側陣営には脅威に映ったのである。

冷戦を象徴する壁の建設

こうしてヨーロッパにおける東西の分断が決定的になり、米ソ両大国の対立を基調とする冷戦が長期化の様相を呈するようになった。西ドイツが1950年代の「奇跡の経済」によって復興から高度経済成長を遂げると、東ドイツでは西側経済の魅力にも惹きつけられ、とりわけ「陸の孤島」として「資本主義のショーウィンドー」の役割を担った西ベルリンを通って西ドイツに脱出する人々が増加した。

図9-8　映画『シャトーブリアンからの手紙』
(ポスター)

こうした流出を防ぐべく東ドイツ政府が建設したのが、「ベルリンの壁」であった。映画『トンネル』で描かれた脱出劇のような例外はあったが、西ベルリン経由の東ドイツからの逃亡はほぼ不可能となり、その犠牲者の数は1989年11月に壁が崩壊するまでに約130人にのぼったとも言われる。壁建設の結果、東ドイツは相対的な安定期を迎えたとされるが、冷戦の長期化を招いた「恐怖の均衡」は西側経済の繁栄の陰で、冷戦の最前線での犠牲のもとで保たれていたのである。

(妹尾哲志)

4　奇跡の経済復興

戦後の西ドイツ経済を象徴する言葉が、「奇跡の経済」である。1949年から14年の長期にわたって政権の舵取りをしたアデナウアー政権の時代、その後も1966～1967年の一時的な景気後退をへて、1973年にオイルショックが起こるまでの期間の驚異的な経済成長を指して用いられる言葉だ。では、この経済成長が「奇跡」と呼ばれる理由は何だろうか。また、その間にもたらされた西ドイツ社会の変化は、正の面・負の面を含めてどのようなものだったのだろうか。

まず数値を追ってみるだけで、まさに「奇跡の経済」と呼ばれる所以も理解で

きるだろう。たとえば1950～1960年の期間，西ドイツ経済は年平均7.7％もの高い成長率を記録し，1962年には英仏を抜いてアメリカに次ぐ世界第2位の経済大国となる（高橋・平島 1997）。また実収入も1960年には1950年と比べて約2倍になり，さらに1973年には約3倍になった。そしてこのような経済成長にもかかわらず物価が低く抑えられたため，消費が刺激されモノが生活にあふれていった。つまり，人々は生活レベルで「奇跡」を実感することになったのである。

「奇跡」をもたらしたもの

ここではまず，ニュー・ジャーマン・シネマを代表する監督の1人ライナー・ヴェルナー・ファスビンダーの『マリア・ブラウンの結婚』（西独：1979）を取り上げよう。主人公マリア・ブラウンの戦中・戦後を悲劇的に描き出した同作は，西ドイツの「奇跡」の現実を映し出している。そこには象徴的にヒトラー，アデナウアー，エアハルトといったナチス時代から西ドイツにかけての歴代指導者の肖像が登場する。

とくにアメリカ兵・フランス人との愛人関係をへて会社経営者にまでのし上がっていくマリアの姿は，西側資本に頼って経済成長を遂げた西ドイツの姿を比喩的に映し出しており，そこには暗い影が差している。また戦時中に東部戦線で行方不明になり，しばらくして生還した夫ブラウン氏との「結婚」が同作のタイトルになっていることも印象的である。なおブラウンは英語と同じくドイツ語でも「褐色」を意味しているが，それはナチ党のシンボルカラーだった。

この映画と同じように「奇跡の経済」のきらびやかな成功面だけを強調せず，その実態を見ていこう。まず，経済成長はどうして可能になったのだろうか。これに関しては諸説あるが，1948年6月の米英仏3カ国の占領地域における通貨改革がきっかけになったことはたしかである。これによって旧ライヒスマルクに代わり，ドイツマルクが導入された。しかし通貨改革後も1951年頃までは，失業率の上昇などの不安定な状況はつづいた。

また，1950年6月に勃発した朝鮮戦争も決定的な意味をもつ。これによってアメリカの対西ドイツ政策が経済分野，とくに消費産業の分野で転換し，解体される予定の工場や生産施設が維持されることになったのである。さらに1952年の「投資援助法」も状況の追い風となった。ただし朝鮮戦争の勃発時には原材料の輸入価格が高騰したため，西ドイツの国際収支は赤字であった（高橋・平島 1997）。

このように通貨改革も朝鮮戦争も経済成長の一因ではあったが，成功を約束するものだったとは言えない。しかし実際には産業は著しく成長したし，消費財も

第9章 占領から復興へ

飛躍的に増加した。これを支える基盤として、ナチス時代に行われた軍需工業への巨額の投資を指摘することができる。空襲などの戦災は都市部を破壊し尽したが、郊外の工場は生産能力を何とか維持した。戦後賠償として実施された工場解体（デモンタージュ）も古い機械を廃棄し、新しい機械の導入を促すきっかけとなった。旧ドイツ東部領からの大量の被追放民は訓練された労働力であったし、彼らも必死であった。さらに皮肉なことだが、第二次世界大戦の敗北と戦後の連合軍の占領によって、西ドイツは軍備に多額の予算を割かなくてもすんだ。加えて、アジア・アフリカ諸国への援助も1950年代末まではわずかな額にとどまっていた（ラカー 1998）。

図9-9　映画『マリア・ブラウンの結婚』
（DVDパッケージ）

　経済成長の陰で忘れ去られつつあったナチス時代との連続性は、「奇跡」とコインの表裏を成していた。この点を、『マリア・ブラウンの結婚』は痛烈に批判したのである。

消費の波

　1950年代の西ドイツは、次々に押し寄せる「波」のような消費ブームの連続に沸いた。そして「奇跡の経済」は、生活や文化の面にも大きな変化をもたらした。ここでは、具体的な事例を通じて1950年代の西ドイツの消費生活の変容を見ておこう。

　初期段階では食生活の分野に消費の波が押し寄せ、食糧事情の大幅な改善と食文化の多様化が生じた。生活に必要な食品が満たされた後には、嗜好品消費の波が押し寄せた。たとえばこの時代を象徴する食べ物にアイスクリームがある。今日でもドイツを旅すれば、各地でアイスクリーム店を見かける。夏はもちろん冬でもドイツの人々は（外を歩きながら）アイスを食べている。

　ここでは、ドイツのアイスクリームの多くがイタリア風の店舗で販売されている点に着目してみよう。映画『ローマの休日』（米：1953）では、オードリー・ヘップバーン演じる王女がアイスクリーム（ジェラート）を食べるシーンが有名である。このシーンはドイツでは、イタリアへの休暇旅行のイメージと結びついて

213

第Ⅳ部　消費社会・西ドイツ

図9-10　流行歌「ちょっと一緒にイタリアに行こうよ」

いた。実際に1950年代には、ローマで休日を過ごすことが徐々に可能になっていた。たとえば1960年代初頭の長期休暇取得者は西ドイツ人全体の3分の1に達し、そのなかで長期休暇を外国で過ごした者は休暇旅行者の3分の1に及んだ。また、1950年代は映画文化も興隆した。1950年代半ばには西ドイツの人口5,200万人に対して、映画館の動員数は8億2,000万人に達した。これは「映画の奇跡」と呼ばれる。テレビが家庭に普及するまでの間、西ドイツの大衆文化を支えるメディアとして、映画が重要な位置を占めた。そして、『ローマの休日』も大ヒットを記録し、多くのドイツ人がイタリアへの憧憬を抱くきっかけとなった。また1950年代に好まれた食事として缶詰入りのラビオリがあり、ポピュラーソング「ちょっと一緒にイタリアに行こうよ」も流行した。このように西ドイツでは「イタリア・ブーム」が到来したのである。

　話をアイスクリームに戻そう。アイスクリーム店は「ガストアルバイター」と呼ばれる外国人労働者としてドイツに入ってきたイタリア系の人々が開店することが多かった。今日ではトルコ系移民に関して話題にのぼることが多い戦後ドイツの移民政策だが、「ガストアルバイター」に関する国家間の取り決めは1955年の「イタリア人労働力の募集・仲介協定（労働者派遣協定）」から始まったのである。

　これらイタリアをめぐる虚実の混交によって、アイスクリームは普及していった。そして、アイスクリームの「甘さ」は戦後生活の繁栄と豊かさ、さらには国外旅行という夢を象徴する味でもあった。また、1950年代末には西ドイツは南国フルーツの世界最大の輸入国となり、消費生活も世界経済のなかに組み込まれていく。このように西ドイツの消費のダイナミズム、つまり「消費の波」は、食・観光・メディアが複合的にからみ合って生じたものだった。そして、消費社会は「夢」をともなって急速に発展を遂げたのである。もちろん、ここにもナチス時代の消費文化との連続性が認められる。たとえば今日でもドイツでよく見かけるアイスクリーム「ラングネーゼ」をはじめ、映画文化の高揚もまたヴァイマール期からナチス期にかけて浸透した大衆文化であった。

平準化された中間層？

「奇跡の経済」が進行するなか，1953年に社会学者ヘルムート・シェルスキーは「平準化された中間層社会」論を提起する。シェルスキーは戦後の経済発展によって西ドイツ社会がかつてのような階級社会ではなくなり，消費生活で中間層（中産階級）への平準化が生じていると論じ，大きな反響を呼んだ。しかし実際のところ，1950年代の西ドイツの消費生活では中間層への平準化は起こっていなかった。1950年代前半の西ドイツの消費・生活水準は，ヴァイマール時代やナチス時代のそれと大きく変わらない。

1920年代から1950年代前半までのドイツ社会では，労働者と中間層の間には労働・賃金体系や社会保障制度の面だけでなく，価値観や生活環境，食生活，ファッションやレジャーといった消費文化の面でも大きな違いがあった。1950年代の消費生活においては，耐久消費財の普及率1つをとっても，労働者とほかの社会階層の間には明らかな格差が存在していた。しかし格差が存在する一方で，おおよそ1957年頃を境として，これまでの「労働者らしい」伝統的な衣食住の生活環境や消費文化はしだいに姿を消してゆく。「奇跡の経済」を通じて，どの階層の消費水準も1段階ずつ引き上げられた。それにより，かつてのようなそれぞれの社会階層・身分にふさわしい消費のあり方はリアリティを失っていった。

1950年代の消費生活の実像は「平準化された中間層社会」とは異なっていたが，シェルスキーの議論はこのような同時代の消費感覚の変化を早い段階で的確にとらえていたからこそ，大きな社会的反響を呼んだ。そして，格差の存在という「現実」を覆い隠す役割を果たしたのが，「理想」としての「奇跡」だったのである。1960年代後半には『マリア・ブラウンの結婚』を監督したファスビンダー，さらには世界中に拡大した学生運動がこの矛盾を暴露していくことになる。

（田中晶子・柳原伸洋）

5　福祉国家ドイツ

「すべての人に豊かさを」

戦後分断国家として出発した西ドイツは，経済復興から「奇跡の経済」と呼ばれる高度経済成長を遂げた。この高度成長を支えたのが「社会的市場経済」のスローガンのもとで進められた経済政策であり，その立役者が初代経済相で後に首相をつとめたルートヴィヒ・エアハルトである。エアハルトが「すべての人に豊かさを」と訴え，「社会的市場経済」にもとづきドイツが経済発展を遂げた「黄

金の50年代」には,「福祉国家(ドイツでは「社会国家」とも呼ばれる)」の基盤となる政治経済制度の仕組みが整備された。トレードマークであった葉巻を手にするエアハルトの姿や,「カブトムシ」の愛称で親しまれたフォルクスワーゲンは,当時の西ドイツの豊かさを象徴している。いかにして福祉国家ドイツの礎が築かれ,「奇跡の経済」と呼ばれる繁栄がもたらされたのだろうか。

社会的市場経済と福祉国家建設

　1954年サッカー・ワールドカップでの西ドイツの劇的な優勝を題材にした映画『ベルンの奇蹟』(独：2003)では,主人公の少年の父親が第二次世界大戦後にソ連での抑留生活を終え,10年ぶりに戻ってからも後遺症に苦しむ様子が描かれている。敗戦後のドイツでは,こうした抑留経験者をはじめとする国民の生活をいかに立て直すかに向けての課題が山積していた。

　西ドイツの初代首相コンラート・アデナウアーは,いわゆる「被追放民」らへの緊急援助法など社会的弱者の救済や社会保障の充実を図り,福祉国家体制の基盤づくりを進めた。また労働組合が要求する労使共同決定制度を実現し,労使間の協調を促すなどの特徴をドイツの政治経済体制に刻み込んだと言える。

　こうした福祉国家体制を充実させる社会政策の支出拡大を支えたのが,「社会的市場経済」の理念のもとで達成した「奇跡の経済」と呼ばれる飛躍的な経済成長である。「社会的市場経済」とは,現在の中華人民共和国が採用する「社会主義市場経済」とは内容を異にするもので,自由な競争原理にもとづく市場経済を原則としつつ,国家が市場経済の生み出す否定的な結果を是正するために一定の調整機能を担うものであった。この「社会的市場経済」は,戦後の荒廃した経済を立て直し,「豊かな社会」の土台となる福祉国家体制の整備を進める上で不可欠な条件であった。このスローガンを高らかにうたい上げ,「奇跡の経済」の立役者と呼ばれたのがエアハルトである。

「奇跡の経済」の立役者

　エアハルトの歩みは,経済復興から高度経済成長を遂げる西ドイツのそれとともにあったと言える。彼はすでにナチス時代に経済専門家として注目され,第二次世界大戦後にバイエルン州の経済相などを歴任した。そして西側占領地域で価格の自由化や配給制廃止などとあわせて通貨改革の準備に携わり,経済復興の地ならしをする。これらの功績がアデナウアーに高く評価され,新生国家西ドイツの初代経済相に抜擢されたのである。

第 9 章　占領から復興へ

図 9-11　葉巻を口にするエアハルト

図 9-12　映画『ベルンの奇蹟』
（DVD パッケージ）

　1950年代の西ドイツ経済は朝鮮戦争以降の輸出拡大などを梃子に高度成長を遂げていき，エアハルトは「奇跡の経済」のシンボル的存在となった。この「奇跡の経済」は，たとえば実質国民総生産成長率が1952〜58年に年平均7.6％を記録したことや，失業率がこの間に6.4％から1.7％へと低下したことにあらわれている（矢野・ファウスト 2001）。こうした経済繁栄が人々の生活に直接与えた影響としては，食生活の変化，自家用車や電化製品をはじめとする耐久消費財の普及，そして住宅事情の改善などが挙げられる。たしかに1950年代初めには「奇跡の経済」はあくまで人々の間で期待されたものにすぎず，実際の生活に影響を及ぼしていくのは50年代後半に入ってからであった（斎藤 2007）。とはいえ，この「奇跡」は上述の映画『ベルンの奇蹟』で描かれるサッカー・ワールドカップでの西ドイツの優勝とともに，国民が敗戦で失っていた自信と勇気を取り戻す「神話」として語り継がれることになる。
　エアハルトは「すべての人に豊かさを」を目標に掲げ，市場原理の根幹を成す自由競争こそがそれを実現すると主張した。そもそも戦後初期には，ドイツが分断され東西冷戦が激化するなかで，困窮に苦しむ国民の間では計画経済への期待も少なくなかった。「社会的市場経済」の理念自体，東側の社会主義との厳しい対抗関係を意識しながら経済発展をめざすという東西対立を反映したものであった。西ドイツ経済は「西側統合」のもとでアメリカを中心に構築された自由貿易

体制に組み込まれ、西ヨーロッパ統合を通じて経済成長を遂げることができたのである。

　この「奇跡の経済」は国民に豊かさをもたらし、アデナウアー政権への支持を強めた。しかしアデナウアーは「首相民主主義」と表現される強力な指導力を発揮する一方、そのあまりにも強引すぎる手法でしだいに反発を招くようになった。そして1963年10月、エアハルトが第2代首相に就任する。経済成長を達成したエアハルトに対する国民の期待は大きく、1965年の連邦議会選挙でキリスト教民主同盟・社会同盟が議席を増加させたことなどから「選挙機関車」とも呼ばれた。しかし西ドイツ経済が1966年冬に戦後初めて不況に陥ったことを1つの契機として、エアハルトは退陣に追い込まれてしまう。「奇跡の経済」の立役者が、経済危機をきっかけに首相の座を失ったのは皮肉であった。

　このようにエアハルトの首相としての功績は、けっして華々しいものとは言えなかった。しかし彼が「社会的市場経済」を掲げ「奇跡の経済」を実現したことは、西側の民主主義に対する支持を強めることにもつながり、後に表面化する潜在的な問題をはらみつつも、結果として西ドイツ社会の安定に寄与したのである。

「奇跡の経済」とドネルケバブ

　いまやすっかりファーストフードとしてドイツで定着し、日本でも屋台を見かける「ドネルケバブ」も、「奇跡の経済」と切り離せない関係にある。トルコ系移民によってこの「ドネルケバブ」がドイツに持ち込まれた背景はどのようなものだったのだろうか。

　西ドイツの「奇跡の経済」を支えた存在として、「社会的市場経済」の成果やナチス時代から引き継がれ生産施設などと並んで、「被追放民」や東ドイツからの「移住者」を無視することはできない。彼らのうちには熟練労働者をはじめ、職業訓練などのコストが節約できるすぐれた労働力として見込める者が多かった。西側の経済的繁栄や政治的自由などをもとめて流入した「移住者」の数は1962年までに約360万人にのぼり、その80％以上が18歳から25歳であった（矢野・ファウスト 2001）。彼らが「奇跡の経済」の推進力となったのである。

　しかし1961年の「ベルリンの壁」の建設は、こうした東ドイツからの労働力流入が途絶えることを意味した。「奇跡の経済」によってほぼ完全雇用状態にあった西ドイツ経済にとって、これは労働力不足を引き起こしかねない事態であった。1955年のイタリアを皮切りに、スペイン・ギリシア・トルコ・モロッコ・ポルトガル・チュニジア・ユーゴスラヴィアと立て続けに労働者派遣協定が締結された。

企業にとっては，外国人労働者は社会保険料や税金の負担が期待できる一方で，給与などの面で比較的コストが抑えられる都合のいい労働力として計算できたのである（矢野・ファウスト 2001）。

こうした外国人労働者は「ガストアルバイター」と呼ばれ，二国間ベースで締結される協定に従って派遣され，一定の期間ドイツで稼いだ後に本国に帰国することが想定されていた。しかし実際には不法労働や家族の呼び寄せが行われていたようである。ガストアルバイターはドイツ人が敬遠するような厳しい条件の仕事に従事することも少なくなかった。彼らもまた「奇跡の経済」を支えた存在であった。

図9-13　映画『ケバブ・コネクション』
　　　（ポスター）

当初は労働力不足を解消する存在として歓迎されていたガストアルバイターだったが，1973年にオイルショックの影響を受けて募集停止となった。やがてドイツ人の失業などが問題となるにともない，政府による帰国奨励策が進められるようになる。ただ故郷を離れてドイツ生活が長くなった者も多く，滞在の長期化や定住化，家族の呼び寄せなどのケースが目立つようになった。映画『おじいちゃんの里帰り』（独：2011）の主人公のトルコ人男性も，1960年代にガストアルバイターとして西ドイツを訪れ，家族を呼び寄せている。また映画『ケバブ・コネクション』（独：2005）には「ドネルケバブ」を販売するケバブ屋と向かいのギリシア料理屋が張り合うシーンがあるが，これは外国人労働者たちがドイツでの定住化と生き残りをかけて展開したビジネスの一端をあらわしている。こうして外国人労働者が「ガストアルバイター」から「移民」に変化したことが，現在の「移民国家」ドイツの抱える問題の歴史的背景を成しており，その意味で「奇跡の経済」が残した遺産と言えるのである。

「奇跡の経済」がもたらしたもの

このように「奇跡の経済」はその後のドイツ社会にさまざまな形で影響を与えた。ただ見逃せないのは，この「奇跡の経済」と表裏一体の関係にあった「脱政治」的傾向である。「奇跡の経済」が人々の生活水準を向上させる一方，それを

可能にした体制や政権への支持が高まった結果，政治に関する批判的な議論が避けられるようになったことは否定できない。そこにはナチズムにまつわる過去への沈黙も含まれる。もちろんこの「脱政治」的傾向は人々によって意識的に選択された点で，ナチス時代の強制的なそれとは内容を異にする（斎藤 2007）。ただこうした「脱政治」的傾向に対する反動は，親世代への若者の反発などを起爆剤として，伝統的で権威的な秩序に異議を唱えるいわゆる「68年世代」が持ち込む政治文化の変容を後に導く一因となった。こうした政治文化の変容を準備したのもまた，「奇跡の経済」がもたらした繁栄だったのである。

（妹尾哲志）

参考文献

飯田隆『図説　西洋経済史』日本経済評論社，2005年。

石井香江「越境するドネルケバブとエスニック・ビジネスの展開――トルコ風ファーストフードの定着と変容から見る戦後ドイツ社会」『四天王寺大学紀要』第50号，2010年。

石田勇治編『図説　ドイツの歴史』河出書房新社，2007年。

板橋拓己『アデナウアー』中央公論新社，2014年。

岩間陽子『ドイツ再軍備』中央公論社，1993年。

ハインリヒ・アウグスト・ヴィンクラー『ドイツ中間層の政治社会史　1871〜1990年』（後藤俊明・奥田隆男・杉原達・山中浩司訳）同文館，1994年。

遠藤乾編『ヨーロッパ統合史　増補版』名古屋大学出版会，2014年。

木村靖二編『ドイツの歴史――新ヨーロッパ中心国の軌跡　世界に出会う各国＝地域史』有斐閣，2000年。

木村靖二編『ドイツ史（新版　世界各国史）』山川出版社，2001年。

クリストフ・クレスマン『戦後ドイツ史 1945-1995――二重の建国』（石田勇治・木戸衛一訳）未來社，1995年。

小林正文『指導者たちでたどるドイツ現代史』丸善ブックス，2002年。

近藤潤三『移民国としてのドイツ――社会統合と平行社会のゆくえ』木鐸社，2007年。

斎藤哲『消費生活と女性――ドイツ社会史（1920〜70年）の一側面』日本経済評論社，2007年。

佐々木卓也『冷戦――アメリカの民主主義的生活様式を守る戦い』有斐閣，2011年。

瀬川裕司・松山文子・奥村賢編『ドイツ・ニューシネマを読む』フィルムアート社，1992年。

テオ・ゾンマー『1945年のドイツ――瓦礫の中の希望』（山本一之訳）中央公論新社，2009年。

高橋進・平島健司「ドイツ連邦共和国」成瀬治・山田欣吾・木村靖二編『ドイツ史3　1890年〜現在』山川出版社，1997年。

野田昌吾「ドイツ」網谷龍介・伊藤武・成廣孝編『新版　ヨーロッパのデモクラシー』ナカニシヤ出版，2013年。

平島健司『ドイツ現代政治』東京大学出版会，1994年。

森井裕一『現代ドイツの外交と政治』信山社，2008年。

矢野久・アンゼルム・ファウスト編『ドイツ社会史』有斐閣，2001年。

ウォルター・ラカー『ヨーロッパ現代史——西欧・東欧・ロシア(1)　戦後の状況と経済の奇跡』(加藤秀治郎・坂井一成・永山博之・金井和子・佐治孝夫・藤井浩司訳) 芦書房，1998年。

若尾祐司・井上茂子編『近代ドイツの歴史——18世紀から現代まで』ミネルヴァ書房，2005年。

第10章
第二の建国

1　1968年の学生運動

　世界中で学生運動がほぼ同時に発生した1960年代後半は、激動の時代と言われている。運動は「革命」を掲げて理想の社会主義を追求する一方、ロック、ヒッピーをはじめとする「アメリカ的」な要素も色濃く反映していた。アメリカではこの時代が文化的背景も含めて「1960年代」と呼ばれることが多いのに対して、ヨーロッパではピークの年にちなんで「1968（年）」と一般的に呼ばれている。1968年には世界規模でベトナム反戦運動がくり広げられたほか、パリ五月革命、チェコスロヴァキアでの民主化路線「プラハの春」、そしてソ連を中心とするワルシャワ条約機構軍による「プラハの春」弾圧などがあり、冷戦とともに形成された戦後秩序が大きく揺らいだ。

　この激動の時代を扱った作品の例として、フランスについてはジャン゠リュック・ゴダール監督の映画『男性・女性』（仏：1966）、アメリカについてはスチュアート・ハグマン監督の映画『いちご白書』（米：1970）やトム・ハンクスが制作に加わったドキュメンタリー『The '60s』（米：2013）、チェコスロヴァキアについてはフィリップ・カウフマン監督の映画『存在の耐えられない軽さ』（米：1988）が挙げられる。なかでも『男性・女性』で用いられた「マルクスとコカコーラの子どもたち」という言葉は、1960年代後半の時代精神を端的にあらわすものであった。西ドイツについてはベルント・アイヒンガー監督の映画『バーダー・マインホフ　理想の果てに』（独：2008）が、1960年代後半の学生運動から1970年代後半の左翼テロリズムまでの時代をリアルに描き出し、日本については若松孝二監督の映画『実録・連合赤軍　あさま山荘への道程』（2007）が有名である。さらに日独に関して言えば、ドイツ赤軍派（RAF）のウルリケ・マインホフと日本赤軍の重信房子という2人の女性テロリストとその娘たちを扱ったシェーン・オサリバン監督のドキュメンタリー映画『革命の子どもたち』（英：2011）が話題を呼んだ。

第Ⅳ部　消費社会・西ドイツ

図10-1　映画『バーダー・マインホフ
理想の果てに』
（ポスター）

　それでは，西ドイツの学生たちはこの時代になぜ抗議の声を上げ，どのような運動を展開し，その後のドイツ社会にどのような影響を及ぼしたのであろうか。また左翼テロリストを扱った映画『バーダー・マインホフ』を観ると，前半部で1960年代末の学生運動が詳細に描かれていて，一見すると学生運動全体がテロリズムへと収斂していったかのような印象を受けてしまいがちだが，実際のところ1960年代の学生運動と1970年代の左翼テロリズムはどのような関係にあったのだろうか。ここでは西ドイツの1968年という時代について，政治的かつ文化（サブカルチャー）的に展開された若者たちの運動，すなわち68年運動の展開とその遺産について考えてみる。

学生運動の展開

　映画『バーダー・マインホフ』の前半部に，学生たちが，会議を妨害しようと演壇にあらわれた年配男性を追い出す際，「ホー，ホー，ホー・チ・ミン！」と連呼して会場全体で湧き上がるシーンがある。これは，1968年2月に西ベルリンで社会主義ドイツ学生同盟（SDS）という新左翼中心の学生団体が中心となって開催した国際ベトナム会議で起こった出来事を再現したものであるが，ここには1968年当時の熱気を帯びた雰囲気が凝縮されている。この会議は，国外から参加した活動家も交えて，学生運動のあり方や暴力の是非などを議論した伝説の会議である。それでは，社会主義ドイツ学生同盟はいったいどのような団体で，西ドイツではこの団体を中心にどのような運動がくり広げられたのであろうか。

　社会主義ドイツ学生同盟は，戦後，社会民主党系の学生組織としてスタートした。1956年のハンガリー事件によるソ連への失望，1959年のゴーデスベルク綱領で階級政党から国民政党への変貌を遂げた社会民主党への失望により，学生を中心に「新左翼」が形成されると，学生同盟と社会民主党の間で軋轢が深まり，1961年に両者は完全に分離する。その後学生同盟内ではルディ・ドゥチュケ率いる反権威主義派が有力となり，学生運動全体をリードしていった。ドゥチュケら中心的運動家たちは，1965年のアメリカの北爆開始後に反米を掲げてベトナム反戦運動

を展開し、1967年の第3次中東戦争後は「アメリカ帝国主義」と結びつくイスラエルを批判してパレスチナ連帯をうたい、さらに文化大革命を推進する毛沢東や、中南米で革命運動を展開するチェ・ゲバラに強く共感しながら、第三世界との連帯による「革命」と、ソ連型ではない理想的な社会主義の実現を唱えた。

当時の学生運動にはグローバルな側面もあったが（フライ 2012）、この点に関しては留学生や留学経験者個々人の活躍に負うところが大きく、たとえば西ドイツからアメリカに渡った学生たちによって"sit-in""teach-in""happening"などのアメリカ学生運動の抗議スタイルが

図10－2　雑誌『シュピーゲル』の表紙
革命家の写真を掲げる学生たち。

西ドイツに英語名称のまま広められ、また逆にベルリンから見た冷戦の最新事情やマルクス主義に関する最先端の研究などが彼らによってアメリカ新左翼に伝えられた。

1967年6月にイラン国王夫妻の西ベルリン訪問に抗議するデモの最中に学生が警官によって射殺される事件が勃発した際には（近年になってこの警官が東ドイツ秘密警察の協力員だったことが判明）、国家権力への「対抗暴力」の正当性が主張されるようになる。上述の国際ベトナム会議は、まさに学生運動における暴力行使が多数派によって容認された会議でもあった。この時期ドゥチュケはテレビの対談番組に出演し、『シュピーゲル』誌の表紙を飾るなど一躍「時の人」となる一方で、「武装闘争」や「都市ゲリラ」といった過激な言葉を用いていたことにより、一般市民やとくに右派勢力からは危険人物と見なされていた。とくに「反共」を掲げる保守系のシュプリンガー出版社は新聞紙上で、学生運動は東ドイツによって操作されたものであり、その暴力性はむしろナチスに匹敵するものだと書き立てていた。

1968年4月、右翼新聞の宣伝に煽られた青年によりドゥチュケが撃たれて重傷を負うと、学生運動は西ドイツ全土で激化し、国内は騒乱状態となる。しかし社会民主党が与党の大連立政権下にあった西ドイツでは、パリ五月革命とは異なって労働運動全般が学生運動に呼応することはなく、同年5月に非常事態法案が連

邦議会を通過すると，学生新左翼と個別労組が中心的役割を果たした議会外反対運動は解体し，学生運動自体も失速して，新左翼の間で閉塞感がただようようになった。

対抗文化の形成

　西ドイツの学生運動が他国に比べてより急進化していった背景には，世代間紛争があった。すなわち，戦後第1世代の学生たちとナチス時代を経験したその親世代との間に深い溝があり，若者たちが親世代に対してナチスを止められなかったことを批判する風潮が広まっていたのである。若者たちはナチスを生んだドイツ的伝統から決別して反資本主義・反権威主義を掲げ，「もう1つのドイツ」をもとめて左翼思想に共感していった。伝統的価値観からの決別の背景にはさらに世界中で若者を魅了した英米のサブカルチャー，すなわち「アメリカ的なもの」の影響もあった。とくに権力への反抗を象徴したロックミュージックやベトナム反戦運動において広まったヒッピー文化は西ドイツの学生新左翼の間にも浸透し，対抗文化（カウンターカルチャー）という形で1968年の時代精神を形成した。

　対抗文化の形成においては，ブルジョワ的生活を拒絶して「革命」のための共同体として実験的に作られた「コミューン」という新たな生活スタイルも大きな役割を果たした。マスメディアとの共存関係にあった西ベルリンの「コミューンⅠ」では，自由奔放な男女の共同生活や警察当局の神経を逆なでするような過激な挑発行為に注目が集まったが，女性コミューンや反権威主義的教育を実践する子ども参加型のコミューンも存在し，後の女性運動につながっていく動きも見られた。このように対抗文化のシーンにおいてオルタナティブな生活スタイルが模索されたため，1968年は文化的には「ライフスタイルの革命」とも呼ばれた。

　学生運動がピークを過ぎると，若者たちの多くは現実と折り合い，就職して社会人となり，ドゥチュケの提唱する「制度内への長征」，すなわち制度の内側からの革命をめざすようになった。そしてこの学生運動経験者たち，すなわち「68年世代」が後に反原発・環境保護・女性解放・反核平和など，さまざまな問題をテーマとする「新しい社会運動」，そしてその政党組織である緑の党の中心的担い手になっていった。

　一方，頭部に銃弾を受けたドゥチュケはその後回復し，緑の党の形成プロセスに加わるなど精力的に活動をつづけたものの1979年に死去し，やがて「伝説」となる。68年世代はその後社会で確固たる地位に就くと，多くはかつて忌み嫌ったエスタブリッシュメントの一員となり，ブルジョワ的生活に溶け込んでいってし

まう。このように転向した68年世代をシニカルに描いているのが、映画『ベルリン、僕らの革命』(独・墺：2004)である。「革命」の夢を捨てて富裕層となった68年世代と新たな「革命」をめざす次世代の若者たちとの対立構図が浮き彫りとなるこの作品では、ドゥチュケがチェ・ゲバラのように世代を超えて革命のアイコンとして定着している様子も描かれている。

図10-3　映画『ベルリン、僕らの革命』
　　　　（ポスター）

1968年の遺産

68年世代が1970年代以降に新しい社会運動で、そして1980年代以降に緑の党で中心的役割を果たし、1968年当時のように街頭にくり出して抗議するという政治参加のスタイルを日常生活に定着させ、「抗議文化」を西ドイツ社会に浸透させていったことは、1968年の「ポジティブな遺産」として一般的に評価されている。実際に1968年という時代を境に権威主義的伝統は崩れ、上下関係や男女関係を含む社会内でのあらゆる人間関係がリベラルになっていった（井関 2005）。しかしその前の段階、すなわち学生運動が下火になり、新左翼を中心に新たな活動を模索していた段階では、それまで以上に暴力の問題が深刻化していたことも忘れてはならない。

社会主義ドイツ学生同盟は求心力を失って1970年には解散するが、それと並行して新左翼運動家たちはさまざまな共産主義グループ（「Kグループ」）を結成し、反原発闘争や住宅闘争などあらゆる運動に入り込んでいった。暴力的運動を展開し警官隊との衝突をくり返す彼らは、同じ運動内でも住民団体と対立することが多かった。「革命」のための暴力はこの段階でさらにエスカレートしていくが、抗議運動とテロリズムの間には大きなグレーゾーンが存在していた（井関 2007）。こうしたプロセスのなかで明確に武装・軍事路線に進んでいったのが、赤軍派をはじめとする左翼テロ組織であった。

上述の「コミューンⅠ」のメンバーが西ベルリンとミュンヘンで武装組織を結成する一方、彼らと関係の深かったアンドレアス・バーダー、左翼コラムニストのウルリケ・マインホフを中心に、1970年に赤軍派が結成される。赤軍派は学生運動の「小市民性」を批判しながらも、そこで唱えられていた「都市ゲリラ」構

想を実践に移し，ヨルダンでの軍事訓練の後，西ドイツ各地で米軍施設や警察施設，シュプリンガー出版社などを襲撃する。また，赤軍派をはじめとする左翼テロリストたちはパレスチナを中心に国際的なつながりももち，国際テロにも関与した。赤軍派の主要メンバーが逮捕された後も第2世代がこれにつづき，1970年代の西ドイツ社会を震撼させた。映画『バーダー・マインホフ』では，エキセントリックな赤軍派第1世代と，彼らの解放のために兵士として訓練されたさらに過激な第2世代の特徴がリアルに描き出されている。当時の状況を題材とした映画には，このほかにも1972年のミュンヘン・オリンピックでのパレスチナ過激派組織によるイスラエル選手団襲撃事件を扱った『ミュンヘン』（米：2006）や，警察当局による行き過ぎた「過激派狩り」をテーマとするノーベル賞作家ハインリヒ・ベルの小説を映画化した『カタリーナ・ブルームの失われた名誉』（西独：1975）などがある。

　1977年には赤軍派と結託したパレスチナ・テロリストによるルフトハンザ機ハイジャック事件が起こる。西ドイツ政府はソマリアのモガディシュに着陸したハイジャック機に特殊部隊を投入して人質全員の解放に成功する。赤軍派はこれと連動してドイツ経営者連盟会長ハンス＝マルティン・シュライヤーの誘拐殺害事件を引き起こすものの，同志釈放の目的は達成されずに終わり，獄中のバーダーらは自殺を遂げた。左翼テロリズムがピークに達したこの時期は，シュライヤーの葬儀やテロリストたちの埋葬時の実録映像を交えて当時の騒然とした状況を描いたライナー・ヴェルナー・ファスビンダー監督らのオムニバス映画『秋のドイツ』（西独：1978）にちなんで「ドイツの秋」と呼ばれ，ここに1968年という時代の終着点を見出す評論家も多い。実際にテロリストとなったのは新左翼の一部にすぎないが，暴力のエスカレートという点で左翼テロリズムが1968年の「負の遺産」を代表するものと言える。

　ナチス時代を経験した親世代との断絶と世界中で高まるベトナム反戦の機運を背景に，反権威主義・反資本主義を掲げて政治的にも文化的にも大きく展開された68年運動は，政治的な「革命」という意味では挫折するものの，文化面では社会のリベラル化に貢献した。新しい社会運動や緑の党の出発点というポジティブな側面と，左翼テロリズムにつながる暴力の連鎖の出発点というネガティブな側面の両方をあわせもつ1968年をめぐっては，今後も諸政党を巻き込んで論争がくり広げられるであろう。

（井関正久）

2　ブラントの時代

　首を垂れ，両手を前に組み，跪く姿。1970年12月7日，ポーランドとの条約調印のためワルシャワを訪れたヴィリー・ブラント首相がユダヤ人ゲットー英雄記念碑の前で跪いたことは，ドイツが「過去」に真摯に向き合う姿として国際的に高い評価を得た（図10-4）。このブラントの姿は，いわゆる「過去の克服」への取り組みをあらわすものとして現在でもしばしば取り上げられる。ブラント政権の時代は後に「第二の建国期」とも呼ばれるなど，戦後20年をへた西ドイツが変容期を迎えて直面するさまざまな課題に取り組み，内政・外交の両面で新たな段階へ歩みを進める重要な時代であった。その先頭に立ったブラントははたしてどのような人物であり，彼が取り組んだ課題はどのようなものだったのだろうか。

ブラント政権成立への道

　ブラントは本名をヘルベルト・フラームと言い，「ヴィリー・ブラント」はナチス政権下でドイツから亡命して抵抗運動に携わるなかで身分を隠すために名乗ったものが，第二次世界大戦後にドイツに戻った際に正式な名前となったものである。ブラントは第1回連邦議会選挙にドイツ社会民主党から立候補して当選し，1957年には西ベルリンの市長に就任する。1961年8月の「ベルリンの壁」の建設の際には，西ベルリン市長としてアメリカのジョン・F・ケネディ大統領に状況を訴えるなど存在感を示した。その後1966年に成立した大連立政権に社会民主党が参加したのにつづき，1969年9月の連邦議会選挙後にはブラント自ら首相として戦後初の社会民主党政権を成立させるのである。

　このブラント政権の成立は，戦後野党として出発した社会民主党の路線転換を抜きにしては語れない。敗戦後に再出発した社会民主党は当初基幹産業の国有化や再軍備反対などを掲げ，アデナウアー政権と厳しく対立した。しかし西ドイツ国民が「奇跡の経済」の果実を享受するなかで，同党はしだいにキリスト教民主同盟・社会同盟に政策面で接近を図るようになった。その背景には，戦後西ドイツで福祉国家体制が整備され，公共部門就業者が増加したという事情もあった。もともと社会民主党は労働者層を主な支持母体としていたが，学生運動など68年運動に身を投じる若者層や，工業社会からサービス社会への移行にともなって増加する職員・官吏者層にも支持を広げていった。しかし同党はその後，新たに獲得した支持層と伝統的な支持層の対立に引き裂かれていくことにもなる。

第Ⅳ部　消費社会・西ドイツ

図10-5　ブランデンブルク門近くのブラントの記念館

図10-4　雑誌『シュピーゲル』の表紙
跪くブラント。

　このブラント政権に関して，ブラントとともに社会民主党の「トロイカ」を形成したヘルベルト・ヴェーナーやヘルムート・シュミットなどとの政権内の複雑な関係を描いたのが，日本でも上演されたマイケル・フレインの舞台『戯曲・デモクラシー』（英：2003）である。そこではブラントがカリスマ性と脆さの同居する人物として描かれ，後述する首相辞任のきっかけとなる秘書のスパイ事件を題材に，党内の権力闘争など政権内部の影の部分も浮き彫りにされている。ただ当時の若者層などの間ではブラントに対する期待は大きく，政権交代によって「社会民主主義の時代」の到来を実現したブラントは党のヒーローであり，その人気の高さは近年ベルリンのブランデンブルク門近くに完成した彼の記念館からもうかがえる。

東方政策の推進

　新たに首相となったブラントは，それまで否定されてきた東ドイツ国家の存在を事実上認め，ソ連・ポーランドなど東側諸国との交渉を通じて分断によるさまざまな問題の解決をめざす「東方政策」に取り組んだ。冒頭で紹介したブラントの跪きは，ポーランドとの関係正常化の基礎に関する条約の調印のためにワルシャワを訪問した際の出来事である。こうした東方政策は西ベルリン市長時代以来，東側への「接近」を通じて長期的に相手の「変化」を促す「接近による変化」構

想のもとで進められた。これとあわせて，ドイツ分断によっても民族の一体性は保持されるとする「一民族二国家」論を唱えることで，将来のドイツ統一の可能性を放棄することなく，「鉄のカーテン」で分断されていたヨーロッパに緊張緩和をもたらしたのである。

　しかしこのブラント政権の東方政策は，西ドイツ国内で論議を呼んだ。東側への「接近」は共産主義勢力への「宥和政策」であり，コンラート・アデナウアー以降の「西側統合」を揺るがすものと非難されたのである。また旧ドイツ東部領からの「被追放民」にとって，戦後の国境線を受け入れることは「故郷」が失われ共産主義勢力の支配を認めることを意味し，そうした政策を進めるブラントは「売国奴」にほかならなかった。1972年11月の連邦議会選挙は，東方政策をめぐって国論を二分する様相を呈した。ブラントはすでに小説『ブリキの太鼓』（西独：1959）で名を馳せ，後年ノーベル賞を受賞するギュンター・グラスなど，多くの知識人や学者らの支持を受けた。その結果，社会民主党は投票率が91.1％に達する白熱した選挙戦を制し，東方政策は信任を得たのである。一方，西側同盟国も伝統的な「東と西の間を自由に動く」ドイツ外交の再来や西側結束の乱れへの懸念を抱きつつも，当時の国際政治における「デタント（緊張緩和）」の流れのなかで東方政策による東側諸国との関係改善に真っ向から反対することはなかった。

　このブラント外交によって，「西側統合」に反することなく東側との関係改善の突破口が切り開かれ，西ドイツ外交が新たな段階に入ったと言える。1975年にはアメリカやカナダを含む35カ国が参加するヨーロッパ安全保障協力会議が開催され，東方政策の成果がヨーロッパ全体へと広がっていくのである。

「もっとデモクラシーを！」

　「もっとデモクラシーを！」。ブラントが施政方針演説で掲げたスローガンである。外交政策で華々しい成果を上げたブラント政権であったが，内政ではどのような課題に取り組んだのだろうか。

　ブラントが首相になったのは，68年運動の熱がまだ冷めやらぬときだった。ブラントは内政上のさまざまな分野で改革に取り組むべく，市民の政治への積極的な参加を呼びかけた。「奇跡の経済」が一段落し，68年運動が伝統的な社会規範に挑戦を突きつけるなかで，ブラント政権に期待する声は大きかった。その期待に応えるかのように，大学増設や奨学金制度の充実化などによる教育機会の拡大や選挙権の18歳への引き下げに加えて，年金など社会保障分野でも改革が試みら

第Ⅳ部　消費社会・西ドイツ

図10-6　ファニー・ヴァン・ダネン「ブラントが首相だった頃」
（CDパッケージ）

れた。ただこうした社会政策拡大の背景には，戦後つづいてきた経済成長への楽観的な見通しがあったことは否定できず，とりわけ1973年のオイルショックを契機に経済状況が厳しくなると見直しを迫られることになる。

とはいえ，ブラント政権による改革の試みは，さまざまな参加をもとめる若い世代などの市民に対して政治を開放する方向性を基本的には打ち出していたと言える。上述の取り組み以外にも，妊娠中絶の一部自由化や離婚手続きの簡素化，ポルノの自由化やデモ参加者の権利強化，さらには「過去の克服」への意識の高まりや環境問題への取り組みなどは，そのすべてが成功をおさめたとは言えないまでも，ブラント政権が持ち込んだ従来にない革新性をあらわしていた。

しかし，こうした政治参加の拡大がもたらした困難も指摘しておく必要がある。映画『バーダー・マインホフ　理想の果てに』（独：2008）にも描かれているように，一部の過激派が活動を活発化させ国民を不安に陥れていた。その対策の1つとして基本法への忠誠を官吏に義務づけたいわゆる過激派条例が，政治参加拡大の理念と衝突する政策であったことは否めない。ブラントの掲げた理想主義的な改革が長つづきせず，後継のヘルムート・シュミット政権の現実主義路線に失望した支持層の一部は，環境運動やフェミニズム，反核運動や平和運動など「新しい社会運動」に身を投じていく。今日のドイツにおける政治参加への意識の高さや「抗議文化」は，こうした動きにも息吹を感じることができるだろう。

ブラントが首相だった時代

1972年11月の選挙に勝利したブラントだったが，その1年半後には自身の秘書が東ドイツのスパイとして活動していた責任をとって任期半ばで辞任した。その背景には，上述の『戯曲・デモクラシー』でも描かれている政権内の権力闘争やブラント自身の女性問題など，さまざまな要因があったとされる。そこにブラントがめざした改革や「デモクラシー」に潜む闇を見出すことができるとしても，彼の理念や政策がドイツ社会に与えた影響を過小評価することはできない。ブラ

ントの時代は，アデナウアー以降経済面に限定されてきた「保守的近代化」を社会面や政治面に拡大し，西ドイツの政治風土を大きく変えることになった（野田 2013）。「第二の建国期」と呼ばれるブラント政権期の「政治の季節」は，さまざまな矛盾を抱えながらも後の西ドイツ社会の成熟を用意した時代だったのである。

（妹尾哲志）

3 豊かな社会と自動車

　ドイツは自動車大国というイメージが強い。とくにドイツで19世紀末にカール・ベンツが初めてガソリン内燃機関を搭載した自動車を発明したこと，そして西ドイツにベンツをはじめ数々の自動車企業がひしめき合っていることなどが，このイメージを生み出していると言えよう。たとえば日本のアニメ作品でも，『ルパン三世』(1967〜)で主人公が乗るベンツ SSK，『Fate/Zero』(2011, 2012)でアイリスフィールが乗るベンツ 300SL，そして『千と千尋の神隠し』(2001)で父親が乗るアウディなどのドイツ車が登場している。これらもまた，高性能かつ高級なドイツ車のイメージを再生産している。

　しかし第二帝政期からヴァイマール時代のドイツでは，政府による鉄道優先の交通政策の結果，鉄道と競合する自動車の普及は伸び悩み，ドイツのモータリゼーションは遅れていたのである。またナチス時代には，アドルフ・ヒトラーによって大規模な国民的モータリゼーション計画が喧伝されたが，その多くは第二次世界大戦の勃発にともない，実現されないまま敗戦を迎えることになった（西牟田 1999）。では，モータリゼーションの時代を迎えた西ドイツの実態はどのようなものであったのだろうか。

モータリゼーションとアメリカ文化

　西ドイツの自家用車の台数は1950年の52万台から1960年の410万台へと急激に増加し，1964年には770万台を記録した。また自家用車の全所有者のうち，被雇用者層（労働者とホワイトカラーの事務職）が占める割合は1950年の12％から1960年の54％へと過半数を超えるまでに拡大し，社会階層の観点からも労働者を含む大衆的なモータリゼーションの進展が生じたことが分かる。1957年には労働者の自家用車購入者数が初めてオートバイ購入者数を上回り，1960年代以降も西ドイツのモータリゼーションは加速していく。たとえば1955年に100万台目を製造したフォルクスワーゲン・タイプ1（通称ビートル）は，1972年にはフォードT型

第Ⅳ部　消費社会・西ドイツ

図10-7　雑誌『ホビー』の表紙
自動車とキャンピングの文字が見える。

の生産台数1,500万7,000台を超えて世界記録を樹立した。フォルクスワーゲンはまさに1950年代から1970年代にかけての西ドイツのモータリゼーションを象徴する車であった。

　この急速な自動車ブームの背景には，政府による自動車維持費に対する税制上の控除（1955年）や自動車メーカー側の小型廉価車の供給体制の整備があった。さらに1958年以降のガソリン価格の世界的な下落と安定も追い風となった。そして自動車の普及は単に移動の利便性を増大させただけではなく，文化的側面もともなうものだった。この「自動車文化」はアメリカからの影響が大きい。1950年代に全盛期を迎えるアメリカの華やかな大型車は西ドイツでも「ドリームカー」と呼ばれて憧れの的になったし，「ドライブイン」「カーラジオ」などアメリカ発の新しい自動車文化が流入し，その英語名称のまま定着した。1964年には長期休暇旅行に占める自動車利用率が5割を上回り，キャンピングカーによる旅行者数も同年に500万人を数えている。消費文化のなかで自動車が大衆的な「趣味」と結びついていくのも，1960年代から1970年代にかけてであった。そこでは雑誌『ホビー』の表紙に見られるように，男性趣味としての自動車文化が生まれていった。なお，女性の自動車免許取得は1957年まで夫の許可が必要だった。

アメリカ型消費の魔法

　1950年代から1970年代にかけて，自動車文化以外の文化もアメリカ化していった。そのなかでテレビの果たした役割は大きい。西ドイツでは1954年に本格的なテレビ放送が開始され，サッカー・ワールドカップでの優勝，いわゆる「ベルンの奇蹟」などの出来事をへてテレビはしだいに普及していった。ただしそれでも1950年代にはテレビ所有率は3割ほどにすぎなかった。しかし1960年代初頭には6割，1960年代終わりには8割の家庭がテレビを所有することになった。ここに住宅不足の解消という歴史的背景も加わって，自宅での時間の過ごし方としてテ

第10章 第二の建国

レビがなくてはならない存在となり，居間のインテリアもテレビを中心とした配置へと変容した。

　日本と同様に西ドイツでも人気を博したアメリカのコメディードラマに，『奥さまは魔女』(1964〜1972) や『かわいい魔女ジニー』(1965〜1970) がある。これらのドラマは，西ドイツに「アメリカ的な生活様式」を伝える役割を果たした。ここでは両作品がアメリカの何を映し出していたのかに焦点を当ててみたい。『奥さまは魔女』では，主人公サマンサの夫は広告代理店の若き重役で，自家用車を所有している。同作はシボレー社が協賛企業となっていたので，シボレー・カマロが夫の乗用車として登場する。また家にはシステムキッチン，冷蔵庫やミキサーなどの家電，居間にはテレビや電話，家具調度品がそろっている。とくに同作では住居内が舞台となることが多い。他方『かわいい魔女ジニー』では，主人公ジニーのパートナーがNASAの宇宙飛行士という設定であり，NASAも撮影に関わっていた。これにはアメリカの科学の先進性を知らしめる効果もあった。

図10-8　テレビドラマ『奥さまは魔女』
ドイツ語版のタイトルは『ある魔女に恋して』。
（DVDパッケージ）

　このように両作品はコメディーの形式をとって，テレビというメディアを通じて西ドイツのお茶の間に浸透していった。これらは経済成長後の家族像のあり方，とくに新たな中間層がめざす理想的な生活イメージを提供するものであった。ドラマに登場するような食品がたくさん詰まった冷蔵庫と，自家用車の使用を前提としたスーパーマーケットでの週末の買いだめといった郊外型のライフスタイル，自家用車での家族や友人とのキャンプ旅行なども「アメリカ的な生活様式」として大いにもてはやされ，新しい消費・余暇文化の象徴となった。

　自動車はまた政治的なシンボルとしても機能した。冷戦が激化した1963年に壁で分断されたベルリンを訪問したアメリカのジョン・F・ケネディ大統領は，「私はベルリン市民である」と演説した。この訪問時にコンラート・アデナウアー首相とともにケネディが街頭で乗った自動車は，首相特別仕様のベンツ300であった。また西ドイツの新聞・雑誌だけでなく，政治家の演説や選挙ポスターでも「自動車のある生活」が頻繁に取り上げられた。1968年の連邦議会選挙でドイ

235

ツ社会民主党が採用した選挙ポスターは，アウトバーンで結ばれた高層ビルの林立する衛星都市を描き出し，有権者に「われわれと一緒に未来を築こう」と呼びかけている。その翌年の1969年に首相となるヴィリー・ブラントの社会民主党政権もまた，対外協調とともに生活の近代化を推進していった。

1970年代の価値転換と日本の自動車

1960年頃までのモノ（物質）と結びついた「豊かさ」という価値観は，1960年代半ばから1973年のオイルショックによって「奇跡の経済」が終焉を迎える頃までに転換していく。1970年代半ば以降，高度経済成長期の消費文化と価値観が見直しを迫られるなかで，「自動車のある生活」もかつての圧倒的な輝きを失い，そこに重ねられたアメリカの夢も色あせていく。個々人の人生を社会参加や自己実現によって充実させていく方向へと転換していくのである。これは1968年の学生運動世代が消費の担い手になったこととも関係している。また1970年には交通死亡事故が2万件に迫り，社会問題となっている。その後は自動車の排ガスによる環境汚染も取り沙汰され，環境意識と自動車の問題が重ね合わされるようになった。

しかし自動車の存在自体が批判されるケースは多くはなかった。それほどまでにモータリゼーションは西ドイツ社会に根づいていたのである。とくにフォルクスワーゲンはその名の通り，まさに「国民車」となっていた。製造再開直後は「ヒトラーの車」と呼ばれて外国から輸入を拒否されることもあったフォルクスワーゲンだが，やがて世界中で人気を博し，西ドイツの主要な輸出品目となっていく。このナチス時代のイメージを払拭したとされるフォルクスワーゲンは，西ドイツ人のアイデンティティとなる物語的な要素を含んでいた（シヴェルブシュ 2007）。さらにまた，自動車会社およびその関連企業で働く労働人口が相当数にのぼっていた点も重要であろう。

そんななかでドイツマルクの価値が高まり，西ドイツの人々も他国の自動車を購入するようになっていく。たとえば1960年と1971年を比べると，他国車の購入率は9.7％から25.2％へと急激に伸びている。そんな時代状況のなかで徐々に西ドイツに進出しつつあったのが日本車であった。1967年に西ドイツに最初の日本車（ホンダ製）が輸入された。その翌年の1968年には西ドイツは国内総生産で日本に追い抜かれ，世界第3位になっている。そして1980年には，日本は自動車分野で無視できない存在になっていた。

1980年に雑誌『シュピーゲル』の表紙を飾った絵がある。黄色い車体に細い目，

白い歯むき出しで微笑む自動車。その中央には日の丸と「メイド・イン・ジャパン」の文字も見える。この「日本車」はヨーロッパを踏みつぶそうとしている。日本車の攻勢が引き起こした「ジャパン・ショック」は，とりわけ西ドイツに大きな脅威を与えた。しかしその後も再編・統合をくり返しながら，ドイツ自動車産業は命脈を保つことに成功した。

　西ドイツの歴史と自動車は，経済面・社会面・文化面で密接に結びついている。この成功体験の戦後史と結びついた自動車へのこだわりは，統一後の現代ドイツへと継承されていく。また，環境に優しい自動車としてのドイツ車のイメージも創造されていった。そんななかで2015年に起きたフォルクスワーゲン社の排ガス規制の不正問題は，まさに歴史的大事件だったのである。

（田中晶子・柳原伸洋）

4　新しい社会運動

　1980年代初頭，音楽シーンにおいて「ジャーマン・ニューウェーブ」が旋風を巻き起こした。なかでもアメリカ・日本をはじめグローバルに大ヒットとなったのが，ネーナの「ロックバルーンは99」（西独：1983）である。今日でもなおよく耳にする曲であるが，実は当時の東西ドイツ事情および冷戦状況と密接に結びついた作品であることはあまり知られていない。何の変哲もない風船でも99個も上空を浮遊していればUFOと見間違えて99の戦闘機が出動し，99年もつづく戦争が起きて国家は破滅してしまうという内容の歌詞は，軍拡競争をやめない東西冷戦の愚かさに警鐘を鳴らすものであった。歌われているのは架空の国家だが，この常軌を逸した状況は，「壁」によって分断され，つねに冷戦の最前線で緊張状態にあったベルリンの現実とオーバーラップしている。軽快でスピーディーな曲調に，ベルリン出身のバンドならではの重みのあるメッセージをのせたこの曲は，80年代ポップスを代表するものとなった。

　「ロックバルーンは99」がヒットした時期は，西ドイツで反核平和運動がピークに達した時期と重なっている。ソ連の新型中距離核ミサイルSS-20の東欧配備に対抗して実施されたNATO二重決定（1979年12月）により，アメリカ製中距離核ミサイルの西ドイツ配備の準備が進むと，核戦争の恐怖が東西ドイツ市民の間で広がった。西ドイツではあらゆる市民運動勢力が反核平和運動に結集し，1980年代前半にこれまでにない規模の抗議運動が展開されたのである。

　同時期にニコルの歌う歌謡曲「少しだけ平和」がヨーロッパの国別対抗歌合戦

第Ⅳ部　消費社会・西ドイツ

図10-9　ネーナ「ロックバルーンは99」
（EPレコードパッケージ）

である「ユーロビジョン・ソング・コンテスト」で西ドイツ初のグランプリに輝いたが，実際に反戦ソングとして若者に認知されたのは保守層にうけたニコルではなく，ロック調のネーナの方であった。こうしたことからも，「ロックバルーンは99」は1980年代の時代精神を最も色濃く反映したものだったと言える。反原発やフェミニズム，エコロジー，反核平和などの個別問題をテーマとするこの時代の運動は水平的なネットワーク型の運動であり，組織化された労働運動との対比から「新しい社会運動」と総称される。それでは，新しい社会運動は西ドイツにおいてどのような展開を見せ，社会にどのような影響を及ぼしたのであろうか。ここでは，1970年代から1980年代にかけての女性運動と反原発運動を例に挙げながら見ていく。

「トマト事件」から女性運動へ

マルガレーテ・フォン・トロッタ監督の映画『鉛の時代』（西独：1981）には，主人公が妊娠中絶を非合法とする刑法218条への抗議運動を組織するシーンがある。この映画は1977年にアンドレアス・バーダーとともに獄中死を遂げたドイツ赤軍派（RAF）女性テロリストのグドルン・エンスリンと，その姉クリスティアーネ・エンスリンという実在の姉妹をモデルにしたものである。主人公のモデルとなった姉クリスティアーネは実際にフェミニズム雑誌『エマ』のジャーナリストとして活躍していた。映画では終戦直後の「鉛の時代」に幼少期を過ごした姉妹がともに68年運動を経験した後，妹はテロリストの道に，姉は女性運動の道に進んでいく様子が描かれている。それでは，姉がたどった道，すなわち68年運動から女性運動への道は，実際にはどのようなものであったのだろうか。

西ドイツでは新しい社会運動のなかでもとくに女性運動が，68年運動のグループを中心に早い段階から活動を展開していた。当初の運動の中心は反権威主義的教育の実践の場としての共同保育所の結成と運営にあり，運動家たちは規律正しい伝統的しつけを拒んで子どもたちの自発性を重んじるプログラムを自ら作成した。こうした実験的な保育所は，空き店舗を使用していたことから「キンダーラ

ーデン（子どもの店）」と呼ばれ，西ドイツ各地に広まっていった。その一方で，「性革命」という風潮のあった1968年当時は新左翼によって「性の解放＝政治的解放」がうたわれたものの，その後も男性中心の発想がつづいており，伝統的男女関係の解消を掲げてマスコミに注目された「コミューンⅠ」でも実際には男女の平等な関係は築かれていなかった（水戸部 2012）。

図10-10　映画『鉛の時代』
女性運動家の姉（左）とテロリストになった妹（右）。（ポスター）

西ドイツの現代版女性運動の始まりとして語り継がれているのが，「トマト事件」である。社会主義ドイツ学生同盟の代表者会議において，女性グループの提議に耳を貸そうとしない男性幹部に対して女性活動家がトマトを投げつけ，その１つが命中したのである。このように西ドイツの女性運動は学生同盟が掲げた反権威主義を突き詰めた結果，男性優位の社会全体への抵抗として生まれた側面があった。19世紀後半から20世紀初頭にかけての女性参政権をもとめた女性運動との対比から，女性解放を主張するこの時代の運動は一般に「第2波フェミニズム」「ウーマンリブ」（"Women's Liberation" のこと），あるいは「新しい女性運動」と呼ばれている。

1970年代に入ると，西ドイツでは女性運動の中心テーマが女性の自己決定へとシフトする。とくに上述の刑法218条に反対する運動が大きな展開を見せたが，そこで中心的な役割を果たしたのが，フランスの女性運動との連携に力を注いだジャーナリストのアリス・シュヴァルツァーであった。たとえば1971年にフランスで343人が署名した堕胎告白の記事が雑誌上で公表されると，西ドイツでもシュヴァルツァーが中心となって同様のキャンペーンが行われ，374人が署名した告白記事が『シュテルン』誌上で発表された。

その後も刑法218条に対する抗議運動は西ドイツ全土に広がり，運動の拠点として「女性の家」や書店，カフェなどが設立されていった。なかでも上述のシュヴァルツァー創設のフェミニズム雑誌『エマ』は，女性運動のネットワーク形成において大きな役割を果たした。彼女たちの多くは，やがて1980年代にほかの新しい社会運動の勢力とともに「緑の党」（正確に訳すと「緑の人々」）に合流する。

緑の党は1980年の結党大会において「エコロジー的」「社会的」「底辺（草の根）民主主義的」のほか，同じ新左翼から派生した過激派と同一視されないために

「非暴力的」も理念に掲げた。当初は右派も多く参加していたが、やがて新左翼が主流となり、1983年には初めて連邦議会進出を果たす。女性運動家たちの影響力の強い緑の党は、党の役職や選挙の候補者名簿などで半数以上を女性に割り当てるクオータ制を導入したほか、女性の地位向上を掲げた政策を積極的に推進し、男女同権の意識をほかの諸政党や議会内に定着させていった。

反原発運動

1983年に初めて連邦議会に進出した緑の党であったが、当初は不安定であった同党の地位を確固たるものとしたのは、1986年4月のチェルノブイリ原発事故以降のエコロジーと反原子力の意識の高まりであった。放射能汚染や内部被ばく問題で西ドイツ社会はパニックを経験するが、こうした当時の状況を最も鮮明に描き出した小説が、グドルン・パウゼヴァングの『見えない雲』（西独：1987）であった。西ドイツ・バイエルン州のグラーフェンハインフェルト原発における架空の放射性物質漏洩事故と群衆のパニックを描いた同作は、放射能の雲が地域を越えて襲いかかるという設定によって多くの読者に衝撃を与え、ロングセラーとなる。映画化されたのはチェルノブイリ原発事故から20年後であり、その際に原発名も架空のものに変更されたが（『みえない雲』独：2006）、2011年3月の福島第一原発事故以降、この映画は再び脚光を浴びている。以下では、西ドイツにおいて1970年代以降、反原発運動がどのように展開されたのかを見ていく。

反原発・脱原発運動の起源は1970年代半ばにさかのぼるが、当時は女性運動のほかに環境運動が大きな展開を見せ、数多くの「市民イニシアティブ」と呼ばれる住民・市民運動団体が結成されていた。とりわけ1970年代半ばに結成されたドイツ環境自然保護同盟（BUND）は、その後、専門的な非政府組織（NGO）へと変貌を遂げ、議会活動に方向づけられた緑の党とは異なった形で環境運動や政府への提言で活動を展開している。そして、この環境運動のなかで最も先鋭化したものが反原発運動であり、なかでも1970年代半ば以降に展開されたヴィールでの闘争が反原発運動の成功例として世界中で注目された。

ヴィールでは、ワイン農家をはじめとする地元住民の反原発闘争に学生をはじめ若手の左翼勢力が加わり、ともに建設予定地の占拠を展開するなかで運動全体に連帯意識がめばえていく。さらに原子力についての専門知識を得るために、研究者の参加のもと市民の自主講座として「ヴィールの森・人民大学」が設立されるなど、運動は規模を拡大して、最終的には原発建設を中止に追い込んだ。また、この運動から原子力施設に反対する「対抗専門家」の育成も始まり、体制から独

立したシンクタンク「エコ研究所」が設立されるなど，反原子力勢力の裾野が大きく広がっていった。福島第一原発事故直後にアンゲラ・メルケル政権が原発稼働期間を再び延長する計画を撤回した背景にも，原子炉安全委員会という政府諮問機関で活躍するエコ研究所メンバーの存在があった（加藤・井関 2014）。

その後の反原発運動においては，地元住民と外部から加わった左翼勢力の間でつねに緊張関係が見られた。ブロクドルフなどでの反原発闘争では，68年運動後に形成された共産主義グループの介入が穏健的運動を展開する地元住民との間に対立を生んだ結果，運動が分裂し，共産主義グループ自体も内部抗争によって衰退していった。その一方で，チェルノブイリ原発事故と時期的に重なったヴァッカースドルフの使用済み核燃料再処理施設建設反対運動は，1980年代における西ドイツ最大の反核闘争となった。ここでは連邦国境警備隊と機動隊の投入による敷地占拠者の強制排除という共通体験を通して，住民運動組織と急進的左翼勢力との連帯と共闘が始まり，最終的に政府に施設建設を断念させることに成功する。

図10-11　映画『みえない雲』
（DVD パッケージ）

反原発運動の流れもくむ緑の党が1998年に社会民主党と連邦レベルで連立政権を形成すると，ドイツはエネルギー政策において脱原発へと舵を切ることになった。しかしその後も放射性廃棄物がキャスクと呼ばれる容器で貯蔵施設に運び込まれてくるゴアレーベンでは，激しい闘争がくり広げられた。1980年代には敷地占拠を敢行し「自由共和国」を立ち上げたものの，政府による弾圧を受けたゴアレーベンでは，21世紀に入ってもドイツにおける「最後の反核運動」の場としてドイツ全土から運動家が終結し，警官隊との激しい衝突をくり返している。そこでは「ヒロシマ・ナガサキ」を知る戦争経験者の世代や戦後第1世代（「68年世代」）から，さらに若い世代へと運動が受け継がれている（青木 2013）。

革命思想から現実的解決へ

このように1970年代から1980年代にかけて，西ドイツでは新しい社会運動が大きな展開を見せた。学生運動の時代が終わった後，旧運動家たちの多くは新たな

活動の場をもとめて共産主義グループなどを結成して新しい社会運動に合流し，住民団体との衝突などの挫折を経験しながら運動全体の規模を拡大させていった。そして，こうしたなかから緑の党や対抗専門家が生まれ，1990年代にはNGOを中心とするより専門化された運動が形成されていく。革命思想のもとで運動が急進化していった1968年とは異なり，1970年代以降の新しい社会運動では個別問題の現実的な解決が追求された。新しい社会運動の展開とともに，エコロジー・反核・男女同権といった意識が社会全体に浸透していったほか，街頭にくり出して政治的意思表明を行うという1968年にめばえた「抗議文化」も定着していったのである。

(井関正久)

5　過去の克服

　戦争犯罪の過去をもち，その反省の上に新たな出発を誓った敗戦国であるドイツの国民は，新しい国づくりのためにその過去を批判的に見つめなければならなかった。「過去の克服」とはまさにその課題の名称であり，この取り組みがどれほど真剣なものであるのかは戦後の体制の評価に関わる問題であった。ドイツ人はナチズムの過去にどのように取り組んだのであろうか。

「過去の克服」の歴史的前提

　「過去の克服」の取り組みの基本方針は，初代首相となったコンラート・アデナウアーの1949年9月の最初の政府所信表明で述べられている。アデナウアーはそこでドイツ国民を3つに分けている。まず，厳罰に処されなければならない「ナチス時代と戦時中に行われた犯罪に本当に責任・罪のある者」。この人々はすでに第三帝国の最高責任者約150人に死刑を含む有罪判決を下したニュルンベルク裁判とその後の継続裁判や，数万人が有罪となった占領軍政府や旧占領国による軍事裁判などによって処罰されていた。さらに占領軍は各占領地域で行われた「非ナチ化」によって「本当に責任・罪のある者」の範囲を広げ，多くの元ナチ党員を公職から追放した。しかしこの「非ナチ化」は占領政策を実行していく人材の不足を招き，そのためもあって厳格さを欠いていったため，やがて停止されることになる。その意味で「過去の克服」は徹底さを欠いたものとなった。

　アデナウアーは先の所信声明で，「本当に責任・罪のある者」以外の国民を「政治的に非の打ちどころのない者」と「そうではない者」に区分した。つまり，

終戦時に人口の約1割を占めていた元ナチ党員と，大半はその体制を多かれ少なかれ支持していた元ナチ帝国の国民から構成されていた西ドイツ国家は，この「政治的に非の打ちどころがないとは言えない者」の責任を追及せずに，この人々を免罪し，その協力を得ることで西ドイツ体制を強化することを選択したのである。実際にアデナウアー政権は成立直後に，ナチス期と占領期に犯された罪に対する恩赦を行っている。

　その結果，第三帝国の根幹を構成していた多くの元ナチスや，その体制を熱烈に支持していた人々が西ドイツの国家・経済・社会・教育・軍事などの各分野に残存することになった。そこには「本当に責任・罪のある者」との境界線が限りなく灰色の人物も含まれ，なかには国家の中枢で要職を得ていく者もあらわれた。その代表的な例が，「ニュルンベルク人種法」の公式注釈書を作成し，ドイツ国内のユダヤ人に共通のミドルネームをつけさせる法律を立案したハンス・グロプケ，絶滅政策を推進する東方占領政策に知的根拠を提供する東方研究者として政治活動を行い，ポーランドでの虐殺事件への関与を疑われていたテオドア・オーバーレンダー，元ナチ党員で突撃隊にも所属していたゲアハルト・シュレーダーである。彼らは首相府長官，被追放民相，内相としていずれもアデナウアー政権を支えていたのである（石田 2002；ライヒェル 2006）。

若者への啓蒙活動

　しかし1950年代末から意識され始めた「過去の克服」の対象となったのはむしろ戦後に成長した若者であり，この世代がナチズムの歴史をまともに学んでいないことが問題にされたのである。1959年のクリスマスに20代半ばの2人の若者が「ユダヤ人出ていけ」という文字と鉤十字をケルンのシナゴーグの外壁に落書きしたことは，この懸念を裏づける象徴的事件としてメディアで大きく取り上げられた。しかもこの事件は同じような反ユダヤ主義的行為を西ドイツ全土で誘発してしまい，模倣犯の半数以上が20歳以下の青少年だったのである。西ドイツ政府はこの出来事を共産主義者の陰謀と見なし，あるいは未熟な若者の愚行として対処することで，国内の政治問題に発展しないようにつとめた。しかし左翼的知識人や外国メディアはこの事件を西ドイツがまだナチ的である証拠として受け取り，国外ではドイツ製品のボイコット運動が起こるほど反ドイツ的な風潮が広まっていった。西ドイツの有力紙は，アデナウアーが「民主主義」と書かれたオムツをつけた幼児を持ち上げ，戦後体制の成果を英米人に誇示しようとするが，「まだ湿り気がある」鉤十字のウンチが漏れ出ている様子を描いた風刺画（図10-12）

第Ⅳ部　消費社会・西ドイツ

図10-12　「まだ湿り気がある」

図10-13　資料集『黄色い星』より
ワルシャワ・ゲットー蜂起の1シーン。

を掲載している。青少年の反ユダヤ主義的行動が西ドイツ国家の正統性を揺るがす問題であったことを、この風刺は示していよう。

こうしてナチズムを知らない世代が反ユダヤ主義的な行動をとったことに対する親世代の責任、とくに政治家と教育者の責任が問われ、若者への歴史教育の必要性が叫ばれて、さまざまな啓蒙活動が展開されていくことになる。資料集『黄色い星』（西独：1960）はその1つであり、そこではナチ党の政権掌握から強制収容所の解放までのホロコーストの実態が写真を通して明らかにされている。同書に掲載されたワルシャワ・ゲットー蜂起の写真（図10-13）はその後、ホロコーストを象徴する写真として全世界で知られていくことになる。1961年にイスラエルで行われたユダヤ人追放・殺戮政策の実務上の責任者に対する「アイヒマン裁判」や、1963年にフランクフルトで行われた殺戮の実行犯に対する「アウシュヴィッツ裁判」などのナチス裁判もそのような啓蒙的効果をもたらした。

世代闘争としての「過去の克服」

一方、1960年代以降にはナチズムを知らない若者が親世代の歴史的罪を糾弾していく「過去の克服」も展開されていった。たとえばナチス時代の裁判官の犯罪を明らかにし、その裁判官が戦後に罰せられることなく職務を続行していることを訴える巡回展示会『償いなきナチス司法』展が1959年に開催されている。またケルン事件とその模倣行為の広がりに対する抗議集会がベルリンで開催されたとき、そこに集まった学生たちが政権内のナチ的人物の象徴的存在の名前が書かれたプラカードを掲げ、その名前を連呼して警察官と衝突している。1968年には若者が親世代を糾弾するこのような「過去の克服」を象徴する事件が起きた。元ナ

チ党員であり，ドイツ占領下のヨーロッパでプロパガンダ政策を担っていた経歴をもつクルト・ゲオルク・キージンガーが，それにもかかわらず西ドイツ首相に就任したことに衝撃を受けた当時29歳の女性が，首相の出席する党大会の会場に忍び込んで「ナチ！」と叫びながら彼に平手打ちをくらわせたのである。本来権威主義的な親世代が行使するはずの「体罰」を，キージンガー首相は若い女性から受けてしまったのである。「過去の克服」は世代間闘争へと発展していく（佐藤・フライ 2011）。

「68年世代」の「過去の克服」とその後

1967年には西ベルリンでデモ中の学生ベンノ・オーネゾルクが警官によって射殺される事件が起き，学生運動の急進化が生じた。さらに翌年には学生運動の理論的・実践的リーダーであったルディ・ドゥチュケが，保守系のシュプリンガー出版社の反学生運動キャンペーンに鼓舞された青年から銃弾を浴び，重傷を負った。学生運動に対するこのような警察・司法・メディアの暴力的な介入は，「ナチス世代」の克服されていない「過去」に原因をもとめられた。学生運動の担い手となる終戦前後に生まれた世代は後に「68年世代」と呼ばれることになるが，この世代は当時家庭内でも親のナチズムとの関わりを糾弾していたと言われている。しかし親世代を糾弾する「過去の克服」にとって，過去そのものは世代闘争のための道具と化す傾向にあった。この世代にとって親世代に責任があるその過去はいわば他者の問題であり，過去そのものにさほど関心があったわけではなかった。つまりホロコーストの歴史的犯罪は，西ドイツの国家と国民のアイデンティティに関わる問題としてはさほど認識されていなかったのである。

この問題を人々に明確に意識させたのが，西ドイツで1979年に4回シリーズで放映され，40％に迫る視聴率を上げたアメリカのテレビドラマ『ホロコースト 戦争と家族』（米：1978）であった。西ドイツの成人のほぼ2人に1人が鑑賞したこの「メロドラマ」は，ユダヤ人一家の視点からホロコーストとその犠牲者の運命を描いたことで，視聴者はユダヤ人に感情移入し，その痛みを自らのものとして主観的に追体験することになった。これをきっかけに西ドイツとその国民はホロコーストがいったい何であったのか，その歴史が何を意味するのかを自らの問題として問い始めたのである（石田 2002）。

（高橋秀寿）

参考文献

青木聡子『ドイツにおける原子力施設反対運動の展開——環境志向型社会へのイニシアティヴ』ミネルヴァ書房，2013年。
石田勇治『過去の克服——ヒトラー後のドイツ』白水社，2002年。
井関正久『ドイツを変えた68年運動』白水社，2005年。
井関正久「西ドイツにおける抗議運動と暴力——『68年運動』と左翼テロリズムとの関係を中心に」日本比較政治学会編『テロは政治をいかに変えたか——比較政治学的考察』早稲田大学出版部，2007年。
妹尾哲志『戦後西ドイツ外交の分水嶺——東方政策と分断克服の戦略，1963~1975年』晃洋書房，2011年。
加藤哲郎・井関正久「戦後日本の知識人とドイツ——『原子力の平和利用』をめぐって」工藤章・田嶋信雄編『戦後日独関係史』東京大学出版会，2014年。
佐藤健生・ノルベルト・フライ編『過ぎ去らぬ過去との取り組み——日本とドイツ』岩波書店，2011年。
ヴォルフガング・シヴェルブシュ『敗北の文化——敗戦トラウマ・回復・再生』（福本義憲・高本教之・白木和美訳）法政大学出版局，2007年。
西牟田祐司『ナチズムと自動車工業』京都大学経済学叢書，1999年。
野田昌吾「ドイツ」網谷龍介・伊藤武・成廣孝編『新版　ヨーロッパのデモクラシー』ナカニシヤ出版，2013年。
平島健司『ドイツ現代政治』東京大学出版会，1994年。
ノルベルト・フライ『1968年——反乱のグローバリズム』（下村由一訳）みすず書房，2012年。
水戸部由枝「My Revolution——60~70年代の西ドイツ社会国家にみる『性の解放』」『ゲシヒテ』第5号，2012年。
矢野久・アンゼルム・ファウスト編『ドイツ社会史』有斐閣，2001年。
ペーター・ライヒェル『ドイツ過去の克服——ナチ独裁に対する1945年以降の政治的・法的取り組み』（小川保博・柴野由和訳）八朔社，2006年。

第Ⅴ部
監視社会・東ドイツ

国際報道会議で答弁に立つウルブリヒト（1961年）
（ドイツ連邦文書館）

第11章
社会主義の建設

1 東ドイツ建国の建前と実情

　新海誠監督の長編アニメ『雲のむこう，約束の場所』(2004)は，大戦後に南北に分断された架空の日本を舞台としている。ほかにも小説を中心に大戦後の世界を扱った日本のフィクションでは，朝鮮半島の分断状態という史実の影響からか，「大国間の戦争によって引き裂かれた日本」という設定が用いられることが多い。しかし第二次世界大戦後に生まれた分断国家である2つのドイツについては，米ソの対立という要因だけではその歴史はとらえきれない。2つの国家の成立には外部からの圧力だけでなく，東西ドイツの政治家の思惑やナチス時代以前の歴史なども作用しているからである。

　では，戦後東西に分かれたドイツ人の国家の1つであるドイツ民主共和国（東ドイツ）はどのようにして，またどのような構想にもとづいて設立されたのだろうか。東ドイツはその建前上の名称とは異なり，「民主的」でも「共和国」でもなく，実際には「独裁国家」だったと言われる。いったいなぜ，ナチス独裁後のドイツに再び独裁体制が生まれてしまったのだろうか。ここでは，1949年10月に成立した東ドイツの建国とその体制の「建前」と「実情」を見ることで，これらの問いに迫ってみたい。

「建前」は複数政党，「実情」は一党独裁

　1949年10月の東ドイツの成立を，同年5月のドイツ連邦共和国（西ドイツ）の設立への対抗措置と解釈することはたやすい。だがすでに米ソの対立が段階的に進行していたこともあり，事実はそう単純ではない。たとえば土地制度の改革によってソ連占領地域とほかの3カ国の占領地域には制度の差が生じていたし，ラジオや映画を通じたプロパガンダ合戦なども両者の溝を深めていた。ただし西ドイツ建国以降，ソ連占領地域で新たなドイツ人の国家を造るための議論が急速に進められたことはたしかである。とくに1949年9月にモスクワで開かれた首脳会

第Ⅴ部　監視社会・東ドイツ

図11-1　東ドイツの成立（1949年10月7日）
（ドイツ連邦文書館）

議が重要であり、この会議での決定にもとづいて10月7日にドイツ人初の「労働者と農民の国家」ドイツ民主共和国が設立されることになる。同日には新憲法が施行され、ベルリンを首都とすることも決定されている。さらにロシア革命の日とされる11月7日には、国歌「廃墟からの復活」が公式に発表された。この急速な建国には、数年にわたる事前準備が必要だったということは想像に難くない。

　この東ドイツの政権党でありつづけ、「独裁」の中心を担った政党がドイツ社会主義統一党（SED）である。1945年6月、ソ連占領地域ではヴァイマール時代の政党である共産党（党員約62万人）や社会民主党（党員約70万人）が復活していた。生産手段を社会で共有し管理することによって平等な社会を実現しようとする社会主義と、その社会主義の達成によって財産の私有をなくし貧富の差のない社会を実現しようとする共産主義というそれぞれの目的からも、社会民主党と共産党は似通っており、復活した当初から両党の合併が議論されていた。

　しかし第一次世界大戦後に分裂し、ヴァイマール時代に激しく対立した歴史をもつ両党が、即座に合併にいたるとは考えられなかった。そのため1946年4月に両者を合併して社会主義統一党とする上で、かなりの無理が行われた。事実上社会民主党が放逐され、共産党の一党支配が確立されたのである。この過程で何千人もの社会民主党員が逮捕され、何万人もが西側占領地域へと逃げ出した。

　ただし東ドイツには社会主義統一党の一党のみが存在したのではなく、西ドイツの政党と同名のキリスト教民主同盟や自由民主党（後のドイツ自由民主党）などの政党も存在していた。たとえば1949年の最初の組閣では全14閣僚のうち、社会主義統一党員は6つのポストを占めるにすぎなかったが、同党は内務・国民教育・法務の重要閣僚を独占した。これは東ドイツが建前上は一党独裁ではなく、他党との協働によってファシズムや帝国主義に対抗する「人民戦線」を結成する人民民主主義体制をとったことによるものであった。しかし実際には野党はいわゆる「衛星政党」であり、選挙も議席配分がすでに記された統一名簿への賛成・反対の二択式だったので、彼らが与党になる可能性は皆無に等しかった。

　ほかにも建前上の民主制に関わるものとして、1949年に成立した東ドイツ憲法

第11章　社会主義の建設

が挙げられるが、これは実際のところ、ヴァイマール憲法の多くを踏襲するものであった。たとえば憲法内では社会主義は強調されていなかったし、社会主義統一党を政権党にするなどの規定も存在していなかった。また国民の言論・報道・信仰・郵便の秘密の権利は守られており、労働者の集会やストライキの権利も認められていた

図11-2　映画『殺人者はわれわれのなかにいる』より

（ヴェーバー 1991）。しかし人種差別や戦争賛美を禁止する条項とともに、「東ドイツの民主主義」に関係する施設や組織へのボイコットを煽る行為は犯罪と規定されていた。これが後に言論弾圧や国家内の反乱分子摘発に利用されるようになる。また1968年の憲法改正では、実質的に社会主義統一党が国家を指導することが記載された。建国から約20年後、憲法がようやく「実情」へと近づいたのである。

「建前」としての建国神話

　戦後直後の映画に、『殺人者はわれわれのなかにいる』（ソ連占領地域：1946）がある。これは当時、廃墟が数多く残るベルリンを舞台にして撮影された映画である。「廃墟映画」とも呼ばれる同作では、強制収容所の被収容者がヒロインであり、東部戦線での民間人虐殺も言及されている点が特徴的だ。これは「ナチスの罪」が戦争終結直後に民間レベルでも認識されていたことを示す事例だろう。

　上述のように東ドイツの国歌はまさに「廃墟からの復活」と題され、1番の歌詞には「廃墟から立ち上がり、未来に邁進しよう。……過去の窮状を克服せねばならないし、われわれはそうする」とある。過去の窮状とはもちろん、第二次世界大戦（ナチズム体制）下の生活を指す。また、2番の歌詞には「人民の敵を打ち破る」とあるが、この敵はファシストあるいは帝国主義者であり、「ナチスの後継国」西ドイツと、アメリカをはじめとする資本主義国家のことを指していた。つまり東ドイツは、映画『殺人者はわれわれのなかにいる』が映し出したナチスの殺人者を打倒すべき敵とし、自国を反ナチス闘士の国として正当化したのである。

　そのために行われたのが「非ナチ化」であった。非ナチ化とは4カ国の占領地

251

域それぞれで進められた政策であるが，元ナチ党員やその協力者をカテゴリー分けし，ナチスの犯罪への積極的関与者を死刑などに処し，それ以外も公職や要職から追放するといった措置を講ずるものであった。後に東ドイツとなるソ連占領地域では，非ナチ化が西側占領地域に比べて大規模かつ迅速に進められ，1947年8月までに52万人が公務員や教師などの職から追放され，元親衛隊員や指導的立場にあった1万2,000人が有罪判決を受け，108人が死刑となった（ヴェーバー 1991）。その際，社会主義統一党は政敵を排除するため，あるいは要職を党員で占めるために非ナチ化を利用し，後の東ドイツ体制の基盤とした。こうした法の恣意的行使によって，東ドイツ建国の「建前」のために施行された政策が建国の「実情」を形成してしまったのである。

ソ連による「実情」への力の行使

東ドイツの「実情」を左右したのは，やはりソ連であった。そして東ドイツ経済に大きな影響を与えたソ連の占領政策の1つが，戦争の賠償金取り立てである。ソ連占領地域では物的賠償として工業施設などが押収され，たとえば製鉄所の80％が押収の対象となった。この賠償によってソ連占領地域の鉄道は複線が単線となるほどであり，押収が終わった後も有力な製造業は「ソ連株式会社（ソヴィエト所有株式会社）」とされ，その生産物が賠償にあてられた。

たとえばイエナに工場をもつカール・ツァイスの事例がよく知られている。カメラあるいはレンズメーカーとして日本でも有名なツァイスは，本拠地のイエナ市がまずアメリカに占領され，次にソ連占領地域となったことで，その研究者・技術者がアメリカとソ連のそれぞれに引き抜かれ（あるいは連行され），会社自体が東西に分裂することになる。東のイエナ市のツァイスに残った職員の一部はソ連の研究所や工場での労働を余儀なくされた場合もあった（ヘルマン 1995）。

このようにソ連の東ドイツ地域の産業への介入は苛烈をきわめた。もちろん第二次世界大戦の東部戦線でのソ連の被害が甚大であったことは無視できない。この工場解体を含む賠償取り立ては1953年までつづいた。

東ドイツ成立後も実際にはソ連支配は継続していた。占領期のソ連軍政府がソ連管理委員会と名を変えるも実質的には強力な御意見番として機能したため，東ドイツ史においてソ連の影が消えることはなかったのである。

「建前」と「実情」の間

東ドイツは突如として第二次世界大戦後のソ連占領地域に建国されたわけでは

なく，さまざまな面でナチスやそれ以前の過去と結びつきながら成立した。ソ連の傘のもとにあったが，それだけで生まれたわけでもなく，1949年の建国前後の数年間を見ていくと，社会主義にもとづく新国家建設にはさまざまな歴史的要因や未来への可能性が含まれていたことが分かる。しかし見過ごしてはならないのは，東ドイツの建国当初に「建前」として独立や自由，民主政治などがうたわれていたものの，「実情」としてソ連の強い影響力，社会主義統一党の独裁，国家による法権力の行使などが国家建設の基盤に刻み込まれていたことだ。

さらに考えなくてはならない点は，その「建前」と「実情」の曖昧な境界線をめぐる問題であろう。たとえば後に社会主義統一党となる共産党は，資本主義社会から共産主義社会への過渡期に発生すると言われるプロレタリア独裁を否定し，人民の民主的権利と自由を保障する国家をめざすと宣言していたし，ソ連型の制度とは距離を置くとも述べていた。東ドイツの政党制度や憲法には，その理想が少なからず反映されていたのである。これらが有名無実化し，「建前」になっていくプロセスには，1953年6月の民衆蜂起のような転換点となる事件が作用した。ナチス独裁の否定形として建国された東ドイツは，このような「建前」と「実情」のせめぎ合いのなかで独裁的な体制を形作っていったのである。

(柳原伸洋)

2　1953年の民衆蜂起

藤子・F・不二雄のマンガ『ドラえもん』の「のび太の地底国」(1982) は，独裁体制下の「平等」，そして民衆の蜂起を戯画的に描写した作品である。偶然にも地下の大空洞を見つけた野比のび太は，友だちと一緒に「子どもだけの国」を創り，ロボ警察の後ろ盾を得て，のび太を首相とする「平等」で「暴力のない，明るく平和な国」をめざす。そこでは出来杉くんの完成させた宿題を全員に閲覧させ，スネ夫のおもちゃを全員に配る命令が出され，食糧生産のための農業労働も全員に課せられる（ただしのび太を除く）。調子づくのび太は「働くことはよいことだ。働けば国が豊かになる」というスローガンを立てて，ドラえもんたちに労働を強いる。さらには巨大なのび太像を地底国内に立てさえする……。そして最後はお決まりの展開ながら，地底国民の蜂起が発生してのび太が痛い目にあうのであった。

ここには国家指導者や権力者の振りかざす「平等」の恣意性と，「平等」をうたいつつ人々に労働を課すことの難しさが，民衆蜂起による国家崩壊とともにコ

第Ⅴ部　監視社会・東ドイツ

図11-3　戦車と対峙するベルリン市民
（ドイツ連邦文書館）

ミカルに描かれている。これと同様に平等をうたった東ドイツで発生した蜂起が，1953年の「6月17日事件」である。この蜂起はドイツでは1918年のドイツ革命以来の，ソ連・東欧圏では第二次世界大戦後初の大規模な民衆蜂起として歴史に名を刻んでいる。ここではこの1953年の蜂起の実相とその後の影響に迫ってみたい。

1953年6月17日の蜂起

　1949年に建国されたドイツ民主共和国（東ドイツ）。その政権党であるドイツ社会主義統一党は「社会主義に向けた計画的建設」を標榜し，1人あたりの労働ノルマの引き上げ，企業の共産主義化や教会への介入を推し進めた。そして1951年に開始される計画経済「第1次5カ年計画」では重工業部門を偏重したため，生活品（消費財）の不足を招くことになる。消費財分野の低迷の原因には，ソ連が戦争賠償のために東ドイツの企業の3割を所有していたことも挙げられよう（若尾・井上 2005）。

　上から押しつけられた改革と日常的な消費物資の不足に対して，民衆は不満をつのらせていた。たとえば1952年の西側への亡命者は約19万人であったが，それが1953年中頃までに約32万人に膨れ上がる。彼ら亡命者の多くは若き労働者であった。また1952年から1953年の5月にかけて，とくにキリスト教の青年組織に所属する若者たちが監獄に入れられ，被収容者の総数は3万1,000人から6万6,000人にまで膨れ上がった。

　1953年3月のヨシフ・スターリンの死後に「新路線」を唱えたソ連の新指導部は，東ドイツの人口流出を問題視し，社会主義統一党の第一書記ヴァルター・ウルブリヒトの責任を追及した。これを受けて，ウルブリヒトも「新路線」にそって重工業分野への偏重を緩和するが，労働ノルマの引き上げについては路線修正を行わなかった。経済状況の向上のため，政府は労働ノルマについては譲歩しなかったのである（木村ほか 2014；クレスマン 1995）。

　これに対して，東ベルリンのスターリン大通りやフリードリヒスハインの病院建設現場の労働者がストライキを決行する。その動きは東ベルリン全体，そして

東ドイツ全土に広がった。ストライキ参加者は約700の都市や自治体で約50万人，デモ参加者も40万人以上であったとされる。

当初はノルマ引き上げや生活品不足に不満の声を上げた労働者によるストライキやデモであったが，その後は農民やホワイトカラー労働者の一部にも波及し，その要求は東ドイツ政府への不満表明からウルブリヒトの退陣要求，さらには自由選挙をもとめるものになっていった。なかには商店を襲撃する暴徒と化した人々もいた。

6月蜂起の影響

蜂起者は「インターナショナル」や「ドイツの歌」を歌いながらデモに参加した。これは「労働者の国」東ドイツにおいては，蜂起側の正当性を聴覚的に示すものだった。「ドイツの歌」の場合，当時の東西ドイツの分断状況を異常事態として，ドイツ再統一をもとめる声を表明していたのである。

半日足らずで急速に膨れ上がったデモやストライキに対して，東ドイツ政府は自力でこの事態を収拾することができず，結果的にソ連軍が鎮圧に介入する。東ベルリンだけで600台のソ連の戦車が投入され，少なくとも50人の東ドイツ市民が死亡したと言われる。ただしこの事件の死者数はいまだに解明されておらず，西ドイツ側が強調したような残虐な事態にはいたらなかったという見方もある。その理由としては，ソ連が戦車を投入した時点で蜂起者の大多数は勢いを弱め，自然に沈静化したケースが多かったことが挙げられる。また労働ノルマの10％増も極端な引き上げとは言えず，自らの生命をかけた反乱にはいたらずに不満の表明にとどまったとも解釈できるだろう。

しかし処罰は厳格であった。蜂起に関与した1万5,000人が逮捕され，2,500人が有罪判決を受けて懲役刑となった。また4人に死刑判決が出され，2人の刑が執行されている。またカール・ツァイスなどの企業では翌年もストライキが生じたので，東ドイツ政府は民衆蜂起に対しては神経質なほど取り締まりを強めていく。これと平行して，シュタージと呼ばれる秘密警察も増員されていった。

このように「労働者の国」東ドイツで労働者自身が蜂起したことは，東ドイツ政府に衝撃を与えた。さらにソ連にも衝撃は波及し，東ドイツへの締めつけは緩和された。それはこの蜂起の前にソ連に責任を追及されていた第一書記ウルブリヒトにとっては，皮肉な結果であった。ウルブリヒトはこの事態に乗じてシュタージなどの統制機構を強化し，盤石の体制を築いていった。たとえば1954年には2万人の幹部を役職から追放し，ウルブリヒト体制の純化を図った。つまり蜂起

第Ⅴ部　監視社会・東ドイツ

はウルブリヒトが反体制派を放逐し，その体制を強固にする契機となったのである。また東ドイツ国内では，戦車を用いてまで蜂起に介入したソ連に対する不信感がつのった。

西ドイツの反応

この蜂起に対する西ドイツ側の反応も見ておこう。6月17日蜂起は西ベルリンのアメリカ占領地域のラジオでも報じられ，それが東側にも届くことでデモやストライキが広まった側面もあった。ただし当初は第三次世界大戦勃発の恐れもあり，西ドイツの大臣が東ドイツの国民に対して蜂起を自重するよう促す一幕もあった。しかし蜂起の拡大とソ連の軍事介入を受けて，早くも6月19日には西ドイツ首相コンラート・アデナウアーが西ベルリン入りし，蜂起の犠牲者に対して哀悼の意を示した。西ドイツは6月17日蜂起を東ドイツ国民によるドイツ統一の要求運動と見なした。同月22日には西ベルリンからブランデンブルク門（東ベルリン）へと延びる大通りを「6月17日通り」と改名し，8月には蜂起の日を「ドイツ統一の日」として祝日とした。

東ドイツではウルブリヒト体制が安定していくなか，6月17日蜂起は「西側黒幕とファッショ的挑発者に引き起こされ導かれた反革命の試み」として語り継がれていく（クレスマン 1995）。これとは対照的に西ドイツでは，この蜂起は抑圧された東ドイツ民衆の自由と統一をもとめる運動として象徴化されていくのである。

蜂起の帰結

このように1953年6月の民衆蜂起は東ドイツやソ連の統治政策を転換させ，西ドイツの東ドイツ非難の姿勢を強めることになった。ただし1950年代後半にはいわゆる「雪どけ」の時代が到来することで，一時的に東西間の関係は改善する。この時代に東ドイツ国内では，大衆車トラバントに象徴されるような消費文化も花開くことになる。

この1950年代後半の東ドイツでは，民衆の不満や亡命といった側面に迫った映画が公開されている。そのなかで最もよく知られている作品が，『ベルリン・シェーンハウゼン通りの街角』（東独：1957）である。東ベルリンの高架下にたむろする若者たち，いわゆる「ならず者」を扱った映画である。この作品は東ドイツの映画審査で「敵（西側諸国）を調子づかせるだけだ」とされたが結局上映許可が下り，3週間ほどで150万人以上の観客を集めることになる。

この映画には興味深い点がいくつかある。まず，西ドイツで上映が禁止された

という事実である。作品内では，西ベルリンへと逃げ出した若者が西側の収容施設で死亡するという事件が起きる。この点が西ドイツで問題視され，上映が禁止されたのだった。

次に，その出演者である。『ベルリン・シェーンハウゼン通りの街角』に出演した女優イルゼ・パジェは西ベルリン在住者であり，ベルリンの壁構築後は西ドイツの映画やテレビドラマで活躍した。1961年8月までは東西ベルリン間の人の移動が比較的自由であったことが，ここから確認できる。

1950年代後半の「雪どけ」はたしかに東ドイツの消費文化を花開かせはしたが，ウルブリヒト政権は1960年にいたっても東ドイツからの人口流出を押しとどめることができず，建国から1961年までに約300万人が西側に移

図11-4　映画『ベルリン・シェーンハウゼン通りの街角』
（DVDパッケージ）

住することになった。この事態を打開するために1961年8月13日，ついにベルリンの壁が建設された。つまり1953年の民衆蜂起は，間接的にウルブリヒト体制の安定化を促すことで，東西間に「見えざる壁」を打ち立てる結果を招いたと言えよう。

（柳原伸洋）

3　米ソ冷戦とベルリンの壁

1989年11月にベルリンの壁が崩れたとき，壁によじ登り歓喜の声を上げるドイツ人の高揚感や解放感を映し出した映像を記憶している人は多いのではないだろうか。そのときまでベルリンは壁によって東西に分断された都市であった。この壁を造る原因となったのは戦後世界における米ソの対立であり，これは冷戦と呼ばれる。

映画『ベルリン・天使の詩』（西独・仏：1987）では四方を壁に囲まれた西ベルリンの倦怠感・閉塞感が描かれているが，現在ソニーセンターがあるポツダム広場の荒涼とした風景のなかで老人が独白する場面や，厚い壁の前にたたずむ2人の天使が東側を知らない世界と述べるシーンは，この場所が東側世界に取り囲ま

れた「陸の孤島」であった事実を象徴的に示している。

　ただ，この東西世界を2つに分けた壁は大戦が終わってすぐに造られたものではなかった。ベルリンの壁は1961年になるまで存在していなかったのである。それまでは東側に居住していた人々も普通に西ベルリンに働きに出かけ，ショッピングを楽しむことができた。西ベルリンの住人も，当時有名であったベルトルト・ブレヒトの作品を鑑賞しに，ベルリナー・アンサンブルを訪れることもあった。しかし，米ソの対立がこの町に影を落としていたこともたしかである。人々は普段通りに暮らしていたとしても，日に日に東西ベルリンの違いが明らかになっていく状況を意識せざるをえなかった。ここでは東側の視点から，東ベルリンや東ドイツがいかにして成立し，国家として安定したのかを見た後，東ドイツの人間にとって，ベルリンの壁がどのような存在であったのかについて考えたい。

ソ連による賠償の取り立て

　福島第一原発事故の後，ドイツで注目された映画に『イエロー・ケーキ〜クリーンなエネルギーという嘘』（独：2012）がある。この映画の冒頭では，旧東ドイツのヴィスムートにおけるウラン鉱の採掘の結果，健康被害が周辺地域で起きていることが取り上げられている。東ドイツ時代，このウラン採掘会社は「ソ連株式会社」と呼ばれる組織形態をとっていた。ソ連はこのヴィスムートで産出されるウランを自らの核開発のために利用していた。ただ，この「ソ連株式会社」はソ連に戦争賠償を支払うための賠償スキームとして機能していたのである。

　ソ連の占領地域での最優先の課題は，いかにしてナチスによる被害の賠償を取り立てるかにあった。そもそもソ連の最高指導者ヨシフ・スターリンは2度の世界大戦でドイツから攻め込まれた経験から，自国の安全確保を優先する戦後秩序を構想していた。それもあって，ドイツの扱いについては態度を明らかにはしていなかった。

　なお戦勝国間の取り決めにより，戦時中大きな損害を被ったソ連については西側地域からも賠償を受け取ることが認められていた。しかしこの約束は東西の冷戦が激化するなかで守られずに終わり，ソ連は賠償を自国占領地域内から取り立てざるをえなくなった（ヴェントカー 2013）。

　それゆえソ連は冷戦が激しくなるなかにあっても，戦時賠償の一環として工場施設を解体し持ち去っていた。このことが後々まで東ドイツ経済の足かせとなったのである。1947年にはこのあからさまな接収策は取り下げられたが，その代わりに「ソ連株式会社」を利用した賠償支払いが本格化した。東ドイツの大企業の所

有権がソ連に移されて、生産活動により得られた生産物や金銭が賠償として支払われることになったのである。その結果、東ドイツは1953年までに産業の約3分の1を失うことになった。

「ベルリン封鎖」と東ドイツの建国

それでは、首都であるベルリンも米英ソ仏の4カ国によって分割占領されたのはどうしてだろうか。もしソ連が西側との冷戦を早い段階で予期して、東ドイツを建国することを既定方針としていたならば、西側の軍事・経済上の影響力が及ぶ地域を自国占領地域の真ん中に抱え込む決断をしたとは考えられない。逆に西側からすれば、わざわざ敵勢力の真ん

図11-5 映画『イエロー・ケーキ』
(DVDパッケージ)

中に「陸の孤島」をもつ必要は、軍事戦略的観点からも正当化できるものではない。この両者の行動から見れば、冷戦の原因はソ連の一方的な侵略の意図にあったのではなく、米ソ双方の1つ1つの事態に対する認識の相違、相手方の出方に対する誤解の積み重ねにあったと言えよう（クレスマン 1995）。

冷戦の進行のなかで東西ドイツの分断を決定的にしたのは、1948年6月にソ連の同意を得ずに行われた西側占領地域の通貨改革であった。ソ連はこの通貨改革の影響がベルリンにも及び、西側通貨がソ連占領地域に持ち込まれることを恐れた。そこでソ連はこの動きを封じ込めるため、西ベルリンにつながる陸路を全面封鎖した。これが「ベルリン封鎖」と呼ばれる事態である。ソ連は西ベルリンを人質にとって約1年にわたって封鎖を継続したものの、西側から譲歩を引き出すことはできなかった。結局1949年5月にはドイツ連邦共和国（西ドイツ）が、同年10月にはドイツ民主共和国（東ドイツ）がそれぞれ建国され、ベルリンは引きつづき戦勝4カ国の共同管理下に置かれることになった。なお、ベルリン封鎖が解除された後も西ベルリンへの空路を利用できたのは西側戦勝3カ国だけであり、ドイツの航空会社ルフトハンザはドイツ統一後になって初めてこの地に就航できた。

東ドイツに課された賠償、ベルリン封鎖後にこの都市が置かれた状況から見て、ソ連は本気でこの国を支えるつもりがあったのだろうか。しかも1952年3月には

ソ連は「スターリン・ノート」と呼ばれる覚書を西側に提出し，ドイツを中立化した上で統一するプランを訴えた（清水 2015）。ソ連は東ドイツを維持するか否かについて態度をはっきりさせていなかったため，現在でもこの覚書が単なるプロパガンダであったのかどうかをめぐって研究上の解釈は分かれている。ただソ連はこのときまで一貫して社会主義統一党の外交方針をコントロールしていた（ヴェントカー 2013）。ソ連が東ドイツ国家を恒久的なものとして明確に承認したのは，1955年に米ソ英仏の4カ国がジュネーブで首脳会談を行った後であった。

西側亡命と「ベルリン最後通牒」

東ドイツ政府は1952年，西ドイツとの境界線を厳重に管理するために有刺鉄線を張りめぐらせた。浦沢直樹のマンガ『MASTER キートン』第2巻（1989）の「貴婦人との旅」には，西ドイツの大土地領主の土地に東西の境界線が引かれ，東側に幼い1人息子が取り残された話が出てくる。領主である父親は息子を救出するために東ドイツに潜入し，捕えられて財産を差し出すようにもとめられるが，それを拒否して殺されるというストーリーである。

しかしベルリンは戦勝4カ国の共同管理下にあるために，東ドイツ政府も厳重な境界管理体制を確立することができなかった。この東ドイツの真ん中に突き刺さったトゲである西ベルリンを経由して，多くの東ドイツ住民が西側へと逃れていった。西側に逃げた人々の多くは若者であり，彼らが東ドイツを後にしたのは政治的な息苦しさもさることながら，「奇跡の経済」による繁栄をまのあたりにしたためである。1950年代後半，ドイツの分断が固定化された後では，ソ連と東ドイツにとって，西ベルリンの存在が外交上・内政上最大の懸案事項となった。

ソ連は西ベルリンが西側世界のショーウィンドーの役割を果たしていることに対抗して，東ドイツを東側世界のモデルとするべく，工業原料の援助を行って東側の経済力を誇示しようと考えた。しかし東ドイツの経済は援助を受けても西ドイツを追い越すどころか，追いつくことも不可能な状況にあった。

スターリンの後を継いだニキータ・フルシチョフは東ドイツの置かれたこの客観的な状況を考慮せず，1958年11月にベルリンを共同管理している西側戦勝国に対して，西ベルリンを自由都市とし，ドイツとの平和条約を結ぶべきとする「ベルリン最後通牒」を突きつけた。そして，もしこの要求が半年以内に実現しない場合，ソ連はベルリンにおける主権と西ドイツから西ベルリンに向かう通行に関する権限を東ドイツに譲渡し，東ドイツとの間で単独で平和条約を締結すると宣言した（ヴェントカー 2013）。

ベルリンをめぐる緊張が高まり，境界が封鎖される恐れが現実化したため，東ドイツから西ドイツへの脱出者は1959年には約8万人，1960年には約16万人，さらに1961年には約18万人へと増加した。この事態に対して，東ドイツの最高指導者ヴァルター・ウルブリヒトはソ連に境界封鎖の許可を強くもとめたのである。

　ベルリンの壁の内実
　1961年8月13日未明，人々の西ドイツへの脱出をくい止めるため，後に社会主義統一党第一書記となるエーリヒ・ホーネッカー率いる部隊は東西ベルリンの交通を遮断した。これが「ベルリンの壁」建設の開始であった。壁建設後の東側から西ベルリンへの脱出行を描いた作品に，映画『トンネル』(独：2001）がある。これは東ベルリンの地下に145メートルのトンネルを掘って西側に逃げた人々の実話にもとづいて，1963年に制作されたドキュメンタリーを再現したものである。この映画は壁の存在によって人生を大きく変えられながらも，必死にもがく人々の苦悩と抵抗を伝えている。このように壁が造られた後もアドバルーンを使って空から脱出を図ったり，車のトランクや荷台を改造して隠れたりして西側への脱出を試みる人間は絶えることはなかった。
　もちろん，この西ベルリンを囲む壁は一夜にしてできたものではない。東西ベルリンの分断が始まった頃は，東ドイツ政府は有刺鉄線を張りめぐらせた場所に警官や兵士を配置して監視をつづけた。また境界線に隣接するアパートの高層階から飛び降りて逃げる人も出たために，西側を向いた窓は煉瓦で封鎖されて住人はアパートからの立ち退きをもとめられた。その後，1974年からは本格的な鉄筋コンクリートによる壁の建設が進められて，高さ3.6メートル，厚さ15センチの壁が西側に対峙する形で設置された。そして最大幅100メートルに及ぶ立ち入り禁止区域には監視塔や電灯が整備され，シュタージの国境管理部隊が常駐して見回りを実施した（ヴォルフルム　2012）。
　映画『ベルリン・天使の詩』では，刑事コロンボ役で有名なピーター・フォーク演じる元天使は空路で西ベルリンにやってくるが，このことは西ベルリンがそれ以外の出入口のない状況に置かれていることを暗示している。だがそれ以上に東ドイツの人々にとって西ベルリンは，身近に存在するが触れられない世界の象徴となった。彼らは壁の向こう側から流れてくるテレビやラジオ局・リアスの電波に耳を立てて，外部の情報を得ようとした。壁がもたらした閉塞感は，東側に大きくのしかかっていたのである。

（河合信晴）

4 新経済システムと奇跡の経済

　1950年代後半から1960年代にかけて，西ドイツでは「奇跡の経済」と呼ばれる時代が到来し，完全雇用が実現したことはよく知られている。日本でもこの時代，映画『ALWAYS 三丁目の夕日 '64』（2012）に映し出された高度経済成長の時代が訪れた。この映画では当時の日本の光と影の両面が描かれている。東京オリンピックの開催やカラーテレビの登場，秋空に描かれた五輪の飛行機雲や東海道新幹線の描写には，近代化が進むなかで豊かになっていくことに対する人々の期待感があらわれている。それとは逆に冒頭でスモッグの発生が語られ，将来の公害問題が示唆されるとともに，健康保険を受けられない人々の治療にあたる医師が描かれ，東京が抱えていた社会問題の大きさも実感することができる。ただ理想と現実のギャップに彩られつつも，人々が一緒にテレビ観戦したり，出産時に協力したりする様子からは，都会にあってもなお，濃密な人間関係が存在していたことが理解できる。

　西ドイツや日本と同様に，敗戦国としてスタートした当時の東ドイツの経済・社会状況はどのようなものであったのだろうか。日本では現在，東ドイツはシュタージと呼ばれる秘密警察の監視下に置かれた全体主義的な社会としてイメージされることが多い。この節ではベルリンの壁建設後の東ドイツを取り上げて，西ドイツや日本との日常生活面での類似点や相違点に着目しながら，東ドイツの経済的安定が何によってもたらされたのかを探ることにしよう。

社会主義の限界と経済改革

　多くの人々を西側へと走らせることになった社会主義経済は，いったいどのように機能していたのだろうか。まずはこの点を確認し，ベルリンの壁が建設された後の1960年代の経済状況を押さえたい。

　社会主義体制では政府が作成した年間計画にもとづいて，企業の生産活動が行われた。ただこの生産計画はばらばらに企業の計画を設定するだけで，企業間の計画を調整するものではなかった。そのため，ある製品を製造する計画が立てられても，原材料の供給が滞ることは日常茶飯事であった（石井 2010）。社会主義体制下の企業経営では利益を得る必要がないため，顧客のニーズに見合ったよりよい製品を迅速に作ることよりも，国から与えられた計画を守ることが重視された。たとえば1970年代以降，人々が手に入れたいアイテムとして第1の座を占め

ていた自動車トラバントの供給は圧倒的に少なかった。しかもこの車を受け取るまでには長い時間がかかった。その結果，東ドイツでは物資が必要な場所にはなく別の場所に偏在することになり，人々のモノ不足感が高まる「不足の社会」に陥ったのである。

　このような状態のなかで，ドイツ社会主義統一党はベルリンの壁を造り，人々を囲い込むことに成功した後，一時的に職場で労働強化キャンペーンを実行した。このキャンペーンは1963年までつづいたものの，労働災害の多発を招き，逆に労働時間の削減をもとめる要求を誘発した（河合 2015）。

　そこで1963年6月，社会主義統一党は労働条件を改善しながら経済成長を図る「新経済システム」と呼ばれる経済改革を導入した。この新しい経済政策は，国営企業に自由な経営活動を部分的に認めた点で，資本主義を一部導入したものと見ることができる。また，社会主義統一党第一書記ヴァルター・ウルブリヒトは労働者に向かって賃金の上昇を生産業績と連動させることを約束し，実際に労働者が手にする給与は増加した。

　生産が増加した結果，1964年から1970年にかけて東ドイツの経済成長率は年間平均5％に達した。これに対して西ドイツは1950年代後半に年間平均7.6％，日本は高度経済成長期に約10％の成長率を達成している。それゆえ，ウルブリヒトが1958年に掲げた「西ドイツに追いつく」という目標を達成することは困難であった。とはいえ，東ドイツに暮らす人々が今後の生活が豊かになっていく希望を抱いたことも否定することはできない。だからこそ，1963年以降の東ドイツの経済成長は西ドイツのそれと同様に，「奇跡の経済」と呼ばれるのである。

消費社会の予感とその限界

　映画『グッバイ，レーニン！』（独：2003）には，1990年の東西ドイツ通貨交換の際，主人公が母親のタンス預金を西ドイツマルクに交換すべく，自動車トラバントが思いがけず早く手に入ったと嘘をつくシーンがある。その際，母親はまだ数年しか待っていないのにどうしてなのかとびっくりする。

　このシーンから見れば，東ドイツ経済の消費状況は西側と比べてかなり劣っていたと評価できなくもない。「新経済システム」が開始されて労働者の所得が上昇しても，購入できるものが少ない「不足の社会」は改善しなかったのである。そこで東ドイツの人々はまだ気軽に手に入れられる基礎消費財，とりわけ食品の購入に実収入の多くをあてることになった。消費需要が格段に高かったものが，ラードやバターであった。それに対して，嗜好品の供給は不足気味な状態にあっ

図11-6 映画『グッバイ, レーニン！』
(DVDパッケージ)

た。たとえばドイツ人にはコーヒー好きが多いが、外貨が不足していたために嗜好品の輸入量を大幅に増加させることは困難であった。日本人は夏場に麦茶を冷やして飲むが、東ドイツの人々はこれをコーヒーの代用品としてホットのままで飲んでいた。もちろん、南国産のバナナやオレンジは需要が旺盛であるにもかかわらず不足していた。

では、そのほかの商品はどうだったのであろうか。消費生活面での東ドイツと西ドイツ・日本との相違を考える上で特徴的なのは、消費行動においてDIY（自分で作ること）が一般化していた点である。たとえば女性たちの間では約3割の人々が既製服に不満をもっていたことから、材料を買いもとめて洋裁をすることが人気となった（斎藤2007）。成人女性の約半数が自らの手で作った服を所有していたとの報告もある。男性の場合、住居の壁塗りや壁紙貼りといった日曜大工が盛んであった。これは職人を待っていてもなかなかやってこないという事情が影響していた。ただニーズの多様化に合わせてさまざまな種類の材料が十分に生産されていたとは言えなかった。このような状況のなかで、東ドイツの住民はそれぞれのツテを頼って材料を手に入れながら、思い思いの製品を作っていた。そのために「不足の社会」においては職場の人間関係だけでなく、家族や親戚の人的ネットワークを維持することが重要となった（河合2015）。

もちろん、高度経済成長期に普及が進んだ耐久消費財も東ドイツでは非常に需要の高い商品であった。代表的な商品の100世帯中の保有率を公式データで見ると、1970年にラジオは約90％、テレビは約70％の家庭に普及していた。ただ耐久消費財は需要を満たす数量まで十分に生産されていなかったことから、これらの商品の普及状況を西ドイツと比較した場合、東ドイツは明らかに劣っていた（斎藤2007）。

人々は手持ちの貯蓄が足りない場合でも、注文だけ先にしておいて気長に商品の到着を待った。この状態は1980年代に入っても改善せず、トラバントを手に入れるためには約14年の待機時間を必要とした。東ドイツ社会においては、耐久消費財を手に入れることは長い待ち時間に耐えることを意味していた。だからこそ、

『グッバイ，レーニン！』における母親の驚きはかつて東ドイツで暮らしていた人々に郷愁を呼んだだけでなく，すでに日本製の中古車が手に入る状況のなかでトラバントを手に入れることの無意味さも際立たせているのである。

労働時間の削減と男女格差

　東ドイツが消費生活面で西ドイツや日本よりも劣った状態にあったことを確認してきたが，日常生活において西側に匹敵するものがまったく存在しなかったわけではない。その１つが労働時間である。1950年代以降，東西ドイツともに労働者の実質的な労働時間が減少し，人々が職場の拘束から解放される時間が増加した。東ドイツでもそれまでの職場中心の生活が変化して，西側同様に日常生活の個人化が進むことになったのである。

　1960年代以降，労働者から週休２日制をもとめる声が上がり始めた。この声に押される形で，ウルブリヒトは1966年４月から隔週で，翌年８月からは完全に週休２日制を実施した。これと同時に，年間の最低有給休暇日数も13日から15日へと引き上げられた（河合 2015）。

　ただこの労働時間の削減は，当時大きな負担を被っていた女性労働者の労働条件改善を第１目標とするものであった。そもそも社会主義統一党は男女平等の実現を誇示していたものの，女性が多く働く職場の労働時間が長かったことから，彼女たちが不利益を被っていることも認められていた。さらに女性は就業労働だけでなく家事労働の負担も引き受けざるをえず，「二重の負担」を背負う状況にあった（斎藤 2007）。そこで社会主義統一党は男女の不平等を解消するだけでなく，女性の就業を促すためにも，労働時間の削減を法的に規定することになったのである。しかし最大の問題は，女性が担ってきた家事労働を男性がすんなり負担してくれると女性自身も考えていないことにあった。このことは，週休２日制導入後も夫が妻に家事を任せきりにする様子を描いた風刺画（図11-7）からも確認することができる。

　その一方で，東ドイツの女性たちは差別的な待遇に甘んじていたわけではない。この国にはナチス政権下で定められた「家事労働のための休日」という，家庭をもつ就業女性ならば享受できる月１回の有給休暇が存在した。社会主義統一党は週休２日制導入時にこの制度を廃止しようと試みたが，不利益を被ることのない女性たちも含めて多くの人々が反対したため，この有給休暇は完全に廃止されることなく存続した。この事例は，日常生活の個人化が進みながらも，依然として人間相互の協力関係が維持されていた東ドイツ社会の実態を示している。し

第Ⅴ部　監視社会・東ドイツ

図11-7　週休2日制と家事労働の日
「君にとってうれしいお知らせだよ。まもなく家事労働のためにもっと多くの時間が手に入るようになるよ」。

かもそれは，社会の側から行われる政治的な要求を後押しするものでもあった。

東ドイツの「三丁目の夕日」

　ベルリンの壁建設後の東ドイツの安定は，西側世界に見られるような経済的な繁栄や政治的な諦念によってもたらされたものではなかった。日本では高度経済成長期の後，『三丁目の夕日』に描かれたような社会的な関係は急速に失われた。これに対して，東ドイツでは日常生活の個人化が進みながらも，この「向こう三軒両隣」の付き合いが維持された。ただこの付き合いは社会主義体制下の「不足の社会」が生み出したものであり，東ドイツ社会の安定は政治の失敗によってもたらされ，維持されたものだったのである。

（河合信晴）

5　社会主義の夢と子どもたち

　浦沢直樹のマンガ『MONSTER』（1994〜2001）は再統一後のドイツを舞台とするサスペンスドラマだが，そのなかに登場する「511キンダーハイム」は東ドイツの未来を担う優秀なスパイや兵士を育てるために設立された孤児施設である。これは当然ながら架空の施設だが，実際に東ドイツでは社会主義体制に貢献する人材の育成をめざして子どもの管理教育が行われていた。

　東ドイツの青年組織の初代団長であり，政権党・ドイツ社会主義統一党の第一書記として実権を握ったエーリヒ・ホーネッカーは，「若者たちはその頭脳と手によって社会主義を完成させる」と述べている。このように青少年は新国家・東ドイツの担い手とされ，思想的に真っ白な子どもを社会主義色に染める教育の重要性が認識されていた。

　青少年の教育をめぐって，社会主義統一党は大衆組織を利用して党の影響力を浸透させようとしていた。その中核を担ったのが，学校もさることながら，「ピオニール・エルンスト・テールマン」（6〜13歳）や「自由ドイツ青年同盟」（14

〜18歳）といった党の青少年組織であった。これらの組織は学校と密接に「協力」していた。たとえば自由ドイツ青年同盟の活動は学校の授業時間に組み入れられ，団員だけがそれに参加できた。また，学校の「教育評議会」にはピオニール団長や青年同盟の書記が参加していた（クレスマン 1995）。

ここでは東ドイツの青少年組織を中心に，この国の子ども（青少年）たちが置かれた状況を考えてみたい。

青少年の管理あるいは娯楽の提供

映画『グッバイ，レーニン！』（独：2003）の冒頭シーンには，ピオニールの教育に夢中になる母親の姿や，自由ドイツ青年同盟の青いブラウスに身を包んだ主人公アレックスの姿などが，淡い色調でノスタルジックに映し出されている。

1946年に設立された自由ドイツ青年同盟は，当初は超党派的な青少年組織だったが，後に社会主義統一党の青年組織となった。1949年には同党の下部組織以外が禁止されたので，青少年の政治組織としては唯一の団体となった。また1948年には年少者用のピオニール組織が結成され，1952年にヴァイマール時代のドイツ共産党党首エルンスト・テールマンの名を冠することとなる。

自由ドイツ青年同盟には14歳から18歳までの若者の約9割が加入し，1980年代には約230万人の団員を抱える大組織となった。この組織に入っていないと学校で肩身が狭いだけではなく，現実に不利なこともあった。たとえば教員養成大学への進学は団員に限定されるなど，非団員には将来の道が閉ざされることさえあった。しかも東ドイツ政府は青年同盟に参加していない子どもやその家族を「要注意」対象としていた。

学校では週に1度，午後の時間を使って団員だけの集いが組まれていたが，その時間はとても退屈だったらしい。ただし青少年組織の遠足，ダンスパーティ，スポーツなどの各種のレクリエーションは子どもたちに娯楽を与えていたし，泊まりがけの合宿などは彼らの青春の思い出づくりにも寄与した（リースナー，2012）。

それにしてもなぜ，社会主義統一党はこのようなレクリエーションを通じて子どもたちの歓心を買おうとしたのであろうか。党は青少年組織をはっきりと政治的に利用しようとしていた。たとえば自由ドイツ青年同盟は，教会への対抗組織としても位置づけられていた。教会で行われる青少年団体（青年教区民）の勤労奉仕活動や文化イベントに対抗するために，党の青少年組織が利用されたのである。社会主義統一党は青少年の教育・教化を一手に担おうとし，とくに当初は教

第Ⅴ部　監視社会・東ドイツ

図11-8　『社会主義　君の世界』の表紙
東ドイツの成人式で配布された。

会を厳しく取り締まり，民衆に対する教会の影響力を削ごうとした。子どもが14歳を終える頃になると，東ドイツでは成人式「ユーゲントヴァイエ」が行われた。これは教会における宗教告白の儀式に対抗し，社会主義に奉仕することを宣誓させるためのセレモニーであった。そこでは『社会主義　君の世界』などの啓蒙書が全員に配布された（リースナー 2012）。

　1961年にベルリンの壁が建設されると，自由ドイツ青年同盟には別の使命が与えられた。「出撃命令」によって国家人民軍への参加が半ば義務化されたため，同組織は「軍の予備組織」の色合いを強めることになった。また壁によって西側への移動は困難になったが，ラジオやテレビの電波は壁を越えてやってくるので，それを視聴する若者が後を絶たなかった。そこで自由ドイツ青年同盟は，西側のラジオやテレビの電波受信禁止運動の担い手にもなったのである。

東ドイツの子ども番組

　それでは，青少年組織に入る前の子どもたちはどのような生活を送っていたのであろうか。東ドイツでは女性の就業率が高く，託児所システムが行き届いていたために，子どもたちはほとんどが幼くして保育施設に預けられていた。これにはもちろん，子どもたちを社会全体で育てることで社会主義の思想を教え込む目的もあった。

　青少年組織のピオニールは，『ABC新聞』や『フレージ』などの幼児雑誌を発行していた。その独特のかわいらしいデザインは，現在の日本でも東欧雑貨ファンの間で人気を呼んでいる。また，テレビ番組『おやすみなさい』に登場するザントマンのストップモーションアニメは，当時も絶大な人気を博していた。先述のように，テレビ電波は壁を越えて西から東へ届くが，その逆も然り。西ドイツ（とくに西ベルリン）の子どもたちも東ドイツの番組を見ることができたのである。実はザントマンのアニメは西ドイツでも別のキャラクターを用いて放映されてい

第11章　社会主義の建設

図11-9　テレビ番組『おやすみなさい』のなかのザントマン
西のザントマン（左）と東のザントマン（右）。

たが、東ドイツのザントマンの方が人気があった。西のザントマンは統一後に姿を消したが、東のザントマンはいまなお子どもたちに愛されるキャラクターとして多種多様に商品化され、販売されている。

　再放送版ではカットされているが、ザントマンが東ドイツのエージェントとして活躍する話も多い。エルンスト・テールマンの像の前を通り過ぎたり、装甲車に乗ったりと、東ドイツにおける子どもとイデオロギーの関係はザントマンの宣伝活動にも見出すことができる。映画『グッバイ、レーニン！』には、東ドイツの宇宙飛行士ジクムント・イェーンに連れられ、宇宙ステーションで宇宙遊泳をするザントマン人形の映像が登場する。これもまた、国家の威信をかけた宇宙飛行士派遣の成功を東ドイツの子どもたちにアピールするものであった。

青年たちの「理由ある反抗」

　若者たちの反抗は東ドイツ成立時からの懸案でありつづけた。とくに1953年6月の蜂起やその前後に急増する西側への亡命者のなかには、多くの優秀な若者たちが混じっていた。また、移動の自由の制限後は国内の若者の不満を解消することに加えて、反抗者を「矯正」することも東ドイツの重要な政策となった。たとえば映画『東ベルリンから来た女』（独：2012）には、主人公の医師バルバラが矯正施設から逃げてきた少女を診察するシーンがある。反抗的な若者には矯正施設が待っており、奉仕作業が課せられた。バルバラが診察した少女は、施設に強制送還されることとなる。

　これに対して映画『ゾンネンアレー』（独：1999）では、東ドイツの若者文化が象徴的な形でベルリンの壁を打ち破った可能性が描き出されている。事実、1970年代の若者たちは西の文化を享受できるようになっていた。たとえばそれまでは禁止されていたジーンズが解禁され、ロック音楽も一部で認められるなどの懐柔

第Ⅴ部　監視社会・東ドイツ

図11-10　映画『ゾンネンアレー』
　　　　（ポスター）

策がとられた。『ゾンネンアレー』でも，自由ドイツ青年同盟内の恋愛がコミカルに映し出されており，そこには青少年組織の退屈さとレクリエーションの楽しさの2つの側面の同居を見出すことができる。

　西ドイツでは1951年に自由ドイツ青年同盟は禁止された。それは同組織が民主主義の原則に反する団体であり，憲法（基本法）違反だとされたためである。この違法認定によって1990年のドイツ統一後には東ドイツでも自由ドイツ青年同盟は解体された。しかし現在，団員数はおよそ150人程度ながらも，その活動はつづけられている。西ドイツ時代からの原則を適用した場合，連邦憲法擁護庁による監視の対象であり，青い制服を着て公の場に出ること自体が憲法違反だという議論もある。他方で2000年代以降はとくに，各地で東ドイツの過去を懐かしむ「オスタルギー・パーティ」が開催されている。パーティでは青年同盟のコスプレをした参加者が東ドイツ時代の少年歌を合唱したりして楽しむ様子が見られるが，制服着用に関しては寛容に扱われているようだ。このようにピオニールや自由ドイツ青年同盟時代の記憶は，東ドイツ時代の過去を懐かしむ人々には現在もなお青少年時代の甘酸っぱい思い出として生きつづけている。

（柳原伸洋）

参考文献

石井聡『もう一つの経済システム――東ドイツ計画経済下の企業と労働者』北海道大学出版会，2010年。

ヘルマン・ヴェーバー『ドイツ民主共和国史――「社会主義」ドイツの興亡』（斎藤哲・星乃治彦訳）日本経済評論社，1991年。

ヘルマン・ヴェントカー『東ドイツ外交史――1949-1989』（岡田浩平訳）三元社，2013年。

エドガー・ヴォルフルム『ベルリンの壁――ドイツ分断の歴史』（飯田収治・木村明夫・村上亮訳）洛北出版，2012年。

河合信晴『政治がつむぎだす日常――東ドイツの余暇と「ふつうの人びと」』現代書館，2015年。
木村靖二・西山暁義・千葉敏之編『ドイツ史研究入門』山川出版社，2014年。
クリストフ・クレスマン『戦後ドイツ史 1945-1955――二重の建国』（石田勇治・木戸衛一訳）未來社，1995年。
斎藤晢『消費生活と女性――ドイツ社会史（1920～70年）の一側面』日本経済評論社，2007年。
清水聡『東ドイツと「冷戦の起源」1949～1955年』法律文化社，2015年。
伸井太一『ニセドイツ１≒東ドイツ製工業品』社会評論社，2009年。
伸井太一『ニセドイツ２≒東ドイツ製生活用品』社会評論社，2009年。
アーミン・ヘルマン『ツァイス 激動の100年』（中野不二男訳）新潮社，1995年。
フランク・リースナー『私は東ドイツに生まれた――壁の向こうの日常生活』（清野智昭監修・生田幸子訳）東洋書店，2012年。
若尾祐司・井上茂子編著『近代ドイツの歴史――18世紀から現代まで』ミネルヴァ書房，2005年。

第12章
社会主義の動揺

1　東西ドイツの接近と遮断

　ドイツ社会主義統一党の指導部が言ったように，ベルリンの壁ははたして社会主義を守る防波堤になったのであろうか。たしかに壁が造られたことで西ドイツへの人口流出が止まり，1963年から経済改革が実施された結果，東ドイツの体制は安定することになった。それはまた，東西ドイツ間で本格的に緊張緩和が進む環境が整ったことも意味していた。
　浦沢直樹のマンガ『パイナップルARMY』第4巻 (1987) の「カーテンコール」を読むと，この東西の壁が人々の人生にどれほど大きな影響を及ぼしていたのかが分かる。そこにはもともと東ベルリンで生活していた人が壁の建設によって帰れなくなり，親子で生き別れになる話が出てくる。東ドイツの安定化の裏にこうした事例が多数あったことを見逃すことはできないが，その一方で東西ドイツ間の接触の可能性がこの時期に高まったこともたしかである。これはどうしてだろうか。ここでは人間の行き来の可能性も含めて，ベルリンの壁が造られた後の東西ドイツ間の関係を追う。そして東ドイツ社会に影響を及ぼした西ドイツの影がどのようなものであったのかを考え，ベルリンの壁が社会主義を守る防波堤になったのかを見てみよう。

東ドイツ国家の安定と「ウルブリヒト・ドクトリン」
　社会主義統一党第一書記ヴァルター・ウルブリヒトは，ベルリンの壁の建設によって対外的には東ドイツの存在を固定化できたと判断し，積極的な外交工作を行った。その反面で，彼は「遮断政策」と呼ばれる政策も実行することになった。これは東ドイツの国家としての独自性を強調し，西ドイツとの違いを国民に納得させようとするものであり，その一環として東ドイツ国籍が導入された（山田 1994）。また1968年には，それまでの憲法にあったドイツ統一を前提にした条項が東ドイツの国家としての独自性を強調するものへと書き換えられた。壁を造り

国内外の情勢が安定した後にあえて東ドイツの独自性を打ち出したのは，西ドイツからの影響が東ドイツ社会に深く浸透していたことの裏返しであった。

また外交政策においても，東ドイツが西ドイツと違うことを強調する必要があった。東ドイツは占領終了後にソ連からの働きかけで東側諸国と外交関係を結び，ワルシャワ条約機構，経済相互援助機構（コメコン）という東側の国際的な枠組みに参加した。しかしながら，それ以外の国々との間では正式な外交関係の締結は進まず，西側を含めた国際社会に受け入れられる状況になかったことへの焦りが東ドイツ政府にはあった。

そのような状況のなか，1967年にルーマニアが西ドイツと外交関係を樹立したことによって，社会主義陣営内の結束にひびが生じた。ウルブリヒトは西ドイツと近隣の社会主義国との間で関係改善がなされて，東ドイツが孤立することを恐れた。ただこの事態は東ドイツやソ連ばかりでなく，第二次世界大戦後西側に大きく領土が移動したポーランドにとっても憂慮すべきものであった。西ドイツがポーランドとの国境となっていたオーデル＝ナイセ線をいまだに承認していなかったことから，西ドイツと東欧諸国の国交樹立が進むなかで，なし崩し的に西側の主張が承認されることになるのではないかと考えたのである。そこで東側諸国は「ウルブリヒト・ドクトリン」と呼ばれる外交原則に合意し，西ドイツと国交を樹立するにあたっては，東ドイツとの間で国境線を承認することを条件とした。その結果，東側は陣営内の結束を再確認しつつ，西ドイツの外交攻勢に対応することができるようになった。

東西ドイツの接近

それでは，東ドイツは西ドイツに対して劣勢を挽回することができたのだろうか。1969年に西ドイツでヴィリー・ブラント政権が誕生し，東側との外交関係の改善が模索され始めた後になっても，東側の劣勢が解消することはなかった。その一端は東西ドイツ間で首脳会談が行われた際，ブラント首相がエアフルトの市民から熱狂的歓迎を受けた事実に見ることができる。国民の間にドイツ人としてのアイデンティティが残っていることを，東ドイツの指導者はこのときまざまざと思い知らされたのである。

東西ドイツ間の外交関係をめぐる交渉は，西ドイツの積極的な働きかけによってもなかなか進まず，1970年に始まった交渉は1972年までかかった。東西ドイツ基本条約の調印までに長い時間がかかったのは，東ドイツ政府がモスクワからの指示に従わざるをえなかったことが大きかった（ヴェントカー 2013）。

東ドイツ外交の困難さは，ベルリンの壁が開く直前の1989年夏に大量の東ドイツ市民がハンガリー・ブタペストの西ドイツ大使館に逃げ込んだ際にも表面化した。なぜ西ドイツ政府は，東ドイツを脱出してきた人々を受け入れることができたのだろうか。実は東西ドイツ基本条約は両国に国際法上国家承認に準じた扱いを認めていたのだが，西ドイツは国が2つある現状を受け入れる一方，民族は1つであるとの主張を維持し，ドイツ国籍の分離を承認しなかった。それゆえ，東ドイツを脱出した市民が西ドイツに保護をもとめるならば，西ドイツが彼らに自国民としての待遇を与えることに対して，東ドイツは効果的な対策を講じることができなかった。もちろん東ドイツの指導者は，このことがよもや1989年の大量脱出につながるとは思いもしなかった。だとすれば，基本条約は西から仕掛けられた「トロイの木馬」であったとする解釈も成り立つかもしれない。

西ドイツへの「接近」と国内の「遮断」の間で

　基本条約締結は，東ドイツに西側との外交関係の樹立を可能にした。このうち日本とは1973年に国交が結ばれた。春江一也の小説『ベルリンの秋』（1999）には，日本の外交官が東ベルリンに赴任してシュタージから盗聴を受けながら，大使館開設の仕事を1人で請け負う苦労が描かれている。社会主義統一党第一書記エーリヒ・ホーネッカーは1981年に日本を訪問しており，最終的には136カ国が東ドイツを承認することになった。そして1973年には西ドイツと同時に国連への加盟も果たした。

　ただ基本条約が東ドイツ社会に及ぼした影響は，外交関係の改善以上に大きなものであった。これによって西ドイツ・西ベルリンに住む人々が親戚訪問の形で東ドイツを訪れることが容易になり，西側の生活が東ドイツの人々にもよく知られるようになった。西からの訪問者が不足していた消費財をプレゼントとして持ち込んだため，東ドイツの人々は実際にモノを手にとって西側の豊かさの一部を実感できるようになったのである。また1984年以降になると，西側で親戚の結婚式や葬式がある場合，旅行の許可が下りるようになった。もっとも家族全員で西側を訪問することは許されず，ロストック在住の夫婦の事例では，小さな娘を預けてハンブルクに出かけたことがあった。娘は夫婦が必ず東ドイツに帰ってくるための人質とされたのである。

　もちろん西ドイツから人とモノが入ってくると，西側の方が豊かであることが目に見えて明らかになるため，このように民間レベルで西側との接触が増加することは，ホーネッカーにとってはゆゆしき事態であった。そのため彼は以前にも

第Ⅴ部　監視社会・東ドイツ

図12 - 1　小説『ベルリンの秋』

増して，西ドイツとの「遮断政策」を強めることになった。それまで建前として維持していたドイツの一体性を完全に放棄し，東ドイツが独立した国家であることを国民に納得させようと，ブラントの「一民族二国家」の代わりに「二民族二国家」を提唱したのである。その一環として，これまで国歌とされてきたヨハネス・ベッヒャー作詞の「廃墟からの復活」の合唱が取りやめられ，メロディーの演奏のみにとどめられることになった。というのも，歌詞の一節に「ドイツ・1つの祖国」という言葉が入っていたからである。

「遮断政策」によって人々の関係を規制しようとした例としては，映画『東ベルリンから来た女』（独：2012）の女医の例が挙げられる。彼女は正式に西ドイツへの移住申請を出しても承認されなかったのだが，これは彼女が専門的な知識を有する人間だったからである。東ドイツにとって必要な人材と見なされたために，専門職に従事している人々は長い時間待たされたあげく，申請を取り下げるようもとめられた。それでも出国を希望する者は，職場を解雇されることになった。東ドイツでは職場を解雇されて一定期間就業していないと刑法上処罰の対象になったため，警察やシュタージはこれを理由に本人を拘束し，移住申請を取り下げるよう圧力をかけたのである。その一方，東ドイツ政府は1963年に政治犯を西ドイツに追放する代わりに，西ドイツマルクを受け取る「自由買い」協定を結んでいた。東ドイツ政府は移住希望者の多くを一定期間「政治犯」として監獄に収容した後，出国させて外貨稼ぎを行ったのである。

東ドイツ外交の限界

　東ドイツも調印した1976年の全欧安保協力会議の「ヘルシンキ宣言」は，東西ドイツ間の人的交流を積極的に推進することを定めていた。それもあって，東西の民間レベルの交流は拡大していった。この時期，東ドイツは新しい産業の振興をめざして，マイクロエレクトロニクスの発展に力を入れていた。そのための資金を提供したのが西ドイツであったことから，東ドイツ側から両国関係を悪化させる行動をとることはできなかったのである。その後1980年代初頭に冷戦が激化

した際も、ホーネッカーは西ドイツに対して正式な外交関係の締結をいったんは要求しながら、最終的には東西ドイツの首脳会談の実現を優先した。西ドイツのヘルムート・シュミット首相が東ドイツを訪れたのにつづき、ホーネッカーも1987年に西ドイツを公式訪問し、念願であった故郷ザールラントの土を踏むことになった。

ブレつづける東ドイツの外交政策に対して西ドイツ政府の方針は一貫しており、いずれの政策も東西ドイツ間の住民接触の機会を増やすことを目的としていた。東ドイツの「遮断政策」は、自らの外交政策の失敗を覆い隠そうとするものでしかなかった。ホーネッカーをはじめとする東ドイツの首脳が西ドイツから正式な国家承認を取りつける方策を確立できなかった点にこそ、外交上の決定的な弱点があった。ベルリンの壁という物理的な障壁は、それだけではけっして社会主義を守ってくれる防波堤にはなりえなかったのである。

図12-2　映画『東ベルリンから来た女』
　　　　（DVDパッケージ）

（河合信晴）

2　ホーネッカーの福祉国家

1976年にエーリヒ・ホーネッカーが東ドイツの最高指導者に就任すると、シュタージと呼ばれる秘密警察の活動が拡大したと言われる。この点だけに注目すれば、東ドイツの人々は抑圧と監視によって支配されていたように見える。このシュタージへの密告の例としては、浦沢直樹のマンガ『MASTERキートン』第8巻（1991）の「西からきたサンタ」が、医薬品の横流しの濡れ衣を着せられ、ベルリンの壁が崩壊する直前に西側に逃げた医師と、東側に残らざるをえなかった家族の話を取り上げている。医師が東ドイツを離れる決断をしたのは言われのない密告が原因であり、それがなければ東側にとどまろうとしていたのであった。このことは、東ドイツが「不足の社会」であったとしても、そこでも普通の日常生活が営まれていたことを示している。それでは、東ドイツの人々の日常の暮らしぶりはいかなるものであったのか。ここでは具体的な例を紹介しつつ、政治と

日常生活の関係を考えてみたい。

ホーネッカー時代の住環境

　1960年代末期，経済状況の改善が進まなかったことから，最高指導者であったヴァルター・ウルブリヒトに対して，ほかの政治局員からの批判の声が高まっていた。これに加えて，彼とソ連の最高指導者レオニード・ブレジネフの関係も冷え切っていた。その結果，1971年5月にウルブリヒトはドイツ社会主義統一党第一書記を事実上解任されることになり，ホーネッカーが後任者となった。

　ホーネッカーは同年6月に開かれた社会主義統一党大会で「すべては人民の幸せのために」と主張して，ウルブリヒト期の経済政策を修正することを強調した。彼は東ドイツに暮らす1人1人の生活を豊かにすることを通じて，社会の安定を達成した後に東ドイツ経済の発展を図ろうと考えた（河合 2015）。

　その際，ホーネッカーがとくに解決を図ろうとした重要問題は住宅問題であった。東ドイツでは西ドイツに比べて家賃が一貫して低く設定されており，1989年でも200マルクほどであった。これに対して西ドイツでは中流階層の4人家族で1984年にはすでに家賃が500マルクを超えていた。また供給面でも1960年代のウルブリヒト期から住宅問題の20年以内の解消が訴えられて，住宅の新規着工件数が着実に増えていた。このことは一見したところ，社会主義の成果ととらえることも可能である。

　だが住宅問題は国民からの苦情が最も多い問題であり，テレビ番組が西ドイツの「ガストアルバイター」の住宅事情を紹介した際，この状況は何ら東ドイツと変わらないではないかと自国を批判する声が寄せられるほどであった。この関連では，映画『グッバイ，レーニン！』（独：2003）のなかで，主人公の母親が服の良し悪しについての苦情を「請願」として口述筆記させている様子を思い出してほしい。東ドイツの人々はたびたびこの「請願」の制度を利用して自分たちの希望を体制側に伝えていたのだが，住宅問題は「請願」の件数の第1位を占めていた。

　ただし住宅供給に関しては，一見すると矛盾した日常の様相が浮かび上がってくる。このような住環境の悪さにもかかわらず，光熱費を節約しようとする意識が人々の間には育たなかった。東ドイツでは電気やガスに補助金があてられていたため，住民は躊躇なくエネルギーを利用し，資源を浪費していた。1980年代に入って石油不足が鮮明になってからは，代替エネルギー源として褐炭が使用され，環境破壊を進行させることにつながった。このことは，東ドイツに負のイメージ

第12章 社会主義の動揺

を植えつけることになった。

東ドイツの日常における余暇シーン

　日本人は盆と正月になると列島を大移動するが，ドイツ人は7月中旬から8月にかけてのバカンスシーズンにイタリアやスペインの地中海沿岸をめざす。1990年にベルリンの壁が崩壊した後，東ドイツの家族がトラバント（通称トラビ）に乗ってイタリアへ旅行に出かけるコメディー映画に『ゴー・トラビ・ゴー』（独：1991）がある。ここには西側世界を初めて見た感動だけでなく，東と西の違いにとまどう人間模様も描かれている。それでは，東ドイツ時代に人々は休暇旅行を楽しむことができなかったのであろうか。実は東ドイツの人々の旅行熱は，ドイツ統一後に突如として生じたものではなかった。近隣のチェコスロヴァキアやポーランド，ハンガリーには，彼らもトラバントに乗って出かけることができた。また1960年代後半以降，東ドイツでは休暇旅行にも補助金があてられたために，国内の休暇旅行は一般化していた。とくに人気のあった旅行先は，テューリンゲンの森，ザクセンのエルツ山地，ロストックの海岸であった。

　日本人の感覚からすれば，個々人が旅行会社や宿泊施設に手配をして出かけることが当然のように思えるが，この国では私企業の旅行会社が存在せず，公的機関が独占的に旅行の斡旋をしていた。それゆえ名目上は，斡旋の申請を出せば所得に関係なく，誰もが公平に保養旅行に出かける機会を手に入れられることになっていた。ところが実際には，就業先が保養所を保有しているか否かによって，旅行の機会に不平等が生じることになった。重要産業の大企業に勤めていた人々は，企業が保養所を複数所有していたために，夏休みシーズンでも比較的容易に宿泊施設を確保することができた。その一方，中小企業に勤めていた人々は，勤め先が保養所を所有していないことから，労働組合傘下の「休暇サービス」と呼ばれる組織に斡旋を申し込まざるをえなかった。ここには毎年収容能力を上回る旅行の申し込みが殺到し，抽選に漏れる人々が続出した。そこで東ドイツの人々は休暇旅行を楽しむにあたって，保養所を確保できなかった場合に備えて各地のキャンプ場に申し込みをするか，自らのツテを頼って保養地近くに住む友人や親戚の部屋を借り受けるかして対処していた（河合 2015）。

　それでは，日常的な余暇シーンはどうだったのであろうか。『グッバイ，レーニン！』には，1990年の秋口にベルリン郊外の別荘を訪れるシーンが登場する。東ドイツの普通の人々が別荘などもつことができたとは考えにくいかもしれない。しかしこの映画に出てくる森のなかの大きな山荘はともかく，都市の住民の多く

第Ⅴ部　監視社会・東ドイツ

図12-3　映画『ゴー・トラビ・ゴー』
（ポスター）

は郊外に小屋つきの小菜園をもっており、たとえば1970年代後半にはロストックで7家族のうち1家族の割合で普及が進むほどの人気を博していた。もともとドイツでは戦前から、シュレーバー農園と呼ばれる小さな菜園で野菜や果物を栽培する習慣があった。社会主義統一党の指導者は当初、この習慣がしだいになくなると考えていたが、小菜園熱はおさまることを知らなかった。

1959年にはこの活動を管理するための大衆団体として、「小菜園連盟」が結成された。人々はこの組織から土地の割り当てを受け、週末に狭いアパート暮らしから逃れてゆったりとした一時を過ごそうと考えた。東ドイツの小菜園活動には余暇活動としての側面があったが、野菜の供出には対価も支払われていたために、よい小遣い稼ぎになった。また、小菜園で生産した野菜を知り合いと交換することも普通に行われていた（河合 2015）。

保養旅行や小菜園活動の実態を見てみると、政府が余暇活動の機会を直接提供していたことから、日本や西ドイツとは対照的に、政治が人々の日常生活に深く入り込んでいたことが分かる。

消費生活における特権と不公平

ところで、東ドイツの社会主義社会において実現されるべき価値とは何であったのだろうか。それは何よりも、平等や公平であったと言えるだろう。この社会では失業が存在しなかったため、人々には最低限の生活が保証されていた。ここに資本主義社会との大きな違いを見ることができるが、実際には「不足の社会」であったため、欲しい物を手に入れられる者とそうでない者との不公平感が解消されることはなかった。

この不公平感は、西側商品の購入を可能にする西ドイツマルクを手に入れられるかどうかで日常的に感じられるものでもあった。1970年代後半になると、東ドイツの住民にも「インターショップ」と呼ばれる、本来は外国人訪問者のために営業している商店が開放された。外貨を入手できる人々はこの店で質のよい西側

の商品を購入することができたのに対して，西ドイツマルクを入手できない人々は不満をつのらせることになった。

　政府がこのような公平さを欠いた政策を実行した背景には，切迫した財政難があった。政府首脳は基礎消費財の高騰が人々の政治的な態度に悪影響を及ぼすことを承知しており，補助金によってこれらの商品の価格を安定させようとしていた。そのための財源を確保する手段の1つとして，この特権的な商店の売り上げが利用されたのである。社会主義体制の安定は，本来めざすべき社会の公平性を犠牲にして実現されたものであったことが分かる（斎藤 2007）。

独裁体制下の日常の実態
　独裁体制下で暮らす人々は不自由で，かわいそうな人々だと思われるかもしれない。だがこうした見方は，東ドイツで暮らした人々には当てはまらない。この国では，社会主義統一党の政策による影響が日常生活の奥深くにまで浸透しており，余暇活動や消費行動を左右する力をもっていたことはたしかである。ただこのことは日々の生活の改善が体制との交渉にかかっていることを意味したため，日常的な問題に関して人々が積極的に声を上げることにもつながった。これに対して，政府の側も情報収集を強化せざるをえなかった。このことは1970年代以降，日常生活全般に関してシュタージの監視活動が強化されるという皮肉な結果を招いた。

　政府・警察による日常生活への介入はまた，住民同士の連帯を強化し，共助の仕組みを作り上げていくことにもなった。人々はこのインフォーマルな関係を利用して，自らの利益や身の周りの人間の利益を追求し，自力救済を図った。しかし社会全体で見ると，この行動は保養先の宿が不足する原因になるなど，経済・社会問題を解決するばかりか逆に深刻化させることにもつながった。

　一見私的と思われる問題が，東ドイツでは政治の問題に転化した。その解決を独裁体制に委ねるしか方法がなかったため，シュタージによる監視と人々の率直な発言の双方が社会内部で共存することになったのである。

（河合信晴）

3　監視下の社会

　東ドイツの監視体制とはいったいどのようなものだったのだろうか。同国には国民の監視を任務とするシュタージ（秘密警察，正式名称は国家保安省）という機

関があった。だがその存在はけっして秘密ではなく，「党の盾と剣」を公言する誰もが知る機関であった。ここでの「党」とは政権党であるドイツ社会主義統一党を指している。

このシュタージの監視体制をテーマにした映画に，アカデミー賞受賞作品『善き人のためのソナタ』（独：2006）がある。ドイツ語の原題は「他人の生活」で，シュタージのエリートであるヴィースラー大尉が，西ドイツとの内通の嫌疑がかけられた劇作家とその恋人である女優の生活を盗聴・監視する物語である。同作では盗聴器の設置から屋根裏での盗聴，シュタージ本部での尋問など，当時の監視体制が生々しく描かれている。

1950年2月に設置されたシュタージは，外交・軍事・金融・通信・旅行・対テロ・防諜・機密保持などの部門によって構成され，その省員数は徐々に数を増やし，1989年には約9万人にのぼった。青池保子のマンガ『Ｚ―ツェット―』（1979〜2003）はNATO諜報員とシュタージのスパイ戦をテーマとする作品だが，同作にも描かれているように，諜報活動には日本を含む各国で1万3,000人のシュタージ関係者が関与していたとされ，女性にハニートラップを仕掛ける「ロミオ」と呼ばれる男性エージェントまで存在していたという。

シュタージは独裁体制を支えた抑圧装置と見なされ，東ドイツを「シュタージ国家」と呼ぶ向きもある。1990年のドイツ統一後にはシュタージの盗撮・盗聴などの監視活動や，約30年にわたって国家保安大臣をつとめたエーリヒ・ミールケの「悪行」，越境者の射殺命令の問題などが取り沙汰された。そこではシュタージのスキャンダラスな側面が強調され，政治的に利用されることもしばしばあった。しかし近年ではシュタージによる「日常の監視」に焦点を当てつつ，東ドイツ社会の実態を浮き彫りにするような研究が盛んになっている。東ドイツの監視網と社会の関係を理解する上で鍵となるのが，シュタージの「国内反乱分子の監視者」としての役割であり，とくに民間人の「非公式協力者」を活用した点に，その大きな特徴があった。

公然たるシュタージと民間協力者

監視網は電話，郵便，飲み屋，さらにはパーティでの会話などの私的な領域にも及んでいた。シュタージはたとえばサッカー場の観客をビデオに撮影していたし，誕生日プレゼントの品名，さらには個人の臭いまでも記録に残していた。

それではなぜ，これほどまでに厳しい監視体制を構築する必要があったのだろうか。シュタージが巨大化する画期となったのは，1953年6月の民衆蜂起である。

第12章 社会主義の動揺

　前年の「社会主義の建設」方針によって農業の集団化と産業の国営化が進んだ結果，多くの自営農や経営者，技術者が西側へ流出し，労働力不足が深刻化した。このしわ寄せとして，1953年5月に労働ノルマが一気に10%も引き上げられた。これに抗議して6月にはベルリンで民衆蜂起が発生し，東ドイツ全土に拡大したのである。その結果，東ドイツ国内で反体制運動・サボタージュを抑止するために，監視を強化する必要が高まった。

　そこで監視を効率よく効果的に機能させるために生み出されたのが，「非公式協力者」と呼ばれる民間人のシュタージ協力体制である。非公式協力者はシュタージの「中心部隊」とされ，1970年代には総数20万人に及ん

図12-4　映画『善き人のためのソナタ』
（DVDパッケージ）

だことが明らかになっている。これはシュタージ正規職員の2倍以上の数であり，当時の東ドイツの人口が約1,700万人だったので，実に90人に1人程度が非公式協力者だったということになる。非公式協力者の全員が常勤の監視・密告者ではなく，シュタージに住居を提供するなどの非常勤の協力者が約9割を占めていたことには注意しなければならないが，それでも「いったい誰がシュタージの協力者なのか」という問題は，東ドイツ社会では重要な関心事だった。

　日常生活のレベルでは，非公式協力者はまったく見分けがつかないわけではなかった。それは小さな都市になればなるほど，ある程度は推測できたらしい。たとえば通常は入手困難で，分不相応な物品や自動車を所有していることなどが判断材料となったのである（リースナー 2012）。さすがに自動車が報酬になることはまれであったが，少額の金銭や物品が支給されたり，栄誉メダルが進呈されたりした。シュタージへの協力は一定の社会的ステイタスになっていたのである。また実際には反政府活動に関わっていなくても，疑われることでシュタージの取り調べを受け，逮捕・投獄されるケースもあった（近藤 2010）。その意味では，シュタージに協力し，監視体制に参加することは，自らがシュタージに嫌疑をかけられないための方策でもあったと言える。

　シュタージや非公式協力者の活動内容の詳細は東ドイツ時代には謎であったが，その存在はそれほど秘密ではなかったし，そのことが監視網を強化していた面も

第Ⅴ部　監視社会・東ドイツ

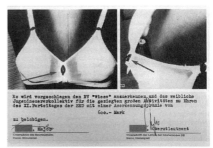

図12-5　モノが演出する監視社会の日常風景

あった。東ドイツ社会では、公然と存在する彼らに疑われることに対する恐怖、そして日常で周知化された監視用の道具や機具への恐怖が、監視活動を円滑に機能させていたのである。

日常にあふれる監視道具

　現在ベルリンのシュタージ本部跡は博物館になっており、さまざまな監視機器が展示されている。盗撮カメラつきのベンチや鳥の巣箱から、切り株や石ころにいたるまで……。これらの行き過ぎとも思える明らかに怪しい監視道具は、監視の事実を周知のものとし、監視網を効果的に機能させるのに役立った。

　それでは、誰がこのような監視グッズを開発していたのだろうか。シュタージの技術班だけでなく、非公式協力者も開発に関わった。たとえば1985年の文書は、コードネーム「アンネ」ら4名が「カメラつきブラジャー」の開発予算の要求を党に提出した事実を伝えている。彼女たち（おそらく女性だろう）の職業は不明だが、共同で撮影機能つきブラジャーを党に提案するほど監視は一般化していたと言える。東ドイツ人民議会選挙の投票率が100％近くに及んでいたことと同様に、みんなで監視体制に参加することがドイツ「民主」共和国を成り立たせていたのである。ただし自ら進んでその監視に協力したのか、強制的に参加させられていたのかは議論の余地が残っている。

理想としての「平等」を社会の軸にして回っていた社会主義国の東ドイツだからこそ，それが標榜した民主主義は「等しくすべての国民が参加する義務あるいは強制」を少なからずともなっていた。であるからこそ，投票率100％近くの選挙などと同様に，「抜け駆け」を許さない密告体制が機能したと言えるし，逆に「可視化された平等」が監視を際立たせる役割を果たしたとも言える。この監視の可視化をもたらしたのが，日常的に目にする製品だった。ここでは一例として自動車を取り上げたい。

　東ドイツの大衆車として30年以上も活躍した自動車が，トラバントである。東ドイツ時代にモデルチェンジが行われたのは，わずかに数回。つまり，同型のトラバントが長年にわたって東ドイツの道路を彩っていた。予約から入手までに10年以上かかり，しばしば「ダンボールでできた車」などと揶揄されたりするこの車は，東ドイツの記憶とともに語られ，いまでもコレクターがいたり，歴史博物館に展示されたりするなど，歴史的にも愛された車だと言われている。ほかにも中級車のヴァルトブルク，軽トラックのバルカス，高級車のソ連製ヴォルガなどがあったが，日本の多種多様な自動車のラインナップと比べれば，およそ信じられないくらいに車種は限定されていた。

　この東ドイツの車種の限定性，つまり多くの人が「トラバント一択」で購入せざるをえない状況は，みんなが等しくトラバントに乗ることを意味し，トラバント以外を目立たせ，監視体制を可視化させる要因となった。たとえば西ドイツへの亡命を希望し，ベルリンから北ドイツの田舎町に左遷された女性医師の心の葛藤を描いた映画『東ベルリンから来た女』（独：2012）に登場するシュタージ職員は，黒塗りの「いかにも」といったヴォルガに乗っている。けっして豊かとは言えない北ドイツの小集落の風景に，黒塗りの高級車は異様に映る。それがシュタージの存在を示す広告塔のような役割を果たしていたことを，同作は描き出しているのである。また，主人公の医師バルバラの若い同僚が中級車ヴァルトブルクに乗っているのもどことなく怪しい，いや怪しすぎる。

　また肉屋などの外装をした軽トラックのバルカスは，内部を改造して容疑者を連行する車として用いられたりした。バルカスは『善き人のためのソナタ』と『東ベルリンから来た女』の両作品に登場し，シュタージ博物館にも展示されているほど，「誰もが知る」偽装連行車であったのだ。

「パブリック」な監視体制

　1990年に東ドイツという国が消失したことによって，秘密を保持する「公」が

図12-6 監視カメラを内蔵した軽トラックのバルカス

消え，大量の文書が公開された。しばしば「ドイツ第二の独裁体制」とされる東ドイツは，ナチスの独裁体制のように死者の山を残さなかったが，その代わりにファイルと書類の山を残した（コッカ 2011）。そして，あらゆる盗聴・盗撮記録から非公式協力者による隣人の密告文書にいたるまでのシュタージ文書の公開は，20世紀後半の機械化された秘密警察の実態を白日のもとにさらし，次々と暴かれるスキャンダルを通じて，ドイツ社会を震撼させた。

たしかに国民の私生活にまで目を光らせた東ドイツの監視体制には「異常」な側面があり，いまなおシュタージ関係者の監視・抑圧体制への関与，あるいは逆にシュタージに監視されていた著名人のニュースがドイツのメディアをにぎわせている。

しかし非公式協力者や日常の風景を彩っていた製品と監視体制の関係を考えてみれば，一面的に「異常さ」だけを強調しても東ドイツ社会の実態の理解にはつながらない。監視下の日常はけっして派手でドラマチックなものだったわけではなく，のんきな外見のトラバントや肉屋のトラック・バルカスが走る日々の風景のなかで進行していた。ただしそれは隣人が非公式協力者として，シュタージに自分のプライベートな情報を流す可能性をつねに疑いながらであった。監視体制を支えた非公式協力者は東ドイツ時代全体を通じて約60万人に及んだが，理想としての「平等」を守るためには監視への「平等」な参加が必要とされ，それによって監視体制は東ドイツ社会に「当然のこと」として組み込まれることになったのである。

（柳原伸洋）

4 スポーツ大国

1984年のサラエヴォ・オリンピックで，東ドイツは金メダル獲得数世界一の座に耀いた。東ドイツはいわゆる「スポーツ大国」として，その名を世界にとどろかせていたのである。

ただし、この栄光には影の部分も存在していた。東ドイツ体制崩壊の前後には、同国のドーピング問題が徐々に報じられ始めた。浦沢直樹のマンガ『MASTERキートン』第11巻（1992）には、オリンピックの競泳で金メダルを獲得するも、ドーピングが発覚してキャリアを失った東ドイツのスポーツ選手が登場するし、映画『ロッキー4／炎の友情』（米：1984）にも、同じ共産圏であるソ連のボクシング選手ドラゴが練習中に薬物を注射するシーンが出てくる。
　これらの作品は、東ドイツをはじめとする共産圏でスポーツ選手に対する筋肉増強剤などの薬物の投与が常態化していた事実を背景にしている。なぜそこまでして、彼らスポーツ選手は勝利をもとめたのか、あるいはもとめざるをえなかったのか。また社会主義体制のもとで、スポーツはどのような意味をもっていたのか。ここでは、その「光」と「影」の意味を探ってみたい。

スポーツウェアを着た外交官

　1968年までのオリンピックには、東西ドイツは合同で「全ドイツ選手団」を送り出していた。メダル受賞式では国歌が2つになってしまうので、ルートヴィヒ・ヴァン・ベートーヴェンの「歓喜の歌」（いわゆる「第九」）を流すことになっていた。しかし両国が誕生してから20年もたとうかという1968年のメキシコ・オリンピックから、東西分かれて参加するようになる。人口の多さと経済力を考えれば西ドイツ優位が予測されるが、実際にはこのオリンピックで東ドイツのメダル獲得数は金9・銀9・銅7、西ドイツは金5・銀11・銅10となり、金メダル数では東が西に勝ったのである。
　この東の西に対する優位が決定的になったのは、1972年の2つのオリンピックであった。まず札幌で開催された冬季オリンピックで、東ドイツはソ連に次いで金メダル獲得数第2位を記録する。西ドイツのミュンヘンで開催された夏季オリンピックでも、東ドイツはソ連・アメリカに次ぐ第3位の成績をおさめ、4位の西ドイツに対して総メダル獲得数で26個もの差をつけた。
　有名な東ドイツの選手としては、1950年代に活躍した自転車競技選手のグスタフ＝アドルフ・シューア、1976・1980年のオリンピックで金メダルに輝いたマラソン選手のヴァルデマール・チェルピンスキ、そして1980年代のフィギュアスケート界で活躍したカタリナ・ヴィットなどが挙げられるだろう。これらスポーツ選手の活躍は国際的に報じられ、「社会主義者は走るのが速い？」とまで言われるようになる。また彼らは東ドイツ国内においても、「スポーツウェアを着た外交官」と呼ばれた。つまりスポーツ選手の活躍は、世界中に東ドイツの存在をア

ピールする役割を果たしたのである。東ドイツ国内で政府関係者は国民から好かれていたとはけっして言えないが、スポーツ選手は国民から人気を集め、尊敬される存在であった。

1970年代以降、東ドイツのスポーツはアメリカをしのぐ成績を上げることが多くなり、スポーツはこの社会主義国の「成功」を象徴し、誇示する看板となった（ヴェーバー 1991）。1972年のミュンヘン・オリンピックでは、東ドイツ政府は「自国開催オリンピックで西ドイツの帝国主義をスポーツで打ち負かす」という目標を設定し、西ドイツ打倒のために心血を注いだのである。

スポーツの合理化

東ドイツの政府見解ではプロスポーツは資本主義の悪しき産物とされていたので、スポーツ選手は「国家が公的に養成するアマチュア」であった。それゆえ企業資本（スポンサー）ではなく国家が選手を育成するものとされ、政府が主体となってスポーツ政策を進めていくことになった。これが以下に述べる「スポーツの合理化」である。

このスポーツ振興政策には、「国を守る」という合理的な根拠があった。若者の余暇の時間をスポーツに向けさせることで、西側から流入する音楽やファッションの悪影響を防ぐばかりでなく（ヴェーバー 1991）、身体の鍛錬によって優秀な労働者と兵士を育成し、国防力を高めることも目的とされていた（シュモリンスキー 1982）。また東ドイツはスポーツを通じて「社会主義的人格」を養おうとしたので、国家および党がスポーツに干渉することになった。

国を挙げてのスポーツ合理化を進める基盤となったのは、19世紀以来の長い歴史をもつ多種多様なスポーツ団体（協会）であった。1956年の時点でその会員数は100万人を超え、東ドイツの全人口の18人に1人がいずれかの協会に属していた。東ドイツ政府はこのスポーツ協会を利用して、国際レベルで戦えるスポーツ選手の育成に取り組んだのである。

1960年代には、国家レベルのスポーツ振興が目に見える成果を生み出していく。東西ドイツ合同で参加した1964年の東京オリンピックでは、東ドイツだけで23個ものメダルを獲得した。東ドイツ単独で参加した1968年のメキシコ・オリンピックでは、アメリカ・ソ連に次ぐ第3位に輝く。これらの成功によって、東ドイツはさらなる栄光を求めて政策規模を拡大させていく。1970年代初頭には「統一的な検査および選別」が導入され、すべての就学児童はどのスポーツに向いているのかの検査を受け、その適性によって各種目に割り振られることになった。たと

えばアイススケートなどでは，未就学児の適性検査が保育所内で秘密裏に行われていた。

　さらに政府は「競技スポーツに関する決定」を下し，「特別推進スポーツ」を指定して効率化を図る。「特別推進スポーツ」には，個人競技で複数参加が可能な競技が多く指定された。たとえば水泳や陸上競技などだ。逆に水球などの多人数によるチーム競技で，練習施設に必要な敷地や費用がかさむものは軽視された。東ドイツにおけるスポーツの合理化とは，メダル獲得のための効率化を意味したのである。

　公的に整備された施設としては，持久力トレーニングのための減圧室，水泳やカヌーのトレーニングのための水流調整プールがある。これらの施設の建造と管理には莫大な予算が配分された。多くのスポーツ官僚も存在し，たとえば1989年にはスポーツトレーナーの数が4,855人にのぼっていた。このように東ドイツはスポーツの科学化・体系化・制度化，そして官僚化を進めたことで，オリンピックを頂点とする現代競技スポーツにおける成功への方法論を生み出したと言われる（クリューガー 2011）。

　ただし『MASTER キートン』で描かれたドーピング問題と，これらのスポーツの合理化政策はコインの表裏の関係にあった。つまりスポーツでの成功を追求すればするほど，ドーピングを加速させる必要性もますます高まったのである。世界一を守るためのプレッシャー，それを感じ取ったスポーツ官僚たちの不安があいまって，ドイツ統一までドーピングがやむことはなかった。

国家のスポーツと国民のスポーツ

　後に東ドイツの最高指導者となるエーリヒ・ホーネッカーは1948年に，「スポーツは目的ではなく，目的を達成するための手段である」と公言していた。実際にスポーツ組織内には多くのシュタージ（秘密警察）の関係者が配置され，大衆を管理する装置としても機能していた。スケート選手として活躍したヴィットも，ドイツ統一後に著した自伝のなかで，シュタージによるスポーツ界への介入を暴露している。

　民間レベルのスポーツ受容も，オリンピックでの東ドイツの活躍とともに進展した。しかし実際にはスポーツ施設の多くが一流選手を養成するために使用されたため，一般のスポーツ愛好者は端に追いやられていた。

　戦後新たに流行した大衆スポーツは，東ドイツにも伝わった。政府は既存スポーツに優秀な人材を送り込むことを重視し，新しいスポーツに対しては慎重に対

第Ⅴ部　監視社会・東ドイツ

図12-7　カタリナ・ヴィット『メダルと恋と秘密警察』

応した。たとえば東ドイツでは空手は長らくメジャーなスポーツとはならず，東京オリンピックで公式競技となった柔道の方が重視されていた。

しかし政府は新しいスポーツの人気を押しとどめることができなかった。そんななかウィンドサーフィンは「ボード帆走」，エアロビクスは「ポップ体操」，ボディービルディングは「筋肉強化トレーニング」と呼ばれ，西側の呼称は避けられた。

ほかにも人気を博したスポーツの1つに，ボーリングがある。オリンピック競技ではないので国家的な振興は行われなかったが，広範な大衆的支持を得て，飲み屋にボーリング施設が併設されることもあった。いまでもまれに，旧東ドイツ地域でその名残を見かけることがある。ベルリンのボーリング施設ではあまりの人気のため，2時間のプレーのために6カ月から1年の予約待ちも見られるほどだったという。

スポーツをめぐる国家政策と国民感覚のズレは，東ドイツが崩壊するまで埋まることはなかった。ホーネッカーはスポーツを「目的達成のための手段」としたが，民心掌握手段としてのスポーツの活用には失敗していたと言えるだろう。

（柳原伸洋）

5　ベルリンの壁崩壊

1989年11月9日のベルリンの壁崩壊は，「東欧革命」の中心に据えられる歴史的な出来事であるだけでなく，東ドイツ市民にとってはまさに人生の分岐点となる出来事でもあった。オフ・ブロードウェイでロングランを記録し，後に映画化された『ヘドウィグ・アンド・アングリーインチ』（米：2001）においても，東ドイツで生まれ育った主人公ハンセル（性転換後にヘドウィグと称する）の少年時代がベルリンの壁と関連づけられて語られ，壁崩壊は主人公がアメリカでドラァグクィーンとしての道を歩む転機を象徴するものとして描かれている。実際に東ドイツでは，この作品の主人公のように「国家の敵」であるはずの西側サブカルチ

ャーに傾倒する若者が時代とともに増えつづけ，東ドイツ政府は文化政策において，つねに大きな問題を抱えている状況にあった。東ドイツ建国世代が「社会主義的人格形成」の名のもと，体制に従順な次世代の育成につとめる一方で，若者たちの不満はたえず高まり，やがてその不満は社会を根底から揺さぶるようになる。それでは，壁崩壊へと向かう1980年代後半，東ドイツではいったいどのような変化が生じていたのであろうか。ここではその背景について，サブカルチャーと政治の関係を中心に見ていく。

ローリング・ストーンズからブルース・スプリングスティーンまで

　ベルリンの壁が崩壊する16カ月前の1988年7月，東ドイツの首都である東ベルリンで，本来ならば「階級の敵」であるはずのアメリカ・ロック界の「ボス」ことブルース・スプリングスティーンが野外コンサートを行い，推定30万人の東ドイツ市民がステージと一体となって「ボーン・イン・ザ・U. S. A.」（米：1984）を大合唱した。いったいなぜ，厳格な社会主義体制下でこのようなことが可能であったのだろうか。

　そもそも東ドイツでは，西側サブカルチャーに対して厳しい規制が設けられていた。ラジオ番組などでは西側の音楽は厳しく制限され，ディスコなどの娯楽施設はドイツ社会主義統一党傘下の自由ドイツ青年同盟によって運営されるなど，若者の余暇活動にも監視体制が行き届いていた。1960年代半ばにビートやロックをはじめとする西側サブカルチャーの自由な享受が事実上禁止された際，若者たちの不満や抗議の声が高まり，1965年10月にライプツィヒで抗議活動が行われるが，この動きは当局によって弾圧される。こうしたなか，同年12月の社会主義統一党中央委員会総会では文化政策の硬化路線とイデオロギー教育の徹底が発表された。当時，ブルージーンズや長髪スタイルといった西側ファッションは「不道徳」とされ，長髪の男性が国家専属の理髪店に連れて行かれることもあった。

　西側ロックに熱狂する東ドイツの若者たちの日常は，映画『ゾンネンアレー』（独：1999）でいきいきと描かれている。ベルリンの壁によって東西に分断されたゾンネンアレーの東側は，西ベルリン市民や観光客にとって東ドイツのリアルな生活がのぞき見できる小劇場のような空間であった。同作では限られた自由のなかで青春を謳歌する若者グループがコミカルに描かれているが，彼らのアイドルはローリング・ストーンズであった。実際に1960年代から1970年代にかけて，東ドイツにおけるストーンズ人気はとどまるところを知らず，1969年にストーンズが壁近くにある西ベルリンのシュプリンガー出版社ビルの屋上でライブをすると

第V部 監視社会・東ドイツ

図12-8 映画『ヘドウィグ・アンド・アングリーインチ』（DVDパッケージ）

図12-9 ノンフィクション『ロッキング・ザ・ウォール』

いう噂が若者たちの間に広まったときには，シュタージが全力を挙げて情報収集に東奔西走するほどだった。1970年代には若者ファッションも西側に近づき，映画『パウルとパウラの伝説』（東独：1973）では同時代のヒッピースタイルの若者たちが描き出された。若者の西側サブカルチャー志向は1980年代を通してますます強まり，1980年代末になると「ロック戦争」とも呼ばれる東西陣営間のサブカルチャー闘争が展開された。

　1987年6月，東西ベルリンで競ってベルリン誕生750周年祭が開催されるなか，西ベルリンの国会議事堂前広場で3日間にわたり，デヴィッド・ボウイ，ジェネシス，ユーリズミックスを招いて野外コンサートが開催された。このとき東ベルリンでは世界的スターの音楽を聴こうとベルリンの壁付近に集まったロックファンと警官隊が衝突し，その様子は西ドイツでも報道された。翌年6月に西ベルリンの同じ場所でピンク・フロイド，マイケル・ジャクソンの野外コンサートが開催された際も，東ベルリンではジェームス・ブラウン，ブライアン・アダムスらを招き，東ドイツのフィギュアスケート選手カタリナ・ヴィットを司会者に抜擢してこれに対抗するコンサートが開かれたにもかかわらず，前年同様に壁付近で若者と治安当局の衝突が起きる（ライバック 1993）。

　こうしたたび重なる事態に態度変更を余儀なくされた東ドイツ指導部は，1988

年7月，ついにブルース・スプリングスティーンを東ベルリンに公式招待し，東ドイツ史上最大の野外ロックコンサートが実現することになった。政府はコンサートの成功を自画自賛するものの，全土に影響が広まることを懸念して映像の公開を控えた。この出来事は「ロック戦争」における東ドイツ国家の敗北のみならず，翌年に起きる大きな変化，すなわち体制転換を予感させるものとなった。そしてこのような比較的若い世代が，1989年夏以降の東ドイツからの大量脱出の主たる担い手となっていった。

　「われわれこそが人民だ」
　トラバントがカーチェイスをくり広げるコメディー映画『ベルリン・クラッシュ』（独：2004）では，間抜けな党幹部たちの勘違いが積み重なったあげく，暴走した戦車によってベルリンの壁が文字通り崩壊するが，実際はどのように壁が崩壊したのだろうか。
　1989年前半，ポーランドでは円卓会議をへて自由選挙が行われ，自主管理労組「連帯」が圧勝し，ハンガリーでは「鉄のカーテン」と呼ばれた対オーストリア国境の鉄条網の撤去が開始されるなど，いわゆる「東欧革命」が急展開を見せていた。そして東ドイツでは，夏以降ハンガリーなどを経由した西ドイツへの大量出国が始まり，秋からは大規模な民主化運動がくり広げられる。「平和革命」とも呼ばれる東ドイツの民主化運動を象徴する言葉が，デモの際に沸き起こった「われわれこそが人民だ」というシュプレヒコールであった。この言葉は，「平和革命」をドラマチックに描いた映画『ビハインド・ザ・ウォール』（独：2008）の原題でもある。そこには，国家組織の名称にはどれも「人民」がついているが，本当の「人民」は国家当局ではなくわれわれ民衆だ，という皮肉を込めたメッセージが含まれていた。
　東ドイツで1989年秋に民主化運動が広まった背景には，「新フォーラム」や「民主主義をいま」などの市民運動グループの結成があった。1989年5月の地方選挙の際に国家による選挙結果の不正操作が明るみになり，同年6月に党指導部が「天安門事件」を引き起こした中国政府を真っ先に支持すると，夏以降，若い世代が東ドイツに見切りをつけて，東欧諸国の西ドイツ大使館へと逃げ込んでいった。これに対してチェコスロヴァキアの民主化路線「プラハの春」を経験した「東の68年世代」の多くは，「われわれはここにとどまる」というシュプレヒコールを上げ，1968年に東ドイツで実現されなかった民主主義的社会主義の実現を目標に掲げた。彼らの多くは長年にわたって当局からマークされてきた体制批判勢

図12-10　映画『ビハインド・ザ・ウォール』
（DVDパッケージ）

力であり，アウトサイダー的存在であったが，この時期には短期間ではあったものの，大衆のオピニオンリーダーとなった（井関 2009）。

このような体制批判勢力は，1980年代に福音教会の庇護下に人権・平和・環境などをテーマとするグループを立ち上げ，地域を越えたネットワークも形成していた。1960年代以降，福音教会は国家と対立し「反社会的」と見なされた人々を保護し，活動の場を提供していた。1978年には福音教会指導部とエーリヒ・ホーネッカーがトップ会談を行い，教会は「社会主義のなかの教会」として一定の自由領域を確保する一方，体制からドロップアウトした人々が体制批判に流れないように管理する役割を期待されるようになる。しかし実際に教会内で結成された諸グループは体制批判活動を展開し，党支配下にある既存のマスメディアに対抗して「サミズダート」と呼ばれる地下出版物を発行し，テレビ・ラジオ・新聞を独占する党に対抗していった（井関 2010）。とくにチェルノブイリ原発事故後の1980年代後半に結成された教会系環境団体の「環境文庫」や「アルヒェ（方舟）」，教会から独立した人権団体「平和と人権のイニシアティブ」は，体制批判勢力の拠点として主要な役割を果たした。国家による人権侵害を訴える運動はもとより，環境データの公開を迫る運動もまた，当局からは危険分子と見なされ，弾圧の対象となった。

このような体制批判勢力は主に都市部で活動を展開していた。なかでもライプツィヒでは1980年代初頭から毎週月曜日にニコライ教会で「平和の祈り」を実施し，1989年には祈りの後に街頭にくり出していた（月曜デモ）。同年10月，ミハイル・ゴルバチョフの人気とホーネッカー政権の脆弱さを露呈した建国40周年記念式典の数日後，ライプツィヒでは武力介入の可能性が高まるなか，7万人規模のデモが敢行された。結局，中央から鎮圧命令が下されることはなく，デモは市内を一周することに成功する。このデモにいたるまでのライプツィヒ教会系批判勢力の様子は，作家エーリヒ・レーストの同名小説を映画化した『ニコライ教会』（独：1995）で詳細に描かれている。

「天安門事件」のような事態が直前で回避された結果，民主化運動にはさらに

拍車がかかった。ホーネッカーは退陣に追い込まれ，後任にエゴン・クレンツが選ばれるものの，1989年11月初めにアレクサンダー広場で開かれた東ドイツ史上最大の政治集会では，民主化要求がさらに高まり，西ドイツやチェコスロヴァキアの圧力もあって，新旅行法の制定が急がれることになった。そしてライプツィヒの奇跡のデモからちょうど1カ月後の11月9日，テレビで生中継されていた定例記者会見で，党報道官ギュンター・シャボフスキーが国外旅行の自由化を認めた新規定が「ただちに」発効すると誤って発表してしまうと，これを聞いて国境検問所に押し寄せた民衆の圧力によって，ベルリンの壁はあっけなく崩壊した。

壁崩壊をもたらしたもの

ベルリンの壁崩壊の背景には，国家の政策に反旗を翻した若者たちによる長年のサブカルチャー闘争があった。福音教会はこうした若者たちに活動の場を与えるとともに，1980年代を通して人権・環境・平和をテーマとするグループの結成を支援し，体制批判勢力の拠点となっていった。そして1989年にはポーランド・ハンガリーでの改革の流れのなかで，一方では若い世代を中心とする出国の波，他方では「プラハの春」を経験した「東の68年世代」を中心とする民主化運動の展開によって既存の独裁体制が揺らぎ，その混乱のなかでベルリンの壁が崩壊したのである。

(井関正久)

参考文献

井関正久「東ドイツ体制批判運動再考──『68年』と『89年』の関係を中心に」『国際政治』第157号，2009年。

井関正久「公共圏の創出，拡大，変容──東ドイツ環境運動を事例に」加藤哲郎・小野一・田中ひかる・堀江孝司編『国民国家の境界』日本経済評論社，2010年。

カタリナ・ヴィット『メダルと恋と秘密警察』(畔上司訳) 文藝春秋，1994年。

ヘルマン・ヴェーバー『ドイツ民主共和国史──「社会主義」ドイツの興亡』(斎藤哲訳) 日本経済評論社，1991年。

ヘルマン・ヴェントカー『東ドイツ外交史──1949-1989』(岡田浩平訳) 三元社，2013年。

河合信晴『政治がつむぎだす日常──東ドイツの余暇と「ふつうの人びと」』現代書館，2015年。

ミヒャエル・クリューガー「ドイツスポーツの60年」(有賀郁敏訳)『立命館産業社会学論集』第46巻第4号，2011年。

第Ⅴ部　監視社会・東ドイツ

　ユルゲン・コッカ『市民社会と独裁制――ドイツ近現代史の経験』（松葉正文・山井敏章訳）岩波書店，2011年．
　近藤潤三『東ドイツ（DDR）の実像――独裁と抵抗』木鐸社，2010年．
　斎藤哲『消費生活と女性――ドイツ社会史（1920～70年）の一側面』日本経済評論社，2007年．
　ゲルハルト・シュモリンスキー編『ドイツ民主共和国の陸上競技教程』ベースボール・マガジン社，1982年．
　藤井政則『スポーツの崩壊――旧東ドイツスポーツの悲劇』不昧堂出版，1997年．
　山田徹『東ドイツ・体制崩壊の政治過程』日本評論社，1994年．
　ティモシー・ライバック『自由・平等・ロック』（水上はるこ訳）晶文社，1993年．
　フランク・リースナー『私は東ドイツに生まれた――壁の向こうの日常生活』（生田幸子訳）東洋書店，2012年．

第VI部
再統一されたドイツ

ブランデンブルク門開放記念式典で演説するコール（1989年）
（ウィキメディア・コモンズ）

第13章
東西ドイツの再統一

1　ドイツ統一過程

　東欧革命や冷戦終結期の映像がテレビなどで流れるとき，BGMとしてよく使われるのが，ドイツ（西ドイツ）のロックバンド・スコーピオンズの「ウィンド・オブ・チェンジ」（独：1991）である。1980年代後半からソ連でコンサートを行うなど，東西の架け橋として活躍していたスコーピオンズは，1991年にシングルリリースされたこの曲で，ソ連でのペレストロイカ開始からベルリンの壁崩壊，そしてドイツ統一にいたるまでの時代の流れをバラード調に歌い上げている。

　またドイツでは，1989年に西ドイツでヒットしたアメリカの俳優デヴィッド・ハッセルホフの「ルッキング・フォー・フリーダム」（米：1989）が，この時代を代表する曲として記憶されている。ハッセルホフは壁崩壊からまもない1989年大晦日，群衆の集まるベルリンの壁の前にクレーンに乗ってあらわれ，同曲を歌うパフォーマンスを披露して話題となった。

　冷戦終結を音楽で祝うムードは，ドイツ統一直前の1990年7月にベルリンのポツダム広場で開催されたコンサート『ザ・ウォール～ライブ・イン・ベルリン』（英：1990）で1つのピークを迎えた。元ピンク・フロイドのロジャー・ウォーターズが主催し，シンディ・ローパーやスコーピオンズなど世界的アーティストが参加したこのコンサートでは，舞台上にはりぼてのブロックで「壁」を築き上げ，終盤に一気に崩すという大胆な演出がなされ，時代を象徴する伝説のコンサートとなった。

　このようにドイツ統一前後の時期はサブカルチャーシーンにおいて，東欧革命から冷戦終結への急激な「時代の変化」が大きなテーマとなった。それではベルリンの壁崩壊後，東ドイツはどのような変化を遂げて東西ドイツの統一へといたったのであろうか。

　近年，壁崩壊〇〇周年を祝う際，壁崩壊は独裁体制を揺るがし翌年のドイツ統一をお膳立てした出来事，すなわちゴールであるドイツ統一の「前座」のように

図13-1　スコーピオンズ『ウィンド・オブ・チェンジ』
（CDパッケージ）

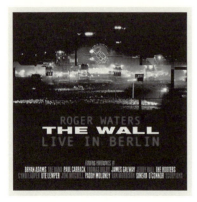

図13-2　ロジャー・ウォーターズ『ザ・ウォール〜ライブ・イン・ベルリン』
（CDパッケージ）

扱われるケースが多いため，当初から統一が自明であったかのようなイメージが強い。しかし実際には，東ドイツで1989年秋から大規模に展開された民主化運動では民主主義的社会主義の実現が掲げられていた。ここでは1989年11月9日のベルリンの壁崩壊後から1990年10月3日のドイツ統一までの時期に，東ドイツで何が生じたのかを見ていく。

権力の空白と円卓会議の設置

　ベルリンの壁崩壊によって，ドイツ統一問題が突如国際的な関心事となった。壁崩壊後まもなく，西ドイツのヘルムート・コール首相は東ドイツの閣僚評議会議長（首相に相当）に就任したハンス・モドロウとの会談のためドレスデンを訪れると，東ドイツ市民の熱狂的な歓迎を受ける。その後コールは「10項目提案」を発表し，条約共同体から国家連合的構造，そして連邦へと段階的に東西ドイツを統一させる道筋を提示した。コールはヨーロッパ統合過程のなかでのドイツ統一を明示するものの，この提案は波紋を呼び，イギリス・フランスのほか国境問題が未解決のポーランドも，ドイツが再び強大となることに対して警戒心を強めた。（高橋 1999）。

　東ドイツにおいてはドイツ分断に終止符を打つことへの期待が高まる一方で，知識人や政治家の多くは当初はまだ社会主義国家としての再建を掲げ，早急なドイツ統一に否定的な立場をとっていた。国内政治は不安定となっていて，1989年12月にはドイツ社会主義統一党の指導的役割が憲法上から削除される。これまで同党の支配下にあった東ドイツのキリスト教民主同盟や自由民主党といった小党は独自路線を進み始め，社会主義統一党も改革を旗印とした民主社会党と名乗る

ようになった。

　機能不全に陥った政府に代わって政治をコントロールし，権力の空白を埋めたのが円卓会議であった。円卓会議は「新フォーラム」などの市民運動グループが各地で開催していた対話集会に既成政治勢力が組み込まれていく形で，市町村レベルから形成されていった。ここでは治安・教育・保健衛生・建設・交通・人口流出などの問題から選挙準備にいたるまで，市民の日常生活に直結するあらゆる問題が議題として取り上げられ，市民参加のもとで問題解決への取り組みが行われた。なかでも市民生活を脅かしていたシュタージの問題が議論されるケースが多く，シュタージの隠れ家が暴かれたり，市民監視のもとで武器の処分が実行されたりした。

　その後円卓会議は郡・県レベル，さらには国家レベル（中央円卓会議）へと広がっていく。中央円卓会議はポーランドをモデルに教会代表者の仲介のもとで1989年12月に立ち上げられ，国家再建を目標に掲げるとともに，自由選挙の実施・新憲法草案の作成・シュタージの解体の3つを主要課題として取り上げた。結果的にはいずれの課題においても成果を上げ，また政治的過渡期において非暴力の維持と政治的安定に貢献したことから，円卓会議は地域・中央レベルともに「平和革命」の象徴となる。中央円卓会議では当初「新フォーラム」や「民主主義をいま」といった市民運動グループ，および新たに結成された社会民主党などを中心とする新政治勢力が，社会主義統一党・キリスト教民主同盟・自由民主党などの旧政治勢力に対抗するという対立構図が見られた。

「われわれは1つの国民だ」

　中央円卓会議の開催期間中，世論は「われわれこそが人民だ」（社会主義の民主化）から「われわれは1つの国民だ」（東西ドイツ統一＝資本主義への移行）へと明確にシフトしていった。東ドイツ市民の多くは社会主義体制の変革という実験ではなく，すでに西ドイツに存在する安定と豊かさ，すなわち資本主義への速やかな移行を望んだため，国家再建を目標とする中央円卓会議への一般的関心はしだいに薄れていく。このような世論の変化にともない，西ドイツ政党とつながりのある政党組織（キリスト教民主同盟・自由民主党・社会民主党など）が徐々に中央円卓会議から距離をとり，早期統一を支持する方向を示し始めた。

　この頃，中央円卓会議はシュタージ問題でコントロール機関としての重要な役割を果たす。1990年1月，市民運動グループの圧力によって同会議に初めて出席したモドロウは，シュタージ解体を市民の監視のもとで進めることを発表すると

ともに、会議に参加するグループに入閣を呼びかける。同年2月、市民運動グループ活動家8人を無任所大臣とする第2次モドロウ内閣（国民責任内閣）が発足するが、市民運動勢力は政府に協力することによって逆に政治的影響力を失っていった。中央円卓会議では西ドイツ諸政党の人民議会選挙への介入を認めないことが決議されたものの結局守られず、同年3月に行われた選挙は西の代理選挙になってしまう。その結果、西ドイツのコール政権の影響下にあるキリスト教民主同盟を中心とした「ドイツ連合」が大勝する。これに対して「平和革命」を牽引した市民運動グループは「90年連合」（「同盟90」とも訳される）を結成するものの、ドイツ統一を批判する選挙戦を展開した結果大敗する。その後成立したデメジエール大連立政権は、コール政権の指導下で早期統一へと邁進していった。

中央円卓会議が取り組んだ新憲法草案は当初東ドイツの新憲法草案であったが、最終的には統一ドイツを想定した憲法草案として作成された。この草案には体制批判勢力のこれまでの経験が反映され、市民運動の保護や国民投票の手続き、男女同権、環境保護および環境データの公開などが盛り込まれた。中央円卓会議は新たに選出される人民議会に対してこの草案を検討して国民投票にかけることを提案するものの、その後この草案が公の場で取り上げられることはなかった。

ドイツ統一に向けての国際的な調整も進み、1990年5月からは東西ドイツに米英仏ソを加えた「2プラス4」外相会議が始まった。7月にはポーランドも加わってオーデル＝ナイセ線を国境とすることで決着し、その後の西ドイツとソ連の首脳会談で「ペレストロイカ成功のため」という名目でのソ連への経済支援と引き換えに統一ドイツのNATO帰属も承認された。こうした国際的な流れのなかでコール政権は早急なドイツ統一をめざし、結果として新憲法制定のもとではなく西ドイツ基本法第23条にもとづく方式、すなわち東ドイツを新連邦州として西ドイツに編入するという形で統一が実現することになる（テルチク 1992）。

1990年10月のドイツ統一に先立って7月に実態に見合わない1対1の交換比率で通貨統合が実施されると、西ドイツ通貨とともに市場経済が東ドイツに流れ込み、競争力のない東の産業は総崩れの状態となる。10月3日、ベルリンの国会議事堂前では盛大にドイツ統一が祝われたが、そのすぐ近くで数多くの若者たちが統一反対の抗議デモを敢行し、警官隊によって排除されていたことはあまり知られていない。

社会主義から資本主義への急激な変化

ドイツ統一前後の時期、社会主義から資本主義へと急激に変貌する東ドイツ地

域では市民生活が混乱状態にあったが、その様子は映画『グッバイ、レーニン！』(独：2003)で詳細かつコミカルに描かれている。ベルリンの壁崩壊直後、主人公は西ベルリンを訪れて資本主義を体験するが、その際まず訪れたのがアダルトショップだった。実際、壁崩壊直後には西側にしかないこうした場所で行列を作る東ドイツ市民や、東側では入手困難だったバナナを買いもとめる東ドイツ市民の姿が話題となった。

　その後、西側企業が大挙として東に押し寄せると、東ドイツの製品はショーケースからまたたく間に姿を消し、高品質の西側商品がこれに取って代わった。月曜デモにより「英雄都市」となったライプツィヒでは1990年6月にアダルトショップが開店して大盛況となるものの、まもなく子どもへの悪影響を危惧する親たちによって反対運動が起こる。また東ドイツ各地では、廃車となったトラバントが山積みにされる光景も見られるようになる。市民生活は押し寄せる資本主義の波にのみ込まれ、街には西側商品の広告があふれ、市民は消費文化を謳歌するようになったが、他方で職業安定所は失業者であふれ、ホームレス問題も生じるようになった。

　統一後に顕著となった旧東西ドイツ間の格差は、コメディー映画『ゴー・トラビ・ゴー』(独：1991)でシニカルに描かれている。同作は統一直後にトラバントに乗って旧西ドイツ経由でイタリアをめざす、ザクセン地方のとある一家の珍道中を描いたものだが、アウトバーンを疾走するトラビは西の人々から笑いものにされ、主人公たちが西の裕福な親戚を訪問した際には、ケチでお金の話ばかりする西ドイツ人と素朴でお人好しの東ドイツ人とのコントラストが浮き彫りになる。また、西のサービスエリアで自動で水が流れるセンサーつきトイレに驚く主人公の姿には、時代遅れの東ドイツ人という西側から見たステレオタイプ像が凝縮されている。

東西間の新たな壁

　ドイツ統一は1989年の「平和革命」の最中においては誰も予期しなかったことであり、1990年に入っても全体像が明確にならないまま進展していった。つまりドイツ統一はけっして綿密な準備計画にもとづいて達成されたわけではなく、国内外の状況が目まぐるしく変化するなかで、タイミングを逃さないように「見切り発車」の状態で実現された側面が強い。たしかに東ドイツの世論は社会主義の民主化からドイツ統一へと移り変わっていったが、多くの市民は資本主義の実態を知らないまま、自由で豊かな生活を漠然とイメージしていたにすぎなかった。そ

して，東ドイツの状況を政治利用しようとする西ドイツの政治家たちの影響が大きかったことは言うまでもない。社会主義から資本主義への急激な変化は東側に大きな混乱をもたらし，資本主義に対する過度の期待はまもなく失望へと変わった。こうしたなか東ドイツ市民を「二級市民」扱いする東西格差が顕著となり，東西間の「心の壁」が新たに築かれていった（雪山 1993）。当初は1世代後には解消されると考えられていた東西間の格差は，統一から4半世紀以上へた今日においてもまだ過去のものとはなっていない。

（井関正久）

2　ドイツ再軍備

第二次世界大戦後にドイツ国防軍は解体されたものの，その後の米ソ冷戦の開始とともに，東西ドイツは再軍備を急速に進めた。西ドイツの再軍備と並行して，ソ連を仮想敵国に設定したアメリカは，ドイツ国内に米軍基地を建設する。さいとう・たかをの長期連載劇画『ゴルゴ13』(1968～)の主人公で超一流スナイパーのデューク東郷も，西ドイツのミサイル基地をめぐるKGBの陰謀を阻止するために，西ドイツのCIA支部に雇われるという経歴をもっている。そんなフィクションが作られるほど，かつての冷戦時代には米ソの対立は切迫していたのだった。

ここではドイツの再軍備がいかにして進行したのか，その際に在独米軍基地がどんな役割を果たしたのかについて，再統一後のドイツ国内にいまも点在する米軍基地の現状や2011年7月に廃止された徴兵制の問題も含めて見ていきたい。

在独米軍基地

1994年に結成されたラムシュタインというニュー・ジャーマン・メタルバンドは過激なパフォーマンスで知られるが，このバンドの名前は実は在独米軍空軍基地のラムシュタインからとられている。この基地では1988年8月に航空ショーの痛ましい事故が発生しており，沖縄をはじめとする在日米軍基地と同様の複雑な問題も生じている。それにもかかわらず，ドイツには米軍を中心にEU加盟国軍が駐留する基地がいまなお数多く存在している。それどころか，2005年9月末の時点で西ヨーロッパに駐留する米軍の総人数10万1,622人のうち，在独米軍の人数は6万6,418人であって，西欧地域の米軍の半分以上がドイツに駐留しているのである。現在，「シュパングダーレム空軍基地」と「ラムシュタイン空軍基地」

の2つの米空軍基地がドイツに置かれている。メタルバンドの名前になった後者はラインラント=プファルツ州の都市ラムシュタイン=ミーゼンバッハにあって在欧アメリカ空軍の司令部が置かれ、ヨーロッパ最大の米空軍基地となっている。

図13-3　レイ・バラックス基地跡のエルヴィス・プレスリーの記念碑

在欧アメリカ陸軍の主力である第5軍団は、唯一海外で展開している軍団である。バーデン=ヴュルテンベルク州の古都ハイデルベルクに1948年以来駐留し、その司令部も同市に置かれていたが、在独米軍再編の一環として、2013年にヴィースバーデンへの移転を完了した。その際、ハイデルベルクに暮らしていた米軍人とその家族約1万6,000人が移住したのだが、これは同市の人口のほぼ10％に相当するものであった。アメリカが西ヨーロッパ最大数の兵員をドイツに置く理由としては、冷戦時代にドイツが東西に分断されて仮想敵国ソ連との対立の最前線になったという歴史的経緯や、中欧諸国と接する交通上の要衝に位置するという地理的状況が挙げられよう。

冷戦時代の在独米軍基地は、西ドイツの戦後文化に大きな影響を及ぼした。プロイセン軍やドイツ国防軍の「規律正しさ」や「男性らしさ」とは正反対とされる「無頓着」で「女性的」なアメリカの大衆的市民文化は、西ドイツ国内の米軍基地からも発信されたのである。1958年から2年間在独米軍基地で勤務したエルヴィス・プレスリーとロック、マーロン・ブランドやジェームズ・ディーンなどのスター俳優、ジーンズ・Tシャツ・革ジャンなどのファッションといったアメリカの風俗文化を西ドイツに根づかせるのに貢献したのは、これらの米軍基地だった（マーゼ 1997）。

再統一とドイツ連邦軍の再編

第二次世界大戦後、戦勝国の米英仏3カ国とソ連の対立が顕著になってくると、この両陣営の対立を代行するような形で、西ドイツと東ドイツはそれぞれ再軍備を開始する。西ドイツは1955年にNATOに加盟するとドイツ連邦軍を発足、1956年には全男子国民に兵役義務を課した。一方、東ドイツでは1948年創設の兵営人民警察が1956年に国家人民軍に改組され、1962年に徴兵制が実施される。冷戦時代に誕生した2つのドイツ軍はNATOとワルシャワ条約機構という敵対す

る2つの軍事同盟に帰属していたが、1990年10月3日にドイツが再統一されると、西ドイツのドイツ連邦軍に東ドイツの国家人民軍が吸収された。その結果、両ドイツ軍はドイツ連邦軍に一本化され、NATO加盟関係が継承されたのだった。

このドイツ再統一を決定づける最終規定条約には、核兵器・生物兵器・化学兵器（いわゆるABC兵器）の製造・保有・使用権を放棄する旨が改めて明記されている。ドイツ連邦軍は、通常兵器のみを保有することが許された軍隊なのである。しかし再統一を果たすことで人口8,300万人を抱える西ヨーロッパ最大の大国となったドイツと連邦軍は、この後3度の大きな国際紛争によって国際社会での立場を明確にせざるをえなくなる。ドイツは1991年の湾岸戦争では基本法遵守の立場から連邦軍の派兵を拒否したが、代わりに多国籍軍に総額90億ユーロ（約1兆2,700億円）の軍事費を拠出することで、派兵拒否の立場を貫徹した。

ところが旧ユーゴスラヴィアのコソヴォ紛争に際しては、ドイツ連邦軍創設40年で初のNATO領域外への兵員派遣が行われた。1995年から1998年までの期間、連邦軍はボスニア・ヘルツェゴヴィナへ数度にわたって国連平和維持軍として派兵されたのである。またアメリカ主導で開始された2001年9月からのアフガニスタン攻撃にも、連邦軍は参加している。だがアフガニスタン攻撃に参加したために、ドイツもイスラム系テロリスト集団の標的になってしまったのだった。

徴兵制の廃止以前と以後

かつての冷戦時代、兵役を拒否しつづけた者はドイツ連邦共和国という国を相手に裁判で争わねばならなかった。以下に紹介するのは、1980年当時のある大学生のエピソードである。彼は兵役拒否の申請書を提出したのだが、2度の審議で認められなかったため、後はもう裁判で勝つしか制度上の手段は残されていない状況にあった。書店では徴兵拒否指南のハンドブックがよく売られていた時代であった。徴兵拒否専門の弁護士も多くいて、その弁護士が大学生の意見をもとに作り話を考えてくれたり、それをうまく語れるまで何度もリハーサルをくり返すよう指導してくれたりするのである。堺雅人・新垣結衣主演の法曹ドラマ『リーガル・ハイ』（2012）を彷彿とさせるシーンだが、その甲斐あって大学生は自身が兵役に適応できない人間であることを裁判長に「証明」し、国を相手取った裁判に勝利するのである。

これは岩本順子のノンフィクション『ぼくは兵役に行かない！』（2004）に記された彼女の前夫の思い出話であるが、1980年当時の兵役拒否をめぐる裁判の実

態がよく分かるだろう。とはいえ現在では，徴兵制をめぐる状況は大きく変化している。ドイツでは2011年7月に兵役義務が停止され，事実上廃止されている。隣国フランスではすでに2001年に徴兵制が廃止され，志願制に移行していた。近年は兵役拒否の意志表示さえ行えば自動的に兵役免除となって，社会奉仕勤務に転換することが可能であった。それゆえ兵役を選択する対象者は全体の約2割に減少していたのだが，かつては兵役を免除されるのが容易でない時代もあったのだ。ソ連との戦争の脅威にそなえるドイツ政府には，人を殺したくないという個人の意志が顧慮されない時代だったと言えようか。ドイツが徴兵制を廃止するにいたった最大の理由は，83億ユーロ（約9,500億円）に及ぶ国防費の削減であったが，冷戦が終結して軍事的脅威が減少した結果，在独米軍も縮小再編に進みつつある。

再統一後のドイツ連邦軍の役割

　しかしながら，徴兵制の廃止がいくつかの問題を生じさせていることも事実である。徴兵制の代替義務であった社会奉仕勤務も制度的に廃止されたため，医療・福祉関連施設では深刻な人手不足が生じている事例が多くあるようだ。また，ドイツ連邦軍内部で深刻な人員と練度の不足が生じているとする意見もある。ドイツ再統一後，兵役期間が12カ月から6カ月に短縮されたため，わずか半年間の調練では兵士の練度が十分に上がらないという批判もあった。実際，国連の要請で国外でNATO軍の任務に就いていたドイツ部隊は，全員が志願兵であった。それゆえ徴兵制廃止以前には22万人を擁していた連邦軍も廃止後には18万5,000人まで人員を削減し，長期間在職する志願兵と職業軍人（将校）による部隊を再編制中である。少数精鋭の兵員構成へと方向転換が図られたと言えるだろう。

　冷戦の終結によって西ヨーロッパでの戦争の脅威が縮少する一方，再統一を果たしたドイツのEU内での役割は増大した。戦争そのものも冷戦時代のイデオロギーの対立から，宗教・民族間の対立を原因とするものへと変化しており，イスラム主義を主唱するアルカーイダがアメリカに対して起こした2001年9月の同時多発テロは記憶に新しい。1995年からの旧ユーゴスラヴィアのコソヴォ紛争，2001年9月からのアフガニスタン攻撃の際にも，ドイツ連邦軍は国連平和維持軍の一員としてNATO領域外に派兵を行っている。2003年のイラク戦争には参戦しなかったが，いずれにせよドイツは今後とも外交と軍事の両面でEU加盟国やアメリカとの協調路線を堅持していく方針である。2014年2月から緊迫の度を高めたウクライナ情勢はロシア対アメリカ・EUの対立関係を新たに浮き彫りにし

たが，西側陣営の中心国の1つであるドイツの対応が注視されている。

(森　貴史)

3　政党文化

　ドイツ統一後の政党政治においては，極右政党の台頭だけでなく，情報社会における新たな自由と民主主義を訴える「海賊党」や反EUを掲げる「ドイツのための選択肢」も州議会で議席を獲得するなど，二大政党を軸にした安定した連立政権の樹立が困難になっている。その背景には何があるのだろうか。

統一後の連邦議会選挙と政権の変遷

　表13-1の数字は統一後の連邦議会選挙で主な政党が獲得した得票率であり，太字の部分はその結果として樹立された連立政権の与党を示している。ヘルムート・コール首相を先頭にドイツ統一を推し進めてきたキリスト教民主同盟・社会同盟（CDU・CSU）と自由民主党（FDP）は，ドイツ統一後初めて行われた連邦議会選挙で過半数を超える票を得て，統一政策への信任を取りつけた。一方，統一政策に有効な対案を出せず，この問題で後手に回ってしまったドイツ社会民主党（SPD）はとくに旧東ドイツで得票率が伸びず，統一に懐疑的だった緑の党は単独では5％条項の壁を乗り越えられずに連邦議会から姿を消すことになった。その後2期にわたってコール政権はつづき，統一にともなう問題に取り組んだが，1998年の選挙で社会民主党に第1党の座を明け渡し，16年間にわたる戦後最長のコール政権に終止符が打たれた。前回の選挙で連邦議会に復帰した緑の党が入閣して，ゲアハルト・シュレーダーを首相とする「赤緑」連立政権が成立したのである。この連合政権は2002年の選挙をかろうじてクリアしたが，次の選挙で民主同盟・社会同盟と社会民主党の二大政党がともに得票率を下げたため，これまでの連立パートナーと組んでも多数を獲得することができない状態に陥った。そのため，得票率で上回った民主同盟・社会同盟のアンゲラ・メルケルを首相とする大連立政権がほぼ35年ぶりにドイツに成立することになった。2009年の選挙では社会民主党が歴史的な大敗を喫し，大勝した自由民主党とメルケル首相は再び手を結んだが，2013年にはその自由民主党が5％条項の壁を破ることができず，連邦議会で議席を失ったため，民主同盟・社会同盟はもう一度社会民主党と大連合を組んだのである。

表13-1　統一後の連邦議会選挙の結果

	1990年	1994年	1998年	2002年	2005年	2009年	2013年
CDU・CSU	43.8	41.4	35.1	38.5	35.2	33.8	41.5
SPD	33.5	36.4	40.9	38.5	34.2	23.0	25.7
FDP	11.0	6.9	6.2	7.4	9.8	14.6	4.8
同盟90／緑の党	5.0	7.3	6.7	8.6	8.1	10.7	8.4
PDS →左翼党	2.4	4.4	5.1	4.0	8.7	11.9	8.6

二大政党の地盤沈下

　1953年の選挙で5％条項が導入されて以来、この選挙で5％条項の壁を超えた「故郷被追放者・権利剥奪者同盟」を除けば、1983年に緑の党が連邦議会に進出するまで、実質的に連邦議会は民主同盟・社会同盟と社会民主党の二大政党と自由民主党によって独占されてきた。1957年の選挙以後、統一前のすべての連邦議会選挙で二大政党は80％以上の得票率を維持し、1972年と1976年には9割を超えていたのである。しかし統一後は二大政党の得票率は77％から59％まで低下し、2009年の選挙では社会民主党は戦後最低の、民主同盟・社会同盟は1953年来最低の得票率を記録するにいたっている。この二大政党の地盤沈下には長い歴史がある。

　西ドイツ建国後、ナチスによって禁止・解体されていた諸政党およびその後継政党は旧来の地盤を引き継ぐことで足場を固め、地盤の拡大をめざしていった。民主同盟・社会同盟はカトリック教徒を支持母体としながらも、プロテスタント地域の中間層にも支持基盤を広げ、社会民主党はプロテスタント地域の都市下層民の支持母体を引き継ぎ、労働組合から支持を受けながら、都市のホワイトカラー層も取り込んでいった。自由民主党はプロテスタント地域の都市の自由主義的な支持基盤を牙城とした。

　社会階層と宗派にもとづくこのような支持基盤は、世俗化と第3次産業の拡大、教育水準の上昇、若いホワイトカラー層の増加といった社会変動のなかですでに統一前に大きく変容していた。経済成長によって物質的な豊かさをもとめる価値観や旧来の性役割分担を疑問視し、ポスト物質主義的なライフスタイルを追求する高学歴の若年層が新しい社会層を構成していったが、エコロジー危機と反原発を訴えた緑の党はこの支持基盤を中核にして勢力を拡大していったのである。1985年にヘッセン州の環境・エネルギー省の大臣に就任した緑の党のヨシュカ・フィッシャーがジャケットにジーンズ、スニーカーで就任宣誓を行った姿（図13-4）は、この新しい政治スタイルを象徴していた。社会民主党はこのようなラ

第Ⅵ部　再統一されたドイツ

図13-4　ジャケットにスニーカーで宣誓を行うヨシュカ・フィッシャー

イフスタイルを実現しようとする高学歴層にも支持基盤を確保しようとしたが，そのために構造的な問題を抱えることになる。この新しい支持層と，伝統的な市民生活を維持するために物質的な豊かさを追求しようとする都市下層民を中心とする旧来の支持層という，異質な2つの支持基盤を内包してしまったからである。一方，世俗化の波に洗われた民主同盟・社会同盟も相対的に支持基盤が揺らいで，支持層の年齢も上昇していったが，農村と都市の中間層という比較的まとまった支持を保持することができた（小野 2012）。

統一後の政党政治と支持基盤の変化

統一当時，西ドイツの東への拡大によって社会民主党が有利な支持基盤を獲得するのではないかという予測が立てられていた。旧東ドイツはプロテスタントの比率が高く，その政治文化は保守主義よりも社会民主主義に近いと見られ，労働者層が社会民主党支持に流れ込むのではないかと考えられたのである。ところが統一直後の1990年の選挙では，旧東ドイツの伝統的な工業地帯で同党はまったく振るわず，旧東ドイツの労働者の約50％が民主同盟・社会同盟に投票したのである。ようやく1998年の選挙で労働者の社会民主党への投票率は民主同盟・社会同盟を上回り，その意味で東の状況は西に接近していったが，その後は全ドイツの状況が変化していくことになった。すなわち，2002年と2005年に社会民主党は全ドイツの労働者の44％と37％から得票したが，2009年にはその数字は25％にまで低下し，民主同盟・社会同盟が労働者から最も高い得票率（31％）を上げる政党になったのである。2013年に社会民主党は労働者票を若干取り戻した（30％）が，民主同盟・社会同盟はトップの座（38％）を譲らなかった。

若者政党として出発し，東ドイツの反体制市民運動と結合した同盟90／緑の党は，高学歴の新中間層のミリューからの支持を基盤としつづけている。政権を担うことで政治的実践を積み，いまや60歳以上の高齢者以外のすべての年齢層から得票して新しい「国民政党」になったこの党は，かつての批判的な牙を抜かれ，同じ支持基盤をめぐって他党と競合するようになった。一方，ポスト物質主義的

なライフスタイルをもとめるこの政党と，物質的な豊かさを追求しようとする労働者のミリューとの社会・政治的な距離感は大きかった。そのため，緑の党と連立を組んだ社会民

図13-5　左翼党のロゴマーク

主党は旧来のミリューから足を洗って新しいミリューに足場を固め，労働者の利益を代表しなくなったかのような印象を与えたのである。またその後に民主同盟・社会同盟と連立するにいたって，社会民主党は新自由主義路線に引きずられ，政治的輪郭も曖昧にしてしまった（近藤 2004）。

　旧共産党の後継政党である民主社会主義党（PDS）は，高学歴者や公務員，ホワイトカラーといった東ドイツで優遇された人々からの支持率が高い東独政党でありつづけ，労働者や低学歴者は同党から相対的に距離をとっていた。ところが社会民主党から分離した左派政党と民主社会主義党が接近し，2007年に合併して「左翼党」が成立していくなかで状況は大きく変化する。その2党が連合政党として闘い，旧東ドイツで25.3％の得票率を獲得した2005年の選挙では，低学歴層や失業者，労働者から平均以上の支持を受け，社会民主党から労働者票を奪ったことで，民主社会主義党はエリート政党から下層民の政党へと変容していったからである。左翼党は2009年に旧西ドイツでも8.3％（全国で11.9％，旧東ドイツで28.5％）を獲得したが，2013年にその数字は5％（全国で8.6％，旧東ドイツで20％）に低下した（星乃 2014）。旧東ドイツの政党から全ドイツの政党に変容し，グローバル化による格差社会の敗者の政党として，政党システムのなかで社会民主党の左に定着する可能性はやはり未知数である。

ドイツ政党政治の未来は？

　以上のように政党の支持基盤が構造的に変化し，政党とミリューの結合関係が薄れていくにつれて，その間隙から新種の政党が一時的に支持を伸ばす現象が見られるようになった。1990年代以後にまず極右政党が保守政治に対する不満から外国人問題を訴えて台頭し，その重点は西から東へと移っていった。ナチズムの過去をもつドイツではほかの国よりも極右政党への投票に心理的圧力がかかるため，極右政党は得票数よりも多くの潜在的な支持・同調者をもっていると言える。最近では国家による監視・規制に反対して情報社会における新たな自由と民主主義を訴える「海賊党」や，ギリシアなどへの財政支援や難民の流入に反対を訴え，反EUを掲げる「ドイツのための選択肢」が州議会で議席を獲得している。これ

らの政党は現時点では連邦議会には進出していないが、ドイツの政党政治がミリューによる支持基盤を失い、その時々のアクチュアルな政治テーマや政党・党首のイメージなどによって揺り動かされる時代に入っていることを明確に示していると言えよう。福島第一原発事故の2カ月後に行われたバーデン＝ヴュルテンベルク州議会選挙で緑の党が得票率を前回よりも12.5％も伸ばして第2党となり、第3党の社会民主党と連合政権を組むことで初の緑の党の州首相が誕生したことも同じ現象であると言える。2013年に大勝した民主同盟・社会同盟が次回も同じような結果を得る保証は何もない。これらの現象は政党政治の危機の表現であると同時に、新たな可能性でもあると言えよう。

（高橋秀寿）

4　ホロコーストの記憶

　1980年代以後にホロコーストはドイツ人のナショナル・アイデンティティの形成に大きく関わり、現在の政治的決定にも大きな影響を及ぼしつづけるようになった。そこには新しい歴史的主体の形成という歴史意識の大きな転換が背景として潜んでいるが、いったいどのような転換だったのだろうか。

「ホロコースト映画」の確立

　ホロコーストを題材にした映画は数多く知られており、現在でもそのような映画は頻繁に生み出されている。しかし1979年にドイツで放映されたアメリカのテレビドラマ『ホロコースト　戦争と家族』（米：1978）まで、ホロコーストはむしろ忌避された映画の題材であった。1959年のヒット映画『アンネの日記』（米：1959）でもアンネ・フランクの隠れ家生活だけが映し出され、彼女が希望を語って映画は終わってしまうため、彼女が強制収容所で体験した運命を知ることはできない。ようやくスティーヴン・スピルバーグ監督のセンセーショナルな作品『シンドラーのリスト』（米：1993）が世界的なヒット作となることで、この映画ジャンルは確立されたと言える（飯田 2008）。この映画の特徴は、ユダヤ人が虫けらのように殺害されていくさまを目を覆いたくなるようなリアルさで描出したことだけにあるのではない。この映画では、戦争受益者でもあった女たらしのナチ党員が主人公に据えられ、完全に無抵抗なユダヤ人犠牲者を本来は加害者の立場にあった主人公が救済するという物語が展開されている。その後、『ライフ・イズ・ビューティフル』（伊：1997）や『聖なる嘘つき／その名はジェイコブ』

(米：1999)、『戦場のピアニスト』(仏・独・ポーランド・英：2002)、『縞模様のパジャマの少年』(英・米：2008)、『黄色い星の子供たち』(仏：2010)、『サラの鍵』(仏：2010) など、「ホロコースト映画」の多くのヒット作が生まれた。

ドイツ人のナショナル・アイデンティティと「ホロコースト映画」

　ドイツ語圏でも、世界的なヒットを記録した『ブリキの太鼓』(西独：1979) で知られるフォルカー・シュレンドルフ監督が2004年に『9日目～ヒトラーに捧げる祈り～』(独：2004) を公開し、3年後にオーストリア人のシュテファン・ルツォヴィツキー監督の映画『ヒトラーの贋札』(独・墺：2007) がアカデミー賞を受賞するなど、ホロコーストを題材にした映画が多く作られている。そのなかでも、これまで『スターリングラード』(独：1993) や『秋のミルク』(西独：1988) など、ナチス時代の過去を取り上げた多くの映画を発表しているヨーゼフ・フィルスマイアー監督が制作した『アウシュビッツ行き最終列車』(独：2006) は、ドイツ人の記憶とナショナル・アイデンティティの関係を考える上で興味深い。

　この映画はベルリンに残存していた約700人のユダヤ人が1943年にベルリンからアウシュヴィッツへ強制移送される過程を描いており、このユダヤ人が押し詰められた家畜用貨車がその主な舞台である。目的地に到着するまでの数日の間に、極度の食糧・水不足や暑さ、ストレスのために多くが衰弱死し、あるいは流れ弾に当たり、列車からの飛び降りに失敗し、あるいは絶望から自殺するなどして次々に命が失われていく。隠しもっていた斧で貨車の床をぶち破り、その小さな穴を通り抜けることができた小柄な女性と少女の2人だけが、アウシュヴィッツに到着する直前に脱出に成功する。

　このドイツ映画の複数の主人公はすべてユダヤ人であり、その移送を取り仕切る暴虐な親衛隊員以外では、ドイツ人は傍観者、あるいは水や食べ物を与えようとする同情者といった脇役でしか登場しない。この家畜用貨車のなかの主人公たちはすべて平凡な市民であり、この人々が飢えと渇きに苦しみ、命を失っていく場面の間に、ドイツ国内で平穏な市民生活を送っていた時期の回想シーンが挿入されている。そこにはとくに、多くのユダヤ系市民が精神的にも物質的にも幸福な生活を享受していたがゆえに、ドイツからの逃亡に躊躇していたことが暗示されている。つまり、ここで描かれたホロコーストの犠牲者はドイツ系のユダヤ人というよりも、ユダヤ系のドイツ人なのである。まさにそのようなドイツ市民であるからこそ、ドイツ人視聴者はホロコースト犠牲者に自己同一化することが可能になり、この人々の痛みを追体験し、その喪失を悼むことができるのである。

第Ⅵ部　再統一されたドイツ

図13-6　ホロコースト記念碑

「ホロコースト記念碑」

「ヨーロッパの殺害されたユダヤ人のための記念碑」，いわゆる「ホロコースト記念碑」（図13-6）もまた，ドイツ人のナショナル・アイデンティティとホロコーストの関係を明らかにしている。ベルリンのブランデンブルク門の南側の「サッカー・グランド2枚分」の敷地に建ち，高さの異なる2,711枚の石柱が海原のように立ち並ぶこの巨大な記念碑の建立は，1988年に提案された後，多くの政治家や学者，ジャーナリスト，ナチス犠牲者団体代表を巻き込んで，設置の是非や場所，形態，意義をめぐるさまざまな論争を巻き起こした。ベルリンの壁の崩壊後に設置場所が旧帝国官邸跡地に変更され，1992年に連邦政府とベルリン市が設立に同意することになったが，その後も紆余曲折がつづいた。いったんは計画が頓挫しかかったものの，1999年に熱い議論の末にピーター・アイゼンマンの作品の建立が連邦議会で決定され，2005年にようやく記念碑が完成した。すでに多くの観光客を惹き寄せており，ガイドの案内に耳を傾け，地下に設けられた資料館の見学のために行列に並ぶ訪問者の姿は，もうベルリン中心街の日常的な光景となっている（米沢 2009）。

2008年にはホロコースト記念碑に隣接する場所に，その石柱に類似した「ナチズムに迫害された同性愛者のための記念碑」が建立された。この記念碑の中央には窓が開いていてのぞき込むことができ，同性愛者が接吻するビデオがエンドレスで映し出されている。2012年には国会議事堂のわきに「ナチズムに殺害されたヨーロッパのシンティ・ロマのために記念碑」も完成した。ナチス時代に迫害され，戦後も差別されつづけたこれらの性的・民族的マイノリティと共生することが，この記念碑を通して宣言されたのである。

新しい国民的主体？

　統一体として国民が成り立つためには一定の過去の記憶が共有されていなければならず，戦争映画をはじめとする歴史ドラマや国民的記念碑はその共有を生み出し，保持するための重要なメディアとして機能する。これまでそのようなドラマや記念碑によって描出された歴史的な国民的主体は，歴史を能動的に作ってきた歴史的偉人や，国家や国民のために命を投げ打って戦ってきた将軍や兵士といった英雄であった。ナポレオンはその代表的な人物であり，アドルフ・ヒトラーもこのような歴史的英雄であることを非常に意識して行動した人物であった。そして戦没者墓地や無名戦士の墓に眠っているのは「英霊」であった。この主体を「能動的犠牲者（Sacrifice）」と呼ぶとすれば，ホロコースト映画とホロコースト記念碑に登場している国民的主体は，この英雄が作ってきた歴史に翻弄され，この英雄から踏みつぶされていった「受動的犠牲者（Victim）」であると言えよう。ホロコースト映画やホロコースト記念碑が提示しているのはこのような新しい歴史的主体の出現であり，このような主体の物語を描くのにホロコーストは最も適した歴史的テーマなのである（石田 2002；佐藤・フライ 2011）。

受動的犠牲者としてのドイツ人

　もちろん，ドイツ人が国民として自分をホロコースト犠牲者と歴史的に同一化することはできない。むしろドイツ人は，ホロコーストにおいて加害者であった立場を認めると同時に，新しい歴史的主体へと自らを歴史的に位置づけることを試み始めた。つまりホロコースト犠牲者と同じ「受動的犠牲者」，あるいはその救済者として国民的主体を歴史的に立ち上げようとしているのである。たとえば終戦間近に約2万5,000人の犠牲者を出した英米軍によるドレスデン空襲の惨劇を描いた映画『ドレスデン，運命の日』（独：2006）が制作され，さらに1,300万人ものドイツ系住民が旧ドイツ東部領から追放され，数百万人が死亡した避難と追放の歴史をドラマ化した映画『避難』（独：2007）がテレビで放映され，とくに後者は1,100万人以上が視聴している。このように歴史的主体の転換という歴史認識の変化のなかでいま，ドイツ国民が新たに形成されているのだ。

（高橋秀寿）

参考文献

飯田道子『ナチスと映画——ヒトラーとナチスはどう描かれてきたか』中央公論新社，2008年。

石田勇治『過去の克服――ヒトラー後のドイツ』白水社，2002年。
岩本順子『ぼくは兵役に行かない！――かつて〈徴兵〉を拒否したドイツの青年が，今だから語る軍隊と平和』ボーダーインク，2004年。
小野一『現代ドイツ政党政治の変容――社会民主党，緑の党，左翼党の挑戦』吉田書店，2012年。
加藤雅彦・麻生建・木村直司・古池好編『事典　現代のドイツ』大修館書店，1998年。
木戸衛一「徴兵制『停止』に向かうドイツの政治社会――軍事化の中の民主主義と人権――」『立命館法学』第5・6号，2010年。
近藤潤三『統一ドイツの政治的展開』木鐸社，2004年。
佐藤健生・ノルベルト・フライ編『過ぎ去らぬ過去との取り組み――日本とドイツ』岩波書店，2011年。
高橋進『歴史としてのドイツ統一――指導者たちはどう動いたか』岩波書店，1999年。
ホルスト・テルチク『歴史を変えた329日――ドイツ統一の舞台裏』（三輪晴啓・宗宮好和監訳）日本放送出版協会，1992年。
福田毅「在欧米軍と再編の動向」『レファランス』2005年8月。
星乃治彦『台頭するドイツ左翼――共同と自己変革の力で』かもがわ出版，2014年。
カスパー・マーゼ「新しい男らしさの登場――マーロン・ブランドとプレスリー」トーマス・キューネ編『男の歴史――市民社会と〈男らしさ〉の神話』（星乃治彦訳）柏書房，1997年。
雪山伸一『ドイツ統一』朝日新聞社，1993年。
米沢薫『記念碑論争――ナチスの過去をめぐる共同想起の闘い［1988～2006年］』社会評論社，2009年。

第14章
統一後のドイツ

1 過去への憧憬

　ドイツ人はほぼ80年の間に4回の体制転換を経験しているが，現体制に不満を抱く人々は前体制に対して憧憬を抱くことでその体制を批判してきた。旧東ドイツ人の「オスタルギー」はまさにその現象であるが，戦後の混乱のなかで西ドイツ人もかつてはナチズム体制に郷愁を抱いていた。いまやその過去とも決別が告げられているが，ドイツ人はナチズムと東ドイツの過去をどのように回顧し，それは転換後の体制にどのような影響を与えたのだろうか。

ドイツ現代史——くり返される体制転換
　1871年に国民国家として成立して以来，ドイツは5つの国家体制をへて現在にいたっている。45年間の帝政は第一次世界大戦とドイツ革命によってヴァイマール共和国に代わり，世界恐慌に襲われるなかこの民主的な共和制はアドルフ・ヒトラーのファシズム体制に打倒され，第二次世界大戦の敗北後に2つの体制に分離したが，40年後に統一国家が再び達成された。日本でも翻訳で知られている共産主義者で，1904年に生まれ92歳で亡くなったユルゲン・クチンスキーのような長寿のドイツ人は，この5つの国家体制と4つの体制転換をすべて実体験している。また，帝政期に生まれヴァイマール時代に政治活動を開始し，ナチス時代に亡命して西ドイツの首相となったヴィリー・ブラントは，国会議事堂前でドイツ再統一を祝うことができた。そう考えるとこの基本的な史実は，ほかの国にはない独特の意味をもってくるだろう。つまり，ここ100年間にわたって大半のドイツ人は生まれ育った前体制の崩壊と否定の上に成立した国家に生きてきたのであり，しかもその多くが複数回の体制転換を体験しているのである。そして，いま生きている国家体制に満足しているのか批判的であるのかによって，かつての国家体制が異なる記憶の様相を呈することは言うまでもない。

「オスタルギー」現象

　生まれ育った国家が1990年の統一によって消滅した旧東ドイツ人は，まさにそのような歴史的体験者である。たしかに東ドイツ時代にシュタージの監視活動におびえていた反体制運動家や，いまや自由な経済活動によって豊かな消費生活を享受できるようになった市民にとって，過去は灰色によどんで記憶されているかもしれない。しかし高い生活水準ではないが比較的安定した日常生活を送り，体制転換でその生活基盤を奪われ，東西の格差と西による東の植民地化を実感した旧東ドイツ人にとって，過去はそんなにくすんではいなかった。統一当時の世論調査によれば，東ドイツ人はほぼ3分の1ずつの割合で自分を「ドイツ人」および「東ドイツ人」と感じていたが，4年後の1995年には「東ドイツ人」を選択する割合が半数に増加している。東西ドイツ人を比較してみると共通点よりも相違点が多いという認識を，ドイツでサッカー・ワールドカップが開かれた2006年を除いて2012年まで両ドイツ市民の多数派がもちつづけた。こうして体制転換のなかで多くの人々がかつての体制の帰属者であることを意識し，その過去に郷愁を感じていったが，これが「オスタルギー」現象である。この概念は「東（オスト）」と「郷愁（ノスタルギー）」を組み合わせた造語であり，東ドイツ時代の信号機のマーク「アンペルマン」に象徴される東独記号の商品化からテレビの「オスタルギー・ショー」，東ドイツに関する展示会までこの現象は及んだ。この現象は体制が安定するまでの一時的なものなのか，現体制に批判的な思想と実践を生産的に生み出す可能性を秘めているのか，その判断はまだ下せない（高橋・西 2006）。

ナチズム体制への郷愁

　敗戦・占領・建国という体制転換を体験した西ドイツ人の多くもまた，前体制に郷愁を感じていた。ナチス時代は反体制派やユダヤ人などにとって最悪の時代だったが，終戦後の多くの西ドイツ人にとってその時代はむしろ輝いて見えていたのである。世論調査によれば，1951年の時点で「今世紀ドイツが最もうまくいっていた」時代として，45％が帝政ドイツを，42％が戦前の第三帝国を選択していた。ところが現体制が復興を成し遂げ，安定した政治システムのなかで「奇跡の経済」を実現していくなかで，かつての国家体制の記憶は相対的に色あせ，現体制が輝き始めたのである。1971年には圧倒的多数が戦後体制を「最もうまくいっている」と判断し，戦前のナチス時代をそう考える西ドイツ市民は5％の少数派に転落した。

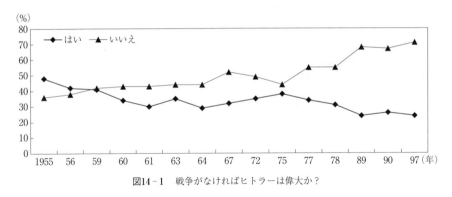

図14-1 戦争がなければヒトラーは偉大か？

しかし「ヒトラーは戦争がなければ最も偉大なドイツの政治家の1人か？」を問う世論調査（図14-1）を見ると，必ずしもそうとは言い切れない。1970年代末まで「はい」と「いいえ」の割合は拮抗しつづけていたからである。「ヒトラーは失業者をドイツからなくした」「ヒトラーはアウトバーンを造った」「あの時代には安心して洗濯物を干すことができた」「ヒトラーの時代だったらあんな不良少年は労働収容所に入れられた」——このような言説が戦後生まれの世代にも引き継がれていたのである（石田 2002）。

「分裂した意識」とヒトラー・ナチス観

とくに評価されていたのはナチズムの経済・社会政策的な側面であり，教育・訓育・規律的措置も肯定されている。世界恐慌が終結し，安定した職業・家族生活が営まれ，国民的屈辱感が解消され，国民的一体感が実感されていた戦前の状況を維持し，戦争を起こすことがなかったならば，ヒトラーは偉大なるドイツの政治家で終わることができた，というわけだ。このような記憶は，戦争遂行と国民生活の困窮，そして敗北・追放・占領・分裂，ユダヤ人の大虐殺といった悪しき記憶と統合されることなく同居したのである。このような現象は「分裂した意識」と呼ばれている。

つまり，大量失業の解消，社会福祉，公共事業などの点で，ナチス・ドイツと西ドイツは同じ課題を抱えており，戦争がない時期のヒトラーは，たしかに暴力的ではあったが，これらの課題に有効な解決策を提示していたかのように見えたのである。図14-1を見ると，ヒトラーの評価が第2のピークを迎えている1975年頃は，オイルショックによって戦後の高度経済成長が転機に入り，失業率が増加していく時期と符合している。まさにその時期に，ドキュメンタリー映画『ヒ

第Ⅵ部　再統一されたドイツ

図14-2　小説『帰ってきたヒトラー』

トラー　ある経歴』（西独：1977）をきっかけにしてヒトラーに関する多くの著作が刊行され，「ヒトラー・ブーム」が起こったことは偶然ではない。

ヒトラーとの惜別

　その後，第二次世界大戦前のヒトラーの評価も低下していったが，これについては主に2つの原因が考えられる。第1に，ホロコーストが国際的に最も注目すべき現代史的事件と見なされるにつれて，その首謀者であるヒトラーはもはや肯定的に評価されることが許されなくなった。しかし同時に，彼はその首謀者として国際的に最も注目される歴史的人物にもなった。第2に，規律化された国民が大量生産・大量消費によって豊かな社会を実現していくという時代が終焉し，ヒトラーの全体主義的解決策はもはや「魅力」を失ってしまったのである。

　2012年に発表されてベストセラーになり，2015年には映画化もされた小説『帰ってきたヒトラー』（独：2012）は，現在におけるヒトラーとの付き合い方を象徴していると言える。現代のベルリンに自殺前のヒトラーが突然よみがえり，当時の価値観そのままの発言がうけてコメディアンとして活躍するという筋書きのこの小説のなかで，彼の発言は危険思想でなくブラックユーモアとしてドイツ市民に受け入れられているからである。ブルーノ・ガンツ主演の映画『ヒトラー〜最期の12日間〜』（独：2004）もそうだ。この映画では，ベルリンの地下壕にこもるヒトラーが国民の生命など一顧だにせずに戦争の継続を命令する様子が，その外の悲惨なベルリン市民の状況とともに描かれている（飯田 2008）。自分をヒトラーの犠牲者だと認識したドイツ人は，国民に背を向けて私人として無責任に死んでいったヒトラーがガソリンで焼かれていく姿を見つめながら，彼を今後は歴史上の一人物と見なすことを宣言しているように思える。

（高橋秀寿）

2　移民問題と極右勢力

　20世紀末からの極右勢力の台頭は全ヨーロッパ的現象であるが，統一ドイツの政治に極右勢力が入り込むことは国内外から深刻な問題として受け取られざるをえなかった。ナチズムの過去をもち，「過去の克服」の国家と見なされたドイツにおいて，極右台頭の現象にはどのような背景があるのだろうか。

極右勢力

　1989年1月にベルリンで極右政党「共和党」が7.5％の得票率でベルリン市議会に議席を獲得したが，これは翌年に統一されるドイツが直面する極右現象という問題の始まりにすぎなかった。すなわち，旧東ドイツで1991年と1992年に難民収容所への襲撃が相次ぐ一方で，旧西ドイツでは共和党だけでなく極右政党「ドイツ民族連合」も1991年以後に複数の州議会選挙で5％条項の壁を破って議席を獲得したのである。極右政党は旧東ドイツにも浸透していった。1960年代に極右勢力を結集していた「ドイツ国民民主党」は2004年以後にザクセン州議会選挙とメクレンブルク＝フォアポンメルン州議会選挙で議席を獲得した。またドイツ民族連合は1998年にザクセン＝アンハルト州議会選挙で（12.9％の得票率），1999年と2004年にはブランデンブルク州議会選挙で議会に進出している。日常においても極右的人物や集団による外国人への暴力事件が頻発したが，2011年に「ナチ地下組織（NSU）」を名乗るネオナチ集団が11年にわたって8人のトルコ系住民と1人のギリシア人とドイツ人警官を殺害していたことが判明し，ドイツ社会に衝撃を与えた。また「9.11」以降は反イスラム感情がくすぶりつづけ，近年ではドレスデンを中心に「ペギーダ（西洋のイスラム化に反対する愛国的ヨーロッパ人）」の運動が活発化している。

外国人問題とは

　政治的テーマで左翼的または右翼的と思われる項目を選択させるという1994年の世論調査によれば，外国人の参政権や二重国籍に賛成する見解が最も左翼的なテーマと見なされて，外国人と難民の制限が最も右翼的なテーマに選ばれていた。つまりドイツに定住し，あるいはドイツに流入しようとする「外国人」の問題をめぐって，ドイツ政治は最も明確に左右に分かれている。たしかにドイツで極右政党が連邦議会に進出する見込みはいまのところまったくない。また極右勢力の

台頭を招いている社会・政治的な原因と背景は複合的である。しかし社会や経済の問題を外国人の存在に還元するような風潮が広まると，既存の政党から極右政党に投票先を鞍替えしうる有権者がドイツ社会につねに存在していることを，近年の選挙結果は示している。

ここで言う「外国人」とは当初，国内に定住（しようと）するドイツ国籍をもたない外国人，すなわち「ガストアルバイター」と難民を主に意味していた。「奇跡の経済」によって生じた労働力不足を解消するために西ドイツに導入された前者の外国人労働者に対して，西ドイツ当局は当時ローテーション方式で一定期間内に帰国することを前提に移住を認めた。しかし1973年のオイルショックを機に募集が停止された後，家族の呼び寄せや第2・第3世代の出生によって移住者の数が増加し，人口の1割を占めていくようになる。滞在期間も長期化し，ドイツ国籍を取得する割合が増加していくなかで，この「外国人」は「移民」としてドイツ社会に定着していくことになる（近藤 2007；矢野 2010）。

極右勢力の外国人観

ドイツの極右勢力の目にこの「外国人」はどのように映ったのか。ベルリンで共和党が選挙に勝利するきっかけを作った選挙放送は，街頭の情景をテレビ画面に流している。そこに映し出されているのは，職安に通う人々，トイレで麻薬中毒死した若い女性，黒い革ジャンと赤く染めたインディアンカットのパンクと並んで，トルコ人の宝石店や銀行，旅行代理店，レストランの公告板，トルコ人市，買物カゴをもつトルコ人女性の姿，新車のベンツのボンネットの上の人形，ウェディングカーに紙の花飾りを取りつける2人の若いトルコ人である。高度経済成長が終わった後に生じた「倒錯」の世界がここでは訴えられている。つまり経済成長はドイツ人に豊かな社会を実現させ，その実現のために外国人労働力が導入されたのだが，いまやドイツの若者の風紀は乱れ，ドイツ社会は高い失業率に苦しむ一方，外国人はドイツ経済の恩恵をわが物顔で享受しているというのだ。この「現実」が職安，麻薬，宝石店，新車のベンツといったシンボルを用いて描かれ，移住者・移民の排除や制限が要求されている。

極右勢力はさらにもう1つの「外国人」である「難民」の問題を訴えて，支持を取りつけようとした。当時，基本法で認められていた亡命庇護権を要求してドイツ国内に難民申請者が殺到し，「鉄のカーテン」が引き落とされた後にその数は40万人を超え，ドイツ社会の受け入れ能力の限界が盛んに語られるようになっていた。これに対して共和党は「亡命詐欺をやめろ」と訴えるポスターを制作し

第14章　統一後のドイツ

図14-3　共和党のポスター「ボートは満員！」

図14-4　雑誌『シュピーゲル』の表紙

ている。ここで共和党は，ドイツの国民的空間を満員状態の沈みかかった「箱舟」に例えた。『シュピーゲル』誌も共和党のポスターと類似した風刺画を表紙に掲載している。「ボートは満員！」のレトリックは極右支持層の枠を超えて受容されていったのである（高橋 1997）。

グローバリゼーションとエコロジカルな人種主義

この「ボート」では外国人が中央に陣取っているために，ドイツ人と見られる人々はボートから押し出されかけている。国境を越えて移動する労働力と難民の増加をグローバリゼーションの現象と見なすならば，このレトリックで描かれているのはグローバル化されていく国民国家のなかで安全な場所を獲得できないグローバリゼーションの敗者と，その敗北の原因と見なされている外国人の姿である。

極右的なこのレトリックは問題の解決を「ボート」の拡張，すなわちドイツ領土の拡大にもとめてはいない。「元のボートへ」「外国人は出ていけ」「ドイツをドイツ人に」が，その暗黙の人種主義的スローガンである。旧来の人種主義，とくにナチズムの人種主義が，適者生存の原則に従って進歩していく者には生き残る権利を，進歩できない者，あるいは自らとその環境を退化させていく者には侵略・収奪・抹殺される宿命を付与する外向きの「進化論的な人種主義」であると

323

すれば、「ボート」のレトリックはこの人種主義とは異なるイメージにもとづいているようだ。

　西ドイツの著名な自然科学者やジャーナリストなどから構成された「グループ・エコロジー」は1972年に「エコロジー宣言」を公表したが、それによれば、経済成長だけが未来を保証するというイデオロギーは克服されなければならない。自然法則に従えば、すべての成長は均衡の状態に停止していく。癌細胞と人間だけがこの法則から逃れるが、癌細胞の場合にはその結末は知られている。エコノミーの間違った教義に対してエコロジーの認識を適用し、癌細胞を駆除することで、成長による均衡の乱れから生じる破滅を回避することができる、というのである。

　ポスト経済成長時代に台頭した極右勢力は、このようなエコロジー的な時間・空間イメージを適用しているように思われる。つまり侵略された側に自らを位置づけ、外来種としての「侵略者」を排除することで生態系ごとの住み分けを行い、空間の「均衡」を保持しようとする内向きの「エコロジカルな人種主義」である。極右知識人はこの人種主義を旧来のものから区別するために「エスノ多元主義」の概念を提起している。それぞれの民族はそれぞれ独自の価値をもっているのであって、そこに優劣をつけることはできないが、それゆえに民族間の混合、とくに外国人のドイツ社会への統合は外国人の民族性の喪失を意味する。そしてドイツ人もまた、民族性を保持する権利を有するというのである。ここから「外国人は出ていけ」という政治的メッセージは正当化されているのである。

（高橋秀寿）

3　教育制度の変容

　日本の少女マンガ史においていまも燦然と輝きを放つ萩尾望都の『11月のギムナジウム』(1971)と『トーマの心臓』(1974)は、家族、友情、同性愛のはざまで揺れ動く多感な少年たちの複雑な内面を描いた作品として有名である。作品の舞台はドイツのギムナジウムという日本の中等教育機関に相当する学校で、とりわけ日本では少女マンガの舞台として愛され、昭和の乙女たちのジュブナイルとして特異な位置を占めてきた。しかしながら、こうした作品で描かれているギムナジウムは現実のものとはかなり異なっているようだ。

　実際にはギムナジウムのみならず、ドイツの教育制度やその理念自体が日本のものとは大きく相異している。それではドイツの教育制度はどんな特徴をもって

第14章 統一後のドイツ

いるのだろうか。よく言及されるのは，議論中心の授業で論文試験が多く，落第も当たり前といったところであろうか。ところがそのようなドイツの教育制度が2001年以降，さまざまな点で見直しを受けており，現在もなお改革が進行中である。ここでは初等教育から大学までのドイツの教育制度を概観しながら，教育改革の内容と従来との違いを見ていきたい。

図14-5　マンガ『トーマの心臓』

小学生が人生の岐路に立たされる

ドイツの小学校の授業は毎日昼食前の午前中で終わる。これだけを聞くと「ゆとり教育」だと思うかもしれないが，午後は家庭で親から教育を受けるというのがドイツのこれまでの教育方針であった。しかし現在，この伝統的な教育のあり方は大きく変化している。最大の契機となったのは2001年の「PISAショック」である。経済協力開発機構（OECD）による32カ国の15歳児の国際学習到達度調査（PISA）の結果，ドイツの子どものリテラシーは読解が21位，数学と科学が20位という低評価であった。

この結果を受けて2012年にはドイツ全国で半数以上の小学校が「半日制」を停止し，午後も授業を行う「全日制」を導入するようになっている。こうした改革は，単に学力の底上げを図るためだけのものではなかった。離婚率50％のドイツでは母子（父子）家庭がもともと多く，共働き家庭や移民家庭がますます増加するなど，家庭での充実した教育が困難になりつつあるという社会的な現状への対応も図られたと言うべきだろう。

しかしながら，何と言っても日本と決定的に異なるのは，ドイツの小学生が4年次に非常にシビアな人生の選択を迫られることだ。ドイツでは小学生が4年次の10歳になると，大学へ進学する資格を獲得するためのギムナジウム，卒業後に職業訓練・職業教育を受けるハウプトシューレおよびレアルシューレ（実科学校）のいずれかへの進学を選択しなければならないことになっている（再統一後はハウプトシューレとレアルシューレの制度的統合が進んでいる）。すなわち，大卒者になるか高卒者になるかを10歳で決める制度なのである。

ギムナジウムとアビトゥーア

　ギムナジウムというと，女人禁制の寮で暮らすエリート男子たちの学校というイメージが強い。相部屋で生活する男子生徒が上級生や下級生と複雑な人間関係を切り結び，異性（同性）との恋愛関係の悩みを打ち明けたりするというこのイメージは，萩尾作品が根づかせたものと言えるだろう。とはいえ，全寮制の設定にはイギリスのパブリックスクールの要素が加味されていると思われる。戦前も全寮制のギムナジウムは非常に特殊で，親元を離れて生活する生徒は下宿がほとんどだったようだ。ヘルマン・ヘッセの『デミアン』(1919)やエーリヒ・ケストナーの『飛ぶ教室』(1933)などもギムナジウム青春小説だが，主人公たちは下宿生として描かれている。もちろん現在では日本の中学校・高校と同じく，自宅からの通学が普通である。

　ところがその一方で，ギムナジウムの卒業試験が日本の少女マンガのファンタジックなイメージとはまったくかけ離れた恐ろしい試験であることは，あまり語られてこなかった。「高校卒業試験」と訳されるアビトゥーアは，生徒の卒業後の人生のすべてを決定づける試験なのである。18世紀末に大学入学資格試験として誕生して以来，21世紀になってもその役割は変わっていない。日本の大学入試では基本的にセンター試験や大学個別の入学試験の合否がすべてであって，高校での成績は（内申書があるとしても）あまり重視されない。しかしギムナジウムのアビトゥーアは高校時代の学習の総決算として，最終成績を平均値という1つの数字に還元する試験であって，その平均値で入学できる学部が決定してしまう。

　アビトゥーアの平均値はアメリカや日本の大学で導入が進むGPA（成績評価平均値）と同様のもので，GPAは点数が高いほど高評価を意味するが，アビトゥーアの点数は小さければ小さいほどよい。大学の学部ごとに入学資格がアビトゥーアの点数で厳密に設定されているので，アビトゥーアの成績が悪ければ希望の学部に入学できない。ドイツの大学には入試がないと言われるのだが，実際にはアビトゥーアが大学入学試験も兼用していることになる。つまり，ギムナジウムの最終成績が入学できる大学や学部をすでに決定しているのだ。

学費無料の大学と学生天国の終焉

　だがつい最近までは，ギムナジウムを卒業してもすぐに大学に入学できるわけではなかった。なぜならドイツの若者は18歳になると6カ月の兵役か，これを拒否した場合は病院や老人ホームなどで社会奉仕活動に従事することが義務づけられていたからだ。1990年代には「良心的兵役拒否」を申し立てればすぐに社会奉

仕活動を選択できた。「できた」と過去形で書いたのは、その徴兵制が2011年7月に廃止されたからである（法律的には停止であるが事実上は廃止）。

　ドイツの大学に関して日本人が耳にすると驚くのが、ドイツの大学はほとんどが国立であるがゆえに学費が無料であることだ。これは大学教育がドイツの手厚い社会保障の一環だと考えられていることに由来する。学生が大学に支払うのは手数料だけで、その金額はたいてい100ユーロ（約1万3,000円）前後である。学生証を見せれば大学周辺の交通機関は無料で、学生用保険料もきわめて安価、日常生活の多くの場面で学生割引が利用できるという特権階級的な身分である。こうした身分の居心地のよさや長期にわたって学問に没頭できる環境ゆえに、30歳を過ぎても大学に在学している者もめずらしくない。だがこの学生天国の状況も近年、2つの点で大きく変化した。

　1つは学費制度の導入である。2000年代後半以降、ドイツ各州の財政改善のために学生が授業料を支払う制度が導入されるようになった。しかし日本から見れば、1学期あたり数百ユーロというのはかなり安いという印象である。ところがこの授業料問題が選挙の争点になるという政治的理由もあって、2014年に唯一授業料をとっていたニーダーザクセン州も2014年冬学期から授業料制度を廃止した。民意によってドイツは「大学が無料」の方針を貫くことになったのである。

　もう1つの制度上の変更点として、日本やアメリカの大学のような単位制が導入された。その結果、単位認定の試験がドイツの大学でも実施されるようになった。これも日本では当たり前に思われるが、これまで試験を受けなくても修了証を獲得できた授業でも、試験に合格しなければ単位をもらえない。いまやドイツの学生たちはこれまで思いもしなかったほどの数の試験に合格しなければならなくなったのだ。学生時代の破天荒なエピソードで知られる偉人を数多く育てたドイツの大学も、やはり「学生天国」ではなくなってきたと言えよう。

　ドイツの大学について、日本人が聞けば驚くものがもう1つある。それは男子学生同士の「決闘」文化である。驚くべきことにそれは21世紀にも継承されている。男子学生たちはブルシェンシャフト（学生結社）に入会し、フェンシングに類似した様式で正々堂々1対1の「決闘」を行って、男の勇気と器量を試すのである。現在ではこういった学生は少数派であろうが、ヨーロッパ全体でいまなお2,000団体以上が存在しているブルシェンシャフトの交流によって「決闘」は定期的に行われているようだ。

ドイツの教育制度の未来

　1810年に創立されたフリードリヒ・ヴィルヘルム大学，通称ベルリン大学（現ベルリン・フンボルト大学）はヨーロッパ近代大学の祖として名を馳せており，19世紀後半から20世紀初頭にかけては研究の方法論を専門的に教える大学はほとんどドイツにしかなかったため，ドイツの大学はアメリカや日本からも留学生が殺到するような世界中の大学の模範であった。

　しかしベルリン大学が創設されてから200年後の現在，急激な社会的変化によって大学教育が大衆化の傾向を強めるなかで，大学制度全体の改革が必要とされるようになってきた。ドイツで進行中の大学改革はいまのところ，制度的には後発のアメリカ型の大学に近づけることを趣旨にしている。しかし視点を変えれば，大学における単位制の導入は就学期間の短縮化を図ることで，若者たちが必要以上に大学に残りつづけるよりも，一刻も早く社会に出て活躍することを奨励しているとも考えられよう。「教育は百年の計」というように，教育は国家の将来を左右する最重要政策であるが，その成果があらわれるまでに長い時間がかかる。ドイツの教育制度改革も，試行錯誤がようやく開始された段階にすぎないと言えるだろう。

（森　貴史）

4　脱原発と地球温暖化対策

　富野喜幸監督のSFアニメ『機動戦士ガンダム』（1979～1980）は，その卓越した世界観とストーリーが大好評を博し，多数のシリーズが作られるほど一世を風靡した作品だが，この昭和を代表するアニメに登場する人型機動兵器「モビルスーツ」の動力は，実は核融合エンジンであった。現実の世界でモビルスーツが破壊されエンジンが爆発したとすれば，膨大な熱エネルギー放出と放射能汚染による被害は計り知れないはずである。原子力発電所でも電力を産出する動力となる核エネルギーが制御できなければ，有害な放射能を広範囲に拡散する大量殺戮兵器の原子爆弾になる。1986年にソ連のチェルノブイリ原子力発電所4号炉で起きた爆発事故は，そうした現実をまざまざと見せつけた最悪の原子力事故である。今関あきよし監督の『少女カリーナに捧ぐ』（2004）や『カリーナの林檎～チェルノブイリの森～』（2011）などの映像作品は，この原発事故がもたらした放射能汚染の凄惨さを訴えつづけている。

　原子力発電所の危険性を再認識させたのが，2011年3月11日の東日本大震災で

あった。福島第一原発事故の恐怖を痛感したドイツのアンゲラ・メルケル政権は，2022年までの完全な「脱原発」実現を閣議決定した。さらに「地球温暖化」対策として，2050年までの温室効果ガス排出量の50％削減を宣言している。ドイツのこうした目標は本当に実現可能なのだろうか。ここでは「脱原発」と「地球温暖化」に対するドイツの政策や，ごみのリサイクルおよび公共交通機関での取り組みを紹介しながら，この問題を考えてみたい。

図14-6　映画『カリーナの林檎〜チェルノブイリの森〜』（ポスター）

原子力発電所廃止の実践

　ドイツのプロコーン社の広告が興味深いのは，横長に展開していくアイコンの流れである。左から右へ，原子力マークから3枚羽の風車へと変化していくのだ（図14-7）。プロコーン社は風力発電などで再生可能エネルギー施設を建設する会社であるが，この広告アイコンの面白さは，原子力発電から再生可能エネルギーへの転換というドイツのエネルギー政策をそのままシンボル化しているように見える点にある。

　2011年6月，メルケル首相はドイツ国内で稼働する17基の原子力発電所を2022年までに順次閉鎖し，廃炉にすることを閣議決定した。ドイツはEU内の工業大国であるにもかかわらず，原子力を捨てるというエネルギー政策の大転換を選択したのだ。「脱原発」という方針はもともとドイツ政府がこれまでも保持してきたものである。1998年に成立した社会民主党のゲアハルト・シュレーダー政権は，環境保護と脱原発を主張する緑の党と連立し，2002年にドイツ国内で稼働する19基の原子力発電所を2021年までに廃止する法案を可決していた。だがその後2005年に首相に就任したキリスト教民主同盟のメルケルは，2009年にこの廃炉期間を12年先へと延長する決定を行った。こうしたなか，東日本大震災で発生した福島第一原発事故に衝撃を受けたドイツ国内の世論は一気に「脱原発」の方向に傾き，上述の閣議決定を後押しする。1986年のチェルノブイリ原発事故で西ヨーロッパにもたらされた甚大な放射能汚染はなおも記憶に新しかったのである。

　現在，ドイツでは原子力から太陽光・風力・水力などの再生可能エネルギーへ

第Ⅵ部 再統一されたドイツ

図14-7 プロコーン社の広告「何かを変えるのはいま…」

のシフトが順次行われつつあるが、その施策を大きく後押ししているのが、2000年4月1日に施行された「再生可能エネルギー法」である。電力会社が家庭で発電した再生可能エネルギーを市場よりも高い価格で買い取ることを義務づけている法令で、エネルギー問題だけでなく経済状況にも効果を及ぼしている。廃棄物処理・リサイクル・水処理などの環境保全テクノロジー産業の活性化により、結果として100万人の雇用創出が見込めると試算されている。ドイツ・エネルギー機構は、こうした再生可能エネルギーに関する情報を発信している。

再生可能エネルギーの利用拡大を推進する技術の事例として、北海沖45キロの地点に建設されたドイツ初の大規模洋上風力発電所「アルファ・ヴェントゥス」がある。海底に土台を築いた風力タービンの高さは約155メートル、ケルン大聖堂ほどの高さの12基の風車群で7万世帯への電気供給が可能である。この海上風力発電計画では、2030年までに6,000基弱の風車が北海とバルト海に建設されることになっていて、原発20基分に相当する電力が生産される予定である。

地球温暖化と戦うドイツ

2007年6月のG8ハイリゲンダム・サミットで、メルケルはドイツを「環境立国」と位置づける上で重要な一歩を踏み出していた。このサミットの席上、メルケルはドイツの温室ガス排出量を2050年までに対1990年比で約50％削減すると宣言したのである。ドイツのこの宣言に対して、各国の首脳は世界全体の温室ガス排出量を2050年までに少なくとも50％削減するため、真剣な検討を行うことで合意した。メルケルの宣言はきわめて強気であったが、その自信の根拠の1つとなっていたのは2005年に制定されたエネルギー節約法である。これは住宅を新築する際、年間のエネルギー消費量を石油換算で「$7 L/m^3$」以下とする法律である。

なぜこのような法律が必要なのかと言うと、気温の低いドイツではCO_2排出量の約3分の1が個人住宅の暖房に由来するために、個人住宅の排出する温室ガスの量をいかに削減するかが地球温暖化対策の決め手となるからである。この法律施行の背景にあったのは、住宅関連企業約50社の共同参画のもと「$3 L/m^3$住

宅」の可能性を検証したプロジェクトであった。7Lでなく半分以下の3Lの可能性を当初から検討するという用意周到さには恐れ入る。暖房器具の高効率化，多業種関連企業によるソーラーエネルギーや断熱材の効率的使用など，その後もさらに技術開発が進んだ結果，2007年7月にエネルギー節約法は改正された。これによって2008年度からは新築のみならず既設住宅にも，建築物のエネルギー効率を示す「エネルギー証明書」の記入・提出が段階的に義務づけられるようになったのである。省エネルギー住宅の開発と普及は，ドイツによる地球温暖化対策の根幹なのである。

図14-8　北海沖合いに浮かぶ海上発電システム「アルファ・ヴェントゥス」

日常生活のエコロジー

ドイツでは日常生活のレベルでもリサイクルと省エネルギー化が進行している。1993年1月に施行された「包装容器廃棄物規制政令」によって，プラスチックの包装材には緑色の「グリューネ・プンクト」というマークがついている。こうした包装材の回収・分別を担当する企業デュアルシステム・ドイチュラント社に対して，商品を生産するメーカーはその委託料を支払う。消費者も商品購入時にリサイクル費用を上乗せした代金を支払うことで，環境に対する責任を果たすというシステムになっている。

ごみのリサイクルとともに省エネルギー化の課題とされるのが，化石燃料（石油）を使用する自家用車の代替となる交通機関の整備である。電動自動車も普及しつつあるが，極力自動車を使わない交通システムが採用されつつある。たとえばSバーン（近距離都市鉄道）とトラム（路面電車）を融合させたカールスルーエ市の交通システムは，「カールスルーエ・モデル」と呼ばれている。この都市のSバーンは都市間はドイツ鉄道の線路を走るのだが，市街地周辺からはトラムの線路をトラムのように走り，市街地を抜けるとまた都市間鉄道の線路に復帰するのである。このシステムは1992年に初めて導入されたが，乗り換えが不要になった結果利用者数が7倍に増加したため，世界的に注目されている。

「パーク・アンド・ライド」制度は，環境都市として名高いフライブルク市での導入の事例が知られている。自宅から最寄り駅の駐車場まで自家用車で乗りつけ，そこからは公共交通機関を利用する方法のことで，化石燃料の使用や騒音，渋滞，空気汚染に対する抑制効果が非常に高い。北海道札幌市，宮城県仙台市，茨城県つくば市，埼玉県熊谷市などの日本の自治体でも導入されている。ほかにも「自転車都市宣言」を行ったミュンスター市は，駅前に3,300台収容可能な駐輪場を設置し，自転車道の整備にも力を注いでいる。

原子力なしの工業大国をめざして

富野監督のシリーズ作品『ガンダム Ｇ のレコンギスタ』（2014〜2015）の世界では，すべての動力に「フォトン・バッテリー」という地球上では製造できないエネルギー動力源が利用されている。21世紀に発表されたSF作品の多くが核エネルギーに依存しない世界になっているのは，現実世界の願望の反映だと考えられる。しかし現時点でSF世界にあるような未知のエネルギーが存在しない以上，再生可能エネルギーの活用こそがエネルギー問題の最も可能性のある打開策だろう。そしてこれを最も積極的に推進しているのが，ドイツなのである。

ドイツ政府は将来の「脱原発」実現を高らかにうたっているが，国際社会ではその可能性を疑問視する向きも少なくない。とはいえ，EU全体で環境保護や温暖化対策に取り組むことが期待されるなか，ドイツはEU内のみならず世界規模での地球温暖化対策や環境保護政策を先導する立場にある。ドイツのような一大工業国が原子力なしでやっていけることが証明できれば，原発大国である隣国フランスも含めて，原子力をめぐる世界のエネルギー事情を一変させる可能性が大いに高まるのは間違いないだろう。

（森　貴史）

参考文献

飯田道子『ナチスと映画――ヒトラーとナチスはどう描かれてきたか』中央公論新社，2008年。

岩本順子『ぼくは兵役に行かない！―かつて〈徴兵〉を拒否したドイツの青年が，今だから語る軍隊と平和』ボーダーインク，2004年。

潮木守一『世界の大学危機――新しい大学像を求めて』中央公論新社，2004年。

加藤雅彦・麻生建・木村直司・古池好編『事典　現代のドイツ』大修館書店，1998年。

近藤潤三『統一ドイツの変容――心の壁・政治倦厭・治安』木鐸社，1998年。

近藤潤三『移民国としてのドイツ――社会統合と平行社会のゆくえ』木鐸社, 2007年。
新城燐『EU覇権国ドイツの驚き！リアル日常』日常文芸社, 2013年。
菅野瑞治也『実録　ドイツで決闘した日本人』集英社, 2013年。
高橋秀寿『再帰化する近代――ドイツ現代史試論』国際書院, 1997年。
高橋秀寿・西成彦編『東欧の20世紀』人文書院, 2006年。
橋本伸也・藤井泰・渡辺和行・進藤修一・安原義仁『エリート教育』（近代ヨーロッパの探究4）ミネルヴァ書房, 2001年。
浜本隆志・高橋憲『現代ドイツを知るための62章』（第2版）明石書店, 2013年。
久田敏彦『PISA後の教育をどうとらえるか――ドイツをとおしてみる』八千代出版, 2013年。
カール・ハインツ・フォイヤヘアト・中野加都子『先進国の環境ミッション――日本とドイツの使命』技報堂出版, 2008年。
松田雅央『環境先進国ドイツの今――緑とトラムの街カールスルーエから』学芸出版社, 2004年。
望田幸男『ドイツ・エリート養成の社会史――ギムナジウムとアビトゥーアの世界』ミネルヴァ書房, 1998年。
矢野久『労働移民の社会史――戦後ドイツの経験』現代書館, 2010年。
ティルマン・ラングナー『ドイツ環境教育教本』（染谷有美子訳）緑風出版, 2009年。

人名索引

ア 行

アイヒマン，アドルフ 187, 189
アデナウアー，コンラート 6, 197, 203-207, 210-212, 216, 218, 229, 231, 233, 235, 242-243, 256
アレクサンドル1世 12
イプセン，ヘンリック 41
ヴァーグナー，マルティン 112
ヴァルダーゼー，アルフレート・フォン 27
ヴァルドフ，クレア 106
ヴィット，カタリーナ 287, 289-290, 292
ヴィルヘルム1世 11, 15-17, 21
ヴィルヘルム2世 4, 9, 18-19, 24, 26-28, 57, 60, 73, 80
ヴェーデキント，フランク 118
ヴェーナー，ヘルベルト 230
ウルブリヒト，ヴァルター 247, 254-257, 261, 263, 265, 273-274, 278
ヴント，ヴィルヘルム 93
エアハルト，ルートヴィヒ 212, 215-218
エイゼンシュテイン，セルゲイ 96
エーベルト，フリードリヒ 80-81, 87
エッカート，ディートリヒ 84
エンスリン，グドルン 238
エンスリン，クリスティアーネ 238
オイレンブルク，フィリップ・ツー 27
オーネゾルク，ベンノ 245
オズヴァルト，リヒャルト 115, 117
小津安二郎 119

カ 行

カウツキー，カール 115
カップ，ヴォルフガング 87
カプリーヴィ，レオ・フォン 28-29
ガルボ，グレタ 99, 153
カンディンスキー，ワシリー 109-110
キージンガー，クルト・ゲオルク 245
グラス，ギュンター 231
グリュントゲンス，グスタフ 154

クレー，パウル 109
クレペリン，エミール 93
グロス，ジョージ 83-84
グロピウス，ヴァルター 108-110, 112
グロプケ，ハンス 243
ゲーテ，ヨハン・ヴォルフガング・フォン 19
ゲッベルス，ヨーゼフ 99-100, 136, 142, 144-146, 148, 169
ケネディ，ジョン・F 197, 229, 235
コール，ヘルムート 297, 300, 302, 308

サ 行

ザガン，レオンティーネ 118
ザロモン，アリーセ 43
シェルスキー，ヘルムート 215
シャイデマン，フィリップ 80-83
ジャガー，ミック 143
シャネル，ココ 104
シャボフスキー，ギュンター 295
シュヴァルツァー，アリス 239
シュタウフェンベルク，クラウス・フォン 192, 194
シュトレーゼマン，グスタフ 88, 98-99, 103
シュパイデル，ハンス 210
シュミット，ヘルムート 230, 232, 277
シュライヤー，ハンス＝マルティン 228
シュレーダー，ゲアハルト 308, 329
スターリン，ヨシフ 179, 254, 258, 260
スタンバーグ，ジョセフ・フォン 103
スティーアー，エーヴァルト 95
スプリングスティーン，ブルース 291, 293
ゾラ，エミール 38, 44

タ 行

ダイムラー，ゴットリープ 32
タウト，ブルーノ 109, 112
チャーチル，ウィンストン 178, 208
チャップリン，チャールズ 63-64, 66, 94-95, 134
チェンバレン，ネヴィル 172, 173

335

ディートリヒ、マレーネ　103, 106, 153
ディーン、ジェームズ　305
ディカプリオ、レオナルド　92
ディクス、オットー　105-106, 117
ディズニー、ウォルト　19, 153
ティルピッツ、アルフレート・フォン　29-30, 52
テールマン、エルンスト　267, 269
デュカス、ポール　19
ドゥチュケ、ルディ　224-227, 245
ドストエフスキー、フョードル　44
トット、フリッツ　147
トルーマン、ハリー　208

ナ・ハ 行

ノスケ、グスタフ　81
パーカー、ボニー　120
バーダー、アンドレアス　227-228, 238
パープスト、ゲオルク・ヴィルヘルム　118
パーペン、フランツ・フォン　85
ハウスホーファー、カール　84
ハウプトマン、ゲルハルト　115
バロウ、クライド　120
ビスマルク、オットー・フォン　4, 9, 13-31, 33, 46, 57-58
ヒトラー、アドルフ　5, 20, 84, 88, 91, 123-124, 131, 133-143, 146-148, 150-151, 157-159, 162, 168, 170-174, 177-181, 183, 186-187, 190-192, 194, 203, 212, 233, 236, 315, 317, 319-320
ヒムラー、ハインリヒ　157-161, 163, 166, 168-169, 182, 188, 192
ビューロ、ベルンハルト・フォン　28-30, 49
ヒルシュフェルト、マグヌス　115-117
ヒンデンブルク、パウル・フォン　139
ファイト、コンラート　115
ファイニンガー、リオネル　109
ファスビンダー、ライナー・ヴェルナー　111, 182, 212, 215, 228
フィッシャー、オイゲン　50
フィッシャー、ヨシュカ　309-310
フェルディナント、フランツ　59
フォアベック、レットウ　68
フォード、ヘンリー　150
フライスラー、ローラント　194

ブラント、ヴィリー　6, 229-233, 236, 274, 276, 317
ブリューニング、ハインリヒ　122, 126-127
プリンチプ、ガヴリロ　59
プレスリー、エルヴィス　108, 305
ベーカー、ジョセフィン　107-108
ベートーヴェン、ルートヴィヒ・ヴァン　48, 204, 287
ベーベル、アウグスト　40, 115
ヘップバーン、キャサリン　153
ベルバー、アニタ　106, 115, 117-118
ベルンシュタイン、エドゥアルト　39
ベンツ、カール　32, 233
ボウイ、デヴィッド　143, 292
ホーネッカー、エーリヒ　261, 266, 275, 277-278, 289-290, 294-295
ポルシェ、フェルディナント　149
ホルシュタイン、フリードリヒ・フォン　27
ボルマン、マルティン　192

マ 行

マイ、エルンスト　112
マインホフ、ウルリケ　223, 227
マン、トーマス　35
マン、ハインリヒ　35
マンシュタイン、エーリヒ・フォン　178
三島由紀夫　139
水谷武彦　110
ミュンスターベルク、ヒューゴー　93
ミュンツェンベルク、ヴィリー　100
メッテルニヒ、クレメンス・フォン　12-14
メルケル、アンゲラ　241, 308, 329-330
メンゲレ、ヨーゼフ　168
モーパッサン、ギー・ド　44
モドロウ、ハンス　300-302
モリス、ウィリアム　109

ヤ・ラ・ワ 行

山脇巌　110
山脇道子　110
ユンガー、エルンスト　89-91
ユング、エドガー　85-86
ラースロー、モホリ＝ナジ　110
ラーテナウ、ヴァルター　63
ラング、フリッツ　95, 120

リーフェンシュタール，レニ 143, 151
リオン，マルゴ 106
リヒトホーフェン，マンフレート・フォン 65, 72
リホツキー，マルガレーテ 112
リルケ，ライナー・マリア 115
ルートヴィヒ2世 15-16, 27

レーニン，ウラジミール 68
レーム，エルンスト 138-139, 155, 166
レマルク，エーリヒ・マリア 90-91
ローエ，ミース・ファン・デル 110
ローズヴェルト，フランクリン 173
ワイルド，オスカー 114

事項索引

ア 行

アーツ・アンド・クラフツ運動 109
アーリア化 164
アーリア条項 162
アーリア人 163, 167-168, 194
アイヒマン裁判 189, 244
アウシュヴィッツ 161, 185, 188-189, 244, 313
アウトバーン 147, 149, 236, 303, 319
悪の凡庸さ 189
新しい男 105
新しい女 104, 117
新しい社会運動 6, 226-228, 232, 238-239, 241-242
アビトゥーア 33, 326
アフガニスタン 306-307
アメリカ 6, 30-31, 45-46, 49, 51, 63, 65-68, 92-93, 98, 103, 105-108, 110-112, 119, 150, 152, 164, 178-179, 201-203, 206-210, 212, 217, 223-226, 229, 231, 234-237, 245, 251-252, 256, 287-288, 290-291, 299, 300, 304-307, 312, 326-328
アメリカニズム 105, 152-153, 226, 234-235, 305
アルデンヌ 178, 180
アルニム条項 19
アルファ・ヴェントゥス 330-331
暗黒の木曜日 119
アンザック 67
安楽死 165, 167, 188
生きる価値のない生命 165, 167
1年志願兵役制 35
一般兵役義務 34, 171
遺伝病子孫予防法 167
インターショップ 280
インターナショナル 255
インド 46, 67
ヴァイマール 81, 108, 110, 117, 205
ヴァイマール共和国 3-5, 81, 84, 88, 95, 97, 120, 122, 126, 135-136, 154, 204

ヴァイマール憲法 81-84, 111, 251
ヴァイマール連合 81, 100
ヴァンゼー会議 188
ヴィールの森・人民大学 240
ウィーン体制 12-13, 16, 126
ヴェルサイユ条約 86, 171
ウォール街 92, 119
ヴォルフスブルク 149
ウクライナ 307
ウルブリヒト・ドクトリン 274
AEG社 31, 94
英仏協商 31, 58
英露協商 31, 52, 58
エコ研究所 241
エコロジー危機 309
エコロジカルな人種主義 324
エチオピア侵攻 171
エネルギー証明書 331
円卓会議 293, 301-302
オイルショック 211, 219, 232, 236, 319, 322
黄金の20年代 5, 100, 103, 151
欧州経済共同体 210
欧州原子力共同体 210
欧州石炭鉄鋼共同体 210
欧州復興計画 202
欧州連合 210
オーストリア皇太子夫妻暗殺 53, 59
オーストリア併合 172-173
オスタルギー 6, 270, 317-318

カ 行

カールスルーエ・モデル 331
カール・ツァイス 252, 255
外国人問題 311, 321-322
カイザー・ヴィルヘルム人類学・遺伝学・優生学研究所 50
海賊党 308, 311
科学的管理法 93-95
科学的人道委員会 115
過激派条例 232

事項索引

過去の克服　6, 229, 232, 242-245, 321
ガストアルバイター　214, 219, 278, 322
カップ一揆　87
カティンの森事件　173
ガリオア・プログラム　202
瓦礫の女たち　200, 203
歓喜力行団　149, 152, 155, 182
キール　73, 79
奇跡の経済　146, 150, 207, 211-213, 215-220, 229, 231, 236, 260, 262-263, 318, 322
北大西洋条約機構　210-211, 237, 282, 302, 305-307
北ドイツ連邦　18
基本法　204-205, 232, 270, 302, 306, 322
奇妙な戦争　178
ギムナジウム　32-34, 54, 103, 324-326
キャバレー　45, 151
休暇サービス　279
義勇軍　80-81, 86-87, 99, 134
共産主義者　68, 86-87, 97, 135, 174, 182, 193, 227, 241-243
共産党　80-81, 86, 97-99, 121, 123-127, 138, 186, 250, 253, 267, 311
強制収容所　49, 146, 157-163, 165-166, 169, 184, 186, 189, 193-194, 251, 312
強制的同質化　138-139
教養市民層　32-34, 85
共和党　321
キリスト教民主同盟・社会同盟　204-205, 207, 218, 229, 250, 300-302, 308-310, 312, 329
キリスト教労働組合　39
クリスマス休戦　62
クリック　125
グリューネ・プンクト　331
クルップ社　14, 30
グローバリゼーション　68, 225, 323
ケア　201-202
ケア・パッケージ　202
Kグループ　227
刑法175条　114-116, 118
ゲシュタポ（秘密国家警察）　157-158, 160-161, 187, 193
ゲットー　186-188, 229, 244
ゲルマン文化　150
建艦政策　29-31

建設的不信任制度　205
抗議文化　227, 232, 242
行動部隊　181, 186
合理化　5, 93-96, 104, 113, 150
コカコーラ　153, 223
国際ベトナム会議　224-225
国際連盟　99, 171
国防協会　53
国防軍　138, 147, 166, 169, 172, 182, 184, 186, 191-192, 194, 304, 305
国民受信機　145, 148-150
国民突撃隊　192
国会炎上事件　138
5％条項　205, 308-309, 321
コミッサール命令　186
コミューン　226-227, 239

サ行

ザールラント　14, 171, 277
再生可能エネルギー　329-330, 332
再保障条約　25, 29, 57
サッカー　33, 51, 54, 123, 144, 216-217, 234, 282, 318
左翼党　309, 311
サラエヴォ事件　53, 59
塹壕戦　61-62, 64-65, 72, 89, 179
三国協商　31, 52, 58
三国同盟　52, 57-58
3C政策　52
ザントマン　268-269
3B政策　52
G8サミット　330
ジーメンス社　31
資格社会　33, 35
実業学校　325
指導者原理　139
社会主義者鎮圧法　22-23, 38-39
社会主義ドイツ学生同盟　224, 227, 239
社会主義統一党　250-254, 260-261, 263, 265-267, 273, 275, 278, 280-282, 291, 300-301
社会主義のなかの教会　294
社会的市場経済　215-218
社会奉仕勤務　307, 326
社会民主党　23, 39-42, 53, 60, 73-74, 79-84, 93, 97, 100, 110-111, 123-127, 204-205, 224-225,

339

229-231, 236, 241, 250, 301, 308-312, 329
ジャズ　103, 105-106, 153
遮断政策　273, 276
自由ドイツ青年同盟　266-268, 270, 291
シューマン・プラン　210
自由民主党　204-205, 250, 300-301, 308-309
自由労働組合　39, 83
首相民主主義　204, 206, 218
シュタージ（国家保安省）　6, 255, 261, 275-276, 281-286, 289, 292, 301, 318
シュタージ解体　301
出産　167-168, 183
出産ストライキ　40-41, 46
ジュネーブ軍縮会議　171
ジュネーブ条約　49
シュリーフェン計画　52, 58-60
障害者　165, 167
小菜園連盟　280
職業官吏再建法　162
植民地責任　48-49
親衛隊　5, 143, 157-161, 163-164, 166-168, 170, 181, 183, 186, 188-189, 192-193, 252, 313
親衛隊国家　157
親衛隊髑髏部隊　158
新経済システム　262-263
新航路　28-29
人種衛生学　50, 159
人種主義　108, 113, 162, 165, 167, 186, 193, 323-324
新即物主義　83, 89, 105, 108, 117, 154
シンティ・ロマ　163-165, 188-189, 314
シンティ・ロマのための記念碑　314
新フォーラム　293, 301
水晶の夜　164-165
スウィング　153
スウィング青年　153
スカゲラク沖海戦　73
スコーピオンズ　299-300
スターリングラード　179-180
ズデーテン地方　173
スパルタクス団　40, 80-81
スペイン内戦　171-172
生存圏　150, 170, 172-174, 178-179
正統主義　13
青年ドイツ同盟　54

生命の泉　167
世界恐慌　5, 96, 103, 119-122, 124, 136, 146, 151, 317, 319
世界政策　20, 29, 31, 52, 57-58
赤軍（派）　223, 227-228, 238
絶滅収容所　186, 188-189
絶滅戦争　182, 186
1968年　6, 223-224, 226-228, 236, 239, 242, 293
全権委任法　81, 138
戦時資源局　63
戦時食糧庁　70-71
戦争神経症　95
宣伝省　143-145, 148, 182
全ドイツ女性連盟　42
全ドイツ連盟　53
戦略爆撃　180-181, 191
相対的安定期　5, 88, 96-98, 104, 111, 121, 124
総力戦　4, 61-63, 66, 90, 121, 145, 181-182, 184
総力戦演説　145
祖国補助勤務法　63
空の架け橋　209
ソ連　6, 96-97, 124, 155, 170, 173-174, 178-182, 185-186, 188-191, 193, 200-201, 203, 206-210, 223-225, 230, 237, 249-256, 258-261, 274, 278, 285, 287-288, 299, 302, 304-305, 307, 328

　　　　　　　タ　行

大統領　81-82, 87, 126, 138-139
大統領内閣　126
第二の建国　229, 233
退廃　117, 154, 167
退廃芸術展　154
脱原発　6, 240-241, 329, 332
チェコスロヴァキア　172-173, 223, 279, 293, 295
チェルノブイリ　240, 328-329
地中海　67, 152, 155, 180, 279
中央円卓会議　301-302
中央党　23, 81-82, 97, 100, 124
中間層社会　215
朝鮮戦争　210, 212, 217
徴兵制　90, 304-307, 327
通貨改革　103, 202-203, 208-209, 212, 216, 259
2プラス4　302

事項索引

帝国主義 20, 40, 46-47, 51-53, 225, 250-251, 288
帝国ハンマー同盟 116
テイラー主義 93, 113
テクノクラート 95-96
鉄のカーテン 207-208, 231, 293, 322
電撃戦 178-179, 181
デンマーク戦争 11, 13-14, 16-18
電話局 71, 95
ドイツ革命 73, 79-86, 93, 97, 109, 254, 317
ドイツ学校・大学過剰解消法 162
ドイツ環境自然保護同盟 240
ドイツ関税同盟 14
ドイツ艦隊協会 30, 53
ドイツ共産党 →共産党
ドイツ工作連盟 109-110
ドイツ皇帝即位宣言式 11, 16, 21
ドイツ小型受信機 148
ドイツ国公民法 162
ドイツ国民民主党 321
ドイツ再軍備 164, 170-172, 210, 229, 304-305
ドイツ社会主義統一党 →社会主義統一党
ドイツ社会主義労働者党 23
ドイツ社会民主党 →社会民主党
ドイツ女子青年団 168
ドイツ人の血と名誉を守るための法 162
ドイツ赤軍（派） →赤軍（派）
ドイツの秋 228
ドイツの歌 255
ドイツの零年（零時） 199, 203
ドイツのための選択肢 308, 311
ドイツ民族連合 321
ドイツ連邦 13-15
ドイツ労働戦線 149, 152
トゥーレ協会 84
東欧革命 290, 293, 299
同性愛 27-28, 113-118, 159, 166-168, 314, 324
同性愛者のための記念碑 314
東部戦線 66, 68, 180, 186, 212, 251-252
東方政策 230-231
ドーズ案 98
ドーピング 287, 289
独ソ戦 178-179, 181-182, 187, 190-191
独ソ不可侵条約 174, 178
独仏戦争 11, 15-16, 18, 24, 34, 44, 52

独立社会民主党 79-81
突撃隊 110, 125, 134-135, 138, 158, 164, 166-167, 243
ドネルケバブ 218-219
トラバント 256, 263-265, 279, 285-286, 293, 303
トルーマン・ドクトリン 208
ドレスデン空襲 191, 315

ナ 行

長いナイフの夜 166
ナチ地下組織 321
ナチ党 5, 84, 91, 98-99, 121, 123-125, 127, 133-139, 141, 143-144, 157, 164, 168, 192, 212, 243-244, 252
ナチ党大会 143-144
NATO →北大西洋条約機構
NATO二重決定 237
ナポレオン戦争 12-13, 16
難民 107, 311, 321-323
西側統合 205-206, 210, 217, 231
日独伊防共協定 172-173
ニュルンベルク 143-144
ニュルンベルク人種法 162-164, 243
妊娠中絶 40, 45-46, 167, 238
ネーナ 237-238
年金神経症 95
ノルウェー 41, 152, 155, 177
ノルマンディー 180, 190

ハ 行

パーク・アンド・ライド 332
バイエルン 14-16, 22, 27, 80, 86, 96, 114, 204, 216, 240
廃墟からの復活 250-251, 276
売(買)春 43-45, 167, 169
売春宿 45, 169
バウハウス 108-112
バグダード鉄道 29, 52
バナナ・ダンス 106-107
バビ・ヤール 186
ハリウッド 90, 153, 180
バルカス 285-286
バルカン半島 20, 25, 52-53
反原発 226-227, 238, 240-241, 309

341

犯罪生物学　159
反社会的分子　154, 158-161, 163
板東俘虜収容所　48, 69
反ユダヤ主義　115-116, 136, 161-162, 187, 243-244
ピオニール・エルンスト・テールマン　266-268, 270
PISAショック　325
ビスマルク号　29
ビスマルク神話　20
被追放民　206, 213, 216, 218, 231, 243
ヒトラー・ブーム　320
ヒトラー・ユーゲント　91, 153, 161
非ナチ化　206, 242, 251-252
避妊　40, 167
ピンク・フロイド　292, 299
フェミニズム　42-43, 118, 232, 238-239
普墺戦争　11, 13-16, 18, 20
フォード・システム　92-93, 150
フォード社　92, 150
フォード・モデルT　92, 233
フォルクスワーゲン　148-150, 216, 233-234, 236-237
不足の社会　263-264, 266, 277, 280
フランス革命　12-13, 114
ブルシェンシャフト　327
ブルジョワ女性解放運動　40, 42-43, 45-46
ブレスト・リトフスク条約　68
プロイセン　3, 11, 13-18, 20-22, 30, 34, 96, 99-100, 114
文化闘争　23
兵役拒否　306-307, 326
平和革命　293, 301-303
平和と人権のイニシアティヴ　294
平和の祈り　294
ベーメン・メーレン保護領　173
ペギーダ　321
ベトナム反戦運動　223-224, 226, 228
ヘルシンキ宣言　276
ベルリン　11, 19, 22, 24, 31, 52, 73, 79, 80-81, 87, 94, 96, 106-108, 110-113, 115, 117, 135, 140, 142, 147-148, 157, 181, 188, 192-193, 199-201, 206-209, 211, 224-227, 229-230, 235, 237, 244-245, 250-251, 254-261, 273, 275, 279, 284-285, 290-293, 299, 302-303, 313-314, 320-322
ベルリン・オリンピック　150, 163, 171
ベルリン会議　46
ベルリン危機　206-207, 209
ベルリン大学　54, 95, 328
ベルリンの壁　6, 207, 211, 218, 229, 257-258, 261-263, 266, 268-269, 273, 275, 277, 279, 290-293, 295, 299-300, 303, 314
ベルリン封鎖　208-209, 259
ベルリン・ローマ枢軸　172
ヘレロ　49
包装容器廃棄物規制政令　331
ポーランド回廊　99
ポーランド総督府　187
保守革命　85-86
保守的近代化　233
ポスト物質主義　309-310
ボスニア・ヘルツェゴヴィナ　53, 59, 306
ポツダム会談　208
ボニー&クライド　119-120
ボリシェヴィキ（ボリシェヴィスト）　181, 186
ポルノ　169, 232
ホロコースト　157, 162, 165, 167, 185-186, 188-190, 244-245, 312-313, 315
ホロコースト映画　312-313, 315
ホロコースト記念碑　314-315

マ行

マーシャル・プラン　202-203, 209
マジ=マジの蜂起　49
魔術的リアリズム　89
マダガスカル島　187
魔法使いの弟子　19-21
ミーレ社　32
ミッキーマウス　19, 153
緑の党　6, 226-228, 239-242, 308-312, 329
ミュンスター　332
ミュンヘン　84, 116-117, 133, 137, 170, 173, 227-228, 287-288
ミュンヘン一揆　84, 88, 135, 137, 170
ミュンヘン会議　172-173
民主社会主義党　311
民族共同体　139-140, 144-145, 147, 149-150, 152, 158-159, 183, 194
民族ドイツ人　184, 187

モータリゼーション　147, 149, 233-234, 236
もっとデモクラシーを！　231

　　　　　ヤ・ラ・ワ　行

闇市　199, 201-202, 206
ヤルタ会談　208
ユーゲントヴェイエ　268
Uボート　30, 65
ユダヤ人　5, 82-83, 107, 110, 113, 115, 133, 135, 146, 154, 157, 159, 161-165, 170, 181-182, 184, 186-190, 193, 200, 229, 243-245, 312-314, 318-319
ユンカー　17, 20, 29, 33
4カ年計画　172, 184
ラインダンス　106-107
ラインラント　14, 171, 305
裸体主義（ヌーディズム）　34, 169
ラムシュタイン　304-305

ランゲマルク　91
ルール地方　14, 87, 191
レンテンマルク　88
労働科学　93, 150
労働忌避者　159, 163
労兵評議会　73
ローリング・ストーンズ　291
ロカルノ条約　98
6月17日事件　254-256
68年世代　220, 226-227, 236, 241, 245, 293, 295
ロック　2, 143, 164, 223, 226, 238, 269, 291-293, 299, 305
露仏同盟　29, 31, 58
ロマン主義　150
ワルシャワ・ゲットー　188, 229, 244
われわれこそが人民だ　293, 301
われわれは1つの国民だ　301

執筆者紹介 (所属，執筆分担，執筆順，＊は編著者)

＊田野　大輔（甲南大学文学部教授，はしがき・序章・第6章・第7章3）

＊柳原　伸洋（東京女子大学現代教養学部准教授，はしがき・序章・第9章1・4・第10章3・第11章1・2・5・第12章3・4）

飯田　洋介（岡山大学大学院教育学研究科准教授，第1章）

水戸部　由枝（明治大学政治経済学部准教授，第2章）

馬場　優（福岡女子大学国際文理学部准教授，第3章）

石井　香江（同志社大学グローバル地域文化学部准教授，第4章1・4・第5章1・2・3）

村上　宏昭（筑波大学人文社会系助教，第4章2・3・5・第5章4・5）

増田　好純（早稲田大学非常勤講師，第7章1・2・4・第8章1・3）

小野寺　拓也（昭和女子大学人間文化学部専任講師，第8章2・4）

田中　晶子（佛教大学非常勤講師，第9章1・4・第10章3）

妹尾　哲志（専修大学法学部准教授，第9章2・3・5・第10章2）

井関　正久（中央大学法学部教授，第10章1・4・第12章5・第13章1）

高橋　秀寿（立命館大学文学部教授，第10章5・第13章3・4・第14章1・2）

河合　信晴（広島大学大学院総合科学研究科講師，第11章3・4・第12章1・2）

森　貴史（関西大学文学部教授，第13章2・第14章3・4）

《編著者紹介》

田野　大輔（たの・だいすけ）
　現　在　甲南大学文学部教授。
　主　著　『魅惑する帝国——政治の美学化とナチズム』名古屋大学出版会，2007年。
　　　　　『愛と欲望のナチズム』講談社選書メチエ，2012年。
　　　　　ダグマー・ヘルツォーク『セックスとナチズムの記憶——20世紀ドイツにおける性の政治化』（共訳）岩波書店，2012年。

柳原　伸洋（やなぎはら・のぶひろ）
　現　在　東京女子大学現代教養学部准教授。
　主　著　『ニセドイツ』（全3巻）社会評論社，2009，2012年。
　　　　　『日本人が知りたいドイツ人の当たり前』（共著）三修社，2016年。
　　　　　トーマス・キューネほか『軍事史とは何か』（共訳）原書房，2017年。

教養のドイツ現代史

| 2016年6月30日 | 初版第1刷発行 | 〈検印省略〉 |
| 2017年8月10日 | 初版第2刷発行 | |

定価はカバーに表示しています

編著者	田野　大輔
	柳原　伸洋
発行者	杉田　啓三
印刷者	江戸　孝典

発行所　株式会社　ミネルヴァ書房
607-8494　京都市山科区日ノ岡堤谷町1
電話代表　(075)581-5191
振替口座　01020-0-8076

© 田野・柳原ほか，2016　　共同印刷工業・清水製本

ISBN978-4-623-07270-5
Printed in Japan

南塚信吾／秋田茂／高澤紀恵 責任編集　　　A 5 判・450頁
新しく学ぶ西洋の歴史　　　　　　　　　　　本　体 3200円

服部良久／南川高志／山辺規子 編著　　　　A 5 判・376頁
大学で学ぶ西洋史〔古代・中世〕　　　　　　本　体 2800円

小山　哲／上垣　豊／山田史郎／杉本淑彦 編著　A 5 判・424頁
大学で学ぶ西洋史〔近現代〕　　　　　　　　本　体 2800円

中井義明／佐藤專次／渋谷　聡／加藤克夫／小澤卓也 著　A 5 判・328頁
教養のための西洋史入門　　　　　　　　　　本　体 2500円

堀越宏一／甚野尚志 編著　　　　　　　　　A 5 判・376頁
15のテーマで学ぶ中世ヨーロッパ史　　　　　本　体 3500円

杉本淑彦／竹中幸史 編著　　　　　　　　　A 5 判・358頁
教養のフランス近現代史　　　　　　　　　　本　体 3000円

若尾祐司／井上茂子 編著　　　　　　　　　A 5 判・372頁
近代ドイツの歴史　　　　　　　　　　　　　本　体 3200円

宮田眞治／畠山　寛／濱中　春 編著　　　　A 5 判・296頁
ドイツ文化55のキーワード　　　　　　　　　本　体 2500円

―― ミネルヴァ書房 ――
http://www.minervashobo.co.jp/